全国高等教育自学考试指定教材
法律专业(基础科段)

民法学

(2011 年版)

(含:民法学自学考试大纲)

全国高等教育自学考试指导委员会　组编

编　著　郭明瑞　房绍坤　刘凯湘
审稿人　魏振瀛　李永军　李仁玉

北京大学出版社
PEKING UNIVERSITY PRESS

图书在版编目(CIP)数据

民法学:2011 年版/郭明瑞,房绍坤,刘凯湘编著. —北京:北京大学出版社,2011.4
(全国高等教育自学考试指定教材)
ISBN 978-7-301-18697-8

Ⅰ. ①民… Ⅱ. ①郭… ②房… ③刘… Ⅲ. ①民法 – 法的理论 – 中国 – 高等教育 – 自学考试 – 自学参考资料 Ⅳ. ①D923.01

中国版本图书馆 CIP 数据核字(2011)第 047354 号

书　　名:	民法学(2011 年版)
	含:民法学自学考试大纲
著作责任者:	郭明瑞　房绍坤　刘凯湘　编著
责 任 编 辑:	孙战营
标 准 书 号:	ISBN 978-7-301-18697-8/D·2829
出 版 发 行:	北京大学出版社
地　　址:	北京市海淀区成府路 205 号　100871
网　　址:	http://www.pup.cn
电　　话:	邮购部 62752015　发行部 62750672　编辑部 62752027
	出版部 62754962
电 子 邮 箱:	law@pup.pku.edu.cn
印 刷 者:	河北滦县鑫华书刊印刷厂
经 销 者:	新华书店
	880 毫米×1230 毫米　32 开本　20.75 印张　597 千字
	2011 年 4 月第 1 版　2022 年 8 月第 16 次印刷
定　　价:	36.00 元

未经许可,不得以任何方式复制或抄袭本书之部分或全部内容。
版权所有,侵权必究
举报电话:010-62752024　电子邮箱:fd@pup.pku.edu.cn

组编前言

21世纪是一个变幻莫测的世纪，是一个催人奋进的时代。科学技术飞速发展，知识更替日新月异。希望、困惑、机遇、挑战，随时随地都有可能出现在每一个社会成员的生活之中。抓住机遇，寻求发展，迎接挑战，适应变化的制胜法宝就是学习——依靠自己学习、终生学习。

作为我国高等教育组成部分的自学考试，其职责就是在高等教育这个水平上倡导自学、鼓励自学、帮助自学、推动自学，为每一个自学者铺就成才之路，组织编写供读者学习的教材就是履行这个职责的重要环节。毫无疑问，这种教材应当适合自学，应当有利于学习者掌握、了解新知识、新信息，有利于学习者增强创新意识、培养实践能力，形成自学能力，也有利于学习者学以致用、解决实际工作中所遇到的问题。具有如此特点的书，我们虽然沿用了"教材"这个概念，但它与那种仅供教师讲、学生听，教师不讲、学生不懂，以"教"为中心的教科书相比，已经在内容安排、形式体例、行文风格等方面都大不相同了。希望读者对此有所了解，以便从一开始就树立起依靠自己学习的坚定信念，不断探索适合自己的学习方法，充分利用自己已有的知识基础和实际工作经验，最大限度地发挥自己的潜能达到学习的目标。

欢迎读者提出意见和建议。

祝每一位读者自学成功。

全国高等教育自学考试指导委员会

2005年1月

目 录

民法学自学考试大纲

出版前言 …………………………………………………… (13)
Ⅰ 课程性质与课程目标 ………………………………… (15)
Ⅱ 考核目标 ……………………………………………… (17)
Ⅲ 课程内容与考核要求 ………………………………… (18)
Ⅳ 关于大纲的说明与考核实施要求 …………………… (141)
附录 题型举例 …………………………………………… (146)
后记 ………………………………………………………… (148)

民 法 学

导言 ………………………………………………………… (151)
第一编 民法总论 ………………………………………… (154)
　第一章 民法概述 ……………………………………… (154)
　　第一节 民法的含义 ………………………………… (154)
　　第二节 民法的调整对象 …………………………… (157)
　　第三节 民法的性质与任务 ………………………… (159)
　　第四节 民法的基本原则 …………………………… (162)
　　第五节 民法的渊源和效力 ………………………… (169)
　　第六节 民法的适用与解释 ………………………… (173)
　第二章 民事法律关系 ………………………………… (177)
　　第一节 民事法律关系概述 ………………………… (177)
　　第二节 民事法律事实 ……………………………… (181)
　　第三节 民事权利、义务和责任 …………………… (184)

第三章 自然人 ……………………………………… (192)
- 第一节 自然人的民事权利能力 …………………… (192)
- 第二节 自然人的民事行为能力 …………………… (195)
- 第三节 自然人的住所 ……………………………… (199)
- 第四节 监护 ………………………………………… (200)
- 第五节 宣告失踪和宣告死亡 ……………………… (204)

第四章 法人 ………………………………………… (209)
- 第一节 法人概述 …………………………………… (209)
- 第二节 法人的民事能力 …………………………… (213)
- 第三节 法人机关 …………………………………… (217)
- 第四节 法人的财产与责任 ………………………… (220)
- 第五节 法人的设立 ………………………………… (222)
- 第六节 法人的变更与终止 ………………………… (224)

第五章 非法人组织 ………………………………… (228)
- 第一节 非法人组织概述 …………………………… (228)
- 第二节 合伙 ………………………………………… (230)
- 第三节 其他非法人组织 …………………………… (238)

第六章 民事法律关系客体 ………………………… (243)
- 第一节 民事法律关系客体概述 …………………… (243)
- 第二节 物 …………………………………………… (244)
- 第三节 货币和有价证券 …………………………… (249)

第七章 民事行为 …………………………………… (251)
- 第一节 民事行为概述 ……………………………… (251)
- 第二节 意思表示 …………………………………… (256)
- 第三节 民事行为的成立与生效 …………………… (261)
- 第四节 附条件和附期限的民事行为 ……………… (263)
- 第五节 无效民事行为 ……………………………… (266)
- 第六节 可撤销民事行为 …………………………… (270)
- 第七节 效力待定民事行为 ………………………… (272)

第八章 代理 ………………………………………… (275)
- 第一节 代理概述 …………………………………… (275)

第二节　代理权 …………………………………………… (280)
　　第三节　无权代理 ………………………………………… (284)
　第九章　诉讼时效与期限 ……………………………………… (288)
　　第一节　民事时效概述 …………………………………… (288)
　　第二节　诉讼时效概述 …………………………………… (289)
　　第三节　诉讼时效期间的计算 …………………………… (294)
　　第四节　期限 ……………………………………………… (300)

第二编　人身权 …………………………………………………… (303)

　第十章　人身权概述 …………………………………………… (303)
　　第一节　人身权的概念和内容 …………………………… (303)
　　第二节　人身权的分类 …………………………………… (305)
　第十一章　人格权 ……………………………………………… (309)
　　第一节　物质性人格权 …………………………………… (309)
　　第二节　精神性人格权 …………………………………… (311)
　第十二章　身份权 ……………………………………………… (316)
　　第一节　亲属法上的身份权 ……………………………… (316)
　　第二节　非亲属法上的身份权 …………………………… (317)

第三编　物权 ……………………………………………………… (319)

　第十三章　物权总论 …………………………………………… (319)
　　第一节　物权概述 ………………………………………… (319)
　　第二节　物权的效力 ……………………………………… (326)
　　第三节　物权的变动 ……………………………………… (330)
　第十四章　所有权 ……………………………………………… (341)
　　第一节　所有权概述 ……………………………………… (341)
　　第二节　国家所有权和集体所有权、私人所有权 ……… (347)
　　第三节　建筑物区分所有权 ……………………………… (351)
　　第四节　相邻关系 ………………………………………… (356)
　　第五节　共有 ……………………………………………… (359)
　　第六节　所有权取得的特别规定 ………………………… (365)
　第十五章　用益物权 …………………………………………… (374)

  第一节 用益物权概述 …………………………… (374)
  第二节 土地承包经营权 …………………………… (375)
  第三节 建设用地使用权 …………………………… (380)
  第四节 宅基地使用权 ……………………………… (386)
  第五节 地役权 ……………………………………… (389)
 第十六章 担保物权 ……………………………………… (395)
  第一节 担保物权概述 ……………………………… (395)
  第二节 抵押权 ……………………………………… (398)
  第三节 质权 ………………………………………… (416)
  第四节 留置权 ……………………………………… (425)
 第十七章 占有 …………………………………………… (434)
  第一节 占有概述 …………………………………… (434)
  第二节 占有的分类 ………………………………… (435)
  第三节 占有的效力 ………………………………… (438)

第四编 债权 ……………………………………………… (441)

 第十八章 债的概述 ……………………………………… (441)
  第一节 债的概念和特点 …………………………… (441)
  第二节 债的要素 …………………………………… (443)
  第三节 债的分类 …………………………………… (445)
 第十九章 债的发生 ……………………………………… (450)
  第一节 债的发生概述 ……………………………… (450)
  第二节 不当得利 …………………………………… (452)
  第三节 无因管理 …………………………………… (458)
 第二十章 债的效力 ……………………………………… (465)
  第一节 债的效力概述 ……………………………… (465)
  第二节 债的履行 …………………………………… (466)
  第三节 债的保全 …………………………………… (476)
 第二十一章 债的担保 …………………………………… (483)
  第一节 债的担保概述 ……………………………… (483)
  第二节 保证 ………………………………………… (484)

第三节 定金 …………………………………… (489)
第二十二章 债的移转 …………………………… (493)
第一节 债的移转概述 ………………………… (493)
第二节 债权让与 ……………………………… (494)
第三节 债务承担 ……………………………… (496)
第四节 债权债务的概括承受 ………………… (498)
第二十三章 债的消灭 …………………………… (500)
第一节 债的消灭概述 ………………………… (500)
第二节 清偿 …………………………………… (501)
第三节 抵销 …………………………………… (503)
第四节 提存 …………………………………… (505)
第五节 混同 …………………………………… (508)
第六节 债务免除与更新 ……………………… (509)

第五编 继承权 ………………………………………… (512)
第二十四章 继承权概述 ………………………… (512)
第一节 继承的概念和分类 …………………… (512)
第二节 继承权的概念和特点 ………………… (515)
第三节 继承权的丧失 ………………………… (518)
第四节 继承权的行使和放弃 ………………… (522)
第五节 继承权的保护 ………………………… (524)
第二十五章 法定继承 …………………………… (527)
第一节 法定继承概述 ………………………… (527)
第二节 法定继承人的范围和继承顺序 ……… (529)
第三节 代位继承和转继承 …………………… (535)
第四节 遗产份额的确定 ……………………… (541)
第二十六章 遗嘱继承 …………………………… (543)
第一节 遗嘱继承概述 ………………………… (543)
第二节 遗嘱的设立 …………………………… (545)
第三节 遗嘱的变更、撤销和执行 …………… (553)
第二十七章 遗赠和遗赠扶养协议 ……………… (556)

第一节 遗赠 …… (556)
第二节 遗赠扶养协议 …… (560)
第二十八章 遗产的处理 …… (562)
第一节 继承的开始 …… (562)
第二节 遗产 …… (563)
第三节 遗产的分割 …… (567)
第四节 遗产债务的清偿 …… (571)
第五节 无人承受遗产的处理 …… (574)

第六编 侵权责任 …… (576)
第二十九章 侵权责任概述 …… (576)
第一节 侵权行为的概念和分类 …… (576)
第二节 侵权责任的概念和竞合 …… (579)
第三十章 侵权责任的归责原则 …… (581)
第一节 侵权责任归责原则概述 …… (581)
第二节 过错责任原则 …… (582)
第三节 无过错责任原则 …… (585)
第三十一章 侵权责任的一般构成要件 …… (588)
第一节 侵权责任的构成要件概述 …… (588)
第二节 加害行为 …… (589)
第三节 损害后果 …… (590)
第四节 因果关系 …… (592)
第五节 主观过错 …… (595)
第三十二章 侵权责任的承担方式 …… (598)
第一节 侵权责任承担方式概述 …… (598)
第二节 侵权损害的赔偿责任 …… (601)
第三十三章 侵权责任的抗辩事由 …… (608)
第一节 侵权责任抗辩事由的概念和特点 …… (608)
第二节 侵权责任抗辩事由的种类 …… (609)
第三十四章 共同侵权责任 …… (613)
第一节 共同侵权责任概述 …… (613)

第二节　共同侵权责任的种类 ……………………… (614)
   第三节　共同侵权责任的承担 ……………………… (616)
第三十五章　侵权责任主体的特殊规定 ……………… (617)
   第一节　被监护人致人损害责任 …………………… (617)
   第二节　暂时丧失心智者致人损害责任 …………… (619)
   第三节　使用人责任 ………………………………… (621)
   第四节　网络侵权责任 ……………………………… (624)
   第五节　违反安全保障义务责任 …………………… (625)
   第六节　学生伤害事故责任 ………………………… (627)
第三十六章　特殊侵权责任 …………………………… (630)
   第一节　产品责任 …………………………………… (630)
   第二节　机动车交通事故责任 ……………………… (633)
   第三节　医疗损害责任 ……………………………… (636)
   第四节　环境污染责任 ……………………………… (638)
   第五节　高度危险责任 ……………………………… (640)
   第六节　饲养动物损害责任 ………………………… (643)
   第七节　物件损害责任 ……………………………… (646)
后记 ………………………………………………………… (649)

全国高等教育自学考试
法律专业（基础科段）

民法学自学考试大纲

全国高等教育自学考试指导委员会制定

大纲目录

出版前言 ······ (13)

Ⅰ 课程性质与课程目标 ······ (15)

Ⅱ 考核目标 ······ (17)

Ⅲ 课程内容与考核要求 ······ (18)

第一编　民法总论 ······ (18)

　第一章　民法概述 ······ (18)

　　学习目的与要求 ······ (18)

　　课程内容 ······ (18)

　　第一节　民法的含义 ······ (18)

　　第二节　民法的调整对象 ······ (19)

　　第三节　民法的性质与任务 ······ (20)

　　第四节　民法的基本原则 ······ (20)

　　第五节　民法的渊源和效力 ······ (21)

　　第六节　民法的适用与解释 ······ (21)

　　考核知识点与考核要求 ······ (22)

　第二章　民事法律关系 ······ (23)

　　学习目的与要求 ······ (23)

　　课程内容 ······ (23)

　　第一节　民事法律关系概述 ······ (23)

　　第二节　民事法律事实 ······ (24)

　　第三节　民事权利、义务和责任 ······ (25)

　　考核知识点与考核要求 ······ (26)

　第三章　自然人 ······ (27)

　　学习目的与要求 ······ (27)

　　课程内容 ······ (27)

　　第一节　自然人的民事权利能力 ······ (27)

第二节　自然人的民事行为能力 …………………………… (28)
　　第三节　自然人的住所 ……………………………………… (28)
　　第四节　监护 ………………………………………………… (29)
　　第五节　宣告失踪和宣告死亡 ……………………………… (30)
　　考核知识点与考核要求 ………………………………………… (31)

第四章　法人 ………………………………………………………… (32)
　　学习目的与要求 ………………………………………………… (32)
　　课程内容 ………………………………………………………… (32)
　　第一节　法人概述 …………………………………………… (32)
　　第二节　法人的民事能力 …………………………………… (33)
　　第三节　法人机关 …………………………………………… (33)
　　第四节　法人的财产与责任 ………………………………… (34)
　　第五节　法人的设立 ………………………………………… (34)
　　第六节　法人的变更与终止 ………………………………… (35)
　　考核知识点与考核要求 ………………………………………… (35)

第五章　非法人组织 ………………………………………………… (37)
　　学习目的与要求 ………………………………………………… (37)
　　课程内容 ………………………………………………………… (37)
　　第一节　非法人组织概述 …………………………………… (37)
　　第二节　合伙 ………………………………………………… (38)
　　第三节　其他非法人组织 …………………………………… (38)
　　考核知识点与考核要求 ………………………………………… (39)

第六章　民事法律关系客体 ………………………………………… (41)
　　学习目的与要求 ………………………………………………… (41)
　　课程内容 ………………………………………………………… (41)
　　第一节　民事法律关系客体概述 …………………………… (41)
　　第二节　物 …………………………………………………… (41)
　　第三节　货币和有价证券 …………………………………… (42)
　　考核知识点与考核要求 ………………………………………… (42)

第七章　民事行为 …………………………………………………… (44)
　　学习目的与要求 ………………………………………………… (44)

课程内容 ·· (44)
　　第一节　民事行为概述 ······················ (44)
　　第二节　意思表示 ···························· (45)
　　第三节　民事行为的成立与生效 ············ (46)
　　第四节　附条件和附期限的民事行为 ······ (46)
　　第五节　无效民事行为 ······················ (47)
　　第六节　可撤销民事行为 ··················· (47)
　　第七节　效力待定民事行为 ················· (48)
　　考核知识点与考核要求 ······················ (49)
　第八章　代理 ··· (50)
　　学习目的与要求 ······························· (50)
　　课程内容 ·· (50)
　　第一节　代理概述 ···························· (50)
　　第二节　代理权 ······························· (51)
　　第三节　无权代理 ···························· (51)
　　考核知识点与考核要求 ······················ (52)
　第九章　诉讼时效与期限 ·························· (54)
　　学习目的与要求 ······························· (54)
　　课程内容 ·· (54)
　　第一节　民事时效概述 ······················ (54)
　　第二节　诉讼时效概述 ······················ (55)
　　第三节　诉讼时效期间的计算 ············· (55)
　　第四节　期限 ·································· (56)
　　考核知识点与考核要求 ······················ (57)

第二编　人身权 ·· (58)
　第十章　人身权概述 ································ (58)
　　学习目的与要求 ······························· (58)
　　课程内容 ·· (58)
　　第一节　人身权的概念和内容 ············· (58)
　　第二节　人身权的分类 ······················ (58)

考核知识点与考核要求 …………………………………… (59)
　第十一章　人格权 …………………………………………… (60)
　　学习目的与要求 …………………………………………… (60)
　　课程内容 …………………………………………………… (60)
　　第一节　物质性人格权 …………………………………… (60)
　　第二节　精神性人格权 …………………………………… (61)
　　考核知识点与考核要求 …………………………………… (61)
　第十二章　身份权 …………………………………………… (62)
　　学习目的与要求 …………………………………………… (62)
　　课程内容 …………………………………………………… (62)
　　第一节　亲属法上的身份权 ……………………………… (62)
　　第二节　非亲属法上的身份权 …………………………… (63)
　　考核知识点与考核要求 …………………………………… (63)

第三编　物权 …………………………………………………… (64)
　第十三章　物权总论 ………………………………………… (64)
　　学习目的与要求 …………………………………………… (64)
　　课程内容 …………………………………………………… (64)
　　第一节　物权概述 ………………………………………… (64)
　　第二节　物权的效力 ……………………………………… (65)
　　第三节　物权的变动 ……………………………………… (66)
　　考核知识点与考核要求 …………………………………… (67)
　第十四章　所有权 …………………………………………… (68)
　　学习目的与要求 …………………………………………… (68)
　　课程内容 …………………………………………………… (68)
　　第一节　所有权概述 ……………………………………… (68)
　　第二节　国家所有权和集体所有权、私人所有权 ……… (69)
　　第三节　建筑物区分所有权 ……………………………… (70)
　　第四节　相邻关系 ………………………………………… (70)
　　第五节　共有 ……………………………………………… (71)
　　第六节　所有权取得的特别规定 ………………………… (72)

考核知识点与考核要求 …………………………………… (73)
第十五章　用益物权 ……………………………………………… (75)
　　学习目的与要求 …………………………………………… (75)
　　课程内容 …………………………………………………… (75)
　　第一节　用益物权概述 …………………………………… (75)
　　第二节　土地承包经营权 ………………………………… (75)
　　第三节　建设用地使用权 ………………………………… (76)
　　第四节　宅基地使用权 …………………………………… (76)
　　第五节　地役权 …………………………………………… (77)
　　考核知识点与考核要求 …………………………………… (77)
第十六章　担保物权 ……………………………………………… (79)
　　学习目的与要求 …………………………………………… (79)
　　课程内容 …………………………………………………… (79)
　　第一节　担保物权概述 …………………………………… (79)
　　第二节　抵押权 …………………………………………… (80)
　　第三节　质权 ……………………………………………… (81)
　　第四节　留置权 …………………………………………… (82)
　　考核知识点与考核要求 …………………………………… (83)
第十七章　占有 …………………………………………………… (84)
　　学习目的与要求 …………………………………………… (84)
　　课程内容 …………………………………………………… (84)
　　第一节　占有概述 ………………………………………… (84)
　　第二节　占有的分类 ……………………………………… (84)
　　第三节　占有的效力 ……………………………………… (85)
　　考核知识点与考核要求 …………………………………… (86)

第四编　债权 ……………………………………………………… (87)
第十八章　债的概述 ……………………………………………… (87)
　　学习目的与要求 …………………………………………… (87)
　　课程内容 …………………………………………………… (87)
　　第一节　债的概念和特点 ………………………………… (87)

第二节　债的要素 …………………………………… (88)
　　第三节　债的分类 …………………………………… (88)
　　考核知识点与考核要求 ………………………………… (89)
第十九章　债的发生 …………………………………………… (90)
　　学习目的与要求 ………………………………………… (90)
　　课程内容 ………………………………………………… (90)
　　第一节　债的发生概述 ……………………………… (90)
　　第二节　不当得利 …………………………………… (90)
　　第三节　无因管理 …………………………………… (91)
　　考核知识点与考核要求 ………………………………… (92)
第二十章　债的效力 …………………………………………… (93)
　　学习目的与要求 ………………………………………… (93)
　　课程内容 ………………………………………………… (93)
　　第一节　债的效力概述 ……………………………… (93)
　　第二节　债的履行 …………………………………… (93)
　　第三节　债的保全 …………………………………… (94)
　　考核知识点与考核要求 ………………………………… (95)
第二十一章　债的担保 ………………………………………… (96)
　　学习目的与要求 ………………………………………… (96)
　　课程内容 ………………………………………………… (96)
　　第一节　债的担保概述 ……………………………… (96)
　　第二节　保证 ………………………………………… (96)
　　第三节　定金 ………………………………………… (97)
　　考核知识点与考核要求 ………………………………… (98)
第二十二章　债的移转 ………………………………………… (99)
　　学习目的与要求 ………………………………………… (99)
　　课程内容 ………………………………………………… (99)
　　第一节　债的移转概述 ……………………………… (99)
　　第二节　债权让与 …………………………………… (99)
　　第三节　债务承担 …………………………………… (100)
　　第四节　债权债务的概括承受 ……………………… (100)

  考核知识点与考核要求 ·················· （101）
 第二十三章 债的消灭 ····················· （102）
  学习目的与要求 ······················ （102）
  课程内容 ·························· （102）
  第一节 债的消灭概述 ················· （102）
  第二节 清偿 ······················ （102）
  第三节 抵销 ······················ （103）
  第四节 提存 ······················ （103）
  第五节 混同 ······················ （104）
  第六节 债务免除与更新 ··············· （104）
  考核知识点与考核要求 ·················· （105）

第五编 继承权 ·························· （106）
 第二十四章 继承权概述 ··················· （106）
  学习目的与要求 ······················ （106）
  课程内容 ·························· （106）
  第一节 继承的概念和分类 ·············· （106）
  第二节 继承权的概念和特点 ············· （107）
  第三节 继承权的丧失 ················· （107）
  第四节 继承权的行使和放弃 ············· （107）
  第五节 继承权的保护 ················· （108）
  考核知识点与考核要求 ·················· （108）
 第二十五章 法定继承 ····················· （109）
  学习目的与要求 ······················ （109）
  课程内容 ·························· （109）
  第一节 法定继承概述 ················· （109）
  第二节 法定继承人的范围和继承顺序 ······· （109）
  第三节 代位继承和转继承 ·············· （110）
  第四节 遗产份额的确定 ··············· （110）
  考核知识点与考核要求 ·················· （111）
 第二十六章 遗嘱继承 ····················· （112）

学习目的与要求 ·· (112)
　　课程内容 ··· (112)
　　第一节　遗嘱继承概述 ·· (112)
　　第二节　遗嘱的设立 ·· (112)
　　第三节　遗嘱的变更、撤销和执行 ··························· (113)
　　考核知识点与考核要求 ·· (113)

第二十七章　遗赠和遗赠扶养协议 ·························· (115)
　　学习目的与要求 ·· (115)
　　课程内容 ··· (115)
　　第一节　遗赠 ·· (115)
　　第二节　遗赠扶养协议 ·· (116)
　　考核知识点与考核要求 ·· (116)

第二十八章　遗产的处理 ·· (117)
　　学习目的与要求 ·· (117)
　　课程内容 ··· (117)
　　第一节　继承的开始 ·· (117)
　　第二节　遗产 ·· (117)
　　第三节　遗产的分割 ·· (118)
　　第四节　遗产债务的清偿 ······································ (118)
　　第五节　无人承受遗产的处理 ································ (119)
　　考核知识点与考核要求 ·· (119)

第六编　侵权责任 ·· (120)

第二十九章　侵权责任概述 ···································· (120)
　　学习目的与要求 ·· (120)
　　课程内容 ··· (120)
　　第一节　侵权行为的概念和分类 ······························ (120)
　　第二节　侵权责任的概念和竞合 ······························ (121)
　　考核知识点与考核要求 ·· (121)

第三十章　侵权责任的归责原则 ······························ (122)
　　学习目的与要求 ·· (122)

课程内容 …………………………………………………（122）
　　第一节　侵权责任归责原则概述 ………………………（122）
　　第二节　过错责任原则 …………………………………（122）
　　第三节　无过错责任原则 ………………………………（123）
　　考核知识点与考核要求 …………………………………（123）
第三十一章　侵权责任的一般构成要件 ……………………（124）
　　学习目的与要求 …………………………………………（124）
　　课程内容 …………………………………………………（124）
　　第一节　侵权责任的构成要件概述 ……………………（124）
　　第二节　加害行为 ………………………………………（124）
　　第三节　损害后果 ………………………………………（125）
　　第四节　因果关系 ………………………………………（125）
　　第五节　主观过错 ………………………………………（125）
　　考核知识点与考核要求 …………………………………（126）
第三十二章　侵权责任的承担方式 …………………………（127）
　　学习目的与要求 …………………………………………（127）
　　课程内容 …………………………………………………（127）
　　第一节　侵权责任承担方式概述 ………………………（127）
　　第二节　侵权损害的赔偿责任 …………………………（127）
　　考核知识点与考核要求 …………………………………（128）
第三十三章　侵权责任的抗辩事由 …………………………（129）
　　学习目的与要求 …………………………………………（129）
　　课程内容 …………………………………………………（129）
　　第一节　侵权责任抗辩事由的概念和特点 ……………（129）
　　第二节　侵权责任抗辩事由的种类 ……………………（129）
　　考核知识点与考核要求 …………………………………（130）
第三十四章　共同侵权责任 …………………………………（131）
　　学习目的与要求 …………………………………………（131）
　　课程内容 …………………………………………………（131）
　　第一节　共同侵权责任概述 ……………………………（131）
　　第二节　共同侵权责任的种类 …………………………（131）

第三节　共同侵权责任的承担 …………………………（132）
　　考核知识点与考核要求 …………………………………（132）
第三十五章　侵权责任主体的特殊规定 ………………（133）
　　学习目的与要求 …………………………………………（133）
　　课程内容 …………………………………………………（133）
　　第一节　被监护人致人损害责任 ………………………（133）
　　第二节　暂时丧失心智者致人损害责任 ………………（134）
　　第三节　使用人责任 ……………………………………（134）
　　第四节　网络侵权责任 …………………………………（134）
　　第五节　违反安全保障义务责任 ………………………（135）
　　第六节　学生伤害事故责任 ……………………………（135）
　　考核知识点与考核要求 …………………………………（136）
第三十六章　特殊侵权责任 ……………………………（137）
　　学习目的与要求 …………………………………………（137）
　　课程内容 …………………………………………………（137）
　　第一节　产品责任 ………………………………………（137）
　　第二节　机动车交通事故责任 …………………………（137）
　　第三节　医疗损害责任 …………………………………（138）
　　第四节　环境污染责任 …………………………………（138）
　　第五节　高度危险责任 …………………………………（139）
　　第六节　饲养动物损害责任 ……………………………（139）
　　第七节　物件损害责任 …………………………………（139）
　　考核知识点与考核要求 …………………………………（140）
Ⅳ　关于大纲的说明与考核实施要求 ……………………（141）
附录　题型举例 ……………………………………………（146）
后记 …………………………………………………………（148）

出版前言

为了适应社会主义现代化建设事业的需要,鼓励自学成才,我国在20世纪80代初建立了高等教育自学考试制度。高等教育自学考试是个人自学、社会助学和国家考试相结合的一种高等教育形式。应考者通过规定的专业考试课程并经思想品德鉴定达到毕业要求的,可获得毕业证书;国家承认学历并按照规定享有与普通高等学校毕业生同等的有关待遇。经过近三十年的发展,高等教育自学考试为国家培养造就了大批专门人才。

课程自学考试大纲是国家规范自学者学习范围、要求和考试标准的文件。它是按照专业考试计划的要求,具体指导个人自学、社会助学、国家考试、编写教材、编写自学辅导书的依据。

随着经济社会的快速发展,新的法律法规不断出台,科技成果不断涌现,原大纲中有些内容过时、知识陈旧。为更新教育观念,深化教学内容方式、考试制度、质量评价制度改革,使自学考试更好地提高人才培养的质量,各专业委员会按照专业考试计划的要求,对原课程自学考试大纲组织了修订或重编。

修订后的大纲,在层次上,专科参照一般普通高校专科或高职院校的水平,本科参照一般普通高校本科水平;在内容上,力图反映学科的发展变化,增补了自然科学和社会科学近年来研究的成果,对明显陈旧的内容进行了删减。

全国高等教育自学考试指导委员会法学类专业委员会组织制定了《民法学自学考试大纲》,经教育部批准,现颁发施行。各地教育部门、考试机构应认真贯彻执行。

全国高等教育自学考试指导委员会
2010年6月

Ⅰ 课程性质与课程目标

一、课程性质

《民法学》课程是全国高等教育自学考试法律专业的必修课,是为培养自学应考者掌握和运用民法学基本理论分析和解决民法实际问题而设置的一门专业基础课程。

二、课程目标

《民法学》课程设置的目标是:

1. 使学生对民法的基本概念、基本知识和基本理论有一个概括性的了解与认识,形成初步的民法思维。
2. 使学生树立基本的民事权利观念,掌握各类民事权利的构成、行使及法律保护措施等。
3. 使学生掌握运用民法理论分析民法问题的基本技能和方法,培养解决民事案件的能力。
4. 提高学生的基本法学素养,为进一步学习其他法律专业课程打下必要的专业基础。

三、与相关课程的联系与区别

《民法学》课程的内容包括六大部分:民法总论、人身权、物权、债权、继承权、侵权责任。其先期课程为法理学、宪法学。这两门课程将为《民法学》提供法学的基本理论基础。学好《民法学》课程,会对法律专业的后续课程(如民事诉讼法学、经济法概论、合同法、婚姻家庭法等)奠定必要的民法基础知识。

四、课程的重点和难点

《民法学》课程的学习重点包括民事法律关系、自然人和法人、民事行为和代理、诉讼时效、所有权、担保物权、债的保全和担保、债的消灭、法定继承和遗嘱继承、侵权责任的构成要件、特殊侵权责任等内容;学习的难点包括各种民事权利的构造及行使、民法原理的具体应用、民法案件的分析方法。

Ⅱ 考核目标

本大纲在考核目标中,按照识记、领会、应用三个层次规定其应达到的能力层次要求。三个能力层次是递进等级关系。各层次的含义是:

识记:要求考生知道本课程中的名词、概念、原理、知识的含义,并能正确认识或识别。

领会:要求在识记的基础上,能把握本课程中的基本概念、基本原理和基本方法,掌握有关概念、原理、方法的区别与联系。

应用:要求在领会的基础上,运用本课程中的基本概念、基本原理、基本方法,分析和解决有关理论问题或实际问题。

Ⅲ 课程内容与考核要求

第一编 民法总论

第一章 民法概述

学习目的与要求

通过本章的学习,了解民法的概念、民法的不同含义、民法的性质和任务、民法的渊源;理解民法的调整对象、民法的效力;掌握民法调整的财产关系和人身关系的特点、民法的基本原则及其表现。

课程内容

第一节 民法的含义

一、民法的概念

民法是指调整平等主体的自然人、法人、其他组织之间财产关系和人身关系的法律规范的总和。

作为一个法律概念,民法有实质意义与形式意义之分。

二、民法的历史沿革

民法是随着商品经济关系的产生而产生,随着商品经济关系的发展而发展的。

古代社会民法的典型代表为罗马法。

近代民法以1804年的《法国民法典》为代表。

资本主义现代民法始于1897年公布、1900年生效的《德国民法典》。列宁亲自主持制定的《苏俄民法典》是第一部社会主义性质的民法典。

中国近代的民事立法始于清末。我国历史上的第一部民法典,是1930年南京国民政府制定的民法典。该法典随着1949年中华人民共和国的成立在中国大陆已被废除,现仅在我国台湾地区有效。

自1986年《民法通则》颁布以来,我国的民事立法进入了新的阶段。

第二节 民法的调整对象

民法所调整的社会关系是发生在平等主体的自然人、法人、其他组织之间的财产关系和人身关系。

一、平等主体间的财产关系

财产关系是指人们在社会财富的生产、分配、交换和消费过程中形成的以经济利益为内容的社会关系。

民法调整的财产关系的特点。

民法调整的财产关系主要是商品经济关系,包括自然人、法人、其他组织之间的财产归属、利用关系和财产流转关系。

二、平等主体间的人身关系

人身关系是指人们在社会生活中形成的具有人身属性,与主体的人身不可分离的、不是以经济利益而是以特定精神利益为内容的社会关系。

民法调整的人身关系的特点。

民法所调整的人身关系包括人格关系和身份关系。

第三节 民法的性质与任务

一、民法的性质

民法具有以下性质:(1) 民法是调整社会主义市场经济关系的基本法;(2) 民法为行为规范兼裁判规范;(3) 民法为实体法;(4) 民法为私法。

二、民法的任务

民法的任务主要是:(1) 保护民事主体的合法权益;(2) 促进社会主义市场经济的发展;(3) 维护正常的经济秩序和社会秩序。

第四节 民法的基本原则

一、民法基本原则概述

(一) 民法基本原则的含义和效力

民法的基本原则是其效力贯穿于各项民事法律制度之中的民法的根本规则,是民法立法的指导方针和解释民法规范、适用民法规范以及进行民事活动的基本准则。

(二) 民法基本原则的意义

民法的基本原则具有评价功能和补充功能。

二、平等原则

平等原则是由民法调整的社会关系的性质决定的首要原则。

平等原则的主要表现。

三、自愿原则

自愿原则是指民事主体在民事活动以自己的意志充分表达自己的意愿,按照自己的意思和利益确立、变更、终止民事法律关系。

自愿原则的主要表现。

四、公平原则

公平原则要求当事人在民事活动中应以社会正义、公平的观念指导自己的行为、平衡各方的利益,处理当事人之间的纠纷。

公平原则的主要表现。

五、诚实信用原则

诚实信用原则是指民事主体在民事活动中应诚实,守信用,善意地行使权利和履行义务。

诚实信用原则的主要表现。

六、公序良俗原则

公序良俗原则是指民事主体在民事活动中不得违反公共秩序和善良风俗,不得违反社会公德,不得损害社会利益和国家利益。

公序良俗原则的主要表现。

第五节　民法的渊源和效力

一、民法的渊源

民法的渊源主要是指国家有关机关在其职权范围内制定的有关民事的规范性文件,主要包括:(1)法律;(2)法规;(3)规章;(4)最高人民法院的司法解释;(5)国家政策和习惯。

二、民法的效力

(一)民法在时间上的效力

民法在时间上的效力是指民事法律规范在何期间内有效。

(二)民法在空间上的效力

民法在空间上的效力是指民事法律规范适用何地域内发生的民事关系。

(三)民法对人的效力

民法对人的效力是指民事法律规范适用于哪些人。

第六节　民法的适用与解释

一、民法的适用

民法的适用应遵循以下原则:(1)特别法优于一般法;(2)强行法优于任意法;(3)例外规定排除一般规定;(4)具体规定优于一般性条款。

二、民法的解释

民法的解释是指探求民事法律规范的含义,确定其内容。民法解释包括文理解释与论理解释。

考核知识点与考核要求

(一)识记

(1)民法的概念;(2)民法的调整对象;(3)财产关系;(4)人身关系;(5)民法的性质;(6)民法的五个基本原则;(7)民法在时间上、空间上和对人的效力;(8)民法适用的原则。

(二)领会

(1)民法的历史沿革;(2)民法调整的财产关系、人身关系的特点;(3)民法的任务;(4)民法基本原则的效力和功能;(5)民法各项基本原则的表现和理论根据。

(三)应用

(1)说明民法是调整社会主义市场经济关系的基本法;(2)运用民法的基本原则分析案例;(3)分析说明民法的效力。

第二章　民事法律关系

学习目的与要求

通过本章的学习,了解民事法律关系的概念和特点、民事法律事实的概念和分类、民事权利的概念、民事义务的概念和分类、民事责任的概念和特点;理解民事法律关系和民事法律事实的关系、民事法律关系的分类及其意义;掌握民事法律关系的要素、民事权利的分类、民事权利的行使和保护、民事责任的承担方式。

课程内容

第一节　民事法律关系概述

一、民事法律关系的概念

民事法律关系是指根据民事法律规范确立的以民事权利义务为内容的社会关系,是由民事法律规范调整而形成的社会关系。

二、民事法律关系的特点

民事法律关系具有以下特点:(1) 民事法律关系是一种法律关系;(2) 民事法律关系是平等主体之间的关系,一般是自愿设立的;(3) 民事法律关系是以民事权利和义务为内容的法律关系。

三、民事法律关系的要素

(一) 民事法律关系的主体

民事法律关系的主体是指参与民事法律关系、享受民事权利和负担民事义务的人。

（二）民事法律关系的内容

民事法律关系的内容是民事主体在民事法律关系中享有的权利和负担的义务,亦即当事人之间的民事权利和义务。

（三）民事法律关系的客体

民事法律关系的客体是指民事法律关系中的权利和义务共同指向的对象。

四、民事法律关系的分类

民事法律关系主要有以下分类:(1) 财产法律关系与人身法律关系;(2) 绝对法律关系与相对法律关系;(3) 单一民事法律关系与复合民事法律关系;(4) 权利性法律关系与保护性法律关系。

第二节 民事法律事实

一、民事法律事实的概念和意义

民事法律事实是指法律规定的能够引起民事法律关系产生、变更或终止的客观现象。相互结合才能引起民事法律关系发生、变更、终止的法律事实的总和,通常称为民事法律事实构成。

民事法律事实的意义在于能引发一定的民事法律后果,包括民事法律关系的发生、变更和消灭。

二、民事法律事实的分类

（一）自然事实

自然事实是指与人的意志无关的能引起民事法律后果的客观现象。自然事实包括事件和状态。

（二）人的行为

人的行为是指与人的意志有关,直接体现人的意志,能够引起民事法律后果的客观现象。

人的行为包括当事人的行为和他人的行为。当事人的行为包括民事行为和事实行为。

第三节　民事权利、义务和责任

一、民事权利

（一）民事权利的概念

民事权利是指民事主体依法享有并受法律保护的利益范围或者实施某一行为(作为或不作为)以实现某种利益的可能性。

（二）民事权利的分类

民事权利有以下主要分类：(1) 财产权与人身权；(2) 支配权、请求权、抗辩权与形成权；(3) 绝对权与相对权；(4) 主权利与从权利；(5) 原权与救济权；(6) 专属权与非专属权。

（三）民事权利的行使

民事权利的行使是指权利人为实现自己的权利实施一定的行为。权利行使的方式有事实方式和法律方式两种。权利行使应遵循自由行使原则、正当行使和禁止权利滥用原则。

（四）民事权利的保护

民事权利保护是指为保障权利不受侵害或恢复被侵害的民事权利所采取的救济措施。民事权利的保护分为自我保护和国家保护。

二、民事义务

民事义务是指义务主体为满足权利人的利益需要，在权利限定的范围内必须为一定行为或不为一定行为的约束。

民事义务主要有以下分类：(1) 法定义务与约定义务；(2) 积极义务与消极义务；(3) 专属义务与非专属义务。

三、民事责任

（一）民事责任的概念和特点

民事责任是指民事主体因违反民事义务而依法应承担的民事法律后果。

民事责任的特点。

（二）民事责任的分类

民事责任主要有以下分类：(1) 债务不履行的民事责任与侵权的民事责任；(2) 履行责任、返还责任与赔偿责任；(3) 按份责任与连带责任;(4)财产责任与非财产责任。

（三）民事责任的承担方式

民事责任的承担方式又称为民事责任的形式,是指民事主体承担民事责任的具体措施。

考核知识点与考核要求

（一）识记

(1)民事法律关系的概念;(2)民事法律关系的特点;(3)民事法律关系的主体;(4)民事法律关系的内容;(5)民事法律关系的客体;(6)民事法律事实的概念和特点;(7)民事法律事实构成的概念;(8)民事权利和民事义务的概念;(9)民事权利和民事义务的分类;(10)民事权利行使的方式和原则;(11)民事责任的概念和特点;(12)承担民事责任的方式。

（二）领会

(1)民事法律关系分类的意义;(2)民事法律事实与民事法律关系的关系;(3)民事法律事实的种类;(4)权利滥用的构成条件;(5)民事权利的保护方式;(6)民事责任的分类。

（三）应用

(1)举例说明民事法律关系的要素;(2)分析不同法律事实引起的民事法律关系的产生、变更、消灭;(3)用民事法律关系和民事权利分类的理论分析具体民事法律关系和民事权利。

第三章 自 然 人

学习目的与要求

通过本章的学习,了解自然人民事权利能力的概念和特点、民事行为能力的概念和特点、住所的概念和确定、监护的概念和特点、监护的设立、监护人的职责、宣告失踪和宣告死亡的概念和条件;理解民事权利能力与民事权利的区别、民事权利能力与民事行为能力的关系、宣告失踪和宣告死亡的法律后果;掌握自然人民事权利能力的开始和终止、民事行为能力的划分、民事行为能力的宣告和终止、撤销失踪宣告和死亡宣告的法律后果、住所的法律意义、监护人的更换和撤换、监护的终止。

课程内容

第一节 自然人的民事权利能力

一、自然人民事权利能力的概念

自然人的民事权利能力是指法律赋予自然人享有民事权利和负担民事义务的资格。

民事权利能力与民事权利的区别。

二、自然人民事权利能力的特点

自然人民事权利能力具有以下特点:(1)平等性;(2)内容的广泛性和统一性。

三、自然人民事权利能力的开始

自然人的民事权利能力自出生时开始。

四、自然人民事权利能力的终止

自然人的民事权利能力至死亡时终止。

第二节　自然人的民事行为能力

一、自然人民事行为能力的概念和特点

自然人的民事行为能力是指自然人得通过自己的独立行为取得和行使权利、设定和履行义务的资格。

自然人的民事行为能力的特点。

二、自然人民事行为能力的划分

（一）完全民事行为能力

完全民事行为能力是指可完全独立地进行民事活动,通过自己的行为取得民事权利和负担民事义务的资格。

完全民事行为能力人的范围。

（二）限制民事行为能力

限制民事行为能力是指可以独立进行一些民事活动但不能独立进行全部民事活动的资格。

限制民事行为能力人的范围。

（三）无民事行为能力

无民事行为能力是指不具有以自己的行为取得民事权利和负担民事义务的资格。

无民事行为能力人的范围。

三、自然人民事行为能力的宣告

自然人民事行为能力的宣告是指人民法院经利害关系人的申请,依法宣告精神病人为无民事行为能力人或限制民事行为能力人的制度。

自然人民事行为能力宣告的条件。

第三节　自然人的住所

一、住所的概念

自然人的住所是指自然人生活和进行民事活动的主要基地和中

心场所。

二、住所的确定

自然人以他的户籍所在地的居住地为住所,经常居住地与住所不一致的,经常居住地视为住所。

三、住所的法律意义

第四节 监 护

一、监护的概念和目的

(一) 监护的概念和特点

监护是指为无民事行为能力人和限制民事行为能力人设立保护人的制度。

监护的特点。

(二) 监护的目的

监护制度的目的是为了保护无民事行为能力人和限制民事行为能力人的利益,维护社会秩序的安定。

二、监护的设立

监护的设立是为无民事行为能力人和限制民事行为能力人确定监护人。

监护的设立主要有三种方式:法定监护、指定监护和遗嘱监护。

未成年人和精神病人的监护人的确定。

三、监护人的职责

监护人的职责主要包括:(1) 保护被监护人的身体健康;(2) 管理被监护人的财产;(3) 管理和教育被监护人;(4) 代理被监护人进行民事活动。

四、监护人的更换和撤换

监护人的更换是指在监护人无力承担监护责任时,经其请求由有关单位或人民法院更换他人为监护人。

监护人的撤换是对不履行监护职责的监护人,经有关人员或单位申请,由人民法院撤销该监护人的监护资格,另行确定监护人。

五、监护的终止

监护的终止是指不再设立监护人。

第五节　宣告失踪和宣告死亡

一、宣告失踪

（一）宣告失踪的概念和意义

宣告失踪是指经利害关系人申请，由人民法院对下落不明满一定期间的人宣告为失踪人的制度。

宣告失踪的主要目的是为失踪人设立财产代管人，以保护失踪人与相对人的财产权益。

（二）宣告失踪的条件和程序

宣告失踪的条件和程序包括：(1) 须经利害关系人申请；(2) 须被申请人下落不明满一定期间；(3) 须由人民法院宣告。

（三）宣告失踪的法律后果

人民法院作出宣告失踪的判决，应当同时指定财产代管人。失踪人的财产代管人负有管理失踪人财产的职责。

（四）失踪宣告的撤销

被宣告失踪的人重新出现或者确知他的下落，经本人或者利害关系人申请，人民法院应当撤销对他的失踪宣告。撤销失踪宣告后，财产代管关系也就终止。

二、宣告死亡

（一）宣告死亡的概念和意义

宣告死亡是指经利害关系人申请，由人民法院宣告下落不明满一定期间的自然人为死亡的制度。

宣告死亡的主要目的是结束失踪人以原住所为中心的法律关系，稳定社会秩序。

（二）宣告死亡的条件和程序

宣告失踪的条件和程序包括：(1) 须经利害关系人申请；(2) 须被申请人下落不明满一定期间；(3) 须由人民法院宣告。

(三) 宣告死亡的法律后果

宣告死亡发生与自然死亡相同的法律后果。但自然死亡前实施的民事行为与被宣告死亡引起的法律后果相抵触的,则以其实施的民事行为为准。

(四) 死亡宣告的撤销

被宣告死亡的人重新出现或者确知他没有死亡,经本人或者利害关系人申请,人民法院应当撤销对他的死亡宣告。宣告死亡的判决一经撤销,即发生一定法律后果。

考核知识点与考核要求

(一) 识记

(1) 自然人民事权利能力的概念;(2) 自然人民事权利能力的开始和终止;(3) 自然人民事行为能力的概念;(4) 自然人民事行为能力的分类和依据;(5) 住所的概念;(6) 监护的概念和特点;(7) 监护人的种类和职责;(8) 监护人撤换的条件;(9) 监护的终止;(10) 宣告失踪和宣告死亡的概念;(11) 宣告失踪和宣告死亡的条件和程序;(12) 宣告失踪和宣告死亡的法律后果;(13) 撤销失踪宣告和撤销死亡宣告的条件和后果。

(二) 领会

(1) 民事权利能力与民事权利的区别;(2) 自然人民事权利能力和民事行为能力的关系;(3) 自然人民事行为能力宣告的条件;(4) 住所的法律意义。

(三) 应用

(1) 说明自然人民事权利能力的特点;(2) 说明自然人民事行为能力状况不同的原因和后果;(3) 说明未成年人和精神病人的监护人;(4) 举例说明宣告失踪和宣告死亡制度的意义。

第四章 法　人

学习目的与要求

通过本章的学习,了解法人的概念和特点、法人机关的概念和特点、法人民事权利能力的概念和特点、法人民事行为能力的概念和特点、法人民事责任能力的概念和特点、法人的设立原则和程序、法定代表人的概念和特点;理解法人机关与法人的关系、法人财产与法人责任的关系、法人成员的责任与法人责任的联系;掌握法人的条件、法人的分类、法人机关的种类、法人变更的情形、法人终止的原因、法人清算的内容。

课程内容

第一节　法人概述

一、法人的概念和特点

法人是具有民事权利能力和民事行为能力,依法独立享有民事权利和承担民事义务的组织。

法人的特点。

二、法人应具备的条件

法人的成立应具备以下条件:(1) 依法成立;(2) 有必要的财产和经费;(3) 有自己的名称、组织机构和场所;(4) 能独立承担民事责任。

三、法人的分类
（一）学理上对法人的分类

（1）公法人与私法人；（2）社团法人与财团法人；（3）营利法人、公益法人与中间法人；（4）本国法人与外国法人。

（二）法律上对法人的分类

1. 企业法人
2. 机关法人、事业单位法人与社会团体法人

第二节 法人的民事能力

一、法人的民事权利能力

法人的民事权利能力是指法人能够以自己的名义独立享受民事权利和负担民事义务的资格。

法人民事权利能力的特点。

二、法人的民事行为能力

法人的民事行为能力是指法人以自己的意思独立进行民事活动的能力，亦即法人通过自己的行为取得民事权利和设定民事义务的资格。

法人民事行为能力的特点。

三、法人的民事责任能力

法人的民事责任能力是指法人对自己的不法行为承担民事责任的能力。

法人民事责任能力的特点。

第三节 法 人 机 关

一、法人机关的概念和特点

法人机关是指根据法律、章程或条例的规定，于法人成立时就产生的不需特别授权就能够以法人的名义对内管理法人的事务，对外代表法人进行民事活动的集体或者个人。

法人机关的特点。

二、法人机关的种类

法人机关由权力机关、执行机关和监督机关三部分构成。

三、法人的法定代表人

依照法律或者法人组织章程规定,代表法人行使职权的负责人,是法人的法定代表人。

四、法人机关与法人的关系

法人机关与法人之间不是两个主体之间的关系,而是具有同一的法律人格;法人机关是法人的组成部分。

第四节 法人的财产与责任

一、法人的财产

法人的财产是指法人独立拥有的财产。

法人财产的特点。

二、法人的责任

法人的责任是指法人对其在民事活动中发生的债务负责清偿的民事责任。

法人责任的特点。

第五节 法人的设立

一、法人设立的概念

法人的设立是指法人这一组织体的创办或建立。

二、法人设立的原则

法人设立的原则主要有以下几种:(1) 特许设立主义;(2) 许可设立主义;(3) 自由设立主义;(4) 准则设立主义;(5) 强制设立主义。

三、法人设立的程序

(一) 法人设立的方式

法人设立的方式主要有以下几种:(1) 命令设立;(2) 发起设立;(3) 募集设立;(4) 捐助设立。

(二) 法人设立的条件

法人设立须具备以下条件:(1) 有发起人或设立人;(2) 须有法律依据。

(三) 法人资格的取得

以命令方式设立的机关法人,不须登记,自设立之日起即具有法人资格;事业单位法人和社会团体法人,依法不需要办理法人登记的,自设立之日起,即取得法人资格;依法需要办理法人登记的,经核准登记取得法人资格。企业法人均须办理法人登记。

第六节 法人的变更与终止

一、法人的变更

法人变更是指法人成立后在其存续期间内因各种原因而发生的组织体、组织形式以及其他事项的变动。

法人组织体的变更包括合并和分立。

二、法人的终止

法人的终止是指法人的民事主体资格不再存在,其民事权利能力和民事行为能力终止。

企业法人终止的原因为:(1) 依法被撤销;(2) 解散;(3) 依法被宣告破产;(4) 其他原因。

三、法人的清算

法人的清算是指于法人终止时由清算组织依职权清理该法人的财产,了结其参与的财产法律关系。

清算组织和清算组织的职责。

考核知识点与考核要求

(一) 识记

(1) 法人的概念;(2) 法人的特点;(3) 法人应具备的条件;(4) 财团法人与社团法人;(5) 企业法人与非企业法人;(6) 公司法

人的种类;(7) 法人民事权利能力的特点;(8) 法人民事行为能力的特点;(9) 法人民事责任能力的特点;(10) 法人机关的概念和种类;(11) 法定代表人的特点;(12) 法人财产的特点;(13) 法人责任的特点;(14) 法人变更的概念;(15) 法人的合并与分立的情形;(16) 法人终止的概念和原因;(17) 法人清算的概念;(18) 清算组织的职责。

（二）领会

(1) 区分企业法人与非企业法人的意义;(2) 法人与商品经济的关系;(3) 法人机关与法人的关系;(4) 法人设立的条件;(5) 法定代表人的职责和条件;(6) 法人合并和分立的条件及后果。

（三）应用

(1) 分析法定代表人与法人之间的关系;(2) 说明法人的行为和负责人越权行为的后果;(3) 分析说明法人的责任、法人投资人的责任、法定代表人的责任之间的关系。

第五章 非法人组织

学习目的与要求

通过本章的学习,了解非法人组织的概念和特点、非法人组织的种类、合伙的概念和特点、合伙的分类、法人分支机构的概念和特点、个人独资企业的概念和特点、个体工商户概念和特点、农村承包经营户的概念和特点;掌握合伙的内外部关系的效力、入伙及退伙的后果、合伙的解散及责任。

课程内容

第一节 非法人组织概述

一、非法人组织的概念和特点

非法人组织是指不具有法人资格但可以自己的名义进行民事活动的社会组织。

非法人组织的特点。

二、非法人组织的主体地位

非法人组织具有相对独立的民事主体地位,在财产和责任上不具有完全的独立性。

三、非法人组织的种类

非法人组织主要有以下两种分类:(1)营利性非法人组织与非营利性非法人组织;(2)需登记的非法人组织与不需登记的非法人组织。

第二节 合　伙

一、合伙的概念和特点

合伙是指两个以上的民事主体为了共同的经济目的,按照协议组成的不具有法人资格的营利性组织。

合伙的特点。

二、合伙的分类

合伙主要有以下分类:(1) 普通合伙与有限合伙;(2) 个人合伙与单位合伙;(3) 合伙企业与其他合伙。

三、合伙的内部关系

(一) 合伙人的出资和合伙财产的使用、管理

(二) 合伙事务的执行

(三) 合伙收益的分配和合伙亏损的分担

四、合伙与第三人的关系

(一) 执行合伙事务的后果

(二) 合伙债务的清偿

五、入伙与退伙

(一) 入伙

入伙是指在合伙存续期间第三人加入合伙成为合伙人。

(二) 退伙

退伙是指在合伙存续期间,合伙人与其他合伙人脱离合伙关系而不再为合伙人。退伙分为任意退伙、法定退伙和强制退伙。

六、合伙的解散与清算

合伙的解散是指合伙的终结,合伙人间结束合伙关系。

合伙解散时应进行清算并公告债权人。

第三节　其他非法人组织

一、法人分支机构

法人的分支机构是指由法人为实现其职能而设立的一种可以自

己的名义进行民事活动但不能独立承担民事责任的独立机构。

法人分支机构的特点。

二、个人独资企业

个人独资企业是指由一个自然人投资,财产为投资人个人所有,投资人以其个人财产对企业债务承担无限责任的经营实体。

个人独资企业的特点。

三、个体工商户

公民在法律允许的范围内,依法经核准登记,从事工商业经营的,为个体工商户。

个体工商户的特点。

四、农村承包经营户

农村集体经济组织的成员,在法律允许的范围内,按照承包合同规定从事商品经营的,为农村承包经营户。

农村承包经营户的特点。

考核知识点与考核要求

（一）识记

（1）非法人组织的概念和特点;（2）合伙的概念和特点;（3）普通合伙与有限合伙的区别;（4）合伙的内部关系;（4）合伙与第三人的关系;（5）入伙的条件;（6）法人分支机构的概念和特点;（7）个人独资企业的概念和特点;（8）个体工商户的概念和特点;（9）农村承包经营户的概念和特点。

（二）领会

（1）非法人组织的种类;（2）合伙的分类;（3）合伙人的权利义务;（4）合伙人任意退伙与法定退伙、强制退伙的条件;（5）合伙解散的原因和清算人的职责。

（三）应用

（1）说明非法人组织与法人的异同;（2）分析说明合伙人入伙、退伙对合伙债务的责任;（3）分析合伙人对合伙债务的责任;

(4)说明合伙企业解散后合伙人的责任;(5)分析说明法人分支机构、个人独资企业、个体工商户、农村承包经营户的财产责任的承担。

第六章 民事法律关系客体

学习目的与要求

通过本章的学习,了解民事法律关系客体的特点和种类、物的概念和特点;掌握物的分类及其意义、货币和有价证券的特殊性。

课程内容

第一节 民事法律关系客体概述

一、民事法律关系客体的概念和特点

民事法律关系的客体是指作为法律关系内容的民事权利和民事义务共同指向的对象。

民事法律关系客体的特点。

二、民事法律关系客体的种类

民事法律关系的客体包括:(1)物;(2)其他财产;(3)行为;(4)智力成果;(5)人身利益;(6)其他。

第二节 物

一、物的概念和特点

物是指民事主体能够实际控制或支配的具有一定经济价值的物质资料。

物的特点。

二、物的分类

物主要有以下分类：(1) 动产与不动产；(2) 流通物与限制流通物、禁止流通物；(3) 主物与从物；(4) 原物与孳息；(5) 消耗物与非消耗物；(6) 可分物与不可分物；(7) 特定物与种类物；(8) 代替物与不代替物。

三、物在民法上的意义

物在民法中的意义主要表现在以下方面：(1) 物涉及多种民事法律关系；(2) 物可决定民事法律关系的性质；(3) 物会影响案件的管辖。

第三节　货币和有价证券

一、货币

货币是指充当一般等价物的一种特殊的物。货币有本币与外币之分。

二、有价证券

（一）有价证券的概念和特点

有价证券是设定并证明持券人有权取得一定财产权利的书面凭证。

有价证券的特点。

（二）有价证券的种类

根据有价证券上所代表的权利的性质，有价证券可分为：(1) 代表一定货币的有价证券；(2) 代表一定商品的有价证券；(3) 代表一定股份权利的有价证券；(4) 代表一定债权的有价证券。

根据有价证券权利的转移方式，有价证券可分为：(1) 记名有价证券；(2) 指示有价证券；(3) 无记名有价证券。

考核知识点与考核要求

（一）识记

(1) 民事法律关系客体的概念和特点；(2) 民事法律关系客体

的种类;(3) 物的概念和特点;(4) 动产与不动产;(5) 流通物与限制流通物、禁止流通物;(6) 主物与从物;(7) 原物与孳息;(8) 消耗物与非消耗物;(9) 可分物与不可分物;(10) 特定物与种类物;(11) 代替物与不代替物;(12) 货币的概念和特殊性;(13) 有价证券的概念和特点。

（二）领会

(1) 物的各种分类的意义;(2) 有价证券的分类。

（三）应用

(1) 分析民法上物的特点;(2) 说明有价证券权利转移的不同方式。

第七章 民事行为

学习目的与要求

通过本章的学习,了解民事法律行为的概念和特点、意思表示的概念和种类、无效民事行为的概念和特点、可撤销民事行为的概念和特点、效力待定民事行为的概念和特点、附条件民事行为和附期限民事行为的特点及种类;理解民事行为的分类及其意义、附条件民事行为与附期限民事行为的效力、无效民事行为与可撤销民事行为及效力待定民事行为的区别;掌握意思表示瑕疵的认定、民事行为成立与生效的要件、无效民事行为的种类及后果、可撤销民事行为的种类及撤销权的行使、效力待定民事行为的种类及效力认定。

课程内容

第一节 民事行为概述

一、民事法律行为的概念

民事法律行为是民事主体实施的以发生民事法律后果为目的的合法行为。

二、民事法律行为的特点

民事法律行为具有以下特点:(1)民事法律行为是民事主体实施的以发生一定民事法律后果为目的的行为;(2)民事法律行为是以意思表示为要素的行为;(3)民事法律行为是能发生当事人预期法律后果的合法行为。

三、民事行为的分类

民事行为主要有以下分类:(1) 单方行为与双方或多方行为;(2) 有偿行为与无偿行为;(3) 双务行为与单务行为;(4) 诺成性行为与实践性行为;(5) 要式行为与不要式行为;(6) 要因行为与不要因行为;(7) 生前生效行为与死后生效行为;(8) 主行为与从行为。

第二节 意思表示

一、意思表示的概念和要件

意思表示是指民事行为的行为人欲设立、变更、终止民事权利和民事义务的内在意思的外在表现。意思表示包括意思与表示两方面的要件或内容。

二、意思表示的形式

意思表示的形式是指表意人为意思表示或表现意思表示的方式。意思表示的形式主要有口头形式、书面形式和默示形式。

三、意思表示的分类

意思表示主要有以下分类:(1) 明示的意思表示与默示的意思表示;(2) 有相对人的意思表示与无相对人的意思表示;(3) 对话的意思表示与非对话的意思表示;(4) 健全的意思表示与不健全的意思表示。

四、意思表示的瑕疵

(一) 意思与表示不一致

意思与表示不一致包括两种情形:故意的不一致,如真意保留、通谋虚伪表示、隐藏行为;无意的不一致,如错误、误传。

(二) 意思表示不自由

意思表示不自由主要包括受欺诈的意思表示、受胁迫的意思表示、危难的意思表示。

五、意思表示的解释

意思表示的解释是指阐明当事人意思表示的真实含义。

第三节　民事行为的成立与生效

一、民事行为的成立要件

（一）民事行为的一般成立要件

民事行为的一般成立要件包括：(1) 行为人；(2) 意思表示；(3) 标的。

（二）民事行为的特别成立要件

民事行为的特别成立要件是指特别的一些民事行为成立所需要的特有条件。

二、民事行为的生效要件

（一）民事行为的一般生效要件

民事行为的一般生效要件包括：(1) 行为人具有相应的民事行为能力；(2) 意思表示真实；(3) 不违反法律或者社会公共利益。

（二）民事行为的特别生效要件

民事行为的特别生效要件是指一些特殊的民事行为除具备一般生效要件外还须具备的生效条件。

第四节　附条件、附期限的民事行为

一、附条件的民事行为

附条件的民事行为是指行为人设定一定条件，以条件的成就与否作为民事行为效力发生与否的民事行为。

（一）条件的概念和特点

条件是指当事人在实施行为时设定的用以确定行为效力的特定的客观事实。

条件的特点。

（二）条件的成就与不成就

条件成就是指作为条件的客观事实发生；条件不成就是指作为条件的客观事实未出现。

(三) 条件的分类

条件主要有以下分类：(1) 停止条件与解除条件；(2) 积极条件与消极条件。

二、附期限的民事行为

附期限民事行为是指当事人以将来确定到来的客观事实作为决定民事行为效力的附款的民事行为。

民事行为所附的期限分为生效期限与终止期限。

第五节　无效民事行为

一、无效民事行为的概念和特点

无效民事行为是指因根本不具备民事行为的生效要件，自始确定的、当然的、完全不能发生法律效力的民事行为。

无效民事行为的特点。

二、无效民事行为的种类

无效民事行为包括以下几类：(1) 无民事行为能力人实施的民事行为；(2) 限制民事行为能力人实施的依法不能独立实施的单方行为；(3) 一方以欺诈、胁迫的手段所为的损害国家利益的民事行为；(4) 恶意串通，损害国家、集体或者第三人利益的民事行为；(5) 以合法形式掩盖非法目的的民事行为；(6) 损害社会公共利益的民事行为；(7) 违反法律、行政法规的效力性强制性规定的民事行为。

三、无效民事行为的后果

无效民事行为不能发生当事人预期的法律后果，而发生以下法律后果：(1) 不得履行；(2) 返还财产；(3) 赔偿损失；(4) 收缴财产归国家或者返还财产给集体、第三人。

第六节　可撤销民事行为

一、可撤销民事行为的概念和特点

可撤销民事行为又称可撤销、可变更的民事行为，是指因意思表示有瑕疵,当事人可以请求人民法院或者仲裁机构予以变更或撤销的民事行为。

可撤销民事行为的特点。

二、可撤销民事行为的种类

可撤销民事行为包括以下几类:(1) 重大误解的民事行为;(2) 显失公平的民事行为;(3) 一方以欺诈、胁迫的手段或者乘人之危,使对方在违背真实意思的情形下所为的民事行为。

三、可撤销民事行为的撤销

(一) 撤销权的概念

可撤销民事行为的当事人享有的可以使可撤销民事行为自始不发生效力的权利即为撤销权。

(二) 撤销权的消灭

(三) 可撤销民事行为被撤销后的后果

可撤销民事行为经当事人请求被变更的,应按变更后的内容履行;经请求后被撤销的,该民事行为自始无效,发生无效民事行为的法律后果。

可撤销民事行为与无效民事行为的区别。

第七节 效力待定民事行为

一、效力待定民事行为的概念和特点

效力待定民事行为是指于民事行为成立时其是有效还是无效尚不能确定,还待其后一定事实的发生来确定其效力的民事行为。

效力待定民事行为的特点。

二、效力待定民事行为的种类

效力待定民事行为包括以下几种:(1) 限制民事行为能力人实施的依法不能独立实施的双务行为;(2) 无权代理行为;(3) 无权处分行为;(4) 欠缺债权人同意的债务移转行为。

考核知识点与考核要求

（一）识记

（1）民事法律行为的概念；（2）民事法律行为的特点；（3）单方行为与双方行为；（4）有偿行为与无偿行为；（5）双务行为与单务行为；（6）诺成性行为与实践性行为；（7）要式行为与不要式行为；（8）要因行为与不要因行为；（9）生前生效行为与死后生效行为；（10）主行为与从行为；（11）意思表示的概念和内容；（12）意思表示的形式；（13）明示的意思表示与默示的意思表示；（14）有相对人的意思表示与无相对人的意思表示；（15）对话的意思表示与非对话的意思表示；（16）健全的意思表示与不健全的意思表示；（17）附条件、附期限民事行为的概念和种类；（18）无效民事行为的概念；（19）无效民事行为的种类；（20）可撤销民事行为的概念；（21）可撤销民事行为的种类；（22）撤销权消灭的原因；（23）民事行为无效的法律后果；（24）效力待定民事行为的概念；（25）效力待定民事行为的种类。

（二）领会

（1）民事行为各种分类的意义；（2）民事行为成立与生效的要件；（3）意思表示瑕疵的种类；（4）附条件民事行为中条件的特点及分类；（5）附条件民事行为与附期限民事行为的异同；（6）无效民事行为、可撤销民事行为、效力待定民事行为的区别。

（三）应用

（1）以实例说明民事行为的类型；（2）以实例说明附条件民事行为的种类、条件的成就与不成就及效力；（3）以实例说明附期限民事行为的效力；（4）以实例说明无效民事行为的类型；（5）以实例说明可撤销民事行为的类型及撤销权行使的后果；（6）分析效力待定民事行为的法律后果。

第八章 代 理

学习目的与要求

通过本章的学习,了解代理的概念和特点、代理的意义和适用范围、代理的分类;掌握代理权的授予、代理权行使的原则、代理权的消灭原因及后果、无权代理及表见代理的构成和法律后果。

课程内容

第一节 代理概述

一、代理的概念

代理是指代理人在代理权限内,以被代理人(本人)的名义进行民事活动,由本人直接承受其法律后果的制度。

二、代理的特点

代理具有以下特点:(1)代理人以被代理人的名义实施代理行为;(2)代理人代理进行的主要是民事行为;(3)代理人独立为代理行为;(4)代理人在代理权限内实施代理行为;(5)代理人实施代理的法律后果直接由被代理人承受。

三、代理的意义和适用范围

(一)代理的意义

(二)代理的适用范围

四、代理的分类

代理主要有以下分类:(1)委托代理、指定代理与法定代理;

(2)一般代理与特别代理;(3)单独代理与共同代理;(4)本代理与再代理。

第二节 代 理 权

一、代理权的概念

代理权是指代理人以被代理人的名义进行民事活动,并由被代理人承担其法律后果的一种法律资格。

二、代理权的授予

(一)代理权授予的概念

代理权的授予是指授予代理人以代理权的法律现象。

(二)代理权授予的性质、形式和内容

授权行为是一种单方行为、不要式行为。

三、代理权的行使

(一)代理权行使的含义与原则

代理权的行使是代理人在代理权限内实施代理行为,应遵循以下原则:(1)在代理权限内积极行使代理权;(2)维护被代理人的利益;(3)合法行使代理权。

(二)滥用代理权的禁止

滥用代理权是指代理人行使代理权违背代理的宗旨而实施损害被代理人利益的行为。

滥用代理权的构成条件;滥用代理权的主要情形。

四、代理权的消灭

第三节 无 权 代 理

一、无权代理的概念

无权代理是指行为人没有代理权而以他人的名义所实施的代理。

无权代理发生的原因。

二、狭义无权代理

狭义无权代理是指行为人无代理权,也没有使他人足以相信其有代理权的客观事实,行为人以本人名义而实施的代理。

无权代理的后果。

三、表见代理

(一) 表见代理的概念和构成

表见代理是指行为人无代理权而以本人的名义与第三人为民事行为,但有足以使第三人相信其有代理权的事实和理由,善意相对人与行为人实施民事行为的,该民事行为的后果由本人承担。

表见代理的构成条件。

(二) 表见代理的常见情形与后果

常见的构成表见代理的情形。

表见代理的代理行为有效,相对人也可在本人未承认该表见代理行为前主张为无权代理而撤销该行为。

考核知识点与考核要求

(一) 识记

(1) 代理的概念;(2) 代理的特点;(3) 代理关系的当事人;(4) 代理的适用范围;(5) 委托代理、法定代理与指定代理;(6) 一般代理与特别代理;(7) 单独代理与共同代理;(8) 本代理与再代理;(9) 代理权的概念;(10) 代理权授予的性质、形式和内容;(11) 代理权行使的原则;(12) 滥用代理权的情形;(13) 无权代理的概念和发生原因;(14) 无权代理的法律后果;(15) 表见代理的概念、条件和后果;(16) 代理权消灭的原因。

(二) 领会

(1) 代理的意义;(2) 再代理与代理的联系与区别;(3) 滥用代理权与无权代理的区别。

(三) 应用

(1) 举例说明不适用代理的情形;(2) 说明委托授予代理权的

要求;(3)分析代理中会发生的责任;(4)举例说明滥用代理权和无权代理的情形;(5)以实例说明表见代理的构成条件、表见代理常见的情形和后果。

第九章 诉讼时效与期限

学习目的与要求

通过本章的学习,了解时效的概念和要素、时效的性质和种类、诉讼时效的概念和特点、诉讼时效中止的概念和事由、诉讼时效中断的概念和事由、诉讼时效延长的概念、期限的概念和意义;理解诉讼时效与除斥期间的区别、诉讼时效中止与中断的区别、诉讼时效的起算;掌握诉讼时效的分类和适用范围、诉讼时效中止和中断的效力、期限的分类、期限的确定方式与计算方法。

课程内容

第一节 民事时效概述

一、民事时效的概念
民事时效是指一定的事实状态持续存在一定时间后即发生一定法律后果的法律制度。
时效包含的三要素。
二、民事时效的性质
时效为法律事实中的自然状态;时效具有强行性。
三、民事时效的种类
时效包括取得时效和消灭时效。

第二节 诉讼时效概述

一、诉讼时效的概念和特点
诉讼时效是指权利人于一定期间内不行使请求人民法院保护其民事权利的请求权,就丧失该项请求权的法律制度。
诉讼时效的特点。

二、诉讼时效与除斥期间的区别
除斥期间是指法律规定的某种权利的存续期间。
诉讼时效与除斥期间的区别。

三、诉讼时效的适用范围
诉讼时效的适用范围是指诉讼时效适用于何种权利。
不适用诉讼时效的请求权。

四、诉讼时效的种类
（一）普通诉讼时效
普通诉讼时效是指民法上统一规定的适用于法律没有另外特别规定的各种民事法律关系的诉讼时效。
（二）特别诉讼时效
特别诉讼时效是指由民法或者单行法特别规定的仅适用于特殊规定的民事法律关系的诉讼时效。

五、诉讼时效的效力
诉讼时效完成后权利人仅丧失请求法院依强制程序保护其权利的权利。义务人自愿履行的,其履行仍有效。

第三节 诉讼时效期间的计算

一、诉讼时效的起算
诉讼时效的起算是指诉讼时效期间的开始计算。诉讼时效期间从知道或者应当知道权利被侵害时起计算。但是,从权利被侵害之日起超过 20 年的,人民法院不予保护。

二、诉讼时效的中止

(一) 诉讼时效中止的概念

诉讼时效的中止是指在诉讼时效期间的最后 6 个月内,因发生法定事由使权利人不能行使请求权的,暂停计算时效期间,待中止事由消除后,再继续计算诉讼时效期间。

(二) 诉讼时效中止的事由和时间

诉讼时效中止的事由包括:(1) 不可抗力;(2) 其他障碍。诉讼时效中止的事由须发生在时效期间的最后 6 个月内。

(三) 诉讼时效中止的后果

从中止时效的原因消除之日起,诉讼时效期间继续计算。

三、诉讼时效中断

(一) 诉讼时效中断的概念

诉讼时效中断是指在诉讼时效进行中,因发生法定事由致使已经经过的诉讼时效期间全归无效,待中断事由消除后,重新开始计算诉讼时效期间。

(二) 诉讼时效中断的事由

诉讼时效中断的事由包括:(1) 提起诉讼;(2) 权利人提出要求;(3) 义务人同意履行义务。

(三) 诉讼时效中断的法律后果

从诉讼时效中断时起,诉讼时效期间重新开始计算。

(四) 诉讼时效中断与中止的区别

四、诉讼时效的延长

诉讼时效的延长是指在诉讼时效完成后,权利人向人民法院提出请求时,经法院查明权利人确有正当理由未能及时行使权利的,可延长时效期间,使诉讼时效不完成。

第四节 期 限

一、期限的概念和意义

期限是指民事法律关系发生、变更和终止的时间。包括期日和期间。

期限在民法上有重要意义。

二、期间的分类

期间主要有以下分类：(1) 任意性期间与强行性期间；(2) 确定期间、相对确定期间与不确定期间；(3) 连续期间与不连续期间；(4) 法定期间、指定期间与意定期间；(5) 普通期间与特殊期间。

三、期限的确定与计算

考核知识点与考核要求

（一）识记

(1) 时效的概念和构成要件；(2) 时效的性质；(3) 取得时效与消灭时效；(4) 诉讼时效的概念和特点；(5) 普通诉讼时效；(6) 特别诉讼时效；(7) 诉讼时效起算的概念；(8) 诉讼时效中止的概念和后果；(9) 诉讼时效中断的概念和后果；(10) 期日、期间的概念。

（二）领会

(1) 诉讼时效与除斥期间的区别；(2) 诉讼时效的适用范围；(3) 诉讼时效中止与中断的异同；(4) 诉讼时效中止与延长的区别；(5) 期间的分类。

（三）应用

(1) 说明特别诉讼时效与普通诉讼时效的区别及适用1年诉讼时效期间的情形；(2) 以实例说明诉讼时效与除斥期间的区别；(3) 说明不适用诉讼时效的主要情形；(4) 说明诉讼时效期间开始计算的具体情形；(5) 说明诉讼时效中止、中断的事由。

第二编 人身权

第十章 人身权概述

学习目的与要求

通过本章的学习,了解和掌握人身权的概念、特点、内容、分类。

课程内容

第一节 人身权的概念和内容

一、人身权的概念和特点

人身权是民事主体依法享有的,与其人身不可分离的而无直接财产利益内容的权利。

人身权的特点。

二、人身权的内容

人身权的内容包括:(1) 支配权;(2) 利用权;(3) 维护权。

第二节 人身权的分类

根据人身权的客体的不同,人身权可分为人格权与身份权。

人格权又可分为具体人格权与一般人格权、物质性人格权与精神性人格权。

身份权又可分为亲属法上身份权与非亲属法上身份权、基本身份权与派生身份权。

考核知识点与考核要求

（一）识记

（1）人身权的概念；（2）人身权的特点；（3）人格权的概念和特点；（4）身份权的概念和特点。

（二）领会

（1）人身权的内容；（2）人格权的分类；（3）身份权的分类。

第十一章 人格权

学习目的与要求

通常本章的学习,了解和掌握具体人格权的概念和内容。

课程内容

第一节 物质性人格权

一、生命权

生命权是指自然人享有的以其生命利益为客体的,以其生命安全利益为内容的人格权。

生命权的内容。

二、健康权

健康权是指自然人享有的以健康利益为客体的,以维持其人体的生理机能正常运作和功能完善发挥为内容的人格权。

健康权的内容。

三、身体权

身体权是指自然人享有的以维护其身体完整并支配其肢体、器官和其他身体组织的人格权。

身体权的内容。

第二节　精神性人格权

一、姓名权

姓名权是指自然人决定、使用和依照规定改变自己姓名的权利。

姓名权的内容。

二、名称权

名称权是指法人、非法人组织依法享有的决定、使用、改变其名称并排斥他人干涉的权利。

名称权的内容。

三、肖像权

肖像权是自然人享有的以对在自己的肖像所体现的人格利益为客体的人格权。

肖像权的内容。

四、名誉权

名誉权是民事主体依法对其名誉所享有的权利。

名誉权的内容。

五、隐私权

隐私权是指自然人享有的个人生活秘密、私人行为自由和私人领域不受非法干扰的权利。

隐私权的内容。

考核知识点与考核要求

（一）识记

(1) 各种人格权的概念；(2) 各种人格权的主要内容。

（二）领会

(1) 生命权、健康权、身体权的区别；(2) 名誉权与隐私权的区别。

（三）应用

(1) 举例说明人格权；(2) 说明侵害各种人格权的主要表现。

第十二章 身 份 权

学习目的与要求

通过本章的学习,了解和掌握主要身份权的概念、内容。

课程内容

第一节 亲属法上的身份权

一、配偶权

配偶权是指夫妻双方相互享有的基于配偶关系发生的以配偶身份利益为客体的身份权。

配偶权的内容。

二、亲权

亲权是指父母基于父母身份享有的对未成年子女进行抚养、教育和保护的权利。

亲权的内容。

三、亲属权

亲属权是指父母与成年子女、祖父母(外祖父母)与孙子女(外孙子女)以及兄弟姐妹之间相互享有的基于亲属关系而产生的身份权。

亲属权的内容。

第二节　非亲属法上的身份权

一、荣誉权

荣誉权是指民事主体享有的获得、维护、利用其荣誉并不受他人非法侵害的权利。

荣誉权的内容。

二、知识产权中的身份权

考核知识点与考核要求

（一）识记

（1）配偶权的概念；（2）亲权的概念；（3）亲属权的概念；（4）荣誉权的概念。

（二）领会

（1）荣誉权的主要内容；（2）亲权与亲属权的区别。

（三）应用

（1）举例说明亲属法上的身份权；（2）举例说明知识产权中的身份权。

第三编 物 权

第十三章 物权总论

学习目的与要求

通过本章的学习,了解物权的概念和特点;理解物权的分类及其意义、物权的各种效力及其表现;掌握物权变动的原因、物权变动的公示原则、不动产登记的相关规则、动产交付的种类及其效力。

课程内容

第一节 物权概述

一、物权的概念和特点

物权是指权利人依法对特定的物享有直接支配和排他的权利,包括所有权、用益物权和担保物权。

物权的特点。

二、物权的分类

(一)物权的法定种类

物权法实行物权法定原则,物权的种类和内容由法律规定,当事人不得创设或改变。

(二) 物权的学理分类

在学理上,物权主要有以下分类:(1) 意定物权与法定物权;(2) 完全物权与定限物权;(3) 用益物权与担保物权;(4) 不动产物权、动产物权与权利物权;(5) 独立物权与附属物权;(6) 有期物权与无期物权;(7) 一般法上物权与特别法上物权。

第二节 物权的效力

一、物权的排他效力

物权的排他效力是指在同一标的物上不能同时存在两个以上的内容不相容的物权,亦即在同一物上已存在的物权具有排除在该物上再成立与其内容互不相容的物权的效力。

二、物权的优先效力

(一) 物权相互间的优先效力

物权相互间的优先效力是指在同一个标的物之上同时存在两个以上不同内容或性质的物权时,先成立的物权具有优先于后成立的物权的效力。

(二) 物权优先于债权的效力

物权优先于债权的效力是指物权的客体和债权的给付物为同一标的物时,无论物权成立先后,其效力均优先于债权。

三、物权的追及效力

物权的追及效力是指物权成立后,其标的物无论辗转归于何人之手,物权人均得追及其所在而直接支配该物,但应受善意取得的限制。

四、物权的妨害排除效力

物权的妨害排除效力是指物权人于其物被侵害或有被侵害之虞时,物权人得请求排除侵害或停止侵害,以回复其物权的圆满状态的权利。

第三节　物权的变动

一、物权变动的概念

物权的变动,就物权自身而言,是指物权的发生、变更、转让和消灭的运动状态;就物权主体而言,是指物权的取得、丧失与变更。

物权变动包括物权的发生、变更、转让和消灭四种形态。

二、物权变动的原因

物权变动的原因是指引起物权变动的法律事实。物权变动的原因包括法律行为和非法律行为两大类。

三、物权变动的公示原则

公示原则是指当事人以公开方式使公众知晓物权变动的事实。即物权的变动必须与一定的标志结合起来,使第三人能够从外部加以识别。

不动产物权以登记为公示方法,动产物权以交付为公示方法。

四、不动产登记

（一）不动产登记的概念

不动产登记是指登记机构根据当事人的登记申请,将不动产物权变动的事项记载于登记簿上的行为。

（二）不动产登记机构及其职责

（三）不动产登记的种类

不动产登记主要有以下几种:(1) 初始登记、变更登记与注销登记;(2) 正式登记与预告登记;(3) 更正登记与异议登记。

五、动产交付

动产的交付是指物权人将动产转移给他人占有。交付包括现实交付和观念交付。

现实交付又称直接交付,是指物权人将动产直接移交给另一方占有并由其行使直接管领力。

观念交付是指动产的占有在观念上的转移而非现实转移,包括简易交付、指示交付、占有改定。

考核知识点与考核要求

(一) 识记

(1) 物权的概念;(2) 物权的特点;(3) 意定物权与法定物权;(4) 完全物权与定限物权;(5) 用益物权与担保物权;(6) 不动产物权、动产物权与权利物权;(7) 独立物权与附属物权;(8) 有期物权与无期物权。

(二) 领会

(1) 物权的排他效力;(2) 物权的优先效力;(3) 物权的追及效力;(4) 物权分类的意义;(5) 不动产登记的含义和效力;(6) 动产交付的含义和效力。

(三) 应用

(1) 比较物权效力与债权效力的区别;(2) 说明物权变动的原因;(3) 说明不动产登记中的更正登记、异议登记和预告登记;(4) 说明动产交付的形态。

第十四章　所　有　权

学习目的与要求

通过本章的学习,了解所有权的概念和特点、国家所有权的概念和特点、集体所有权的概念和特点、私人所有权的概念和特点、建筑物区分所有权的概念和特点、共有的概念和特点、相邻关系的概念和特点;理解建筑物区分所有权的权利构成及其内容、相邻关系的处理原则、共有物的分割及效力;掌握所有权的权能、所有权的分类、相邻关系的种类、共有的种类、共有的内外部关系的效力、善意取得等所有权取得方式的构成条件和效力。

课程内容

第一节　所有权概述

一、所有权的概念和特点

所有权是指所有权人对自己的物依法享有占有、使用、收益和处分的权利。

所有权的特点。

二、所有权的权能

(一) 占有权能

占有权能是指所有权人对所有物为事实上管领、控制的权能。

(二) 使用权能

使用权能是指依所有物的性能或用途,不毁损其物或变更其性质而加以利用,以满足生产和生活需要的权能。

（三）收益权能

收益权能是指收取标的物所产生的新增经济利益的权能。

（四）处分权能

处分权能是指依法对物进行处置,从而决定其命运的权能。处分包括事实上的处分和法律上的处分。

三、所有权的分类

所有权主要有以下分类:(1)国家所有权与集体所有权、私人所有权;(2)不动产所有权与动产所有权。

四、所有权的限制

（一）国家有权依法征收、征用所有权人的不动产和动产

（二）接受相邻关系人的限制

（三）接受法律规定的不作为义务或作为义务的限制

第二节 国家所有权和集体所有权、私人所有权

一、国家所有权

国家所有权是指国家对国家所有即全民所有的财产依法享有占有、使用、收益和处分的权利。

国家所有权的特点。

二、集体所有权

集体所有权是指集体经济组织依法对集体财产享有占有、使用、收益、处分的权利。

集体所有权的特点。

三、私人所有权

私人所有权是指私人依法对其合法取得的不动产和动产享有占有、使用、收益、处分的权利。

私人所有权的特点。

四、法人所有权

法人所有权是指法人对其不动产和动产依照法律、法规及规章的规定享有的占有、使用、收益和处分的权利。法人所有权包括企业

法人所有权和其他法人所有权。

第三节 建筑物区分所有权

一、建筑物区分所有权的概念和特点

建筑物区分所有权是指业主对建筑物内的住宅、经营性用房等专有部分享有所有权,对专有部分以外的共有部分享有共有权和共同管理权的一种不动产所有权。

建筑物区分所有权的特点。

二、专有部分的专有权

专有部分的专有权是指业主对区分所有建筑物的专用部分所享有的占有、使用、收益和处分的权利。

三、共有部分的共有权

共有部分的共有权是指业主对区分所有建筑物的共有部分所享有的权利。

四、共有部分的管理权

共有部分的管理权是指业主基于对建筑物共有部分的管理而享有的权利。

第四节 相邻关系

一、相邻关系的概念和特点

相邻关系是指相互毗邻的不动产所有权人或使用权人之间在行使所有权或使用权时,因相互间给予便利或接受限制所发生的权利义务关系。

相邻关系的特点。

二、相邻关系的处理原则

(一) 有利生产和方便生活的原则

(二) 团结互助和公平合理的原则

(三) 遵循习惯的原则

三、相邻关系的种类
（一）相邻用水和排水关系
（二）相邻土地通行关系
（三）相邻不动产利用关系
（四）相邻通风、采光和日照关系
（五）相邻有害物排放关系
（六）相邻不动产安全维护关系

第五节 共　　有

一、共有的概念和特点
共有是指两个以上的权利主体对同一项财产共同享有所有权的法律制度。
共有的特点。

二、共有的种类
（一）按份共有
按份共有是指共有人按照确定的份额对共有物分享权利、分担义务的共有。
（二）共同共有
共同共有是指共有人基于共同关系，对共有物不分份额地享有权利、承担义务的共有。

三、共有的内部关系
共有的内部关系即共有的对内效力，表现为各共有人之间的权利义务关系。

四、共有的外部关系
共有的外部关系即共有的对外效力，表现为共有人与第三人之间的权利义务关系。

五、共有物的分割
（一）共有物分割的原则
（二）共有物分割的方法

第六节 所有权取得的特别规定

一、善意取得

(一) 善意取得的概念

善意取得是指无权处分人将不动产或者动产有偿转让于善意第三人时,该第三人即取得该不动产或者动产的所有权的法律制度。

(二) 善意取得的成立条件

善意取得的成立应当具备下列条件:(1) 标的物须为动产或者不动产;(2) 让与人对处分的动产或不动产无处分权;(3) 受让人受让财产时须为善意;(4) 受让人须支付合理的价格;(5) 转让的动产或不动产已经交付或者登记。

(三) 善意取得的效力

善意取得成立后,发生以下效力:(1) 受让人与原所有权人之间的效力;(2) 转让人与原所有权人之间的效力。

二、拾得遗失物

(一) 拾得遗失物的概念

拾得遗失物是指发现他人的遗失物而予以占有的事实。

(二) 拾得遗失物的成立条件

拾得遗失物的成立应当具备以下两个条件:(1) 标的物须为遗失物;(2) 须有拾得的行为。

(三) 拾得遗失物的效力

拾得遗失物成立后,发生以下效力:(1) 拾得人的义务;(2) 拾得人的权利;(3) 国家取得遗失物的所有权。

三、发现埋藏物

(一) 发现埋藏物的概念

发现埋藏物是指认识埋藏物之所在而予以占有的事实。

(二) 发现埋藏物的成立条件

发现埋藏物的成立应具备以下两个条件:(1) 标的物须为埋藏物;(2) 须有发现的行为。

(三) 发现埋藏物的效力

发现埋藏物的效力应当参照拾得遗失物的效力加以认定。

四、添附

添附是指不同所有权人的物结合在一起或不同人的劳力与物结合在一起,而形成一种新的独立物的法律状态。

(一) 附合

附合是指不同所有权人的物相互结合而形成一种新物的添附方式。附合有动产与不动产的附合、动产与动产的附合。

(二) 混合

混合是指不同所有权人的物相互混杂而形成一种新物的添附形式。因混合而形成的物,通常称为混合物。

(三) 加工

加工是指对他人的物进行制作或改造而形成一种新物的添附形式。因加工而形成的物,通常称为加工物。

五、先占

(一) 先占的概念

先占是指占有人以所有的意思,最先占有无主动产而取得所有权的法律事实。

(二) 先占的成立条件

先占的成立应具备以下三个条件:(1) 先占物须为无主物;(2) 先占物须为动产;(3) 先占人须以所有的意思占有无主动产。

(三) 先占的效力

先占的效力表现为先占人可以取得先占物的所有权。

考核知识点与考核要求

(一) 识记

(1) 所有权的概念和特点;(2) 建筑物区分所有权的概念和特点;(3) 相邻关系的概念和特点;(4) 共有的概念和特点;(5) 按份共有、共同共有的概念和特点;(6) 善意取得、拾得遗失物、发现埋藏物、先占、添附的概念。

(二) 领会

(1) 所有权的权能;(2) 国家所有权、集体所有权、私人所有权的特点;(3) 建筑物区分所有权的内容;(4) 相邻关系的实质;(5) 共有的内外部关系;(6) 共有物的分割方法和效力;(7) 善意取得的条件和效力;(8) 拾得遗失物的效力。

(三) 应用

(1) 利用相邻关系的处理原则正确处理各种相邻关系;(2) 正确处理共有人之间的关系和共有人与第三人间的关系;(3) 根据所有权取得的特别规定确定物的所有权归属。

第十五章 用益物权

学习目的与要求

通过本章的学习,了解用益物权的概念和特点,掌握建设用地使用权、土地承包经营权、宅基地使用权、地役权的概念、特点、取得、内容和消灭。

课程内容

第一节 用益物权概述

一、用益物权的概念和特点

用益物权是指用益物权人对他人之物,以物的使用收益为目的而设立的物权。

用益物权的特点。

二、用益物权的种类

在我国,用益物权的种类包括土地承包经营权、建设用地使用权、宅基地使用权、地役权以及海域使用权、探矿权、采矿权、取水权、养殖权、捕捞权等。

第三节 土地承包经营权

一、土地承包经营权的概念和特点

土地承包经营权是指土地承包经营权人依法享有的对其承包经营的耕地、林地、草地等占有、使用和收益以及自主从事种植业、林业、畜牧业等农业生产的权利。

土地承包经营权的特点。

二、土地承包经营权的取得
(一) 土地承包经营权的设立
(二) 土地承包经营权的流转

三、土地承包经营权的内容
(一) 土地承包经营权人的权利
(二) 土地承包经营权人的义务

四、土地承包经营权的消灭
土地承包经营权消灭的主要原因。

第三节 建设用地使用权

一、建设用地使用权的概念和特点
建设用地使用权是指建设用地使用权人为营造建筑物、构筑物及其附属设施而使用国有土地的权利。

建设用地使用权的特点。

二、建设用地使用权的取得
(一) 基于法律行为而取得
(二) 基于法律行为以外的事实取得建设用地使用权

三、建设用地使用权的内容
(一) 建设用地使用权人的权利
(二) 建设用地使用权人的义务

四、建设用地使用权的消灭
(一) 建设用地使用权消灭的主要原因
(二) 建设用地使用权消灭的后果

第四节 宅基地使用权

一、宅基地使用权的概念和特点
宅基地使用权是指宅基地使用权人为建造住宅及其附属设施而

使用集体所有土地的权利。
宅基地使用权的特点。
二、宅基地使用权的取得
（一）审批取得
（二）附随取得
三、宅基地使用权的内容
（一）宅基地使用权人的权利
（二）宅基地使用权人的义务
四、宅基地使用权的消灭
（一）宅基地使用权的消灭原因
（二）宅基地使用权消灭的后果

第五节 地役权

一、地役权的概念和特点
地役权是指为自己不动产的便利而利用他人不动产的权利。
地役权的特点。
二、地役权的取得
（一）基于法律行为而取得
（二）基于法律行为以外的事实取得地役权
三、地役权的内容
（一）地役权人的权利义务
（二）供役地人的权利义务
四、地役权的消灭
地役权的消灭原因。

考核知识点与考核要求

（一）识记
（1）用益物权的概念和特点；(2) 建设用地使用权的概念和特

点;(3) 土地承包经营权的概念和特点;(4) 宅基地使用权的概念和特点;(5) 地役权的概念和特点。

(二) 领会

(1) 土地承包经营权的内容;(2) 建设用地使用权的内容;(3) 宅基地使用权的内容;(3) 地役权的内容。

(三) 应用

(1) 土地承包经营权的取得和消灭;(2) 建设用地使用权的取得方式和消灭原因;(3) 地役权的取得和消灭。

第十六章 担保物权

学习目的与要求

通过本章的学习,了解担保物权的概念和特点、抵押权的概念和特点、质权的概念和特点、动产质权的概念和特点、权利质权的概念和特点、留置权的概念和特点;理解担保物权的分类及意义、抵押权与质权的区别、特殊抵押权的特殊性;掌握抵押权的设立和效力、抵押权的实现和消灭、动产质权的设立和效力、动产质权的实现和消灭、各类权利质权的特殊效力、留置权的成立条件和效力、留置权的实现和消灭。

课程内容

第一节 担保物权概述

一、担保物权的概念和特点

担保物权是指权利人以确保债权的实现为目的,在债务人不履行到期债务或者发生当事人约定的情形时,依法就担保物优先受偿的权利。

担保物权的特点。

二、担保物权的分类

担保物权主要有以下分类:(1) 法定担保物权与约定担保物权;(2) 不动产担保物权、动产担保物权与权利担保物权;(3) 转移占有的担保物权与不转移占有的担保物权;(4) 登记担保物权与非登记担保物权。

第二节 抵押权

一、抵押权的概念和特点

抵押权是指为担保债务的履行,债务人或者第三人不转移财产的占有而将该财产抵押给债权人,在债务人不履行到期债务或者发生当事人约定的实现抵押权的情形时,债权人就该财产优先受偿的权利。

抵押权除的特点。

二、抵押权的设立

（一）抵押合同

（二）抵押物

（三）抵押权的登记

三、抵押权的效力

（一）抵押权所担保的债权的范围

（二）抵押权效力及于标的物的范围

（三）抵押人的权利

（四）抵押权人的权利

四、抵押权的实现

（一）抵押权的实现条件

（二）抵押权的实现方式

五、抵押权的消灭

抵押权的消灭原因。

六、特殊抵押权

（一）共同抵押权

共同抵押权是指为担保同一债权,于数个不同财产上设立一个抵押权。

（二）最高额抵押权

最高额抵押权是指为担保债务的履行,债务人或第三人对一定期间内将要连续发生的债权提供抵押财产,债务人不履行到期债务或者发生当事人约定的实现抵押权情形时,抵押权人在最高债权额限度内就该抵押财产优先受偿的权利。

（二）动产浮动抵押权

动产浮动抵押权是指企业、个体工商户、农业生产经营者以现有的以及将有的动产抵押，在债务人不履行债务或发生当事人约定的实现抵押权情形时，抵押权人就实现抵押权时的动产优先受偿的权利。

第三节 质 权

一、质权的概念和特点

质权是指债权人因担保其债权而占有债务人或第三人提供的财产，于债务人不履行债务或发生当事人约定的实现质权的情形时，得以其所占有的标的物的价值优先受偿的权利。

质权的特点。

二、动产质权

（一）动产质权的概念

动产质权是指为担保债务的履行，债务人或者第三人将其动产出质给债权人占有，债务人不履行到期债务或者发生当事人约定的实现质权的情形时，债权人就该动产优先受偿的权利。

（二）动产质权的设立

设立质权，当事人应当采取书面形式订立质权合同；当事人设立质权，应当以法律允许出质的动产为质物，法律、行政法规禁止转让的动产不得出质；质权自出质人交付质押财产时设立。

（三）动产质权的效力

（1）动产质权所担保的债权范围；（2）动产质权效力及于的标的物范围；（3）质权人的权利与义务；（4）出质人的权利和义务。

（四）动产质权的实现

动产质权的实现是指债务人不履行到期债务或者发生当事人约定的情形时，质权人通过特定的方式行使质权以实现质物的价值，并从质物的价值中优先受偿其债权的法律现象。

（五）动产质权的消灭

动产质权的消灭原因。

（六）最高额质权

最高额质权是指为担保债务的履行，债务人或第三人对一定期间内将要连续发生的债权提供质物，在债务人不履行到期债务或者发生当事人约定的实现质权情形时，质权人在最高债权额限度内就该质物优先受偿的权利。

三、权利质权

（一）权利质权的概念和特点

权利质权是指为担保债务的履行，债务人或者第三人将其有权处分的权利出质给债权人，债务人不履行到期债务或者发生当事人约定的实现质权的情形时，债权人就该权利优先受偿的权利。

权利质权的特点。

（二）证券质权

证券质权是指以有价证券即汇票、支票、本票、债券、存款单、仓单、提单所表示的权利为客体的质权。

（三）基金份额、股权质权

基金份额、股份质权是指以基金份额、股权所表示的财产权利为客体的质权。

（四）知识产权质权

知识产权质权是指以注册商标专用权、专利权、著作权等知识产权中的财产权为客体的质权。

（五）应收账款质权

应收账款质权是指以应收账款所表示的现有或预期债权为客体的质权。

第四节 留 置 权

一、留置权的概念和特点

留置权是指当债务人不履行到期债务时，债权人可以留置已经占有的债务人的动产，并就该动产优先受偿的权利。

留置权的特点。

二、留置权的成立条件
（一）留置权成立的积极要件
（二）留置权成立的消极条件
三、留置权的效力
（一）留置权所担保的债权的范围
（二）留置权及于标的物的范围
（三）留置权人的权利义务
（四）留置物所有权人的权利
四、留置权的实现
（一）留置权的实现条件
（二）留置权实现的方式
五、留置权的消灭
留置权消灭的特殊原因。

考核知识点与考核要求

（一）识记
（1）担保物权的概念和特点；（2）担保物权的分类；（3）抵押权的概念和特点；（4）质权的概念和特点；（5）权利质权的概念和特点；（6）留置权的概念和特点。
（二）领会
（1）抵押权的效力；（2）抵押权的实现和消灭；（3）共同抵押权；（4）最高额抵押权；（5）动产浮动抵押权；（6）动产质权的效力和消灭；（7）各类权利质权的效力；（8）留置权的效力和消灭。
（三）应用
（1）说明抵押权设立的要求；（2）分析抵押权的实现条件；（3）举例说明动产质权的设立要求；（4）说明各种权利质权设立的要求；（5）以实例说明留置权的成立条件。

第十七章 占 有

学习目的与要求

通过本章的学习,了解占有的概念、本质和特点;掌握占有的分类及其意义、占有的效力。

课程内容

第一节 占有概述

一、占有的概念和本质

占有是指占有人对物有事实上管领力的事实状态。

占有是一种事实,而不是一种权利。

二、占有的特点

占有具有以下特点:(1) 占有的客体为物;(2) 占有为法律所保护的事实;(3) 占有的成立须占有人对标的物有事实上的管领力。

第二节 占有的分类

一、有权占有与无权占有

有权占有是指具有法律上的根据或原因的占有。无权占有是指没有法律根据或原因的占有。

二、单独占有与共同占有

单独占有是指占有人为一人的占有。共同占有是指占有人为二人以上对同一标的物所为的占有。

三、自主占有与他主占有

自主占有是指占有人以所有的意思对标的物进行的占有。他主占有是指占有人非以所有的意思对标的物进行的占有。

四、直接占有与间接占有

直接占有是占有人直接对标的物进行事实上管领的占有。间接占有是指基于一定的法律关系，自己不直接对标的物进行管领，而是对直接占有人有返还请求权，并间接对标的物进行管领的占有。

五、善意占有与恶意占有

善意占有是指占有人不知或不应知道无占有的权利而进行的占有。恶意占有是指占有人明知或应当知道无占有的权利而仍进行的占有。

第三节　占有的效力

一、占有的权利推定效力

占有的权利推定效力是指依占有事实所表现的权利外观，推定占有人享有此种权利。

二、占有人的权利义务

（一）占有人的使用、收益权

（二）费用求偿权

（三）返还占有物及其孳息的义务

（四）赔偿损失的义务

三、占有的妨害排除与防止效力

占有的妨害排除与防止效力是指占有人于其占有物被侵占或占有被妨害时，得请求侵害人恢复占有人原来的占有的圆满状态。基于占有的妨害排除与防止效力而产生的权利，称为占有保护请求权，包括占有物返还请求权、占有妨害除去请求权和占有妨害防止请求权。

考核知识点与考核要求

（一）识记

（1）占有的概念和特点；(2) 有权占有与无权占有；(3) 单独占有与共同占有；(4) 自主占有与他主占有；(5) 直接占有与间接占有；(6) 善意占有与恶意占有。

（二）领会

（1）占有的各种分类的意义；(2) 占有的权利推定效力。

（三）应用

（1）说明占有人的权利义务；(2) 说明占有的妨害排除效力。

第四编 债 权

第十八章 债的概述

学习目的与要求

通过本章的学习,了解债的概念和特点、债的要素;理解债的分类及其意义。

课程内容

第一节 债的概念和特点

一、债的概念

债是按照合同的约定或者依照法律的规定,在当事人之间产生的特定的权利和义务关系。

二、债的特点

债具有以下特点:(1)债是一种财产法律关系;(2)债是特定的当事人之间的法律关系;(3)债是以特定行为(给付)为客体的法律关系。

第二节 债的要素

一、债的主体

债的主体是指参与债的法律关系的当事人,包括权利主体和义务主体。

二、债的内容

债的内容是债权人享有的权利和债务人负担的义务的总和,即债权和债务。

债权的特点。

三、债的客体

债的客体就是特定的行为,即给付;给付须合法、确定、适格;给付的具体方式。

第三节 债的分类

一、法定之债与意定之债

法定之债是指债的发生与内容均由法律加以直接和明确规定的债。意定之债是指债的发生及其内容完全由当事人依其自由意志决定的债。

区分法定之债与意定之债的意义。

二、特定物之债与种类物之债

特定物之债是指以特定物为标的物的债。种类物之债是指以种类物为标的物的债。

区分特定物之债与种类物之债的意义。

三、单一之债与多数人之债

单一之债是指债的双方主体即债权人和债务人都仅为一人的债。多数人之债是指债的双方主体均为二人以上或者其中一方主体为二人以上的债。

区分单一之债与多数人之债的意义。

四、按份之债与连带之债

按份之债是指债的一方主体为多数人,各自按照一定的份额享有权利或承担义务的债。连带之债是指债的主体一方为多数人,多数人一方当事人之间有连带关系的债。

区分按份之债和连带之债的意义。

五、简单之债和选择之债

简单之债是指债的标的是单一的,当事人只能以该种标的履行,并没有选择余地的债。选择之债是指债的标的为两项以上,当事人可以选择其中一项来履行的债。

区分简单之债与选择之债的意义。

六、主债与从债

主债是指能够独立存在,不以他债为前提的债。从债是不能独立存在,而必须以主债的存在为成立前提的债。

区分主债与从债的意义。

七、财物之债与劳务之债

财物之债是指债务人须给付金钱或实物的债。劳务之债是指债务人须提供劳务的债。

区分财物之债和劳务之债的意义。

考核知识点与考核要求

(一) 识记

(1) 债的概念;(2) 债的特点;(3) 债的要素;(4) 法定之债与意定之债;(5) 特定物之债与种类物之债;(6) 单一之债与多数人之债;(7) 按份之债与连带之债;(8) 简单之债与选择之债;(9) 主债与从债;(10) 财物之债与劳务之债。

(二) 领会

(1) 债的客体与债的标的物;(2) 债权的特点。

(三) 应用

说明债的分类的标准和法律意义。

第十九章 债的发生

学习目的与要求

通过本章的学习,了解债的发生原因、不当得利的概念和性质、不当得利的基本类型、无因管理的概念和性质;掌握无因管理的成立条件和效力、不当得利的成立条件和效力。

课程内容

第一节 债的发生概述

一、债的发生的概念

债的发生是指债权债务关系的产生,即一项特定的、新的债权债务关系在当事人之间得以创设。

二、债的发生原因

债发生的原因也称债的发生依据,是指产生债的法律事实。

第二节 不 当 得 利

一、不当得利的概念与性质

(一)不当得利的概念

不当得利是指没有合法根据取得利益而使他人受损失的事实。

(二)不当得利的性质

不当得利作为引起债发生的法律事实,其性质属于法律事实中的事件,而非行为。

二、不当得利的成立条件

不当得利的成立须具备以下条件:(1) 须一方受有利益;(2) 须他方受有损失;(3) 须一方受利益与他方受损失间有因果关系;(4) 须无合法根据。

三、不当得利的基本类型

(一) 因给付而发生的不当得利

(二) 基于给付以外的事实而发生的不当得利

四、不当得利的效力

(一) 不当得利返请求权与其他请求权的关系

(二) 不当得利返还请求权的标的及范围

第三节 无因管理

一、无因管理的概念和性质

(一) 无因管理的概念

无因管理是指没有法定的或者约定的义务,为避免他人利益受损失而进行管理或者服务的法律事实。

(二) 无因管理的性质

作为债的发生根据的法律事实,无因管理属于合法的事实行为。

二、无因管理的成立要件

无因管理的成立须具备以下条件:(1) 管理他人事务;(2) 有为他人利益而管理的意思;(3) 没有法定或约定的义务。

三、无因管理的效力

(一) 管理人的义务

(二) 本人的义务

考核知识点与考核要求

（一）识记

（1）债的发生的概念；（2）债的发生的原因；（3）无因管理的概念；（4）无因管理的成立条件；（5）不当得利的概念；（6）不当得利的成立条件；（7）不当得利的基本类型。

（二）领会

（1）不当得利的性质；（2）无因管理的性质；（3）不当得利与无因管理的区别。

（三）应用

（1）为他人利益进行管理的意思的判断标准；（2）无因管理对于管理人的效力；（3）无因管理对于受益人的效力；（4）不当得利中受益人为善意时的利益返还与受益人为恶意时的利益返还的区别。

第二十章 债的效力

学习目的与要求

通过本章的学习,了解债的效力的概念和分类、债的履行的概念和内容、受领迟延的概念和构成、债的保全的概念和意义、债权人代位权和撤销权的概念和特点;理解债的履行原则、债不履行的法律后果、债的保全与债的担保的关系;掌握债权人代位权和撤销权的成立条件、行使方式和效力。

课程内容

第一节 债的效力概述

一、债的效力的概念
债的效力是指因债而产生的对当事人双方的法律约束力。
二、债的效力的分类
债的效力主要有以下分类:(1)一般效力与特殊效力;(2)积极效力与消极效力;(3)对内效力与对外效力。

第二节 债的履行

一、债的履行的概念
债的履行是指债务人按照当事人约定或者法律规定,全面履行自己所承担的义务的行为。

二、债的履行的内容

(一) 履行给付义务

履行给付义务是指债务人依照债的内容,在债务履行期届至时全部、适当地履行,即债的履行的主体、履行的标的、履行的期限、履行的地点和履行的方式都是适当的、完全的。

(二) 履行附随义务

附随义务主要包括:注意义务、告知和通知义务、照顾义务、协助义务、保密义务、不作为义务。

三、债的履行原则

(一) 实际履行原则
(二) 诚实信用原则

四、债务不履行的后果

(一) 履行不能及其后果
(二) 履行拒绝及其后果
(三) 履行迟延及其后果
(四) 不完全履行及其后果

五、受领及受领迟延

(一) 受领
(二) 受领迟延

第三节 债的保全

一、债的保全概述

(一) 债的保全的概念

债的保全是指法律为防止因债务人的财产不当减少而给债权人的债权带来危害,允许债权人代债务人之位向第三人行使债务人的权利,或者请求法院撤销债务人单方实施或与第三人实施的民事行为的法律制度。

(二) 债的保全制度的意义

二、债权人代位权

(一) 债权人代位权的概念和特点

债权人代位权是指当债务人怠于行使其对第三人享有的权利而害及债权人的债权时,债权人为保全自己的债权,可以自己的名义代位行使债务人对第三人的权利之权利。

(二) 债权人代位权的成立要件

(三) 债权人代位权的行使

(四) 债权人代位权行使的效力

三、债权人撤销权

(一) 债权人撤销权的概念

债权人撤销权是指债权人对于债务人所为的危害债权的行为,可请求法院予以撤销的权利。

(二) 债权人撤销权的成立要件

1. 客观要件
2. 主观要件

(三) 债权人撤销权行使的方式与效力

考核知识点与考核要求

(一) 识记

(1) 债的效力的概念;(2) 债的效力的分类;(3) 债的履行的概念;(4) 债的履行的原则;(5) 给付义务与附随义务的概念;(6) 受领迟延的概念;(7) 债的保全的概念;(8) 债权人代位权的概念与特点;(9) 债权人撤销权的概念和特点。

(二) 领会

(1) 债的不履行的后果;(2) 债权人代位权的成立条件;(3) 债权人撤销权的成立条件。

(三) 应用

(1) 债的履行规则在实践中的运用;(2) 说明履行不能、履行拒绝、不完全履行的构成条件与法律责任;(3) 分析债权人代位权的行使效力;(4) 分析债权人撤销权的行使效力。

第二十一章 债的担保

学习目的与要求

通过本章的学习,了解债的担保的概念和特点、保证的概念和特点、定金的概念和特点;理解一般保证与连带责任保证的区别、定金与其他相关制度的区别;掌握保证的成立条件、保证的效力和消灭、定金的种类、定金的成立条件和效力。

课程内容

第一节 债的担保概述

一、债的担保的概念和特点

债的担保是指对于已成立的债权债务关系所提供的确保债权实现的保障。

债的担保的特点。

二、债的担保方式

债的担保方式有保证、定金、抵押、质押、留置五种。

第二节 保 证

一、保证的概念和特点

保证是指保证人和债权人约定,当债务人不履行债务时,保证人按照约定履行债务或者承担责任的行为。

保证的特点。

二、保证的成立条件
保证的成立条件包括:(1)保证人应当是具有代偿能力的人;(2)保证人有承担保证责任的明确意思表示;(3)保证合同应采用书面形式。

三、保证的方式
（一）一般保证

一般保证是指当事人在保证合同中约定,只有在债务人不能履行债务时,才由保证人代为履行的保证方式。一般保证的保证人享有先诉抗辩权。

（二）连带责任保证

连带责任保证是指债务人在主合同规定的履行期届满而没有履行债务的,债权人可以要求债务人履行债务,也可以要求保证人承担责任。

四、保证的效力
（一）保证担保的范围

（二）保证责任的期间

（三）主合同变更对保证责任的影响

（四）主合同当事人变更对保证责任的影响

（五）共同保证

（六）保证人的代位求偿权

（七）最高额保证

五、保证的消灭
保证消灭的原因。

第三节 定 金

一、定金的概念和特点
定金是指合同当事人一方以保证债务履行为目的,于合同成立时或未履行前,预先给付对方的一定数额金钱的担保方式。

定金的特点。

二、定金与违约金、预付款的区别
（一）定金与违约金的区别及适用规则
（二）定金与预付款的区别
三、定金的种类
定金的种类包括：立约定金、成约定金、解约定金和违约定金。
四、定金的成立条件
五、定金的效力
（一）证约效力
（二）充抵价金或返还的效力
（三）定金罚则的效力

考核知识点与考核要求

（一）识记

（1）债的担保的概念；（2）债的担保的特点；（3）债的担保方式；（4）保证的概念和特点；（5）一般保证与连带责任保证的概念；（6）共同保证的概念；（7）最高额保证的概念与特点；（8）定金的概念；（9）定金的特点。

（二）领会

（1）保证的成立条件和保证担保的范围；（2）定金的成立条件和效力；（3）定金与违约金的适用规则；（4）保证责任期间。

（三）应用

（1）说明一般保证与连带责任保证的区别；（2）说明保证责任免除的情形；（3）说明定金的种类；（4）分析定金与预付款的异同。

第二十二章 债的移转

学习目的与要求

通过本章的学习,了解债的移转的概念和方式、债权让与和债务承担的概念;掌握债权让与的条件和效力、债务承担的条件和效力。

课程内容

第一节 债的移转概述

一、债的移转的概念
债的移转是指在不改变债的内容的前提下,债权或者债务由第三人予以承受。

二、债的移转的方式
债的移转方式主要有:债权让与、债务承担、债权债务概括承受。

第二节 债权让与

一、债权让与的概念
债权让与是指不改变债的内容,债权人将其享有的债权转移于第三人享有。

二、债权让与的条件
债权让与的条件包括:(1) 须有有效存在的债权,且债权的让与不改变债的内容;(2) 债权的让与人与受让人应当就债权让与达成合意;(3) 让与的债权须具有可让与性。

三、债权让与的效力

(一) 债务人与受让人之间的效力

(二) 债务人与让与人之间的效力

(三) 让与人与受让人之间的效力

第三节 债务承担

一、债务承担的概念

债务承担是指不改变债的内容,债务人将其负担的债务转移于第三人负担。

二、债务承担的条件

债务承担的条件包括:(1) 须有可移转的债务;(2) 债务承担应当经债权人同意。

三、债务承担的效力

债务承担的效力包括:(1) 债务人脱离原债权债务关系,而由承担人直接向债权人承担义务;(2) 原债务人基于债的关系所享有的对于债权人的抗辩权移归于承担人;(3) 从属于主债务的从债务也移转于承担人。

第四节 债权债务的概括承受

一、概括承受的概念

债权债务的概括承受是债权债务的承受人完全代替出让人的法律地位,成为债的关系的新的当事人。

二、概括承受的类型

(一) 合同承受

(二) 企业合并

考核知识点与考核要求

(一) 识记

(1) 债的移转的概念;(2) 债的移转的方式;(3) 债权让与的概念;(4) 不得让与的债权;(5) 债务承担的概念;(6) 债权债务概括承受的概念。

(二) 领会

(1) 债的移转与债的变更的联系与区别;(2) 债权让与的条件;(3) 债务承担的条件。

(三) 应用

(1) 以实例分析债权让与对转让人、受让人和债务人的效力;(2) 说明债务承担对债权人、原债务人和新债务人的效力。

第二十三章 债的消灭

学习目的与要求

通过本章的学习，了解债的消灭的概念和效力以及清偿、抵销、提存、混同、免除、债务更新的概念；掌握上述各种消灭原因的构成、原因、效力。

课程内容

第一节 债的消灭概述

一、债的消灭的概念

债的消灭又称债的终止，是指债权债务关系客观上不复存在。

二、债的消灭的效力

债的消灭，除发生原债权债务关系消灭的事实外，还发生以下效力：(1) 从权利和从义务一并消灭；(2) 负债字据的返还；(3) 在债的当事人之间发生后合同义务。

第二节 清 偿

一、清偿的概念

清偿是指能达到消灭债权效果的给付，即债务已经按照约定履行。

二、代物清偿

代物清偿是以他种给付代替原定给付的清偿。

三、清偿抵充

清偿抵充是指债务人对债权人负有数宗债务,而债务人的履行不足以清偿全部债务时,确定该履行抵充某宗或几宗债务的制度。

第三节 抵 销

一、抵销的概念

抵销是指二人互负债务且给付种类相同时,在对等数额内使各自的债权债务相互消灭的制度。

二、抵销的要件

抵销的要件包括:(1)须双方互负债务、互享债权;(2)须双方债务均至清偿期;(3)双方债的标的的种类相同;(4)债务依其性质或法律规定属于可撤销的范围。

三、抵销的方式

当事人主张抵销的,应当通知对方。通知自达到对方时生效。抵销不得附条件或期限。

四、抵销的效力

抵销发生以下效力:(1)双方互负的债务在对等的数额内消灭。(2)双方债务等额时,全部债权债务关系归于消灭;双方债务额不等时,债务额较大的一方仍就超出的部分负继续履行的责任。(3)债的关系溯及最初得为抵销时消灭。

第四节 提 存

一、提存的概念

提存是指由于债权人的原因而无法向其交付债的标的物时,债务人得将该标的物提交给一定的机关保存,从而消灭债权债务关系的一种法律制度。

二、提存的主体和客体

(一)提存的主体

(二)提存的客体

三、提存的原因和方法
（一）提存的原因
（二）提存的方法
四、提存的效力
（一）债务人与债权人之间的效力
（二）提存人与提存机关之间的效力
（三）债权人与提存机关之间的效力

第五节 混 同

一、混同的概念
混同是指债权和债务同归于一人的法律事实。
二、混同的原因
混同的原因有二：一为债权债务的概括承受；二为特定承受。
三、混同的效力
混同产生债的关系消灭的效力。由债的关系所生的从债权和从债务也一并消灭。

第六节 债务免除与更新

一、债务免除
（一）免除的概念和特点
免除是指债权人以债的消灭为目的而抛弃债权的意思表示。
免除的特点。
（二）免除的方式
（三）免除的效力
二、债务更新
债务更新是指在原债务消灭的基础上产生新债务，即为成立新债务而使旧债务消灭。债务更新的构成要件。

考核知识点与考核要求

（一）识记

（1）债的消灭的概念；（2）债的消灭的原因；（3）清偿的概念；（4）代物清偿的概念；（5）清偿抵充的概念；（6）抵销的概念；（7）提存的概念；（8）提存法律关系的当事人；（9）混同的概念；（10）混同的原因；（11）免除的概念；（12）债务更新的概念。

（二）领会

（1）债的消灭的效力；（2）清偿的效力；（3）清偿的成立条件；（4）抵销的效力；（5）抵销的构成要件；（6）提存的原因和方式。

（三）应用

分析债归于消灭的各种原因及其成立条件。

第五编 继 承 权

第二十四章 继承权概述

学习目的与要求

通过本章的学习,了解继承的概念和特点、继承的分类、继承权的概念和特点、继承权回复请求权的概念;掌握继承权丧失的事由和效力、继承权行使和放弃的方式和效力、继承权回复请求权的行使要求。

课程内容

第一节 继承的概念和分类

一、继承的概念和特点

继承是指在自然人死亡时,其法律规定范围内的近亲属,按照死者生前所立的有效遗嘱或者法律的规定,依法取得死者所遗留的个人合法财产的法律制度。

继承的特点。

二、继承的分类

继承主要有以下分类:(1) 法定继承与遗嘱继承;(2) 共同继承与单独继承;(3) 本位继承与代位继承。

第二节 继承权的概念和特点

一、继承权的概念

继承权是指自然人依照法律的直接规定或者被继承人所立的有效遗嘱享有的继承被继承人遗产的权利。

继承权有客观意义上的继承权和主观意义上的继承权之分。

二、继承权的特点

客观意义上的继承权的特点。

主观意义上的继承权的特点。

第三节 继承权的丧失

一、继承权丧失的概念和性质

继承权的丧失是指依照法律的规定在发生法定事由时取消继承人继承被继承人遗产的资格。

继承权丧失的性质。

二、继承权丧失的法定事由

继承权丧失的法定事由是指得依法取消继承人继承权的原因或者理由。

三、继承权丧失的效力

继承权丧失的效力是指继承权丧失的法律后果。

第四节 继承权的行使和放弃

一、继承权的行使

继承权的行使，是指继承人实现自己的继承权。

二、继承权的放弃

（一）继承权放弃的概念

继承权的放弃是指继承人于继承开始后所作出的放弃其继承被继承人遗产的权利的意思表示。

(二) 继承权放弃的方式

继承人放弃继承权须采取明示的方式,可以是口头方式,也可以是书面方式。

(三) 继承权放弃的效力

继承人放弃继承权的效力,溯及自继承开始之时。

第五节 继承权的保护

一、继承权回复请求权的概念

继承权回复请求权是指在继承人的继承权受到侵害时,继承人得请求人民法院通过诉讼程序予以保护,以恢复其继承权的权利。

二、继承权回复请求权的行使

继承权回复请求权可以由继承人自己亲自行使,也可以由代理人代理行使。

三、继承权回复请求权的诉讼时效

继承权纠纷提起诉讼的期限为 2 年,自继承人知道或者应当知道其权利被侵犯之日起计算。但是,自继承开始之日起超过 20 年的,不得再提起诉讼。

考核知识点与考核要求

(一) 识记

(1) 继承的概念和特点;(2) 继承的主要分类;(3) 继承权的概念和特点;(4) 继承权丧失的概念;(5) 继承权放弃的概念;(6) 继承权回复请求权的概念。

(二) 领会

(1) 继承权丧失的性质;(2) 继承权丧失的效力;(3) 继承权放弃的效力。

(三) 应用

(1) 举例说明继承权丧失的事由;(2) 说明继承权的行使;(3) 以实例分析继承权回复请求权的行使和诉讼时效。

第二十五章　法定继承

学习目的与要求

通过本章的学习,了解法定继承的概念和适用范围、法定继承人的范围和继承顺序、代位继承和转继承的概念和特点;理解代位继承和转继承的区别;掌握代位继承的条件、遗产份额的确定。

课程内容

第一节　法定继承概述

一、法定继承的概念和特点

法定继承是指根据法律直接规定的继承人的范围、继承人继承的先后顺序、继承人继承的遗产份额以及遗产的分配原则来继承被继承人遗产的一项法律制度。

法定继承的特点。

二、法定继承的适用范围

法定继承的适用范围是指在何种情形下适用法定继承。

第二节　法定继承人的范围和继承顺序

一、法定继承人的范围

法定继承人的范围是指哪些人可以为法定继承人。

二、法定继承人的继承顺序

(一) 法定继承人继承顺序的概念和特点

法定继承人的继承顺序是指法律直接规定的法定继承人参加继承的先后次序。

法定继承人继承顺序的特点。

(二) 法定继承人的继承顺序

第一顺序的法定继承人为：配偶、子女、父母，对公婆或岳父母尽了主要赡养义务的丧偶儿媳或女婿。

第二顺序的法定继承人为：兄弟姐妹、祖父母、外祖父母。

第三节　代位继承与转继承

一、代位继承

(一) 代位继承的概念和性质

代位继承是指在法定继承中被继承人的子女先于被继承人死亡时，由被继承人的子女的晚辈直系血亲代替其应继份额的法律制度。

代位继承权的性质。

(二) 代位继承的条件

(三) 代位继承人的应继承份额

二、转继承

转继承是指继承人在继承开始后实际接受遗产前死亡时，继承人有权实际接受的遗产归由其合法继承人承受的一项法律制度。

转继承的特点。

三、代位继承与转继承的区别

第四节　遗产份额的确定

一、遗产份额的确定原则

遗产份额的确定原则是指在按照法定继承方式继承被继承人的遗产时，应当如何确定各参加继承的法定继承人应继承的遗产份额。

(一) 同一顺序继承人的应继份额一般应当均等

(二) 特殊情况下继承人的继承份额可以不均等

二、非继承人酌情分得遗产的权利

对继承人以外的依靠被继承人扶养的缺乏劳动能力又没有生活来源的人,或者继承人以外的对被继承人扶养较多的人,可以分给他们适当的遗产。

考核知识点与考核要求

(一) 识记

(1) 法定继承的概念和特点;(2) 法定继承的适用范围;(3) 代位继承的概念;(4) 转继承的概念和特点。

(二) 领会

(1) 法定继承人的范围;(2) 法定继承人的继承顺序;(3) 代位继承的性质;(4) 代位继承与转继承的区别。

(三) 应用

(1) 分析代位继承的条件及份额;(2) 说明继承份额的确定原则;(3) 实例分析非继承人酌情分得遗产的权利。

第二十六章　遗嘱继承

> **学习目的与要求**

通过本章的学习,了解遗嘱继承的概念和特点、遗嘱的概念和特点;掌握遗嘱继承的适用条件、遗嘱的内容和形式、遗嘱的有效条件、遗嘱的变更和撤销、遗嘱的执行。

> **课程内容**

第一节　遗嘱继承概述

一、遗嘱继承的概念和特点

遗嘱继承是指于继承开始后,继承人按照被继承人的有效遗嘱继承被继承人遗产的法律制度。

遗嘱继承的特点。

二、遗嘱继承的适用条件

遗嘱继承的适用条件是指具备何种条件,亦即在什么情形下才适用遗嘱继承。

第二节　遗嘱的设立

一、遗嘱的概念和特点

遗嘱是指自然人生前按照法律的规定处分自己的财产及安排与此有关的事务并于死亡后发生效力的民事行为。

遗嘱的特点。

二、遗嘱的内容

遗嘱的内容包括:(1) 指定继承人、受遗赠人;(2) 指定遗产的分配办法或份额;(3) 对遗嘱继承人、受遗赠人附加的义务;(4) 指定遗嘱执行人;(5) 其他事项。

三、遗嘱的形式

(一) 遗嘱形式的种类

遗嘱的形式有以下五种:(1) 公证遗嘱;(2) 自书遗嘱;(3) 代书遗嘱;(4) 录音遗嘱;(5) 口头遗嘱。

(二) 遗嘱见证人

遗嘱见证人是证明遗嘱真实性的第三人。代书遗嘱、录音遗嘱、口头遗嘱需要有两个以上的见证人在场见证。

四、遗嘱的有效条件

遗嘱有效须具备以下条件:(1) 遗嘱人须有遗嘱能力;(2) 遗嘱须是遗嘱人的真实意思表示;(3) 遗嘱的内容须合法;(4) 遗嘱的形式符合法律规定的形式要求。

第三节 遗嘱的变更、撤销和执行

一、遗嘱的变更和撤销

遗嘱的变更是指遗嘱人在遗嘱设立后对遗嘱内容的部分修改;遗嘱的撤销是指遗嘱人在设立遗嘱后取消原来所立的遗嘱。

二、遗嘱的执行

遗嘱的执行是指于遗嘱生效后为实现遗嘱的内容所实施的必要的行为及程序。

考核知识点与考核要求

(一) 识记

(1) 遗嘱继承的概念和特点;(2) 遗嘱继承的适用条件;(3) 遗嘱的概念和特点。

(二) 领会
(1) 遗嘱的内容;(2) 遗嘱的变更、撤销、执行。
(三) 应用
(1) 以实例分析遗嘱的有效条件;(2) 说明遗嘱的形式。

第二十七章 遗赠和遗赠扶养协议

学习目的与要求

通过本章的学习,了解遗赠的概念和特点、遗赠扶养协议的概念和特点;理解遗赠与遗嘱继承、赠与的区别;掌握遗赠的有效条件、遗赠的执行、遗赠扶养协议的效力。

课程内容

第一节 遗　赠

一、遗赠的概念和特点

遗赠是指自然人以遗嘱的方式将其个人财产赠与国家、集体或者法定继承人以外的人,而于其死亡后发生法律效力的民事行为。

遗赠的特点。

二、遗赠与遗嘱继承、赠与的区别

（一）遗赠与遗嘱继承的区别

（二）遗赠与赠与的区别

三、遗赠的有效条件

遗赠有效须具备以下条件:(1)遗赠人须有遗嘱能力;(2)遗赠人须为缺乏劳动能力又没有生活来源的继承人保留必要的遗产份额;(3)遗赠人所立的遗嘱符合法律规定的形式;(4)受遗赠人须为遗嘱生效时生存之人;(5)遗赠的财产须为遗产且在遗赠人死亡时执行遗赠为可能和合法。

四、遗赠的执行

遗赠的执行是指在受遗赠人接受遗赠后,按照遗嘱人的指示将遗赠的遗赠物移交给受遗赠人。

执行遗赠不得妨碍清偿遗赠人依法应当缴纳的税款和债务。

第二节 遗赠扶养协议

一、遗赠扶养协议的概念和特点

遗赠扶养协议是指自然人(遗赠人、受扶养人)与扶养人或者集体所有制组织签订的关于扶养、遗赠的协议。

遗赠扶养协议的特点。

二、遗赠扶养协议的效力

赠扶养协议的义务包括两部分:一是扶养人对受扶养人的扶养义务,二是受扶养人将其财产遗赠给扶养人的义务。

考核知识点与考核要求

(一) 识记

(1) 遗赠的概念和特点;(2) 遗赠扶养协议的概念和特点。

(二) 领会

(1) 遗赠与遗嘱继承的区别;(2) 遗赠与赠与的区别。

(三) 应用

(1) 以实例分析遗赠的有效条件;(2) 举例说明遗赠扶养协议的效力。

第二十八章 遗产的处理

学习目的与要求

通过本章的学习,了解继承开始的时间和地点、继承开始的通知、遗产的概念和特点;掌握遗产的范围和保管、遗产分割的时间和原则、遗产分割的方式和效力、遗产债务的清偿、无人承受遗产的范围与归属。

课程内容

第一节 继承的开始

一、继承开始的时间

继承开始的时间是自然人死亡的时间。自然人的死亡包括自然死亡和宣告死亡。

二、继承开始的地点

继承开始的地点是继承人参与继承法律关系,行使继承权,接受遗产的场所。

三、继承开始的通知

继承开始后,负责通知的人应当通知其他继承人和遗嘱执行人。

第二节 遗产的概念和范围

一、遗产的概念和特点

遗产是自然人死亡时遗留下的个人合法财产。

遗产的特点。

二、遗产的范围

（一）遗产包括的财产

（二）遗产不能包括的财产

三、遗产的保管

存有遗产的人,应当妥善保管遗产。

第三节 遗产的分割

一、遗产分割的概念

遗产分割是指在共同继承人之间,按照各继承人的应继份额分配遗产的行为。

遗产分割应当将遗产与共有财产区分开来。

二、遗产分割的时间

遗产分割的时间必须在继承开始之后。

三、遗产分割的原则

遗产分割应当坚持以下原则:(1) 遗产分割自由原则;(2) 保留胎儿继承份额原则;(3) 互谅互让、协商分割原则;(4) 物尽其用原则。

四、遗产分割的方式

遗产分割有以下方式:(1) 实物分割;(2) 变价分割;(3) 补偿分割;(4) 保留共有的分割。

五、遗产分割的效力

第四节 遗产债务的清偿

一、遗产债务的范围

遗产债务是指被继承人生前个人依法应当缴纳的税款和完全用于个人生活需要所欠下的债务。

认定遗产债务的范围,应当将遗产债务与家庭共同债务、以被继承人个人名义所欠债务、继承费用区分开。

二、遗产债务的清偿原则

遗产债务的清偿应坚持以下原则:(1)限定继承原则;(2)保留必留份原则;(3)清偿债务优先于执行遗赠的原则。

三、遗产债务的清偿方法

遗产债务的清偿一般采取以下两种方法:一是先清偿债务后分割遗产;二是先分割遗产后清偿债务。

第五节 无人承受遗产的处理

一、无人承受遗产的范围

无人承受遗产是指没有继承人又没有受遗赠人承受的遗产。

二、无人承受遗产的归属

无人继承又无人受遗赠的遗产,归国家所有;死者生前是集体所有制组织成员的,归所在的集体所有制组织所有。

考核知识点与考核要求

(一)识记

(1)继承开始的时间、地点;(2)遗产的概念和特点;(3)遗产的范围;(4)遗产分割的时间;(5)遗产分割的方式。

(二)领会

(1)遗产分割的原则;(2)遗产分割的效力。

(三)应用

(1)说明遗产债务的清偿;(2)分析无人承受遗产的范围和归属。

第六编　侵权责任

第二十九章　侵权责任概述

学习目的与要求

通过本章的学习,了解侵权行为的概念和特点、侵权行为的分类、侵权责任的概念和特点;掌握侵权责任与违约责任竞合的处理规则。

课程内容

第一节　侵权行为的概念和分类

一、侵权行为的概念和特点

侵权行为是指侵害他人民事权益,依法应当承担侵权责任的不法行为。

侵权行为的特点。

二、侵权行为的分类

侵权行为主要有以下分类:(1) 积极侵权行为与消极侵权行为;(2) 直接侵权行为与间接侵权行为;(3) 单独侵权行为与共同侵权行为;(4) 一般侵权行为与特殊侵权行为。

第二节 侵权责任的概念和竞合

一、侵权责任的概念和特点

侵权责任是指侵权人侵害他人民事权益时，依法应承担的民事法律后果。

侵权责任的特点。

二、侵权责任与违约责任的竞合

侵权责任与违约责任的竞合是指行为人实施的某一违法行为，同时具有侵权行为和违约行为的双重特点，从而在法律上导致侵权责任与违约责任并存的现象。

考核知识点与考核要求

（一）识记

（1）侵权行为的概念和特点；（2）侵权责任的概念和特点。

（二）领会

（1）积极侵权行为与消极侵权行为；（2）直接侵权行为与间接侵权行为；（3）单独侵权行为与共同侵权行为；（4）一般侵权行为与特殊侵权行为。

（三）应用

说明侵权责任与违约责任竞合的处理。

第三十章 侵权责任的归责原则

学习目的与要求

通过本章的学习,了解和掌握我国侵权责任归责原则的体系及其适用。

课程内容

第一节 侵权责任归责原则概述

一、侵权责任归责原则的概念和意义

侵权责任的归责原则是指据以确定侵权责任由行为人承担的根据。

侵权责任的归责原则在侵权责任法中居于核心地位,是全部侵权责任法规范的基础。

二、侵权责任归责原则的体系

在我国,侵权责任的归责原则包括过错责任原则、无过错责任原则。

第二节 过错责任原则

一、过错责任原则的概念和特点

过错责任原则是指以行为人的过错确定行为人是否承担侵权责任的归责原则。

过错责任原则的特点。

二、过错责任原则的适用

三、过错推定

过错推定是指受害人若能证明其所受损害是由行为人所造成的，而行为人不能证明自己对造成损害没有过错，则法律就推定其有过错并就此损害承担侵权责任。

第三节 无过错责任原则

一、无过错责任原则的概念和特点

无过错责任原则是指不以行为人主观上的过错，而是依照法律的特别规定确定行为人是否承担侵权责任的归责原则。

无过错责任原则的特点。

二、无过错责任原则的适用

考核知识点与考核要求

（一）识记

（1）侵权责任归责原则的概念；（2）过错责任原则的概念和特点；（3）无过错责任原则的概念和特点。

（二）领会

（1）侵权行为归责原则的体系；（2）过错责任原则和无过错责任原则的区别；（2）过错推定规则的适用范围。

（三）应用

以实例说明过错责任原则和无过错责任原则的适用。

第三十一章 侵权责任的一般构成要件

学习目的与要求

通过本章的学习,了解和掌握侵权责任的一般构成要件及其适用。

课程内容

第一节 侵权责任的构成要件概述

一、侵权责任构成要件的概念

侵权责任的构成要件是指侵权人承担侵权责任所应当具备的条件。

二、侵权责任的构成要件与归责原则的关系

侵权责任的归责原则是构成要件的前提和基础;侵权责任的构成要件是归责原则的具体体现。

第二节 加害行为

一、加害行为的概念和性质

加害行为是行为人实施的加害于他人民事权益的不法行为。

行为违法是指违反法律的规定,包括形式违法和实质违法。

二、加害行为的形式

加害行为的形式包括作为的加害行为与不作为的加害行为两种。

第三节 损害后果

一、损害的概念和特点
损害是指因人的行为或对象的危险性而导致人身权益或财产权益所遭受的不利后果。

损害的特点。

二、损害的分类
损害包括以下几种：(1) 财产损害；(2) 人身损害；(3) 精神损害。

第四节 因果关系

一、因果关系的概念和形态
因果关系是指行为人的行为与受害人的损害之间的前因后果关系。

因果关系包括一因一果、一因多果、多因一果、多因多果等形态。

二、损害的原因力
根据损害的原因力，原因可分为：(1) 主要原因与次要原因；(2) 直接原因与间接原因。

三、因果关系的认定
（一）必然因果关系的认定标准

（二）相当因果关系的认定标准

（三）推定因果关系的认定标准

第五节 主观过错

一、过错的概念
过错是指行为人实施加害行为时的心理状态，是行为人对自己行为的损害后果的主观态度。

二、过错的形式

（一）故意

故意是指行为人预见到自己行为的后果而仍然希望或放任该结果发生的心理状态。

（二）过失

过失是指行为人应当预见或能够预见自己行为的后果而没有预见，或者虽然预见到了其行为的后果但轻信能够避免该后果的心理状态。

考核知识点与考核要求

（一）识记

（1）加害行为的概念；（2）损害的概念和特点；（3）因果关系的概念和形态；（4）过错的概念。

（二）领会

（1）加害行为的形态；（2）损害的分类；（3）因果关系的认定标准；（4）主观过错的认定。

（三）应用

以实例说明侵权责任的一般构成要件。

第三十二章 侵权责任的承担方式

学习目的与要求

通过本章的学习,了解侵权责任承担方式的类型及适用、侵权损害赔偿责任的适用规则;掌握人身损害赔偿、财产损害赔偿、精神损害赔偿的方法和范围。

课程内容

第一节 侵权责任承担方式概述

一、侵权责任承担方式的主要类型

侵权责任的承担方式是指侵权人承担侵权责任的具体形式。

侵权责任承担方式的八种类型。

二、侵权责任承担方式的适用

第二节 侵权损害的赔偿责任

一、侵权损害赔偿责任的适用规则

侵权损害赔偿的适用规则包括:(1)全面赔偿规则;(2)过失相抵规则;(3)损益相抵规则;(4)权衡利益规则。

二、人身损害的赔偿责任

(一)一般伤害的赔偿范围

(二)致人残疾的赔偿范围

（三）致人死亡的赔偿范围
三、财产损害的赔偿责任
（一）财产损害的赔偿方式
（二）财产损害的赔偿范围
四、精神损害的赔偿责任
（一）精神损害赔偿责任的适用范围
（二）精神损害赔偿额的确定

考核知识点与考核要求

（一）识记

（1）侵权责任承担方式的概念；(2）侵权责任承担方式的具体方式；(3）过失相抵和损益相抵的概念。

（二）领会

（1）侵权责任承担方式的适用；(2）一般伤害、致人残废和致人死亡的赔偿范围；(3）财产损害的赔偿范围；(4）精神损害赔偿的适用范围。

（三）应用

（1）举例说明过失相抵和损益相抵的适用条件；(2）举例说明精神损害赔偿额的确定。

第三十三章 侵权责任的抗辩事由

学习目的与要求

通过本章的学习,了解侵权责任抗辩事由的概念和特点、各类抗辩事由的概念;掌握受害人的过错、第三人的过错、不可抗力、正当防卫、紧急避险的条件及效力。

课程内容

第一节 侵权责任抗辩事由概述

一、侵权责任抗辩事由的概念

侵权责任的抗辩事由是指免除或减轻侵权责任的条件。

二、侵权责任抗辩事由的特点

第二节 侵权责任抗辩事由的种类

一、受害人的过错

受害人的过错是指受害人对于损害的发生具有过错。

二、第三人的过错

第三人的过错是指第三人对于损害的发生具有故意或过失。

三、不可抗力

不可抗力是指不能预见、不能避免并不能克服的客观现象。

四、正当防卫

正当防卫是指在公共利益、本人或他人的人身或其他合法权益受到现时的不法侵害时,为制止损害的发生或防止损害的扩大而对不法侵害人所采取的防卫措施。

五、紧急避险

紧急避险是指为了使公共利益、本人或他人的人身和其他合法权益免受正在发生的危险,不得已而采取的损害他人一定利益的救险行为。

考核知识点与考核要求

(一) 识记

(1) 侵权责任抗辩事由的概念和特点;(2) 受害人过错的概念;(3) 第三人过错的概念;(4) 不可抗力的概念;(5) 正当防卫的概念;(6) 紧急避险的概念。

(二) 领会

(1) 正当防卫的构成条件及效力;(2) 紧急避险的构成条件及效力。

(三) 应用

举例说明各类侵权责任抗辩事由的适用。

第三十四章 共同侵权责任

学习目的与要求

通过本章的学习,了解和掌握共同侵权责任的概念、构成条件、种类、承担。

课程内容

第一节 共同侵权责任概述

一、共同侵权责任的概念

共同侵权责任是指二人以上共同侵害他人民事权益造成损害时,共同侵权人所应承担的侵权责任。

二、共同侵权责任的构成要件

共同侵权责任的构成要件。

共同侵权责任与无意思联络的数人侵权责任的区别。

第二节 共同侵权责任的种类

一、因共同加害行为而产生的共同侵权责任

共同加害行为是指二人以上共同实施不法加害于他人的共同侵权行为。

二、因教唆、帮助行为而产生的共同侵权责任

教唆、帮助他人实施侵权行为的,教唆、帮助行为视为共同加害

行为。

三、因共同危险行为而产生的共同侵权责任

共同危险行为是指二人以上共同实施了危及他人人身、财产安全的行为。

第三节 共同侵权责任的承担

一、共同侵权责任的外部承担

在共同侵权中,共同侵权人应当承担连带责任。

二、共同侵权责任的内部分担

在共同侵权中,共同侵权人根据各自责任大小确定相应的赔偿数额;难以确定责任大小的,平均承担赔偿责任。

考核知识点与考核要求

(一)识记

(1)共同侵权责任的概念;(2)共同危险行为的概念。

(二)领会

(1)共同侵权责任的构成要件;(2)共同危险行为的构成要件;(3)共同侵权责任与无意思联络的数人侵权责任的区别。

(三)应用

(1)举例说明共同侵权责任的构成;(2)共同侵权责任的承担。

第三十五章 侵权责任主体的特殊规定

学习目的与要求

通过本章的学习,了解被监护人致人损害责任、暂时丧失心智者致人损害责任、使用人责任、网络侵权责任、违反安全保障义务责任、学生伤害事故责任的概念、归责原则;掌握上述各类责任的构成要件、承担主体。

课程内容

第一节 被监护人致人损害责任

一、被监护人致人损害责任的概念和归责原则

被监护人致人损害责任是指无民事行为能力人或限制民事行为能力人造成他人损害时,监护人所应承担的侵权责任。

被监护人致人损害责任适用无过错责任原则。

二、被监护人致人损害责任的构成要件

被监护人致人损害责任须具备以下条件:(1) 被监护人的行为具有客观违法性;(2) 受害人受到了损害;(3) 被监护人的行为与损害后果之间具有因果关系。

三、被监护人致人损害责任的承担

第二节 暂时丧失心智者致人损害责任

一、暂时丧失心智者致人损害责任的概念和归责原则

暂时丧失心智者致人损害责任是指完全民事行为能力人在其行为暂时没有意识或失去控制下造成他人损害所应承担的侵权责任。

暂时丧失心智者致人损害责任适用过错责任原则。

二、暂时丧失心智者致人损害责任的构成要件

暂时丧失心智者致人损害责任须具备以下条件：(1) 行为人是暂时丧失心智的完全民事行为能力人；(2) 暂时丧失心智者实施了加害行为；(3) 受害人受到了损害；(4) 暂时丧失心智者的加害行为与损害后果之间具有因果关系；(5) 行为人对自己暂时丧失心智具有过错。

三、暂时丧失心智者致人损害责任的承担

第三节 使用人责任

一、用人单位责任

(一) 用人单位责任的概念和归责原则

(二) 用人单位责任的构成要件

(三) 用人单位责任的承担

二、个人劳务损害责任

(一) 个人劳务损害责任的概念和归责原则

(二) 个人劳务损害责任的构成要件

(三) 个人劳务损害责任的承担

第四节 网络侵权责任

一、网络侵权责任的概念和归责原则

网络侵权责任是指网络用户或网络服务提供者利用网络侵害他人民事权益时，网络用户或网络服务提供者所应承担的侵权责任。

网络侵权责任适用过错责任原则。

二、网络侵权责任的构成要件

网络侵权责任须具备以下条件:(1) 网络用户或网络服务提供者实施了加害行为;(2) 受害人受到损害;(3) 网络用户或网络服务提供者的加害行为与损害后果之间具有因果关系;(4) 网络用户或网络服务提供者存在过错。

三、网络侵权责任的承担

第五节 违反安全保障义务责任

一、违反安全保障义务责任的概念和归责原则

违反安全保障义务责任是指宾馆、商场、银行、车站、娱乐场所等公共场所的管理人或者群众性活动的组织者,未尽到安全保障义务造成他人损害时,管理人或组织者所应承担的侵权责任。

违反安全保障义务责任适用过错责任原则。

二、违反安全保障义务责任的构成要件

违反安全保障义务责任须具备以下条件:(1) 行为人实施了违反安全保障义务的行为;(2) 受害人受到了损害;(3) 违反安全保障义务的行为与损害后果之间具有因果关系;(4) 行为人存在过错。

三、违反安全保障义务责任的承担

第六节 学生伤害事故责任

一、学生伤害事故责任的概念和归责原则

学生伤害事故责任是指无民事行为能力人、限制民事行为能力人在幼儿园、学校或者其他教育机构学习、生活期间因教育机构失职而受到人身损害时,教育机构所应承担的侵权责任。

学生伤害事故责任适用过错责任原则,在特殊情况下适用过错推定规则。

二、学生伤害事故责任的构成要件

学生伤害事故责任须具备以下条件:(1) 教育机构存在失职行

为;(2)受害人在教育机构学习、生活期间受到人身损害;(3)受害人的损害与教育机构的失职行为之间具有因果关系;(4)教育机构存在过错。

三、学生伤害事故责任的承担

考核知识点与考核要求

(一)识记

(1)被监护人致人损害责任的概念和归责原则;(2)暂时丧失心智者致人损害责任的概念和归责原则;(3)使用人责任(用人单位责任和个人劳务损害责任)的概念和归责原则;(4)网络侵权责任的概念和归责原则;(5)违反安全保障义务责任的概念和归责原则;(6)学生伤害事故责任的概念和归责原则。

(二)领会

被监护人致人损害责任、暂时丧失心智者致人损害责任、使用人责任(用人单位责任和个人劳务损害责任)、网络侵权责任、违反安全保障义务责任、学生伤害事故责任的构成要件。

(三)应用

以实例说明被监护人致人损害责任、暂时丧失心智者致人损害责任、使用人责任(用人单位责任和个人劳务损害责任)、网络侵权责任、违反安全保障义务责任、学生伤害事故责任的承担主体。

第三十六章 特殊侵权责任

学习目的与要求

通过本章的学习,了解产品责任、机动车交通事故责任、医疗损害责任、环境污染责任、高度危险责任、饲养动物损害责任、物件损害责任的概念、归责原则;掌握上述各类责任的构成要件、承担主体。

课程内容

第一节 产品责任

一、产品责任的概念和归责原则

产品责任是指因产品存在缺陷造成他人损害时,生产者、销售者所应承担的侵权责任。

产品责任适用无过错责任原则。

二、产品责任的构成要件

产品责任须具备以下条件:(1)产品存在缺陷;(2)受害人受到了损害;(3)产品缺陷与损害后果之间具有因果关系。

三、产品责任的承担

第二节 机动车交通事故责任

一、机动车交通事故责任的概念和归责原则

机动车交通事故责任是指机动车在道路上通行造成他人损害

时,机动车一方所应承担的侵权责任。

机动车之间的交通事故责任适用过错责任原则;机动车与非机动车驾驶人、行人之间的交通事故责任适用无过错责任原则。

二、机动车交通事故责任的构成要件

就客观要件而言,机动车交通事故责任须具备以下条件:(1)机动车一方有交通违法行为;(2)受害人受到了损害;(3)交通违法行为与损害后果之间具有因果关系。

三、机动车交通事故责任的承担

第三节 医疗损害责任

一、医疗损害责任的概念和归责原则

医疗损害责任是指医疗机构及其医务人员在诊疗活动中因过错造成患者损害时,医疗机构所应承担的侵权责任。

医疗损害责任适用过错责任原则。

二、医疗损害责任的构成要件

医疗损害责任须具备以下条件:(1)诊疗行为具有违法性;(2)受害人受到了损害;(3)诊疗行为与损害后果之间具有因果关系;(4)医疗机构及其医务人员存在过错。

三、医疗损害责任的承担

第四节 环境污染责任

一、环境污染责任的概念和归责原则

环境污染责任是指因污染环境造成他人损害时,污染者所应当承担的侵权责任。

环境污染责任适用无过错责任原则。

二、环境污染责任的构成要件

环境污染责任须具备以下条件:(1)污染者有污染环境的行为;(2)受害人受到污染损害;(3)污染环境行为与污染损害之间具有因果关系。

三、环境污染责任的承担

第五节 高度危险责任

一、高度危险责任的概念和归责原则

高度危险责任是指因从事高度危险作业造成他人损害时,作业人所应承担的侵权责任。

高度危险责任适用无过错责任原则。

二、高度危险责任的构成要件

高度危险责任须具备以下条件:(1) 作业人从事了高度危险作业;(2) 受害人受到了损害;(3) 从事高度危险作业与损害后果之间具有因果关系。

三、高度危险责任的承担

第六节 饲养动物损害责任

一、饲养动物损害责任的概念和归责原则

饲养动物损害责任是指饲养的动物造成他人损害时,动物饲养人或管理人所应承担的侵权责任。

饲养动物损害责任原则上适用无过错责任原则,特殊情况下适用过错推定的过错责任原则。

二、饲养动物损害责任的构成要件

就客观要件而言,饲养动物损害责任须具备以下条件:(1) 饲养的动物加害于他人;(2) 受害人受到了损害;(3) 饲养动物加害行为与损害后果之间具有因果关系。

三、饲养动物损害责任的承担

第七节 物件损害责任

一、物件损害责任的概念和归责原则

物件损害责任是指物件因脱落、坠落、倒塌等造成他人损害时,

物件的所有人或管理人所应承担的侵权责任。

物件损害责任根据不同的责任类型分别适用过错推定的过错责任原则和无过错责任原则。

二、物件损害责任的构成要件

就客观要件而言,物件损害责任须具备以下条件:(1) 物件加害于他人;(2) 受害人受到了损害;(3) 物件致害行为与损害后果之间具有因果关系。

三、物件损害责任的承担

考核知识点与考核要求

(一) 识记

(1) 产品责任的概念和归责原则;(2) 机动车交通事故责任的概念和归责原则;(3) 医疗损害责任的概念和归责原则;(4) 环境污染责任的概念和归责原则;(5) 高度危险责任的概念和归责原则;(6) 饲养动物损害责任的概念和归责原则;(7) 物件损害责任的概念和归责原则。

(二) 领会

产品责任、机动车交通事故责任、医疗损害责任、环境污染责任、高度危险责任、饲养动物损害责任、物件损害责任的构成要件。

(三) 应用

以实例说明产品责任、机动车交通事故责任、医疗损害责任、环境污染责任、高度危险责任、饲养动物损害责任、物件损害责任的承担主体。

Ⅳ 关于大纲的说明与考核实施要求

一、自学考试大纲的目的和作用

《民法学》课程自学考试大纲是根据法律专业自学考试计划的要求,结合自学考试的特点而确定。其目的是对个人自学、社会助学和课程考试命题进行指导和规定。

《民法学》课程自学考试大纲明确了课程学习的内容以及深广度,规定了课程自学考试的范围和标准。因此,它是编写自学考试教材和辅导书的依据,是社会助学组织进行自学辅导的依据,是自学者学习教材、掌握课程内容知识范围和程度的依据,也是进行自学考试命题的依据。

二、课程自学考试大纲与教材的关系

《民法学》课程自学考试大纲是进行学习和考核的依据,教材是学习掌握课程知识的基本内容与范围,教材的内容是大纲所规定的课程知识和内容的扩展与发挥。课程内容在教材中可以体现一定的深度或难度,但在大纲中对考核的要求一定要适当。

大纲与教材所体现的课程内容应基本一致;大纲里面的课程内容和考核知识点,教材里一般也要有。反过来教材里有的内容,大纲里就不一定体现。

三、关于自学教材

本课程的教材:《民法学》(2011年版),全国高等教育自学考试指导委员会组编,郭明瑞、房绍坤、刘凯湘编著,北京大学出版社2011年版。

四、关于自学要求和自学方法的指导

本大纲的课程基本要求是依据法律专业考试计划和培养目标而确定的。课程基本要求明确了课程的基本内容,以及对基本内容掌握的程度。基本要求中的知识点构成了课程内容的主体部分。因此,课程基本内容掌握程度、课程考核知识点是高等教育自学考试考核的主要内容。

为有效地指导个人自学和社会助学,本大纲已指明了课程的重点和难点,在章节的基本要求中一般也指明了章节内容的重点和难点。

《民法学》课程共 7 学分。

应考学生在学习《民法学》课程时应注意掌握以下方法和技巧:

1. 坚持理论联系实际

民法学是实践性很强的法学学科,因此,只有联系民法实际,才能掌握和理解民法的内容。通过联系民法实际,一方面可以帮助学生理解如何适用民法规范,加深对民法知识、民法理论和各项民法制度的感性认识,另一方面也可以帮助学生了解司法实践中的新问题、新情况,加深对民法基本理论的理解。

2. 掌握基本的民事法律、法规

在学习民法学课程时,应当与学习民事法律、法规结合起来,通过学习教材掌握民事法律、法规,通过了解民事法律、法规,加深对教材的理解。特别在教材出版后、考试之日 6 个月以前颁布或修订的与教材有关的民事法律、法规,因也属于考试的范围,在学习时应特别加以关注。

3. 坚持系统学习和重点学习

系统学习是必要的,它要求学员通读大纲和教材,全面掌握其内容。这样,才能适应自学考试的要求,才能为加深理解重大、疑难民事问题打下坚实的基础,才能更好地提高分析和解决民事法律问题的能力。与此同时,学习又要抓重点。在教材中,有不少内容属于基本概念、基本知识和基础理论,它们相对于教材中的其他内容来说是学习重点;就基本概念、基本知识和基本理论而言,又各有自己的

重点。

4. 把握各部分间的逻辑联系,融会贯通

大纲、教材中有许多内容相互联系,有些内容容易相互混淆。因此,学习大纲、教材某些部分要与相关部分联系起来学,要善于运用比较的方法进行学习。

五、对社会助学的要求

社会助学者要针对重点章、次重点章和一般章节分别提出自学的基本学时建议和要求,在助学活动中应注意以下问题:

1. 明确社会助学的目的和要求

社会助学者应根据本大纲规定的考试内容和考核目标,认真钻研指定教材,明确《民法学》课程对各知识点要求达到的认知层次和考核要求,并在辅导过程中帮助学生掌握这些要求,不要随意增删内容和提高或减低要求。

2. 讲授好规定的教材

讲授教材首先要阐述教材的结构、特点和学习意义。然后,按各章的先后顺序,联系实际、通俗易懂、深入浅出地进行讲授。分章讲授时,要说明该章的基本内容,它在大纲和教材中的地位以及它与其他章的关系;要阐明基本概念,帮助考生准确了解其含义,区别容易混淆的概念;要指明哪些是基本知识、基本理论以及应当重点学习的问题;要着重讲解比较难理解的问题,但不要离开自学考试的要求,讲得过广、过细、过深。社会助学者在辅导《民法学》课程时,应安排每学分不少于2学时的助学时间。

3. 讲解新颁布的有关民事法律和决定

面授辅导,应当将《民法学》课程教材出版之后、考试之日6个月以前新颁布的与教材有关的民事法律和修改有关法律的决定列入讲授内容之中,以适应《民法学》课程考试命题的要求。

4. 指出应考注意事项

要使应考学生认识到辅导只能起到"领进门"的作用,关键还在于自己学习、训练,应考学生要多做题、多练习。在考试时,要准确地了解试题的内容和答题要求,审题必须认真、细致,不能马虎。要提醒应考学生在考试时应留出一定时间对答题进行检查,以便发现可能出现的错漏,及时予以纠正。

六、对考核内容的说明

1. 《民法学》课程要求考生学习和掌握的知识点内容都作为考核的内容。课程中各章的内容均由若干知识点组成,在自学考试中成为考核知识点。因此,课程自学考试大纲中所规定的考试内容是以分解为考核知识点的方式给出的。由于各知识点在课程中的地位、作用以及知识自身的特点不同,自学考试将对各知识点分别按三个认知(或叫能力)层次确定其考核要求。

2. 在考试之日起6个月前,由全国人民代表大会和国务院颁布或修订的民事法律、法规都将列入相应课程的考试范围。凡大纲、教材内容与现行民事法律、法规不符的,应以现行民事法律、法规为准。

3. 按照重要性程度不同,考核内容分为重点内容、次重点内容、一般内容,在《民法学》课程试卷中对不同考核内容要求的分数比例大致为:重点内容占60%,次重点内容占30%,一般内容占10%。

七、关于考试命题的若干规定

1. 《民法学》课程的考试方法采用闭卷笔试形式,满分为100分,60分为及格线。考试时间为150分钟。

2. 本大纲各章所规定的基本要求、知识点及知识点下的知识细目,都属于考核的内容。考试命题既要覆盖到章,又要避免面面俱到。要注意突出课程的重点、章节重点,加大重点内容的覆盖度。

3. 命题不应有超出大纲中考核知识点范围的题目,考核目标不得高于大纲中所规定的相应的最高能力层次要求。命题应着重考核自学者对基本概念、基本知识和基本理论是否了解或掌握,对基本方法是否会用或熟练。不应出与基本要求不符的偏题或怪题。

4. 《民法学》课程在试卷中对不同能力层次要求的分数比例大致为:识记占30%,领会占40%,应用占30%。

5. 《民法学》课程的试题的难度可分为:易、较易、较难和难四个等级。每份试卷中不同难度试题的分数比例一般为2∶3∶3∶2。虽然试题的难易程度与能力层次有一定的联系,但二者不是等同的概念。在各个能力层次中对于不同的考生都存在着不同的难度。

6.《民法学》课程考试命题的主要题型有单项选择题、多项选择题、名词解释题、简答题、论述题、案例分析题等。各种题型的具体形式,可参见本大纲的附录。

附录 题型举例

一、单项选择题(在每小题列出的四个备选项中只有一个是符合题目要求的,请将其代码填写在题后的括号内。错选、多选或未选均无分。)

1. 甲被宣告死亡,其配偶乙与丙再婚后丙死亡。现甲返回住所地,经本人申请法院撤销了对甲的死亡宣告。因甲、乙均为单身,双方的夫妻关系(　　)。

   A. 自行恢复　　　　　　　　B. 经甲同意后恢复
   C. 经乙同意后恢复　　　　　D. 不能自行恢复

2. 甲占有乙借给他的电视机一台,其后,甲、乙约定将电视机出卖给甲。根据法律规定,自双方买卖合同成立之日起,该电视机的所有权即转移给甲。这种交付方式被称为(　　)。

   A. 现实交付　　　　　　　　B. 简易交付
   C. 占有改定　　　　　　　　D. 指示交付

二、多项选择题(在每小题列出的五个备选项中至少有两个是符合题目要求的,请将其代码填写在题后的括号内。错选、多选、少选或未选均无分。)

1. 下列情形中,属于要约失效原因的有(　　)。

   A. 要约人依法撤销要约
   B. 承诺期限届满,受要约人未作出承诺
   C. 受要约人对要约的内容作出实质性变更
   D. 拒绝要约的通知到达要约人
   E. 要约人依法撤回要约

2. 依《民法通则》的规定,下列诉讼时效期间为1年的情形有(　　)。

   A. 身体受到伤害要求赔偿的
   B. 出售质量不合格的商品未声明的

C. 延付或拒付租金的
D. 寄存财物被丢失或损毁的
E. 主债权人向保证人要求承担保证责任的

三、名词解释题

1. 物权
2. 代位继承

四、简答题

1. 法人应具备的条件。
2. 诉讼时效与除斥期间的区别。

五、论述题

试述代理的特点。

六、案例分析题

阅读下列案例材料,然后回答问题。

某日,甲、乙、丙、丁四人到同学家借游戏卡,回家途中行至河边,看到河对面洗鞋子的戊,甲提议乙、丙、丁三人用石子砸戊的鞋子,三人照办。戊见有石子飞来,欲取鞋子避让,不料被一粒石子砸中左眼。戊为此支付医疗费两万余元。甲、乙、丙、丁四人的年龄分别是17岁、16岁、15岁和14岁。究竟是谁砸中戊的左眼无法查清。甲、乙两家家境困难,收入只能勉强维持基本生活。丙、丁两家家境富裕。但乙、丙、丁家认为是甲提议砸的,所以自己不应承担责任。

(1) 甲、乙、丙、丁砸人招致戊遭受损害,构成什么侵权行为?为什么?

(2) 戊的损失应由谁承担?如何承担?说明理由。

后 记

《民法学自学考试大纲》是根据全国高等教育自学考试法律专业(基础科段)考试计划的要求,由全国考委法学类专业委员会组织编写。

《民法学自学考试大纲》由烟台大学郭明瑞教授、房绍坤教授、北京大学刘凯湘教授共同编写。

全国考委法学类专业委员会于2010年6月对本大纲组织审稿。北京大学魏振瀛教授、钱明星教授,中国政法大学李永军教授,北京工商大学李仁玉教授参加审稿并提出改进意见。

本大纲编审人员付出了辛勤劳动,特此表示感谢。

全国高等教育自学考试指导委员会
法学类专业委员会
2010年12月

全国高等教育自学考试指定教材
法律专业（基础科段）

民 法 学

全国高等教育自学考试指导委员会 组编

导 言

一、民法与民法学

民法是法律体系中的一个独立的法律部门。作为法律部门,民法是调整自然人、法人、其他社会组织之间的财产关系和人身关系的法律规范的总称,它既包括形式上的民法即民法典,也包括单行的民事法律和其他法律、法规中的民事法律规范。在民商分立的国家,民法为商法以外的全部私法;在民商合一的国家,民法为私法的全部。民法是一国的基本法,它在保护社会成员的基本权利,维护社会经济制度和社会秩序,增强人们的平等观念、民主观念、权利观念、法治意识、竞争意识、自由意识,促进商品经济的发展和社会文明建设,以及实现依法治国的方略等方面,有着重要的意义。

民法学是法学体系中的一个学科,是以民法为研究对象的一门科学。作为一门学科,民法学不仅要研究民法的各项基本制度以及各项制度之间的关系,研究民法与经济基础的关系,而且要研究民法适用中的新经验、新情况、新问题,研究民法制度的历史及其内在的规律性,研究民法的学说和基本理论。广义民法学包括民法社会学、民法史学和比较民法学等,狭义民法学则指以研究和阐述现行民法规范为主要内容的民法规范学。我们这里所说的民法学即指狭义民法学。

民法和民法学的地位决定了民法学在法学教育中的地位和作用。作为法学教育中的一门课程,民法学不仅是普通高等法学教育中的一门专业基础理论的必修课,也是高等教育自学考试法学专业的一门重要的必考课程。

二、民法学的体系和内容

民法学的体系和内容决定于民法的体系和内容。关于我国民法的体系,由于民法典尚未编纂,法律上没有规定,学者中也有不同的观点。一般说来,民法典应当包括总则、人身权法、物权法、知识产权法、债权法(包括合同法)、侵权责任法、亲属法以及继承法等。民法学以民法的基本知识、基本理论和基本制度为内容。根据《中华人民共和国民法通则》(以下简称《民法通则》)的规定,民法学应当包括以下主要内容:(1) 关于民法概念、调整对象、性质、任务、基本原则、渊源、效力、适用和解释的基本论述;(2) 关于民事法律关系的基本理论,包括民事法律关系的概念、特点、要素、法律事实以及民事权利、义务和责任等基本知识;(3) 关于民事主体制度(包括自然人、法人、其他组织)的基本知识和基本理论;(4) 关于民事主体行为规则的基本理论;(5) 关于人身权制度的基本知识和基本理论;(6) 关于物权制度的基本知识和基本理论;(7) 关于债权制度的基本知识和基本理论,包括合同法和侵权责任法;(8) 关于知识产权制度的基本知识和基本理论;(9) 关于亲属制度的基本知识和基本理论;(10) 关于继承制度的基本知识和基本理论。

作为一门课程,民法学的内容还决定于法学专业课程的整体安排。由于婚姻法、知识产权法和合同法等也作为一门自学考试的单独课程,因此,作为自学考试课程的《民法》不包括这些课程的内容。根据自学考试课程的整体安排,本教材包括民法总论、人身权、物权、债权(不包括合同法)、继承权和侵权责任等六编。

三、学习民法的方法

民法学课程的基本任务,是让学员通过学习,掌握民法的基本知识和基本理论,理解民法的重要地位和作用,增强民法意识和民事权利意识,学会运用民法的基本技能,提高利用民法知识和理论分析、判断和解决民事法律问题的能力。

民法学属于应用法学,既具有严密的科学性,又具有强烈的实践性。因此,学习民法,首先要坚持马克思主义的世界观和方法论,坚持理论联系实际,学以致用。"民法准则只是以法律形式表现了社会的生活条件",因此,学习民法必须联系实际。所谓联系实际,一是要联系民事立法的实际,要了解和掌握法律的基本规定;二是要联系经济体制改革和社会经济生活的实际,理解改革开放和发展社会主义市场经济中的民事法律问题;三是要联系自己和身边人的社会生活的实际,分析日常生活中遇到的民事法律问题;四是要联系司法实务中的案例。通过对实际问题的分析、研究,可以加深对法律条文的理解,理解和掌握民法的基本知识和基本理论,并提高自己分析问题和解决问题的能力。

其次,学习中要注重各项制度间的联系性。民法的各部分内容,既有独立性,又有关联性,民法的各项制度是相互联系的,因此,在学习中要注重各部分内容相互之间的联系,前后结合,以融会贯通。

再次,学习中要注意重点,强化记忆。民法涉及的领域广泛,内容繁多,既要全面掌握各部分内容,又要突出重点。学习中对于基本概念、基本理论一定要记住。当然,记忆时不能死记硬背,要在理解的基础上记忆,同时又要通过记忆加深理解。作为自学考试的课程,要求学习的重点应放在对我国现行民事法律制度的掌握上,对于民法有关制度的历史发展可作一般的了解;对于一些有争论的理论问题,则应掌握通说,对其他不同观点可作一般性了解。

第一编　民法总论

第一章　民法概述

第一节　民法的含义

一、民法的概念

"民法"一词源于古罗马市民法(jus civile)。最初的罗马法仅适用于罗马市民,称为市民法;而对于被罗马征服地区的居民之间的关系以及其与罗马人之间的关系的调整则适用由裁判官法形成的规则,称为万民法(jus gentium)。后来随着罗马经济的发展和罗马帝国版图的扩大,非罗马人的自由民也享有市民权,市民法与万民法也就融合为一。但后世在各国的立法上,调整民事关系的法律则沿用了市民法的名称,法文为 droit civil,英文为 civil law。据学者考察,我国法上的"民法"一词系来自日本语中的"民法"。

作为法律体系中的一个法律部门,民法是指调整平等主体的自然人、法人、其他组织之间财产关系和人身关系的法律规范的总和。这一定义有三层含义:其一,民法是一国法律体系中的一个法律部门,是一定法律规范的总和,因而是有国家强制力的社会生活规范;其二,民法是调整社会生活中的财产关系与人身关系的法律规范,而不调整其他领域的社会关系;其三,民法是调整平等主体之间的社会关系的法律规范,调整非平等主体之间的财产关系和人身关系的法律规范不属于民法的范围。

作为一个法律概念,民法有实质意义与形式意义之分。

(一) 实质意义的民法

实质意义的民法是指作为部门法的民法。实质意义的民法又有广义民法与狭义民法之分。广义民法是指调整平等主体之间的财产关系与人身关系的法律规范的总称,也就是私法的全部。因此,凡是调整平等主体之间的财产关系和人身关系的法律规范,不论其以何种形式表现出来,均属于民法的范畴。狭义的民法,在民商分立的国家,是指商法以外的私法。我国采取民商合一的立法例,商法并非作为一个独立的法律部门,因此,实质意义的民法是指广义的民法。

民法学上研究的民法为实质意义的民法,但作为一门课程,民法学所研究的范围并非全部的民法。例如,在我国大学课程的设置中,"婚姻法"、"商法"、"知识产权法"都已为一门独立的课程,相应的内容也就不放在"民法"课中学习。如前所述,基于自学考试课程体系的安排,"合同法"等也不在"民法"中学习。

(二) 形式意义的民法

形式意义的民法是指以一定体例编纂的并以民法命名的成文法典。由于我国民法典尚未编纂,所以严格地说,我国还没有形式意义的民法。但因我国《民法通则》是一部民事基本法,规范民事活动的基本准则,因此,也可以说《民法通则》就是形式意义上的民法。

二、民法的历史沿革

民法是随着商品经济关系的产生而产生,随着商品经济关系的发展而发展的。民法的历史沿革可以分为古代民法、近代民法和现代民法三个阶段。

古代民法是指简单商品生产者即奴隶制社会和封建社会的民法。古代社会民法的典型代表为罗马法。古代社会的法律并没有如近代所说的民法这样的法律部门,而是诸法合一的。但由于古罗马法学理论上出现了公法与私法的区分;同时,罗马国家商品经济关系在当时比较发达,特别是随着后期罗马帝国版图的扩大,外来人与罗马人交往的日益增多,从而形成了较为完善的调整商品经济关系的基本规则,这些法律规范构成罗马法的精华。正如恩格斯所说:"在罗马帝国时期……至少对自由民来说产生了私人的平等,在这种平等的基本上罗马法发展起来了,它是我们所知道的以私有制为基础的法的最完备形式。"①罗马法是"商品生产者社会的第一个世界性法律"。

近代民法是指随着民族国家的形成而产生的反映自由资本主义社会生活条件的民法。近代民法是在继受罗马法的基础上形成的。但由于历史传统的原因,形成了大陆法和英美法两大不同法系。大陆法系推行法典化,编纂有民法典,所以又称为民法法系,而英美法以判例为法律的主要渊源,所以又称判例法系。近代民法以1804年的《法国民法典》为代表。近代民法以权利为本位,以人格平等为基础,确立了"私法自治"、"私有财产神圣"和"过错责任"等基本原则。

现代民法是指19世纪末20世纪初资本主义进入垄断时期以来的民法。资本主义现代民法可以说是始于1897年公布、1900年生效的《德国民法典》。20世纪以来,西方国家的两大法系虽然仍保留自己的传统,但相互吸收对方的长处,有融合的趋势。以大陆法国家而言,为适应经济和社会发展的需要,或对原法典进行修订,或制定新的法典。现代民法对近代民法的原则有所修订,从以权利为本位的私权绝对化、私法自治转向对私权予以一定的限制,并且确立了诚实信用、无过失责任等一些新的原则。特别是在十月社会主义革命胜利后,出现了社会主义民法。1923年列宁亲自主持制定的《苏俄民法典》就是第一部社会主义性质的民法典。

我国古代法律与其他国家的古代法一样,也是诸法合一的,虽然在律法中也有民事法律规范,但民事关系主要是由"礼"来调整,私法并不发达。中国的近代民事立法始于清末。1907年清政府开始制定《大清民律草案》,1911年完稿。但该法典未及颁布施行,清政府就被推翻了。我国历史上的第一部民法典,是1930年南京国民政府制定的民法典。该法典随着1949年中华人民共和国的成立在中国大陆已被废除,现仅在我国台湾地区有效。

自中华人民共和国成立以来,我国曾经于1954年、1962年、

---

① 《马克思恩格斯选集》第3卷,人民出版社1995年第2版,第445页。

1979年三次组织编纂民法典,均因各种不同的原因而未成功。长期以来,民事关系主要由单行的民事法规调整。自1986年《民法通则》颁布以来,我国的民事立法进入了一个新的阶段。随着《中华人民共和国合同法》(以下简称《合同法》)、《中华人民共和国物权法》(以下简称《物权法》)、《中华人民共和国侵权责任法》(以下简称《侵权责任法》)的相继颁布,具有中国特色的民法体系已经初步形成。

第二节 民法的调整对象

《民法通则》第2条规定:"中华人民共和国民法调整平等主体的公民之间、法人之间、公民与法人之间的财产关系和人身关系。"《合同法》第2条中规定:"本法所称合同是平等主体的自然人、法人、其他组织之间设立、变更、终止民事权利义务关系的协议。"这表明,民法所调整的社会关系是发生在平等主体的自然人、法人、其他组织之间的财产关系和人身关系。

一、平等主体间的财产关系

财产关系是指人们在社会财富的生产、分配、交换和消费过程中形成的以经济利益为内容的社会关系。财产关系也称为经济关系,但由于财产总是与特定主体的经济利益相联系的,因此,财产关系只能是具体的经济关系,而不同于高度抽象的生产关系。社会生活中的财产关系并不都由民法调整,民法仅调整平等主体之间的财产关系。民法所调整的财产关系具有以下特点:

(一) 主体的地位是平等的

从主体的地位上说,有的财产关系的主体地位是不平等的,相互之间有隶属关系;有的财产关系的主体地位是平等的,相互间并无隶属关系。前者如财政税收关系,俗称为纵向经济关系;后者如借款关系,俗称为横向经济关系。只有主体地位平等的财产关系,才是民法的调整对象。

(二) 一般是当事人自愿发生的

财产关系,有的是根据主体自己的意愿发生的,有的并不是主体自愿发生的。因民法所调整的财产关系的主体地位是平等的,各自独立,任何一方都不能将自己的意志强加给另一方,因此,这种财产关系一般是主体在自愿基础上确立的。

(三) 受价值规律支配

平等主体之间的财产关系因大多是当事人基于自己的利益需要按照自己的意愿设立的,因此,一般遵循价值规律。正因为如此,民法调整的财产关系多是等价有偿的。

民法调整的财产关系的上述特点说明,这些财产关系主要是商品经济关系,包括自然人、法人、其他组织之间的财产归属、利用关系和财产流转关系。

二、平等主体间的人身关系

人身关系是人们在社会生活中形成的具有人身属性,与主体的人身不可分离的、不是以经济利益而是以特定精神利益为内容的社会关系。人们在社会生活中会发生多种多样的人身关系,这些人身关系并不全由民法调整。民法也仅调整平等主体之间的人身关系,这类人身关系具有以下特点:

(一) 主体的地位平等

民法所调整的人身关系的主体地位是平等的,主体相互间没有管理和被管理、命令和被命令、领导和被领导的关系,任何一方都不能支配另一方,而应平等相待,互不干涉。凡是主体地位不平等、相互之间一方可支配另一方的人身关系,不由民法调整。

(二) 与民事权利的享受和行使有关

人身关系,有的与民事权利的享受与行使有关;有的与政治权利的享受与行使有关,而与民事权利的享受和行使无关。民法只调整前者而不调整后者。例如,基于自然人的身体、健康、姓名、名誉而发生的人身关系,与自然人享受和行使民事权利有关,属于民法调整的人身关系;而基于选民身份或者基于某一党团成员身份而发生的人身关系,与民事权利的享受与行使无关,则不属于民法的调整对象。

(三) 与主体的人身不可分离并不具有经济内容

所谓人身,是指主体的自身。因此,人身关系是基于体现主体自身属性的人格和身份而发生的社会关系,与主体的人身是不可分离的。这类社会关系不具有经济内容而是以特定的精神利益为内容的。当然,这并不是说民法所调整的人身关系与财产关系无任何联系。有的人身关系与财产关系无直接的联系,却是主体存在的条件,是主体取得财产利益的前提,如自然人的生命健康关系;有的人身关系是与财产关系有直接联系的,如基于自然人的发明、发现而发生的人身关系。

平等主体之间的人身关系也就是自然人、法人、其他组织之间的人身关系,包括人格关系和身份关系。人格关系是指基于主体的人格而发生的以人格利益为内容的人身关系。所谓人格,是主体之能作为独立主体存在必须具备的条件,如自然人的身体、生命、健康、名誉、肖像等。身份关系是基于主体的一定身份而发生的以身份利益为内容的人身关系。所谓身份,是主体在特定的关系所处的一种不可让与的地位或资格。如自然人因创作作品而发生的作者的身份、父母子女间的身份等。

第三节 民法的性质与任务

一、民法的性质

我国民法是社会主义民法,因为它是建立在社会主义经济基础之上的,体现人民的意志。同时,我国民法又具有各国民法固有的一些特性。总的来说,我国民法具有以下性质:

(一) 民法是调整社会主义市场经济关系的基本法

市场经济也就是发达的商品经济。从民法史上说,民法是随商品经济的产生而产生的,随商品经济的发展而发展的。我国经济体制改革的目标是建立社会主义市场经济体制。社会主义市场经济关系需要由与之相适应的法律予以调整,而调整市场经济关系的最基本的法律就是民法,因为发展社会主义市场经济关系首先要有三个基本要素：一是要确认主体；二是要确认主体的权利；三是要确认交易规则。没有合格的市场主体，没有主体对其财产的权利，没有主体之间进行交易的规则，也就谈不上发展商品经济关系。民法确认和规范市场主体，确认和保护主体的财产权利，规范主体的行为，规定交易的规则，为市场经济的发展提供基本的法律保障。民法的主体制度、财产权制度、合同制度等是建立和发展市场经济所需要的最基本的制度。

马克思和恩格斯曾指出，"民法准则只是以法律形式表现了社会的经济生活条件"。因此，不同的社会经济条件下就会有不同的民法，社会主义市场经济生活条件也就需有社会主义民法来表现。人们常说，社会主义市场经济是法制经济。也就是说，社会主义市场经济是需有相应的法律予以保障的有序的正当竞争的社会主义市场经济，这些法律中最基本的就是民法。

（二）民法为行为规范兼裁判规范

行为规范是人的行为准则，裁判规范是法院裁判案件的准则。民法规定当事人的行为模式，规范主体的行为。民事主体在民事活动中只有遵守民法的规定，才受国家的保护；违反民法的规定，则会承担相应的民事责任。因此，民法是主体的行为规范。同时，在当事人发生纠纷时，法院或者仲裁机构须依照民法的规定来确定当事人的权利、义务和责任，所以，民法规范又是法院裁判案件的裁判规范。

（三）民法为实体法

法律按其内容可以分为实体法和程序法。实体法主要是规定主体权利义务的法律，程序法则是主要规定保障实体权利义务得以实现的程序的法律。民法规定主体的行为准则，确认主体的权利义务，因此，民法为实体法。

（四）民法为私法

早在罗马法时期，就有公法与私法的划分。关于公法与私法的划分标准，有不同的学说。通说认为，公法为规定国家生活关系的法律，而私法是规定私人生活关系的法律。由此看来，私法涉及法律上有平等地位的人之间的法律关系，而公法涉及的是不具有平等地位的主体之间的法律关系。民法调整平等主体之间的财产关系和人身关系,自然应属于私法。当然,在现代社会,公法与私法的划分也不是绝对的,民法中也有一些公法的规范。例如,《民法通则》第49条关于法定代表人承担责任的规定就属于公法的规范。这种现象也就是学者所说的"私法公法化"。

二、民法的任务

民法的任务是民法立法宗旨的具体体现,是由民法的性质和地位所决定的。《民法通则》第1条规定:"为了保障公民、法人的合法的民事权益,正确调整民事关系,适应社会主义现代化建设事业发展的需要,根据宪法和我国实际情况,总结民事活动的实践经验,制定本法。"《合同法》第1条规定:"为了维护合同当事人的合法权益,维护社会经济秩序,促进社会主义现代化建设,制定本法。"《物权法》第1条规定:"为了维护国家基本经济制度,维护社会主义市场经济秩序,明确物的归属,发挥物的效用,保护权利人的物权,根据宪法,制定本法。"据此,民法的任务可以概括为以下三项:

(一) 保护民事主体的合法权益

民法是一部权利法,以保护民事主体的合法权益为自己的任务。民法不仅确认主体的各项财产权,而且确认和保护主体的各项人身权。财产权既是主体进行民事活动,满足自己利益需要的条件,也是人身权的物质前提。人身权既是主体享有财产权的前提,也是人自身发展的需要。民事主体只有享有人身权,才能成为独立的主体;只有享有财产权,才能生存和发展。民法保护民事主体的合法权益,一方面从法律上确认各项民事权利,另一方面规定权利受到侵害时的救济方法。民事主体的各项合法民事权益受到侵害时,权利人都有权请求国家给予保护。《民法通则》第5条明确规定:"公民、法人的合法的民事权益受法律保护,任何组织和个人不得侵犯。"

(二) 促进社会主义市场经济的发展

实现社会主义现代化,必须大力发展社会主义市场经济。民法作为市场经济的基本法,促进社会主义市场经济的发展当然是其主要任务之一。为完成促进社会主义市场经济发展的任务,民法规定市场经济发展的基本条件。如民法规定市场主体,一方面使合格的主体进入市场,另一方面又不允许不合格的主体进入市场;民法规定市场经济活动的基本规则,规定主体进行经济活动的行为模式;民法实行"意思自治",使主体得以充分发挥自己的积极性、主动性,合法地追求经济效益,从而促进经济的发展。

(三) 维护正常的经济秩序和社会秩序

社会主义市场经济是法制经济,只有建立起良好的正常的经济秩序和社会秩序,才能保障社会主义现代化建设的顺利进行。民法一方面倡导公平竞争,保障交易安全,为主体进行正常的经济活动创造平等竞争的条件和环境;另一方面规定主体实施不法行为的民事责任,从而维护着正常的经济秩序和社会秩序。

第四节 民法的基本原则

一、民法基本原则概述

(一) 民法基本原则的含义和效力

民法的基本原则是其效力贯穿于各项民事法律制度之中的民法的根本规则,是民法立法的指导方针和解释民法规范、适用民法规范以及进行民事活动的基本准则。我国民法的基本原则是对民法调整的社会关系的根本特性的集中反映,体现着党和国家的民事政策。

民法的基本原则是由法律直接明确规定的,或者虽未为法律明确规定但却是在各项民事法律制度中体现出来的。民法的基本原则是具有普遍约束力的法律规则,这表现在:第一,它是民事立法须遵循的准则。立法者制定的民事法律规范,不能违反民法的基本原则;否则其所制定的民事法规或者不能很好地反映和适应社会经济生活条件,或者为无效的。第二,它是解释民法的基准。解释民法须以民法的基本原则为基本准绳,有权解释的机关对民法的解释,若违反民法的基本原则,其解释应为无效。第三,它是民事活动中的基本行为准则。民事主体在民事活动中若违反民法的基本原则,会承担相应的民事责任。第四,它是在没有具体规定时裁决民事案件的依据。尽管规定基本原则的法律条文属于不确定的原则性条款,但在没有具体法律规定时,法院或仲裁机构应依据基本原则裁决案件,而不得违反基本原则。

(二) 民法基本原则的意义

民法的基本原则具有评价功能和补充功能。其评价功能表现在:民法的基本原则可以帮助人们准确地理解民法的精神实质,正确地评价民事关系当事人的行为;其补充功能表现为它可以补充法律的漏洞。因为民事关系具有广泛性、复杂性和发展性,一方面法律不可能对各种具体的民事关系都作出明确的规定,另一方面随着社会和经济的发展,会出现许多需要民法规范规制的新的关系,而民法又不能如同刑法那样实行"法定主义",即使法律对某种民事关系没有作出明确规定,该民事关系也应由民法调整。因此,在调整民事关系上,现有的民事法律规范必会存在一定的不足,也就是存在法律漏洞。而民法的基本原则是必须遵守的,在这种情况下,就须依据民法的基本原则解决当事人的纠纷,亦即以民法的基本原则补充民法规范规定的不足。

关于我国民法的基本原则,根据《民法通则》的规定,一般认为包括平等原则、自愿原则、公平原则、诚实信用原则、公序良俗原则。

二、平等原则

(一) 平等原则的根据和地位

《民法通则》第 3 条规定:"当事人在民事活动中的地位平等。"这就明确规定了主体地位平等的原则。

平等原则是由民法调整的社会关系的性质决定的。因为民法所调整的社会关系就是平等主体之间的财产关系和人身关系,这就必然要求法律赋予主体平等的地位。

平等原则是民法的首要原则。因为社会成员只有在平等基础上形成的社会关系,才为民事关系,赋予主体平等的地位是民法特有的调整方法。离开平等也就没有民事关系,也就没有民法。我国民法的平等原则归根结蒂是由社会主义的经济制度和政治制度决定的。

因为商品经济是"天生的平等派",在社会主义市场经济条件下,商品经济关系主体双方的地位只能是平等的。而社会主义的政治制度也要求人与人之间的关系是平等的,"法律面前人人平等"是社会主义法制的基本要求。

(二) 平等原则的具体表现

平等原则主要具体表现在以下方面:

1. 民事主体的法律地位平等

民事主体的法律地位平等主要包括两方面的内容。其一,主体的主体资格平等。主体资格也就是法律上的人格。《民法通则》第10条明确规定,公民的民事权利能力一律平等。依该法第8条的规定,除法律另有规定外,关于公民的规定适用于中华人民共和国领域内的外国人、无国籍人。不仅自然人的民事权利能力平等,法人与法人、法人与自然人的主体资格也是平等的,在法律人格上无"大小之别、公私之分"。其二,在具体民事法律关系中,当事人的地位平等,各自独立、互不隶属,无上下高低之分。

2. 民事主体平等地依法享受权利和负担义务

民事关系的当事人依法平等地享受权利和负担义务。任何民事主体既不能享有特殊的权利,也不负担特殊的义务。当事人可以依法平等协商确立相互间的权利义务,也可以依法平等协商变更或者终止相互间的权利义务。

3. 民事主体的合法权益受法律平等保护

法律并不因主体为自然人、法人还是其他组织,而对其合法权益予以不同的保护。任何主体的合法权益受到侵害时,当事人都可请求予以法律救济。法律平等地保护民事主体的合法权益,决不偏袒某类主体,也不忽视或轻视对某类主体合法权益的保护。

4. 民事主体的民事责任平等

民事主体在民事活动中都须遵守法律,尊重他人的权益。任何一方不法损害他人的权益,都应依法承担相应的民事责任。任何民事主体承担的民事责任范围都以等价赔偿为原则,民事关系的当事人相互间不存在惩罚和制裁关系。

三、自愿原则

（一）自愿原则的根据

《民法通则》第4条中规定，民事活动应当遵循自愿原则。自愿原则是指民事主体在民事活动中以自己的意志充分表达自己的意愿，按照自己的意思和利益确立、变更、终止民事法律关系。

自愿原则是民事主体意志独立、利益独立的必然要求，也是平等原则的表现和延伸，其实质为"意思自治"。因为民事主体享有独立的主体资格和独立的利益，只有以自己的真实意志自愿地设定权利义务，才能充分发挥其进行民事活动的主动性和积极性，从而取得最佳的经济效益。自愿意味着自由，是以平等为前提的，当事人只有地位平等，各方才能有独立的意志，才能有意志自由，才能自愿地决定自己的行为。同时，若没有当事人的意志自由，一方也就可以将自己的意志强加给另一方，也就没有平等。

（二）自愿原则的具体内容和表现

自愿原则主要有以下表现：

1. 当事人自主决定民事事项

在民事活动中，当事人可以自主决定各种事项，不仅可以决定是否实施某行为或参与某民事法律关系，而且可以决定行为的相对人、行为的方式以及法律关系的内容等；当事人不仅可自主决定实体上的权利义务，而且可自主处分其权利，选择处理纠纷的程序、方式等。当事人关于民事事项的约定，只要不违反法律的强行性规定，就有法律效力，并且"约定大于法定"，即当事人关于该事项约定的效力优先于法律关于该事项的任意性规定。

2. 当事人对自己的真实意思负责

在民事活动中，只有当事人的真实意思表示，才能发生法律效力。当事人也只对表达自己的真实意愿的民事行为负责。不是当事人的真实意思表示的行为，当事人可不认可其效力，可不受其拘束。并且，当事人对于在意志不自由的情况下造成的损害，原则上也不承担责任。

自愿原则的核心是合同自由，这也是市场经济的基本规则。

《合同法》第4条特别强调:"当事人依法享有自愿订立合同的权利,任何单位和个人不得非法干预。"当然,任何自由都不是绝对的,当事人自愿进行民事活动时不得违反法律的强行性规定,不得损害社会公共利益和他人的利益。

四、公平原则

（一）公平原则的含义和根据

《民法通则》第4条中规定,民事活动应当遵循公平原则;《合同法》第5条规定,当事人应当遵循公平原则确定各方的权利和义务。可见,公平原则也是民法的一项基本原则。

公平原则,要求当事人在民事活动中应以社会正义、公平的观念指导自己的行为、平衡各方的利益,要求以社会正义、公平的观念来处理当事人之间的纠纷。

公平是一种价值观念,是以一定社会的共同价值观为基础的,在不同的社会有不同的标准。在社会主义市场经济条件下,公平一方面要求主体发展机会的平等和自由竞争,另一方面要求主体之间的竞争是有效率的,不损害他人利益和社会利益。公平偏重的是社会正义,而不是个体正义,也就是说,判断公平与否的标准是社会公认的价值标准,而不是个体的价值观。

公平原则与自愿原则是相互补充的。自愿不能违反社会正义和公平,公平又是以自愿为前提的。一般说来,只有当事人完全按照自己的真实意愿协商设立的权利义务,才是公平的。只有在当事人间的权利义务并非是完全按照其真实意愿设立的,或者按照当事人的意思表示不能确定其权利义务时,才应按照公平原则确定当事人之间的关系。因此,法院或仲裁机构裁判民事案件时,不能以公平原则否定或者对抗自愿原则。

（二）公平原则的表现

公平原则主要表现在以下方面:

1. 民事主体参与民事法律关系的机会平等

民事主体进行民事活动的机会平等是公平的重要保障和基本条件。只有机会平等,主体才能平等地进行正当竞争。在民事活动中,利用自己的特别优势而强迫他人接受不利的条件,采取不正当的手段进行不正当竞争等,都是违反公平原则的。

2. 在当事人的关系上利益应均衡

在民事活动中,当事人应公平交换,利益均衡,在相互关系中当事人的权利义务应合理负担,一方的利益与其负担应相称。但是,利益均衡与等价有偿不同。根据《民法通则》第 4 条的规定,当事人在民事活动中应遵循等价有偿原则。所谓等价有偿,是指当事人在转移财产时应按照价值规律的要求实行等价交换。等价有偿原则是公平原则在有偿交易活动中的表现和要求,等价意味着经济利益的均衡,而公平原则所要求的利益均衡不局限于经济利益。

3. 当事人合理地承担民事责任

在民事活动中,当事人受有损害时,应公平合理地确定当事人的民事责任。例如,双方都有过错时,双方应依自己的过错承担民事责任;即使因一方过错造成损害时,过错方承担的责任范围也应与造成的损害相当。在双方都没有过错,法律也没有规定应由何方承担责任,而由受害人自己承担损失显失公平时,应由双方公平地分担损失。当事人因抢救他人财产或保护他人合法权益而受有损害时,受益人应给予适当补偿。

五、诚实信用原则

(一) 诚实信用原则的含义和表现

《民法通则》第 4 条中规定,民事活动应遵循诚实信用的原则。《合同法》第 6 条规定:"当事人行使权利、履行义务应当遵循诚实信用原则。"诚实信用原则是指民事主体在民事活动中应诚实,守信用,善意地行使权利和履行义务。

诚实信用原则的含义和适用范围极广,主要表现在:其一,民事主体在民事活动中要诚实,不弄虚作假,不欺诈,正当竞争;其二,民事主体应善意行使权利,不以损害他人和社会利益的方式来获取私利;其三,民事主体应信守诺言,不擅自毁约,严格按法律规定和当事人的约定履行义务,兼顾各方利益;其四,在当事人约定不明确或者订约后客观情形发生重大改变时,应依诚实信用的要求确定当事人的权利义务和责任。

（二）诚实信用原则的意义

诚实信用原则与公平原则一样，原同为道德准则。诚实信用作为市场经济活动的道德准则，要求当事人诚实经营，在追求自己的经济利益时不得损害他人的利益，以维护良好的市场经济秩序。诚实信用作为法律原则是将道德准则法律化，而使其具有法律拘束力。

诚实信用原则，既是民事主体进行民事活动应遵循的基本准则，也是法院解释当事人的意思的基准。法院在裁判案件时，既可依诚实信用原则来衡量当事人间的利益关系以确定当事人的权利和义务，又可以依此原则来解释和补充法律。但法院在依诚实信用原则处理民事纠纷时，不得依此原则而滥用自由裁量权，也不能违反平等和自愿原则。

六、公序良俗原则

公序良俗，即公共秩序和善良风俗。公序良俗原则是指民事主体在民事活动中不得违反公共秩序和善良风俗，不得违反社会公德，不得损害社会利益和国家利益。《民法通则》第7条规定，民事活动应当尊重社会公德，不得损害社会公共利益，扰乱社会经济秩序。《合同法》第7条也规定："当事人订立、履行合同，应当遵守法律、行政法规，尊重社会公德，不得扰乱社会经济秩序，损害社会公共利益。"

公序良俗原则的内容主要包括以下两个方面：

第一，民事活动应当尊重社会公共利益和社会公德。社会公共利益是社会成员的共同利益，社会公德是社会共认的道德规范。我国的社会主义经济制度和政治制度，社会主义市场经济秩序，社会生活秩序，符合社会主义精神文明建设要求的优良民风和习惯，都属于社会公共利益，民事主体在民事活动中均应尊重，不得违反。

第二，民事主体不得滥用权利。民事主体行使权利不得损害国家利益、社会利益和他人利益，不得违反法律的强行性或禁止性规定。

第五节 民法的渊源和效力

一、民法的渊源

民法的渊源又称民法的法源,是指民事法律规范的来源或表现形式。在不同的法系,民法规范的主要表现形式有所不同。例如,在英美法中,民法规范主要来自于判例,判例法为民法的主要渊源;而在大陆法中,民法规范主要来自于制定法,制定法为民法的主要渊源。国家创制民事法律规范的活动也就是民事立法。我国民法的渊源主要是指国家有关机关在其职权范围内制定的有关民事的规范性文件,主要包括以下几类:

（一）法律

法律是由全国人民代表大会和全国人民代表大会常务委员会制定的规范性文件,包括:

1. 宪法

宪法是国家的根本大法,是包括民法在内的各部门法的立法依据和基准。宪法中有关经济制度的具体规定,有关公民基本权利义务的规定等,不仅是制定民法的基本依据,也是处理有关民事纠纷的基本依据。因此,宪法中有关民事的规范是民法的渊源。

2. 民事基本法

民事基本法是由全国人民代表大会制定的基本民事法律。在编纂民法典后,民法典为民事基本法。我国的民法典尚未编纂,现行的《民法通则》、《物权法》、《合同法》、《中华人民共和国婚姻法》(以下简称《婚姻法》)、《中华人民共和国继承法》(以下简称《继承法》)、《侵权责任法》等都属于民事基本法。

3. 民事单行法和其他法律中的民法规范

基本法以外的法律是由全国人大常委会制定的规范性文件。其中有关民事的法律为民事单行法。民事单行法,如《中华人民共和国合伙企业法》(以下简称《合伙企业法》)、《中华人民共和国农村土地承包法》(以下简称《农村土地承包法》)、《中华人民共和国担保法》(以下简称《担保法》)、《中华人民共和国公司法》(以下简称《公司法》)、《中华人民共和国海商法》(以下简称《海商法》)、《中华人民共和国收养法》(以下简称《收养法》)、《中华人民共和国票据法》、《中华人民共和国保险法》等,都是民法的重要渊源。

全国人大常委会制定的民事单行法以外的法律中,有的也有许多民事法律规范,这些有关民事的法律规范也为民法的渊源。例如,《中华人民共和国城市房地产管理法》中关于土地使用权出让、关于房地产转让、关于房地产抵押、关于房屋租赁等方面的规范,都属于民法渊源。

(二) 法规

法规包括行政法规和地方性法规。行政法规是国务院制定的规范性文件,其中有关民事的部分是民法的渊源,如《中华人民共和国计算机软件保护条例》等。地方性法规是指有立法权的地方人民代表大会及其常委会制定的规范性文件,其中涉及民事的规范也为民法的渊源。民族自治地方的人民代表大会有权制定自治条例和单行条例,其效力与地方性法规相同。

行政法规、地方性法规不能与法律相抵触,地方性法规不能与行政法规相抵触。

(三) 规章

规章是指国务院各部(委)和地方人民政府为贯彻法律、法规,在其权限范围内制定的规范性文件。规章不能与法律、法规相抵触。在法律、法规没有规定的情况下,规章可以作为人民法院审理案件的参照规范。

(四) 最高人民法院的司法解释

最高人民法院有权就法律适用中的问题作出解释。最高人民法院的司法解释包括关于贯彻执行法律的意见、适用法律的解答、就某案件如何适用法律的批复等,也是民法的重要渊源。如《关于贯彻执行〈中华人民共和国民法通则〉若干问题的意见》(试行)(以下简称《民法通则的意见》)、《关于贯彻执行〈中华人民共和国继承法〉若干问题的意见》(以下简称《继承法的意见》)、《关于审理民事案件适用诉讼时效制度若干问题的规定》(以下简称《诉讼时效的规定》)、《关于审理建筑物区分所有权纠纷案件具体应用法律若干问题的解释》(以下简称《建筑物区分所有权的解释》)、《关于适用〈中华人民共和国担保法〉若干问题的解释》(以下简称《担保法的解释》)、《关于适用〈中华人民共和国合同法〉若干问题的解释(一)》(以下简称《合同法的解释(一)》)、《关于适用〈中华人民共和国合同法〉若干问题的解释(二)》(以下简称《合同法的解释(二)》)等。

（五）国家政策和习惯

《民法通则》第6条规定："民事活动必须遵守法律,法律没有规定的,应当遵守国家政策。"可见,国家政策在一定条件下也为民法的渊源。政策作为民法的渊源须具备以下条件：(1) 须为国家政策；(2) 其规范的事项须为法律、法规没有规定的事项；(3) 其适用须不违反法律、法规关于民事基本权利的规定。

习惯是指一定范围、一定地域的人们长期形成的为多数人认可并遵守的行为规则。习惯在符合下列条件时,也为民法的渊源：(1) 经国家法律认可；(2) 所规范的事项为法律、法规没有规定的事项；(3) 其适用不违反民法的基本原则。

需要指出,在没有法律规定、国家政策和习惯可依的情况下,法院也可依照法理裁判民事案件,因此,在一定条件下,法理也为民法的渊源。

二、民法的效力

民法的效力又称民法的适用范围,是指在何时、何地、何人之间的关系应适用有关的民事法律规范。

（一）民法在时间上的效力

民法在时间上的效力即时间上的适用范围,是指民事法律规范在何期间内有效,亦即在何时间内可以和应当适用该法律规范。民法在时间上的效力有以下两条规则：

1. 法律不溯及既往

法律不溯及既往规则是指法律原则上只适用于法律生效后发生的事项,而不适用于法律生效前已发生的事项。

法律的生效时间也是法律的施行时间。民事法律规范自施行之日生效,施行之日与公布之日可以一致,也可以不一致。民事法律规范的施行日期一般是由相应的规范性文件规定的。只有在法律明确规定对法律施行前发生的事项也适用该法律时,该法的规范才有溯及力,才可适用于该法施行前发生的事项。

2. 新法改废旧法

新法改废旧法规则是指在新法生效后,有关针对同一事项的旧法即使没有明令废除,也当然废止。

法律规范自废止时失去效力,不得再适用。法律规范的废止日期可以在发布该规范的规范性文件中规定,也可以通过发布一项命令宣布废止,还可以是在新的规范性文件中规定。如果一项新的规范性文件生效,而对规定同一事项的旧规范性文件是否废止又未作出规定,则依新法改废旧法规则,旧法当然失效。

适用新法改废旧法规则,须具备以下条件:(1)须新旧法是同一级机关颁布的,如同为全国人大常委会制定的法律,同为国务院制定的行政法规;(2)须新旧法处于同一位阶,如同为普通性,若一为普通法,一为特别法,则不能适用该规则;(3)须新旧法规定针对的是同一事项。若新旧法规定的事项不完全一致,但某一事项在旧法中有规定,在新法中也有规定的,则旧法中关于该事项的规定废止,其他规定仍继续有效。

(二) 民法在空间上的效力

民法在空间上的效力即地域上的适用范围,是指民事法律规范适用于何地域内发生的民事关系。《民法通则》第8条规定:"在中华人民共和国领域内的民事活动,适用中华人民共和国法律,法律另有规定的除外。"据此,我国民法适用于中华人民共和国的领土、领海、领空以及依据国际法和国际惯例视为我国领域内发生的民事关系。但由于民法的渊源不同,民事法律规范的效力范围也就有所不同,对此应注意以下三点:第一,全国性的规范性文件适用于全国,但仅为某一地区制定的,则该规定仅适用于该地区。法律允许某区域制定变通或者补充规定的,在许可的区域内应适用变通或补充规定。第二,地方性的规范性文件仅适用于该地区,而不能适用于其他地区。第三,我国实行"一国两制",香港、澳门、台湾地区的法律仅适用于该地区,我国民法不适用于这些地区。

(三) 民法对人的效力

民法对人的效力即对人的适用范围,是指民事法律规范适用于哪些人。《民法通则》第8条中规定,"本法关于公民的规定,适用于在中华人民共和国领域内的外国人、无国籍人,法律另有规定的除外。"依此规定,我国民法对人的效力同时采取"属人主义"与"属地主义"。因此,我国民法不仅适用于我国公民、法人和其他组织,也适用于居住在我国境内的外国人、无国籍人以及外国法人在我国设立的分支机构,但法律另有规定的除外。

第六节　民法的适用与解释

一、民法的适用

民法的适用是指对民事法律规范的应用,有广义与狭义之分。狭义的民法适用是指人民法院或仲裁机构应用民事法律规范解决各类案件的活动。广义的民法适用还包括民事主体按照民事法律规范的规定从事民事活动。这里的民法适用仅指其狭义而言。

民法的适用过程是以现行的民事法律规范为依据就具体案件作出裁判的过程。因此,民法适用的关键是找出和引用适当的法律规范,即找法和用法。而民事法律规范构成一个体系,相互间有着严密的结构。在适用法律的"找法"、"用法"过程中,应遵循以下原则:

(一) 特别法优于一般法

所谓特别法优于一般法,是指对于某一事项,特别法有规定时,应适用特别法的规定;只有在特别法没有规定时,才能适用一般法。一般法与特别法的划分有不同的标准。从规范的事项上说,规范一般事项的法为一般法,而规范特别事项的法为特别法。例如,《民法通则》中关于法人的规定为一般法,而《公司法》中关于公司的规定则为特别法。从法律效力上说,适用于全国的法为一般法,而适用于特别地域的法则为特别法。例如,《继承法》为一般法,而民族自治地区根据《继承法》的原则,结合当地民族财产继承的具体情况所制定的变通或补充规定,就属于特别法。

(二) 强行法优于任意法

民事法律规范有强行性规范与任意性规范之分。强行性规范是必须遵守的,当事人不得以自己的意思排除其适用;而任意性规范,则是可以选择适用的,当事人可以自己的意思排除其适用。所以,对于某一事项,凡有强行性规范的,就应适用该强行性规范,而不能适用任意性规范。

(三) 例外规定排除一般规定

一般规定是对一般情形的规定,例外规定是对例外情形的规定。对于例外规定,在法律条文中一般表述为"法律另有规定的除外"。对于某一事项有一般规定又有例外规定的,应适用例外规定,而不能适用一般规定。如《民法通则》第135条规定:"向人民法院请求保护民事权利的诉讼时效期间为2年,法律另有规定的除外。"这一关于2年诉讼时效期间的规定即为一般规定,而法律关于诉讼时效期间的另外规定(如该法第136条规定)即为例外规定。

(四) 具体规定优于一般性条款

具体规定是指具体规定某种事实状态发生的法律效果的法律规范。一般性条款又称为"弹性条款",是指并不具体规定某种事实状态发生的法律效果,而仅是规定原则的法律规范。例如,《民法通则》中关于基本原则的规定就属于一般性条款。对于某一事项,有具体规定的,应适用具体规定;只有在没具体规定时,才可适用一般性规定。

二、民法的解释

民法的解释是指探求民事法律规范的含义,确定其内容。民法的解释有广义与狭义之分。广义的民法解释,包括任何人对法律的理解和解释。通常依据解释法律的主体将法律解释分为立法解释、司法解释和学理解释。这里所说的民法解释仅指法律适用中的解释。因为民法的适用是一个"找法"、"用法"的过程。在案件审理中,对于某项法律规范能否适用于待决的案件,亦即具体案件中的事实是否为法律规范中规定的事项,往往需要对法律规范的含义作出解释。例如,《民法通则》第 11 条中规定:16 周岁以上不满 18 周岁的公民,以自己的劳动收入为主要生活来源的,视为完全民事行为能力人。现某甲已满 16 周岁并找到一临时性工作,月收入达 800 元,可否视为完全民事行为能力人?这就需对该条款作出解释,说明其是否属于该条文中所说的"以自己的劳动收入为主要生活来源"。可见,民法的解释对于正确适用法律有重要意义。

民法的解释有文理解释与论理解释两种:

(一) 文理解释

文理解释又称文义解释,是指依据法律条文文句的字义或文义所进行的解释。例如,《民法通则》第 9 条规定:公民从出生时起到死亡时止,具有民事权利能力,依法享有民事权利,承担民事义务。何为"出生"?何为"死亡"?这就需要从该文句的文字含义作出解释。

(二) 论理解释

论理解释是指斟酌法律制定的理由以及其他一切情事,依推理而阐明法律规范的真意。例如,从立法目的上、从法律体系上、从比较法上、从历史上等方面以及用经济学、社会学、伦理学等的方法分析、理解、说明法律规范的真实含义,就属于论理解释。由于论理解释是不拘泥于法律规范的文句而依一般法理进行解释,因此,只有在法律条文含糊不清,或条款间相互矛盾,或对待决事项法无明确规定,或现有法律规定已不适应变化了的事实的情形下,才可适用论理解释的方法。论理解释主要有以下几种情形:

1. 扩张解释

扩张解释又称扩充解释,是指仅依法律文句的文义解释不足以表示立法的真意时,而扩张该条文文句的含义作出解释。例如,《民法通则》第 100 条规定:"公民享有肖像权,未经本人同意,不得以营利为目的使用公民的肖像。"现原告诉被告未经其许可而使用其肖像,请求法院责令被告停止使用。本案中被告有无权利使用原告的肖像呢?若从法律条文的文义上理解,非以营利为目的使用他人的肖像,不在须经本人同意之列。但从该条规范的立法目的上看,该条规定是为了保护自然人的肖像权,从保护自然人肖像权上说,未经本人同意,即使不以营利为目的,也不得使用他人的肖像,除非为了公益目的。因此,被告应停止使用原告的肖像。这种解释就属于扩张解释。

2. 限缩解释

限缩解释又称缩小解释、限制解释,是指在法律条文的文句含义过于广泛时,对其含义应予以缩小的解释。例如,《民法通则》第58条中规定,"无民事行为能力人实施的"民事行为无效。从该条立法目的上说,是为了保护无民事行为能力人的利益,因此,该条文的含义过于广泛,在解释上,无民事行为能力人实施的纯受利益的行为不在无效之列。这种解释即为限缩解释。

3. 反面解释

反面解释又称反对解释,是指依法律条文所规定的事项,就其反面的意思进行解释。例如,《民法通则》第9条规定:"公民从出生时起到死亡时止,具有民事权利能力。"从其反面解释,未出生的胎儿和已死亡的人不具有民事权利能力。

4. 类推解释

类推解释是指对法律无直接规定的事项,选择法律关于类似事项的规定进行解释,以类推适用法律。例如,《合同法》第124条规定:"本法分则或者其他法律没有明文规定的合同,适用本法总则的规定,并可以参照本法分则或者其他法律类似的规定。"在处理合同法和其他法律中没有明文规定的合同时,就需对法律关于有名合同的规定作出类推解释,以选择法律类似的规定作参照。

第二章 民事法律关系

第一节 民事法律关系概述

一、民事法律关系的概念

民事法律关系是指根据民事法律规范确立的以民事权利义务为内容的社会关系,是由民事法律规范调整而形成的社会关系。

人在社会生活中必然会结成各种各样的社会关系,这些社会关系受各种不同的规范调整。其中,由民法调整而形成的社会关系就是民事法律关系。因此,民事法律关系是民法调整的社会关系的法律上的表现。民法规范调整平等主体之间的财产关系和人身关系也就是规定出现某种法律事实即发生某种法律后果,该法律后果即是在当事人之间产生民事法律关系。

二、民事法律关系的特点

民事法律关系具有以下特点:

(一) 民事法律关系是一种法律关系

民事法律关系是按照民法规范确立的社会关系,因而是一种法律关系。作为法律关系,民事法律关系是人与人之间的关系,而不是人与物、人与自然界的关系。民法规范反映国家的意志,民事法律关系可依当事人的意志确立,因此,民事法律关系是一种意志社会关系,而不是不依人们的意志为转移的物质社会关系;民事法律关系是以国家强制力保证其实现的社会关系。

(二) 民事法律关系是平等主体之间的关系,一般是自愿设立的

由于民法调整的社会关系是平等主体之间的财产关系和人身关系,依民法规范确立的民事法律关系也就只能是平等主体之间的关系。不是发生在平等主体之间的或者不是在平等基础上建立的法律

关系不属于民事法律关系。民事法律关系不仅符合国家的意志,更体现着当事人的意志,一般是由当事人依自己的意思自愿设立的。只要当事人依其意思实施的行为不违反法律规定,所设立的法律关系就受法律保护。

(三) 民事法律关系是以民事权利和义务为内容的法律关系

民法调整社会关系就是赋予民事主体权利和义务,因此,民事法律关系也就是民事权利义务关系。民事法律关系一经确立,当事人一方即享有民事权利,而另一方便负有相应的民事义务。有的法律关系只有一方享有权利,另一方负有义务;多数法律关系的当事人双方均享有权利,并负担相应的义务。但不论在何种情形下,民事法律关系的主体地位是平等的,当事人的民事权利和义务构成民事法律关系的内容。

三、民事法律关系的要素

民事法律关系的要素是指构成民事法律关系的必要因素或条件,包括民事法律关系的主体、客体和内容。这些要素缺少其中的任何一个都不能成立民事法律关系;其中任何一个发生变化,民事法律关系也就发生变化。

(一) 民事法律关系的主体

民事法律关系的主体又简称为民事主体,是指参与民事法律关系、享受民事权利和负担民事义务的人。因为民事法律关系是人与人之间的社会关系,因此,民事法律关系必须有双方主体参加,没有主体或者只有一方主体也就不能成立民事法律关系。民事法律关系的主体双方中任何一方都可以是一个人,也可以是几个人。民事法律关系的主体是在民事法律关系中享受民事权利和负担民事义务的当事人,享受权利的一方主体为权利主体,负担义务的一方主体为义务主体。但有的民事法律关系的主体双方都既为权利主体,又为义务主体;而有的民事法律关系的主体双方中仅有一方为权利主体,而另一方仅为义务主体。有的民事法律关系的义务主体是特定的人,有的民事法律关系的义务主体是不特定的人。

根据《民法通则》、《合同法》及其他法律的规定,自然人、法人、其他组织都可以自己的名义进行民事活动,参与民事法律关系享受民事权利和负担民事义务。因此,自然人、法人和其他组织都为民事主体。国家也可以成为民事主体,如国家是国家财产的所有权人,是国债的债务人。凡法律规定可成为民事主体的,不论其为自然人还是组织,都属于民法上的"人"。

(二)民事法律关系的内容

民事法律关系的内容是民事主体在民事法律关系中享有的权利和负担的义务,亦即当事人之间的民事权利和义务。民事法律关系以民事权利和义务为内容,若仅有主体,而无主体之间的权利义务,当然也就构不成民事法律关系。

民事法律关系的内容包括权利和义务两个方面,权利和义务相互对立,又相互联系。权利的内容是通过相应的义务来表现的,义务的内容是由相应的权利来限定的。民事权利和民事义务是民事法律关系三要素中起主导作用的要素,决定着民事法律关系的性质。例如,物权关系与债权关系的不同,就是因为主体的权利义务不同。

(三)民事法律关系的客体

民事法律关系的客体是指民事法律关系中的权利和义务共同指向的对象。民事法律关系的主体总是基于一定的对象而确定相互间的权利义务的,没有客体,民事权利义务就会落空,也就失去意义。

四、民事法律关系的分类

民事法律关系是多种多样的。为了正确把握民事法律关系的性质和特点,按照不同的标准对民事法律关系可作如下主要分类:

(一)财产法律关系与人身法律关系

根据民事法律关系是否直接具有财产利益的内容,民事法律关系可分为财产法律关系与人身法律关系。

财产法律关系是指直接与财产有关的具有财产内容的民事法律关系,如物权关系、债权关系、继承关系等;人身法律关系是指与民事主体不可分离的,不直接具有财产内容的民事法律关系,如人格关系、身份关系。

这种分类的主要意义在于:第一,财产法律关系是民法调整财产关系的法律形式,而人身法律关系是民法调整人身关系的法律形式;对财产法律关系可以适用等价有偿等原则,而对人身法律关系则不适用此类原则;对财产法律关系的保护主要采用财产救济方式,而对人身法律关系的保护则主要采取非财产的救济方式。第二,财产法律关系中权利义务一般具有可让与性,而人身法律关系中的权利义务一般不具有可让与性,主体享有的权利与主体人身一般不可分离。

(二) 绝对法律关系与相对法律关系

根据民事法律关系的义务主体的范围,民事法律关系可分为绝对法律关系与相对法律关系。

绝对法律关系是指义务主体不特定,权利人以外的一切人均为义务人的民事法律关系,如人身关系、物权关系、继承关系等;相对法律关系是指义务主体为特定人的民事法律关系,如债权关系。

这种分类的主要意义在于:第一,绝对法律关系的义务主体是不特定的,权利人可向一切人主张权利;相对法律关系的义务主体是特定的,权利人一般只能向特定的义务人主张权利。第二,绝对法律关系中的义务人所负担的义务是消极的不作为,即不妨碍和不干涉权利人行使和实现权利;相对法律关系的义务人负担的义务一般是积极的作为,如交付货物等。第三,绝对法律关系的权利人实现权利无须义务人的介入,相对法律关系的权利人实现权利一般须有义务人的介入。

(三) 单一民事法律关系与复合民事法律关系

根据民事法律关系内容的复杂程度,民事法律关系可分为单一民事法律关系与复合民事法律关系。

单一民事法律关系是指只有一组对应的权利义务的民事法律关系。例如,所有权关系中只有所有权人享有的权利和非所有权人负担的义务这一组权利义务。复合民事法律关系是指有两组以上对应的权利义务的民事法律关系。例如,在买卖关系中,既有买受人请求出卖人交付并转移标的物所有权的权利和出卖人交付并移转标的物所有权的义务这一组权利义务,又有出卖人享有的请求买受人支付价款的权利和买受人负有的支付价款的义务这一组权利义务。

这种分类的主要意义在于,正确确定当事人的权利义务和责任。因为单一法律关系中只有一方享有权利,另一方负有相应的义务;而复合法律关系中双方都既享有权利也负担义务,当事人负担的义务往往有几项并有主次之分。

(四)权利性法律关系与保护性法律关系

根据民事法律关系形成和实现的特点,民事法律关系可分为权利性民事法律关系与保护性民事法律关系。

权利性民事法律关系是指民事主体依其合法行为而形成的,能够正常实现的民事法律关系,如人身关系、物权关系、债权关系、继承关系等;保护性民事法律关系是指因不法行为而发生的民事法律关系,如侵权责任关系。

这种分类的主要意义在于,正确认识法律关系的作用。权利性民事法律关系是当事人依民法规范的要求自愿形成的,是受法律鼓励的;而保护性民事法律关系不是当事人自愿设立的,而是根据法律的直接规定而发生的,是法律为保护民事权利,维护社会利益和社会秩序而在当事人之间确立的。

第二节 民事法律事实

一、民事法律事实的概念和意义

民事法律事实是指法律规定的能够引起民事法律关系产生、变更或终止的客观现象。

任何民事法律关系都有产生至终止的过程。而民事法律关系的产生、变更、终止都须有一定的原因,该原因也就是民事法律事实。民事法律事实有两个基本特点:其一为客观性。民事法律事实是一种客观现象,而不是主观现象。单纯的主观意志并不能引起民事法律关系的产生、变更和终止。其二为法定性。何种客观现象能够引起民事法律效果,即引起民事法律关系的产生、变更或终止,是由法律规定的,而不是由个人决定的。民法规范调整社会关系,也就是规定某种法律事实会引起某种法律效果,因此,民事法律事实是民事法律效果发生的原因；民事法律规范是认定法律事实和该事实引起的法律效果的依据。在一些情况下，一个法律事实就会发生某种法律效果；而在某些情况下，须有几个法律事实的结合，才能发生某种法律效果。例如，遗嘱继承法律关系只有存在被继承人的死亡、被继承人的有效遗嘱和遗嘱继承人接受继承的事实，才能发生。相互结合才能引起民事法律关系发生、变更、终止的法律事实的总和，通常称为民事法律事实构成。

民事法律事实的意义就在于能引发一定的民事法律后果，包括三种情形：

第一，引起民事法律关系的发生，即在当事人间产生民事权利义务关系。民事法律关系的发生包括绝对发生和相对发生。绝对发生是指当事人间的权利义务原始发生，而不是由其他主体转移而来的。例如，甲新盖一所房屋，即产生房屋所有权关系，该关系就为绝对发生。相对发生是指当事人间因继受其他主体的权利义务而形成民事法律关系。例如，甲从乙处购得一所房屋，甲与他人间形成房屋所有权关系，该法律关系就为相对发生。

第二，引起民事法律关系的变更，即民事法律关系要素中的任一要素发生变化。例如，甲欠乙1万元，现甲偿还了5000元，甲乙间的债权、债务关系则因乙的清偿行为而变更。民事法律关系的相对发生和相对消灭，也都可看作民事法律关系的变更。

第三，引起民事法律关系的消灭，即当事人间的民事权利义务关系终止。民事法律关系的消灭包括绝对消灭和相对消灭。绝对消灭是指当事人间的权利义务已不复存在；相对消灭是指当事人间的权利义务因转移给他人而消灭。例如，甲有一所房屋的所有权，现该房屋灭失，甲的房屋所有权关系绝对消灭；若甲的房屋未灭失，而是将该房屋出卖给丙，由丙取得该房屋所有权，则甲的房屋所有权关系就为相对消灭，就丙而言则为所有权关系相对发生。

二、民事法律事实的分类

民事法律事实是多种多样的，根据其是否与人的意志有关可分为自然事实和人的行为。

(一) 自然事实

自然事实是指与人的意志无关的能引起民事法律后果的客观现象。所谓与人的意志无关,是指该现象本身不直接包含人的意志,并非指该现象的发生或出现与人的意志无关。例如,甲被乙杀死这一现象。甲的死亡作为引起继承法律关系发生的法律事实是不包含人的意志的,甲的死亡便为自然事实。至于乙的杀害行为,作为引起侵权赔偿法律关系的法律事实,则与人的意志有关,不属于自然事实。

自然事实,包括事件和状态。事件是指某种偶发的客观现象,如人的出生、死亡、台风的发生;状态是指某种客观现象的持续,如时间的经过。

(二) 人的行为

人的行为是指与人的意志有关,直接体现人的意志能够引起民事法律后果的客观现象。对于自然事实,法律只能规定其发生的法律后果,但不能控制其发生的数量,当事人也不能有意识地促成或者阻碍其发生,也不存在合法与否的问题。而对于人的行为,法律则可以通过规定其不同的后果,以控制其发生的数量。行为有合法与不合法之分,且当事人可以自主决定是否实施与实施何种行为。因此,法律规范人的行为,可以鼓励当事人实施合法行为或制裁当事人的不法行为。

人的行为既包括当事人的行为,也包括他人的行为。当事人的行为是指当事人自己实施的发生民事法律后果的行为,如订立合同。他人的行为是指非由当事人实施的但却在当事人之间发生民事后果的行为,如法院或仲裁机构的裁决。

当事人的行为,依据其实施行为是否以发生民事法律后果为目的,可分为民事行为和事实行为。民事行为是指当事人实施的以发生一定民事法律后果为目的的行为,如订立合同;事实行为是指当事人实施行为并非以发生一定民事法律后果为目的,但因该行为实施的事实即在当事人间发生民事法律后果的行为,如拾得遗失物。无论是民事行为还是事实行为,都有合法与不合法之分。合法的民事行为即民事法律行为。不合法的行为虽不合法,但因该行为引起的民事法律关系却是合法的。例如,侵权行为是不合法的事实行为,因侵权行为产生的侵权损害赔偿关系却是合法的。

第三节 民事权利、义务和责任

一、民事权利

(一) 民事权利的概念

关于民事权利的概念,学说上有不同的观点。一般认为,民事权利是指民事主体依法享有并受法律保护的利益范围或者实施某一行为(作为或不作为)以实现某种利益的可能性。民事权利包含以下含义:(1)权利是法律关系的主体享有的利益范围或者为某种行为的可能性;(2)权利是权利主体要求他人实施某种行为或者不实施某种行为,以实现其利益的可能性;(3)在权利受到侵害时,权利主体得请求国家机关予以救济。

民事主体可以享有何种权利,是由法律规定的,也就是说,法律根据社会的经济生活条件规定民事主体可以享有哪些权利。但民事主体是否享有某一项权利,则决定于其是否参与在民事法律关系中,因为民事主体享有的具体权利是民事法律关系内容的组成部分。

(二) 民事权利的分类

1. 财产权与人身权

根据民事权利是否以财产利益为内容,民事权利可分为财产权与人身权。

财产权是指以财产利益为内容,直接体现财产利益的民事权利。财产权可以以金钱计算其价值,一般具有可让与性,受到侵害时需以财产方式予以救济。财产权既包括物权、债权、继承权,也包括知识产权中的财产权利。

人身权是指不直接具有财产利益的内容,与主体人身不可分离的权利。人身权不直接具有财产内容,不能以金钱来衡量其价值,一般不具有可让与性,受到侵害时主要需以非财产的方式予以救济。人身权包括人格权和身份权。

2. 支配权、请求权、抗辩权与形成权

根据民事权利的作用,民事权利可分为支配权、请求权、抗辩权与形成权。

支配权是指主体对权利客体可直接加以支配并享受其利益的权利。物权、人身权、知识产权等属于支配权。支配权的特点主要在于:第一,权利人可直接支配权利客体,以满足其利益需要,如房屋所有权人可以直接占有使用房屋;第二,具有排他性,权利人可禁止他人妨碍其对客体的支配。

请求权是指请求他人为一定行为或不为一定行为的权利。如买卖合同的出卖人请求买受人支付价款的权利。请求权的特点在于,权利人不能直接取得作为权利内容的利益,须通过义务人的行为间接取得。请求权是由一定的基础权利派生的权利。如出卖人请求支付价款的请求权是基于其债权产生的,所有权人在其财物为他人非法占有时请求占有人返还的权利是基于所有权产生的。

抗辩权,广义上是指对抗请求权或否认他人的权利主张的权利,有的称为异议权;狭义上仅指对抗请求权的权利。抗辩权的作用在于对抗请求权,又可分为一时抗辩权和永久抗辩权。例如,出卖人要求买受人支付价款,若买受人以当事人双方未约定何方先履行,因出卖人未履行交付货物的义务自己也不应付款为抗辩时,其抗辩权即为一时抗辩权;若买受人以出卖人的请求已过诉讼时效自己不予付款而为抗辩时,其行使的抗辩权就为永久抗辩权。

形成权是指权利人得以自己一方的意思表示而使法律关系发生变化的权利。例如,甲乙相互欠款,在还款期限已到时,任何一方都可主张其欠款相互充抵,当事人享有的这一抵销权即属于形成权。

3. 绝对权与相对权

根据民事权利的效力范围,民事权利可分为绝对权与相对权。

绝对权又称对世权,是指其效力及于一切人,即义务人为不特定的任何人的权利。绝对权的特点在于,权利人可向任何人主张权利,权利人不须借助义务人的行为就可实现其权利。绝对法律关系中的权利人享有的权利即为绝对权。物权、知识产权、人身权、继承权都为绝对权。

相对权又称对人权,是指其效力及于特定人的权利,即义务人为特定人的权利。相对权的特点在于,权利人只能向特定的义务人主张权利,须借助义务人行为的介入才能实现其权利。相对权是相对法律关系中权利人享有的权利。债权为典型的相对权。

4. 主权利与从权利

根据两项相互关联的民事权利之间的关系,民事权利可分为主权利与从权利。

主权利是指两项有关联的权利中不依赖另一权利而可独立存在的权利;从权利则是指两项有关联的权利中其效力受另一权利制约的权利。例如,某债权人享有担保权,该债权人享有的债权为主权利,其享有的担保权就为从权利。

5. 原权与救济权

根据民事权利相互间是否具有派生关系,民事权利可分为原权与救济权。

原权为基础权利,是权利性民事法律关系中的权利。救济权是由原权派生的,为在原权受到侵害或有受侵害的现实危险而发生的权利,是保护性法律关系中的权利。例如,某甲的房屋被乙侵占,甲要求乙返还房屋的权利属于救济权,甲对其房屋享有的所有权属于原权。

6. 专属权与非专属权

根据民事权利有无移转性,民事权利可分为专属权与非专属权。

专属权是指无移转性,权利人一般不能转让,也不能依继承程序转移的权利。人身权就属于专属权;非专属权是指具有移转性,权利人可以转让,也可依继承程序移转的权利。财产权多为非专属权。

(三) 民事权利的行使

民事权利的行使是指权利人为实现自己的权利实施一定的行为。权利行使是权利人实现其权利内容的利益,以满足其需要的过程,权利行使的结果就是权利的实现。权利行使不同于权利的享有。民事权利只能为权利人自己享有,但权利人可以自己行使权利,也可以由他人代为行使民事权利。

民事权利行使的方式有事实方式和法律方式两种。事实方式是指权利人通过事实行为行使权利;法律方式是指权利人通过民事行为行使权利。例如,甲有一所房屋的所有权,甲自己使用该房屋,为以事实方式行使所有权;若甲将该房屋出租,则为以法律方式行使其所有权。

民事权利的行使应遵循以下两项主要原则:第一,自由行使原则。权利行使是权利人的自由,自应依当事人的意思决定,他人不得干涉。第二,正当行使和禁止权利滥用原则。权利人应依权利的目的正当行使权利,遵循诚实信用原则,禁止权利滥用。所谓滥用权利,是指权利人不正当地行使权利,损害社会利益或他人利益。构成权利滥用的条件有:(1) 行为人有权利,若无权利,则谈不上是权利的滥用;(2) 行为人行使权利的行为损害了他人或社会利益。权利行使本是为了满足权利人利益需要的,不能以损害他人和社会利益为目的,若行为人行使权利的行为,并未损害他人或社会利益,其行为即使违反权利的目的,也不构成权利滥用;(3) 行为人主观上有过错。若行为人在行使权利中没有过错,则其行为也不能构成权利滥用。

(四) 民事权利的保护

民事权利的保护是指为保障权利不受侵害或恢复被侵害的民事权利所采取的救济措施。民事权利的保护分为自我保护和国家保护。

民事权利的自我保护又称为私力救济,是指权利人自己采取各种合法手段来保护其权利。民事权利的自我保护是权利固有的属性,是法律赋予权利人的权利,但权利人只能在法律许可的限度内以法律许可的方式保护其权利,否则会构成权利的滥用。自我保护的方式主要有自卫行为和自助行为两种。自卫行为是指权利人为使自己或他人的权利免受不法侵害而采取的防卫或躲避措施,包括正当防卫和紧急避险。自助行为是指权利人在权利受到侵害来不及请求国家保护时而采取的对侵害人的财产或人身施以扣押或拘束等措施。实施自助行为的条件为:第一,须为保护自己的权利;第二,须情事紧迫来不及请求国家保护;第三,须采取法律许可的方式;第四,须不超过必要限度。

民事权利的国家保护又称公力救济,是指民事权利受到侵犯时,由国家机关通过法定程序予以保护。国家保护民事权利是由行政、司法等多种机关、多种手段实现的,其中最主要的是由人民法院予以保护。权利人在其权利受侵害时,有权向法院提起诉讼,请求法院依法保护其权利。

二、民事义务

民事义务是指义务主体为满足权利人的利益需要,在权利限定的范围内必须为一定行为或不为一定行为的约束。民事义务的根本特性在于其约束性,即为满足权利人的需要义务人必须为一定行为或不为一定行为,否则,义务人就会承担相应的民事责任。义务的范围是由权利限定的,超过权利人权利限定的范围,义务人没有必为某种行为的义务。

民事义务主要有以下分类:

(一) 法定义务与约定义务

根据民事义务发生的根据,民事义务可分为法定义务与约定义务。

法定义务是直接根据法律规定产生的而非由当事人约定的义务,如不得侵犯他人财物的义务;约定义务是指由当事人自行约定的义务,如合同债务人的义务。

(二) 积极义务与消极义务

根据民事义务的内容,民事义务可分为积极义务与消极义务。

积极义务是指以义务人须为一定行为(作为)为内容的义务,如交付财物的义务;消极义务是指以义务人须不为一定行为(不作为)为内容的义务,如不干涉所有权人行使权利的义务。

(三) 专属义务与非专属义务

根据民事义务与义务主体的关系,民事义务可分为专属义务与非专属义务。

专属义务是指义务人不得将其转移给他人负担的义务,如某特邀演员演出的义务;非专属义务是指义务人可将其转移给他人负担的义务,如偿还欠款的义务。

三、民事责任

(一) 民事责任的概念和特点

民事责任是指民事主体因违反民事义务而依法应承担的民事法律后果。

民事责任具有以下特点:

1. 民事责任以民事义务为基础,是违反民事义务的法律后果

民事义务是民事责任的前提,只有当事人负有义务而没有履行或违反义务,才会产生民事责任。没有义务,也就不存在履行义务问题;若义务人履行了义务,则不发生民事责任。

2. 民事责任以恢复被侵害的权利为目的

民事权利的实现须义务人不违反义务。义务人违反义务就会侵害权利人的权利,就要通过民事责任恢复被侵害的权利。因此,民事责任是保护民事权利的法律手段,以恢复民事权利为目的,正因为如此,民事责任是违反民事义务的一方当事人向权利受侵害的一方当事人承担的责任,民事责任一般不具有惩罚性,其范围与义务人违反义务所造成的损害后果相适应。

3. 民事责任具有法律上的强制性

民事责任是一种法律责任,当然也就具有强制性。但违反了民事义务的当事人可自行承担民事责任。只有在当事人不能自觉承担民事责任时,国家才通过法定程序强制义务人承担民事责任。

4. 民事责任是保护性民事法律关系的内容

民事责任是当事人一方向另一方承担的责任。在这种民事责任承担的保护性民事法律关系中,权利主体享有的权利是救济性的请求权,义务主体的义务也就是其承担的民事责任。也就是说,民事责任又是通过特定当事人负担一定的义务来实现的。因此,民事责任也是保护性民事法律关系内容的一部分。

(二) 民事责任的分类

常见的民事责任分类主要有以下几种:

1. 债务不履行的民事责任与侵权的民事责任

根据民事责任发生的原因,民事责任可分为债务不履行的民事

责任和侵权的民事责任。

债务不履行的民事责任简称债务不履行责任,是指因债务人不履行已存在的债务而发生的民事责任。债务不履行责任是特定债务人违反义务的结果,以债务的存在为前提。侵权的民事责任简称侵权责任,是指因实施侵权行为而发生的民事责任。侵权责任是绝对法律关系的义务人违反消极义务的后果,责任人本不负担债务,因承担民事责任才负有债务。

2. 履行责任、返还责任与赔偿责任

根据民事责任的内容,民事责任可分为履行责任、返还责任与赔偿责任。

履行责任是指责任人须履行自己原负担的债务的责任,如合同债务人须继续履行合同的责任;返还责任是指以返还利益为内容的责任,如非法占有人将占有的财物返还给权利人的责任;赔偿责任是指以赔偿对方损害为内容的责任,如侵权人造成他人人身、财产或精神损害时所承担的赔偿损失的责任。

3. 按份责任与连带责任

根据承担民事责任的一方当事人之间的关系,民事责任可分为按份责任与连带责任。

按份责任是指在责任人为多人时,各责任人按照一定的份额向权利人承担民事责任,各责任人之间无连带关系;连带责任是指责任人为多人时,每个人都负有清偿全部债务的责任,各责任人相互间有连带关系。

4. 财产责任与非财产责任

根据民事责任的内容有无财产性,民事责任可分为财产责任与非财产责任。

财产责任是指直接以一定的财产为内容的责任,如返还财产、赔偿损失;非财产责任是指不直接具有财产内容的民事责任,如消除影响、恢复名誉。

(三) 民事责任的承担方式

民事责任的承担方式又称为民事责任的形式,是指民事主体承担民事责任的具体措施。

根据《民法通则》第 134 条的规定,承担民事责任的方式主要有:(1) 停止侵害;(2) 排除妨碍;(3) 消除危险;(4) 返还财产;(5) 恢复原状;(6) 修理、重作、更换;(7) 赔偿损失;(8) 支付违约金;(9) 消除影响、恢复名誉;(10) 赔礼道歉。以上承担民事责任的方式,可以单独适用,也可以合并适用。

第三章 自 然 人

第一节 自然人的民事权利能力

一、自然人民事权利能力的概念

自然人的民事权利能力是指法律赋予自然人享有民事权利和负担民事义务的资格。

所谓自然人,是指基于自然规律而出生的人。在民法上,自然人与法人相对应,二者同是最主要的民事主体。《民法通则》第8条规定:"本法关于公民的规定,适用于中华人民共和国领域内的外国人、无国籍人,法律另有规定的除外",该法第二章的标题为"公民(自然人)",这标志着《民法通则》中使用的公民的概念与自然人是同一含义的。但公民仅指具有一国国籍的自然人,我国公民是指具有中华人民共和国国籍的自然人,而自然人则还包括外国人和无国籍人。

自然人的民事权利能力是自然人参与民事法律关系,享受民事权利和负担民事义务的能力,是自然人之成为民事主体,具有法律人格的条件和标志。

民事权利能力与民事权利是相互联系但不相同的法律概念。二者的区别主要在于:第一,民事权利能力仅是法律赋予民事主体享受权利和负担义务的资格,仅是民事主体享受民事权利的前提条件和可能性;而民事权利则是民事主体参与具体民事法律关系实际享有某种利益的形式,是以利益为内容的。第二,民事权利能力是由法律赋予的,不决定于民事主体的意志;而民事权利的享有可由民事主体的意思决定之。第三,民事权利能力与民事主体的人身不可分离,既不能放弃,也不能转让;而民事权利除法律另有规定外,民事主体可以放弃和转让。第四,民事权利能力不仅是享受民事权利的资格,也是负担民事义务的资格,换言之,民事权利能力也包括民事义务能力;而民事权利与民事义务是相互对立的概念,民事权利与民事义务是不能相互包含和相互替代的。

二、自然人民事权利能力的特点

在我国,自然人的民事权利能力具有以下特点:

(一) 平等性

《民法通则》第10条规定:"公民的民事权利能力一律平等。"这就是说,凡我国公民,不分民族、种族、性别、年龄、职业,也不论其政治态度、宗教信仰、财产状况和健康与否等,都有平等的民事权利能力,有平等参与民事法律关系的机会。可以说,平等性是自然人的民事权利能力的根本特点。

(二) 内容的广泛性和统一性

自然人民事权利能力的内容是指法律规定的自然人可享受的民事权利和负担的民事义务的总和。根据《民法通则》的规定,自然人可享受的权利范围是极广泛的,自然人不仅可享受各种各样的财产权利,也可享受各种各样的人身权利。自然人可享受民事权利,也应负担民事义务。每个人既可享受广泛的民事权利,也须负担相应的民事义务。也就是说,每个人享受权利的资格与负担义务的资格是统一的,既可为权利主体,又可为义务主体。

三、自然人民事权利能力的开始

《民法通则》第9条规定:"公民从出生时起到死亡时止,具有民事权利能力,依法享有民事权利,承担民事义务。"因自然人的民事权利能力与其人身不可分离,因而自然人自出生时起就须享有民事权利能力。出生是自然人取得民事权利能力的法律事实,有重要法律意义。

何时为出生?曾有各种不同的学说,如发声说、断带说、出生完成说、独立呼吸说、生产说等。通说认为,出生包括"出"和"生",出为完全脱离母体,生为有独立生命,出生为完全脱离母体而为有独立生命的人。《民法通则的意见》第1条规定:"……出生的时间以户籍证明为准；没有户籍证明的，以医院出具的出生证明为准。没有医院证明的，参照其他有关证明认定。"

既然自然人自出生时起具有民事权利能力，未出生的胎儿就不具有民事权利能力。但胎儿终将出生，为未来的民事主体，因此，各国法律上对于胎儿的法律地位均作出特别规定，大致有三种体例：一是以活体出生作为胎儿享有民事权利能力的条件，如规定：胎儿只要出生时尚生存，出生前就具有民事权利能力；二是不承认胎儿有民事权利能力，但在某些事项上视胎儿为已出生；三是不承认胎儿有民事权利能力，也不认为在某些事项上视胎儿为出生，仅是在某些事项上对胎儿的利益予以保护。我国现行立法采取的是第三种体例。如《继承法》第28条规定："遗产分割时，应当保留胎儿的继承份额。胎儿出生时是死体的，保留的份额按照法定继承办理。"

四、自然人民事权利能力的终止

自然人的民事权利能力既为其一生享有，根据《民法通则》第9条的规定，至自然人死亡时也就终止，因此，死亡是自然人民事权利能力终止的法律事实。民法上的死亡包括自然死亡和宣告死亡。

自然死亡又称生理死亡，是指自然人生命的终结。但在何时为死亡的问题上，也有不同的学说，如呼吸停止说、脉搏停止说、心脏搏动停止说等。现代医学上又提出了脑死亡说，因为以脑死亡为死亡，有利于进行器官移植。自然人是否死亡，应以医学上的认定为准。自然人的死亡也是户籍登记的事项，但户籍登记上死亡的时间一般记载为日。由于死亡是民事权利能力的终止时间，因而在有利害关系的人先后于同一日死亡时，具体确定每个人的死亡时间则有重要意义。例如，甲乙为夫妻，甲有一兄丙，乙有一妹丁。现甲乙于同日死亡，就须精确确定甲乙的死亡时间，若甲先于乙死亡，则甲乙的遗产即由丁继承；若乙先于甲死亡，则甲乙的遗产由丙继承；若甲乙同时死亡，则甲乙的遗产分别由丙、丁继承。根据《继承法的意见》第2条的规定，相互有继承关系的几个人在同一事件中死亡，如不能确定死亡先后时间的，推定没有继承人的人先死亡。死亡人各自都有继承人的，如几个死亡人辈份不同，推定长辈先死亡；几个死亡人辈份相同,推定同时死亡,彼此不发生继承,由他们各自的继承人分别继承。

宣告死亡又称推定死亡,是指自然人下落不明满一定期间后经利害关系人申请,由法院宣告该自然人为死亡。法院宣告死亡的判决宣告之日为被宣告死亡人死亡的日期。

第二节 自然人的民事行为能力

一、自然人民事行为能力的概念和特点

自然人的民事行为能力是指自然人得通过自己的独立行为取得和行使权利、设定和履行义务的资格。

自然人的民事行为能力有广义与狭义之分。狭义的民事行为能力仅指通过自己的合法行为设定民事权利义务的能力;广义的民事行为能力还包括不法行为能力,即对自己的不法行为负责的能力。我国《民法通则》中规定的民事行为能力是否为广义的民事行为能力,学者中有不同的观点。但根据《民法通则》的规定,完全民事行为能力人须对自己的不法行为负责,无完全民事行为能力人对其不法行为一般不承担民事责任。

自然人的民事行为能力具有以下两个显著特点:第一,自然人的民事行为能力是法律赋予的一种资格。自然人的民事行为能力是法律赋予的,而不是由自然人自行决定的,因此,非依法定程序,任何人不得限制或剥夺。第二,自然人的民事行为能力以对客观事物的判断和认识能力即意识能力为依据。只有有意识能力的人才有民事行为能力。而人的意识能力与人的年龄和智力健康状况有关,因此,自然人的民事行为能力受其年龄和智力健康状况的影响,并不是人人都相同。

自然人的民事行为能力与民事权利能力都是法律赋予的资格,尽管其性质、发生时间和确认的根据不同,但有着密切的联系。民事权利能力是民事行为能力的前提,民事行为能力是民事权利能力实现的条件。

二、自然人民事行为能力的划分

由于自然人对客观事物的识别和判断能力是不同的,因此,各国法上对自然人的民事行为能力都划分为不同情况,主要有两种立法体例;一是实行单级制,即对自然人只区分成年与未成年;二是实行分级制,即将自然人民事行为能力分成完全民事行为能力、限制民事行为能力和无民事行为能力多级。我国法采取的是第二种体例。根据《民法通则》的规定,根据自然人的年龄和精神健康状态,自然人的民事行为能力分为三种情况:

（一）完全民事行为能力

完全民事行为能力是指可完全独立地进行民事活动,通过自己的行为取得民事权利和负担民事义务的资格。《民法通则》第11条第1款规定:"18周岁以上的公民是成年人,具有完全民事行为能力,可以独立进行民事活动,是完全民事行为能力人。"因此,凡年满18周岁的成年人,只要不是精神病人,就属于完全民事行为能力人。年满18周岁,是自然人取得完全民事行为能力的法律事实。

但是,有的未成年人也具有相应的意识能力,能够独立地处理个人事务和承担相应的责任,根据需要也须赋予其完全民事行为能力。因此,各国法上对于未成年人都有例外的特别规定,视某些具备一定条件的未成年人为成年人。我国《民法通则》第11条第2款规定:"16周岁以上不满18周岁的公民,以自己的劳动收入为主要生活来源的,视为完全民事行为能力人。"根据《民法通则的意见》第2条的规定,16周岁以上不满18周岁的自然人,能够以自己的劳动收入,并能维持当地群众一般生活水平的,可以认定为以自己的劳动收入为主要生活来源的完全民事行为能力人。

（二）限制民事行为能力

限制民事行为能力又称部分民事行为能力、不完全民事行为能力,是指可以独立进行一些民事活动但不能独立进行全部民事活动的资格。根据《民法通则》的规定,限制民事行为能力包括10周岁以上的未成年人和不能完全辨认自己行为的精神病人。

10周岁以上的未成年人,其智力已发育到一定的程度,有一定的意识能力,但对客观事物又不全具有判断能力,同时,由于10周岁以上的未成年人年龄差距较大,认识能力存在很大不同。因此,《民法通则》第12条第1款规定:10周岁以上的未成年人,可以进行与他的年龄、智力相适应的民事活动,其他民事活动由他的法定代理人代理,或者征得他的法定代理人的同意。根据《民法通则的意见》第3条的规定,10周岁以上的未成年人进行的民事活动是否与其年龄、智力状况相适应,可以从行为与本人生活相关联的程度、本人的智力能否理解其行为,并预见相应的行为后果,以及行为标的数额等方面认定。

精神病人(包括痴呆人)是精神上有障碍的人,并不具有正常人的意识能力。有的精神病人虽不能对各种事物都具有判断能力,但对一些行为也能够辨认。因此,《民法通则》第13条第2款规定:"不能完全辨认自己行为的精神病人是限制民事行为能力人,可以进行与他的精神健康状况相适应的民事活动;其他民事活动由他的法定代理人代理,或者征得他的法定代理人的同意。"根据《民法通则的意见》第4条的规定,不能完全辨认自己行为的精神病人进行的民事活动,是否与其精神健康状况相适应,可以从行为与本人生活相关联的程度、本人的精神健康状态能否理解其行为,并预见相应的行为后果,以及行为标的数额等方面认定。

(三)无民事行为能力

无民事行为能力是指不具有以自己的行为取得民事权利和负担民事义务的资格。根据《民法通则》第12条第2款的规定:"不满10周岁的未成年人是无民事行为能力人,由他的法定代理人代理民事活动。"根据《民法通则》第13条第1款的规定:"不能辨认自己行为的精神病人是无民事行为能力人,由他的法定代理人代理民事活动。"因此,无民事行为能力人包括不满10周岁的未成年人和不能辨认自己行为的精神病人。

需要指出,法律不赋予未成年人和精神病人完全民事行为能力的目的,主要是为了保护这些人的合法权益,以免其在民事活动中受到不利益。因此,《民法通则的意见》第6条规定,无民事行为能力人、限制民事行为能力人接受奖励、赠与、报酬,他人不得以行为人无民事行为能力、限制民事行为能力为由，主张以上行为无效。因为这些行为是无民事行为能力人、限制民事行为能力人纯受利益的行为，不会对其造成损害。

三、自然人民事行为能力的宣告

自然人民事行为能力的宣告是指人民法院经利害关系人的申请，依法宣告精神病人为无民事行为能力人或限制民事行为能力人的制度。

因为自然人满一定年龄就应具有相应的民事行为能力，但有的自然人因精神健康上的原因，虽达一定年龄也不具有相应的认识能力，因而也就不能具有相应的民事行为能力。自然人能否有相应的民事行为能力不能由当事人自己决定，也不能由他人任意决定，只能由人民法院依诉讼程序作出裁决。《民法通则》第19条第1款规定："精神病人的利害关系人，可以向人民法院申请宣告精神病人为无民事行为能力人或者限制民事行为能力人。"因此，对自然人民事行为能力宣告须具备以下条件：第一，须经利害关系人申请；第二，被申请的当事人须为精神病人；第三，须由人民法院经特别程序作出宣告。根据《民法通则的意见》第7条的规定，人民法院审理时，对于当事人是否患有精神病，应当根据司法精神病学鉴定或者参照医院的诊断、鉴定确认。在不具备诊断、鉴定条件的情况下，也可以参照群众公认的当事人的精神状态认定，但应以利害关系人没有异议为限。法院经审理后认定当事人为不能辨认自己行为的精神病人的，应判决宣告其为无民事行为能力人；认定当事人为不能完全辨认自己行为的精神病人的，应判决宣告其为限制民事行为能力人。根据《民法通则的意见》第5条的规定，精神病人（包括痴呆人）如果没有判断能力和自我保护能力，不知其行为后果的，可以认定为不能辨认自己行为的人；对于比较复杂的事物或者比较重大的行为缺乏判断能力和自我保护能力，并且不能预见其行为后果的，可以认定为不能完全辨认自己行为的人。

精神病是可以治愈的。因此，《民法通则》第19条第2款规定："被人民法院宣告为无民事行为能力人或者限制民事行为能力人的,根据他健康恢复的状况,经本人或者利害关系人申请,人民法院可以宣告他为限制民事行为能力人或者完全民事行为能力人。"

四、自然人民事行为能力的终止

自然人的民事行为能力终止是指自然人不可能再具有民事行为能力。因自然人的民事行为能力以民事权利能力为前提,以意识能力为根据,因此,自然人死亡时,其民事行为能力当然终止。

第三节 自然人的住所

一、住所的概念

自然人的住所是指自然人生活和进行民事活动的主要基地和中心场所。

人生活在社会中,进行民事活动,参与民事法律关系,总有一个中心场所。也就是说,以该场所作为其参与民事活动的集中地。该场所,在法律上就为住所。同样,一个人生活在社会上总是要居住在一个地方的,其居住的地点称为居所。居所与住所不同。一个人只能有一个住所,却可以有若干个居所。

二、住所的确定

各国法上对住所的确定标准不一,有意定住所与法定住所之分。意定住所是指依当事人的意思自行决定的住所;法定住所是指不问当事人的意思由法律直接规定的住所,如有的国家规定,亲权之下的子女以父母的住所为住所。我国《民法通则》第 15 条规定:"公民以他的户籍所在地的居住地为住所,经常居住地与住所不一致的,经常居住地视为住所。"所谓经常居住地,是指公民离开住所地连续居住 1 年以上的地方,但住医院治病的除外。公民由其户籍所在地迁出后迁入另一地之前,无经常居住地的,仍以其原户籍所在地为住所(《民法通则的意见》第 9 条)。外国人、无国籍人应以其在我国的经常居住地为住所;无经常居住地的,应以其居所为住所。

三、住所的法律意义

住所的法律意义,有的称为住所的法律价值、法律效力,是指住所在法律上的作用。住所的法律意义主要有以下方面:

第一,确定民事主体的状态,确定某些民事法律关系发生、变更、终止的地点。例如,认定某一人是否失踪,应以其是否离开住所地长期无消息为准;继承开始的地点一般为被继承人的最后住所地。

第二,确定债务的履行地。例如,债务履行地点约定不明确,给付货币的,应在接受货币一方的住所地履行。

第三,确定案件的管辖。例如,在民事诉讼中,一般情况下,原告应到被告住所地法院起诉。

第四,确定法律文书的送达和某些特定行为的实施地。例如,无另外规定时,法律文书应送达被送达人的住所地的居所;除另有规定外,结婚登记须在当事人的住所地办理。

第五,确定涉外民事关系的准据法。例如,《民法通则》第146条第1款规定:"侵权行为的损害赔偿,适用侵权行为地法律。当事人双方国籍相同或者在同一国家有住所的,也可以适用当事人本国法律或者住所地法律。"

第四节 监 护

一、监护的概念和目的

(一) 监护的概念和特点

监护是指为无民事行为能力人和限制民事行为能力人设立保护人的制度。所设立的保护人称为监护人,受监护人保护的无民事行为能力人和限制民事行为能力人称为被监护人。

监护具有以下特点:第一,被监护人须为无民事行为能力人和限制民事行为能力人,对完全民事行为能力人不能设立监护;第二,监护人须为完全民事行为能力人,不具有完全民事行为能力的人不能作监护人;第三,监护人的职责是由法律规定的,而不能由当事人约定。

(二) 监护的目的

监护制度的主要目的是为了保护无民事行为能力人和限制民事行为能力人的利益。因为无民事行为能力人和限制民事行为能力人虽有与他人平等的民事权利能力,但却不具备完全民事行为能力,不能独立地或不能完全独立地进行民事活动,因而其民事权利能力不能以自己的行为加以实现,对自己的合法权益不能予以保护。设立监护,则可由监护人代无民事行为能力人和限制民事行为能力人进行民事活动,并保护其合法权益。同时,监护制度也有利于维护社会的安定。因为无民事行为能力人和限制民事行为能力人对其行为后果缺乏相应的判断能力,若实施不法行为给他人造成损害,也不能承担民事责任,设立监护就可由监护人约束其行为,以免其对他人造成损害,从而维护社会秩序。

二、监护的设立

监护的设立,也就是为无民事行为能力人和限制民事行为能力人确定监护人。

在各国法上,监护的设立主要有三种方式:一是法定监护,即由法律直接规定监护人;二是指定监护,即由有关单位或者法院指定监护人;三是遗嘱监护,即由未成年人的父母在其设立的遗嘱中指定监护人。我国《民法通则》第16条、第17条分别对未成年人和精神病人的监护人确定作了规定。

根据《民法通则》第16条的规定,未成年人的父母是未成年人的监护人。未成年人的父母已经死亡或者没有监护能力的,由下列人员中有监护能力的人担任监护人:(1) 祖父母、外祖父母;(2) 兄、姐;(3) 关系密切的其他亲属、朋友愿意承担监护责任,经未成年人的父、母的所在单位或者未成年人住所地的居民委员会、村民委员会同意的。没有上述监护人的,由未成年人的父、母的所在单位或者未成年人住所地的居民委员会、村民委员会或者民政部门担任监护人。对担任监护人有争议的,由未成年人的父、母的所在单位或者未成年人住所地的居民委员会、村民委员会在近亲属中指定。

根据《民法通则》第 17 条的规定,无民事行为能力人或者限制民事行为能力人的精神病人,由下列人员担任监护人:(1) 配偶;(2) 父母;(3) 成年子女;(4) 其他近亲属;(5) 关系密切的其他亲属、朋友愿意承担监护责任,经精神病人的所在单位或者住所地的居民委员会、村民委员会同意的。没有前述监护人的,由精神病人的所在单位或者住所地的居民委员会、村民委员会或者民政部门担任监护人。对担任监护人有争议的,由精神病人的所在单位或者住所地的居民委员会、村民委员会在近亲属中指定。近亲属,包括配偶、父母、子女、兄弟姐妹、祖父母、外祖父母、孙子女、外孙子女。

有监护资格的人之间协议确定监护人的,应当由协议确定的监护人对被监护人承担责任。对担任监护人有争议的,须依法律规定由有关组织予以指定,未经指定而向人民法院起诉的,人民法院不予受理(《民法通则的意见》第 15 条和第 16 条)。对指定不服提起诉讼的,由人民法院裁决。人民法院指定监护人时,可以将《民法通则》第 16 条第 2 款中(一)、(二)、(三)项或第 17 条第 1 款中的(一)、(二)、(三)、(四)、(五)项规定视为指定监护人的顺序。前一顺序有监护资格的人无监护能力或者对监护人明显不利的,人民法院可以根据对被监护人有利的原则,从后一顺序有监护资格的人中择优确定。被监护人有识别能力的,应视情况征求被监护人的意见(《民法通则的意见》第 14 条)。认定监护人监护能力,应当根据监护人的身体健康状况、经济条件,以及与被监护人在生活上的联系状况等因素确定(《民法通则的意见》第 11 条)。

三、监护人的职责

《民法通则》第 18 条第 1 款中规定:"监护人应当履行监护职责,保护被监护人的人身、财产及其他合法权益,除为被监护人的利益外,不得处理被监护人的财产。"根据《民法通则的意见》第 10 条的规定,监护人的职责主要包括:保护被监护人的身体健康,照顾被监护人的生活,管理和保护被监护人的财产,代理被监护人进行民事活动,对被监护人进行管理和教育,在被监护人合法权益受到侵害或者与其发生争议时,代理其进行诉讼。

(一) 保护被监护人的身体健康

因被监护人缺乏相应的自我保护能力,监护人应负责保护被监护人的人身安全,照顾被监护人的生活,维护被监护人的人身权益,防止和避免被监护人受到不法侵害和自然伤害。

(二) 管理被监护人的财产

监护人是被监护人财产的合法管理人,应以善良管理人的注意管理和保护被监护人的财产,维护被监护人的合法财产权益。监护人不仅应当和有权排除他人对被监护人财产的侵害,并且不得为自己的利益而处分被监护人的财产。监护人侵害被监护人财产的,同样应承担民事责任。

(三) 管理和教育被监护人

监护人应负责教育被监护人,特别是对于未成年人,监护人更应负责进行教育。监护人应当管理被监护人,约束被监护人的行为,以免其对他人造成损害。被监护人实施不法行为造成损害的,监护人应依法承担民事责任。

(四) 代理被监护人进行民事活动

《民法通则》第14条规定:"无民事行为能力人、限制民事行为能力人的监护人是他的法定代理人。"作为法定代理人,监护人应当代理被监护人实施其不能独立进行的民事活动,在被监护人与他人发生纠纷时,代理进行诉讼。

《民法通则》第18条第2款规定:"监护人依法履行监护的权利,受法律保护。"监护人有权请求排除对其履行监护职责的不法干涉和妨碍。根据《民法通则的意见》第22条的规定,监护人可以将监护职责部分或者全部委托给他人。因被监护人的侵权行为需要承担民事责任的,应当由监护人承担,但另有约定的除外;被委托人确有过错的,负连带责任。

四、监护人的更换和撤换

(一) 监护人的更换

监护人的更换是指在监护人无力承担监护责任时,经其请求由有关单位或者人民法院更换他人为监护人。监护人请求有关单位更换的,有关单位应根据情况另行指定监护人,对指定不服提起诉讼的,由人民法院裁决。监护人请求人民法院更换的,法院应依法作出裁决,如原监护人确无力承担监护责任,应当更换其他人为监护人。

(二) 监护人的撤换

监护人的撤换是指对不履行监护职责的监护人,经有关人员或单位申请,由人民法院撤销该监护人的监护资格,另行确定监护人。《民法通则》第18条第3款规定:"监护人不履行监护职责或者侵害被监护人的合法权益的,应当承担民事责任;给被监护人造成财产损失的,应当赔偿损失。人民法院可以根据有关人员或者有关单位的申请,撤销监护人的资格。"撤销监护人的资格须具备以下要件:第一,经有关人员或者有关单位申请;第二,监护人不履行监护职责或者侵害被监护人的合法权益;第三,须由人民法院撤销。

五、监护的终止

监护的终止亦即监护关系的消灭,是指不再设立监护人。由于监护发生的原因不同,监护终止的原因也不同。对未成年人的监护,自其成年时,监护就自然终止;对精神病人的监护,自其精神健康完全恢复正常被宣告为完全民事行为能力人时,监护终止。

第五节 宣告失踪和宣告死亡

一、宣告失踪

(一) 宣告失踪的概念和意义

宣告失踪是指经利害关系人申请,由人民法院对下落不明满一定期间的人宣告为失踪人的制度。

自然人离开自己的住所,长期下落不明时,其在住所地的财产关系就会处于不确定的状态,如其财产无人管理,其债权债务也不能清理。为消除因自然人长期下落不明所造成的不利影响,法律设立宣告失踪制度,通过宣告下落不明的人为失踪人,并为其设立财产代管人,由代管人管理失踪人的财产,以保护失踪人与相对人的财产权益。

(二) 宣告失踪的条件和程序

宣告失踪须具备一定的条件,并经法定的程序。

1. 须经利害关系人申请

宣告失踪不能由法院主动为之,必须经利害关系人的申请。所谓利害关系人,是指被申请人的近亲属和其他与被申请人有民事财产权利义务关系的人。不是被申请人的近亲属,并且与被申请人也没有民事财产权利义务关系的人,不得申请宣告失踪。

2. 须被申请人下落不明满一定期间

所谓下落不明,是指自然人离开自己的住所无任何消息。如果一个自然人离开自己的住所,他人确知其在何处仅是无法进行通讯联系,则该人不为下落不明。根据《民法通则》第20条的规定,被申请人下落不明满2年的,利害关系人才可申请法院宣告其为失踪人。下落不明的时间,应自被申请人音讯消失之次日起算(《民法通则的意见》第28条)。战争期间下落不明的,下落不明的时间从战争结束之日起计算。

3. 须由人民法院宣告

宣告失踪为人民法院的职权,其他任何机关都无权宣告失踪。人民法院受理宣告失踪的申请后,应发出寻找失踪人的公告,公告期间为3个月。公告期间届满,人民法院根据被申请宣告失踪人失踪的事实是否确定作出裁决,对仍未出现或者无确切消息的,作出宣告其为失踪人的判决。

(三) 宣告失踪的法律后果

人民法院作出宣告失踪的判决,应当同时指定失踪人的财产代管人。《民法通则》第21条第1款规定:"失踪人的财产由他的配偶、父母、成年子女或者关系密切的其他亲属、朋友代管。代管有争议的,没有以上规定的人或者以上规定的人无能力代管的,由人民法院指定的人代管。"人民法院指定失踪人的财产代管人,应当根据有利于保护失踪人财产的原则指定。无民事行为能力人、限制民事行为能力人失踪的,其监护人即为财产代管人(《民法通则的意见》第30条)。

失踪人的财产代管人负有管理失踪人财产的职责。根据《民法通则》第21条第2款的规定,失踪人所欠税款、债务和应付的其他费用,由代管人从失踪人的财产中支付。失踪人的财产代管人不履行代管职责或者侵犯失踪人财产权益的,失踪人的利害关系人可以向人民法院请求财产代管人承担民事责任,也可同时申请人民法院变更财产代管人(《民法通则的意见》第35条)。

（四）失踪宣告的撤销

宣告失踪仅是推定失踪,如有相反的证据则可推翻这一推定。《民法通则》第22条规定:"被宣告失踪的人重新出现或者确知他的下落,经本人或者利害关系人申请,人民法院应当撤销对他的失踪宣告。"人民法院撤销失踪宣告后,财产代管关系也就终止。代管人应停止代管行为,将代管的财产交给被撤销失踪宣告的人并报告代管情况。代管期间已经支付的财产和费用,除代管人主观上有恶意外,财产所有人不得要求代管人偿还。

二、宣告死亡

（一）宣告死亡的概念和意义

宣告死亡是指经利害关系人申请,由人民法院宣告下落不明满一定期间的自然人为死亡的制度。

因为在自然人长期下落不明时虽可宣告其为失踪人,为其设立财产代管人,但并不能结束其参与的法律关系的不稳定状态。因其生死不明,其亲属上和财产上的法律关系就不能确定,从而影响利害关系人的利益和社会公共利益,因此,法律设立宣告死亡制度,以宣告生死不明的失踪人为死亡,从而结束失踪人以原住所为中心的法律关系,稳定社会秩序。

（二）宣告死亡的条件和程序

1. 须经利害关系人申请

宣告死亡必须先由利害关系人提出申请。根据《民法通则的意见》第25条的规定,申请宣告死亡的利害关系人的顺序是:(1)配偶;(2)父母、子女;(3)兄弟姐妹、祖父母、外祖父母、孙子女、外孙子女;(4)其他有民事权利义务的人。根据《民法通则的意见》第29

条的规定,自然人下落不明,符合申请宣告死亡的条件,利害关系人可以不经申请宣告失踪而直接申请宣告死亡。但利害关系人只申请宣告失踪的,应当宣告失踪;同一顺序的利害关系人,有的申请宣告死亡,有的不同意宣告死亡的,则应当宣告死亡。

2. 须被申请人下落不明满一定期间

根据《民法通则》第23条的规定,自然人有下列情形之一的,利害关系人可以向人民法院申请宣告其死亡:(1) 下落不明满4年的;(2) 因意外事故下落不明,从事故发生之日起满2年的。

3. 须由人民法院宣告

人民法院受理宣告死亡的案件后,应当发出寻找失踪人的公告,公告期间为1年。但因意外事故下落不明,经有关机关证明确实不能生存的,公告期间为3个月。公告期间届满,失踪人仍未出现的,人民法院即作出宣告死亡的判决。被宣告死亡的人,判决宣告之日为其死亡日期。判决书除发给申请人外,还应当在被宣告死亡人住所地和人民法院所在地公告。

(三) 宣告死亡的法律后果

宣告死亡发生与自然死亡相同的法律后果。例如,被宣告死亡人的婚姻关系终止、继承开始。但被宣告死亡人被宣告死亡的时间和自然死亡的时间未必一致。《民法通则的意见》第36条规定,被宣告死亡和自然死亡的时间不一致的,被宣告死亡所引起的法律后果仍然有效,但自然死亡前实施的民事行为与被宣告死亡引起的法律后果相抵触的,则以其实施的民事行为为准。《民法通则》第24条第2款规定:有民事行为能力人在被宣告死亡期间实施的民事法律行为有效。

(四) 死亡宣告的撤销

宣告死亡为推定死亡。因此,《民法通则》第24条第1款规定:"被宣告死亡的人重新出现或者确知他没有死亡,经本人或者利害关系人申请,人民法院应当撤销对他的死亡宣告。"

宣告死亡的判决一经撤销,发生以下法律后果:

(1) 被撤销死亡宣告的人的民事主体资格不消灭,其仍可享有各种人身权和财产权。

（2）根据《民法通则》第25条的规定，被撤销死亡宣告的人有权请求返还财产。依照继承法取得他的财产的自然人或者组织，应当返还原物；原物不存在的，给予适当补偿。被撤销死亡宣告的人请求返还财产，其原物已被第三人合法取得的，第三人可不予返还。但利害关系人隐瞒真实情况使他人被宣告死亡而取得其财产的，除应返还原物及孳息外，还应对造成的损失予以赔偿(《民法通则的意见》第39条和第40条)。

（3）根据《民法通则的意见》第37条的规定，被撤销死亡宣告人的配偶在其被宣告死亡后尚未再婚的，夫妻关系从撤销死亡宣告之日起自行恢复；如果其配偶再婚后又离婚或者再婚后配偶又死亡的，则不得认定夫妻关系自行恢复。

（4）根据《民法通则的意见》第38条的规定，被撤销死亡宣告人的子女在被宣告死亡期间被他人依法收养的，该收养关系有效。被撤销死亡宣告人仅以未经本人同意而主张收养关系无效的，一般不应准许，但收养人和被收养人同意的除外。

第四章 法 人

第一节 法人概述

一、法人的概念和特点

根据《民法通则》第36条第1款的规定,法人是具有民事权利能力和民事行为能力,依法独立享有民事权利和承担民事义务的组织。

法人具有以下特点:

(一) 法人是具有民事权利能力和民事行为能力的社会组织

法人是自然人之外的另一类重要的民事主体。法人与自然人的根本区别在于法人是社会组织,而不是基于自然规律出生的人。作为社会组织,它既可以是人的集合,也可以是财产的集合,而不是单个自然人。法人是社会组织,但社会组织并不都是法人。只有具有民事权利能力和民事行为能力,具备一定条件的社会组织,才能成为法人。能够独立进行民事活动的社会组织,并且也只有在民事活动中,才会成为法人。

(二) 法人是依法独立享受民事权利和承担民事义务的社会组织

除法人外,其他社会组织也可具有民事权利能力和民事行为能力。法人与其他非法人组织的重要区别在于法人是完全独立享受民事权利和负担民事义务的社会组织。法人的独立性主要体现在以下三个方面:

1. 组织上的独立性

组织上的独立性表现在:(1) 法人有自己独立的健全的组织机构,能形成统一的意志和执行自己的意志;(2) 法人组织与其成员完全相独立,不会因其成员的死亡、退出或破产而影响其存续;(3) 无须依赖其他组织而能独立存在。凡需依靠其他组织而存在的,如企业中的车间、学校中院系等,都不能成为法人。法人组织上的独立性,使之能以自己的名义独立享受民事权利和负担民事义务。

2. 财产上的独立性

财产上的独立性是指法人的财产与其创办人的其他财产、与其他组织和自然人的财产、与法人内部自己成员的财产相分离,完全独立地由法人支配。每个法人都对自己的财产享有财产权,也只能支配自己的财产,而不能支配他人的财产;每个法人的财产权都受法律的保护,任何人和组织均无权平调法人的财产。法人财产上的独立性是法人能以自己的名义进行民事活动的物质前提和基本保障。

3. 责任上独立性

责任上的独立性是指法人仅以自己的财产对自己在民事活动中发生的债务负清偿责任。除法律另有特别规定外,法人不对其他组织和个人包括其创办人和成员的债务承担清偿责任,其他人也不对法人的债务负清偿责任。能否独立承担民事责任,是法人与其他社会组织的根本区别。

二、法人应具备的条件

一个社会组织要成为法人,必须具备一定的条件。根据《民法通则》第37条的规定,法人应具备以下条件:

(一) 依法成立

所谓依法成立,是指法人须依照法律的规定成立。这包括两个方面:一是法人设立的目的、宗旨、组织形式、活动范围等须符合法律的规定;二是法人须依照法律规定的程序成立。非依法成立的组织,决不能成为法人。

(二) 有必要的财产和经费

这里的经费,是指国家预算拨款。有必要的财产和经费,是法人作为民事主体独立进行民事活动的物质基础,也是法人独立承担民事责任的财产保障。由于法人的宗旨、性质、经营范围、经营方式等不同,其所须具备的财产和经费也有所不同。所谓必要的财产和经费,是指法人的财产和经费须与其宗旨、性质、活动范围等相适应,并符合法律所要求的最低限制。例如,根据《公司法》第26条第2款的规定,有限责任公司注册资本的最低限额为人民币3万元。法律、行政法规对有限责任公司注册资本的最低限额有较高要求的,从其规定。该法第59条第1款中规定:"一人有限责任公司的注册资本最低限额为人民币10万元。股东应当一次缴足公司章程规定的出资额。"

(三) 有自己的名称、组织机构和场所

名称是代表一个组织的符号,是此组织区别于彼组织的标志。有自己的名称,法人才能以自己的名义进行民事活动,以自己的名义享受权利和负担义务。因此,法人必须有自己的名称,并且一个法人只能有一个名称。法人的名称应当能反映自己的性质并符合法律关于法人名称的规定,不得使用法律禁止使用的名称。

法人既为社会组织就须有自己的组织机构。法人的组织机构须能保证形成法人的团体意志,这样它才能作为一个独立主体自主进行民事活动。尽管不同的法人,其组织机构有所不同,但任何法人都需要有能保证自己成为一个组织体的机构。

法人的场所,是法人进行业务活动的地方。没有场所,法人也就没有进行业务活动的空间,也就无法进行活动。法人的场所不同于法人的住所,法人场所可有多个,如办公场所、生产场所、销售场所等,而法人的住所只能有一个。根据《民法通则》第39条的规定,法人以它的主要办事机构所在地为住所。

(四) 能独立承担民事责任

能独立承担民事责任是与有必要的财产和经费联系在一起的。独立承担民事责任是法人的重要特点,能独立承担民事责任则是法人应具备的条件,不能独立承担民事责任的组织不能成为法人。能独立承担民事责任有三方面的含义:首先,是能以自己的名义承担民事责任,而不是以他人的名义承担民事责任;其次,是有能力承担民事责任;再次,是能以自己的独立财产承担民事责任,而不能以他人的财产承担民事责任。

三、法人的分类

(一) 学理上对法人的分类

1. 公法人与私法人

根据法人设立所依据的法规为标准,法人可分为公法人与私法人。

公法人是指依据公法设立的法人,如国家机关、地方自治团体;凡依据私法设立的法人,则为私法人。

2. 社团法人与财团法人

根据法人成立的基础,法人可分为社团法人与财团法人。

社团法人是指以社员权为基础的人的集合体,以有一定的成员为成立条件,如公司;财团法人是指为一定的目的的财产的集合体,其以捐助的一定财产为基础,以一定的捐助行为为成立条件,如基金会。

3. 营利法人、公益法人与中间法人

根据社团法人设立的目的,法人可分为营利法人、公益法人与中间法人。

营利法人是指以营利为目的的法人,设立的目的是为其成员谋取经济上的利益,如公司;公益法人是指以从事公益事业为目的的法人,如学校。既不以营利为目的,又不以从事公益事业为目的的法人,属于中间法人,如校友会。

4. 本国法人与外国法人

根据法人的国籍,法人可分为本国法人与外国法人。

本国法人是指根据本国法设立的具有本国国籍的法人;外国法人是指本国法人以外的法人。凡依据我国法在我国境内设立的法人,均为我国的法人。外国法人可在我国设立分支机构。

(二) 法律上对法人的分类

我国《民法通则》根据法人设立的宗旨和活动性质,将法人分为企业法人、机关法人、事业单位法人、社会团体法人。

1. 企业法人

企业法人是指以营利为目的,独立从事商品生产经营活动的法人。企业法人属于营利法人,是最主要的市场经济主体。

根据企业的所有制性质,企业法人又可分为全民所有制企业法人、集体所有制企业法人、私营企业法人、中外合资经营企业法人、中外合作经营企业法人、外资企业法人等。《民法通则》第48条规定:"全民所有制企业法人以国家授予它经营管理的财产承担民事责任。集体所有制企业法人以企业所有的财产承担民事责任。中外合资经营企业法人、中外合作经营企业法人以企业所有的财产承担民事责任,法律另有规定的除外。"

根据企业的组织形式,企业法人可分为公司法人和非公司法人。公司法人是按照公司法规定的条件和程序而设立的依公司形式存在的企业法人,是最主要的企业法人。根据《公司法》的规定,公司又分为有限责任公司和股份有限公司。有限责任公司的股东以其认缴的出资额为限对公司承担责任,公司以其全部资产对公司的债务承担责任;股份有限公司的股东以其认购的股份为限对公司承担责任,公司以其全部资产对公司的债务承担责任。非公司法人是依其他有关法律的规定设立的不是以公司形式存在的企业法人。如农民专业合作社根据《农民专业合作社法》成立。

2. 机关法人、事业单位法人与社会团体法人

机关法人、事业单位法人与社会团体法人统称为非企业法人。

机关法人是指从事国家管理活动的各类各级国家机关。国家机关只有在为行使职权的需要从事必要的民事活动时才为法人。因此,机关法人所能进行的民事活动也仅以为完成管理职能所必要者为限,而不能从事其他的民事活动。

事业单位法人是指从事非营利性的社会各项公益事业的法人。事业单位法人不以营利为目的,一般不参与商品生产和经营活动,其从事的事业虽有时也可取得一定的收益,但其以进行社会公益活动为目的。

社会团体法人是指由自然人或者法人自愿组成的为实现会员共同意愿,按照章程开展活动的非营利性的具有法人资格的社会组织,或者由一定的捐赠财产组成的具有法人资格的社会组织。前者如中国法学会,后者如各种基金会。

第二节 法人的民事能力

一、法人的民事权利能力

法人的民事权利能力是指法人能够以自己的名义独立享受民事

权利和负担民事义务的资格。

法人的民事权利能力与自然人的民事权利能力一样是由法律赋予的,而不是由法人自己决定的。它是法人之成为民事主体的前提,是法人参与民事法律关系、享受民事权利和负担民事义务的基础。只有具有民事权利能力,法人才能成为民事主体。换言之,法人的民事权利能力也是伴随法人终生的。根据《民法通则》第36条的规定,法人的民事权利能力和民事行为能力,从法人成立时产生,到法人终止时消灭。

法人的民事权利能力与自然人的民事权利能力相比,具有以下特点:

(一) 法人的民事权利能力始于成立,终于消灭

自然人的民事权利能力始于出生,终于死亡,生死是自然现象。而法人的民事权利能力则是始于成立,终于消灭。法人成立时间和终止的原因各有不同。例如,须办理法人登记的法人,只有经办理登记领取法人执照,法人才成立,才具有法人的民事权利能力;而不须办理法人登记的法人,自设立之日起即具有民事权利能力。企业法人可因被宣告破产而终止,而机关法人则不会因此原因消灭。

(二) 法人的民事权利能力受法人自然属性的限制

法人是社会组织,自不能享受自然人基于其自然属性所享有的权利,如法人不能享有身体权、生命健康权、继承权等,因此,凡专属于自然人享有的民事权利能力的内容,法人不能享有。如法人不可能享有婚姻能力、遗嘱能力、收养能力等。

(三) 法人的民事权利能力内容具有差异性

法人的民事权利能力不仅受其自然属性的限制,而且还受其目的范围的限制。各类法人的设立目的不同,其民事权利能力也就有所不同。赋予不同法人不同的民事权利能力,是维护社会主义正常的市场经济秩序的需要。例如,机关法人不能从事营利性民事活动,如《担保法》中明确规定,机关法人除法律另有规定外,不得担任保证人。而企业法人则可从事营利性活动,因为其是以营利为目的的。而自然人的民事权利能力则并无差异。当然,法人民事权利能力存在差异并不意味着法人的民事法律地位不平等,在民事活动中,不论

何种法人,其民事法律地位仍然是平等的。

二、法人的民事行为能力

法人的民事行为能力是指法人以自己的意思独立进行民事活动的能力,亦即法人通过自己的行为取得民事权利和设定民事义务的资格。

法人的民事行为能力也是法律赋予的一种资格,是法人之为民事主体的充分条件。法人的民事行为能力与其民事权利能力是相联系又有区别的。法人的民事权利能力是法人民事行为能力的前提,有权利能力才能有行为能力;法人的民事行为能力是法人民事权利能力实现的条件,有行为能力才能独立地进行民事活动,以自己的行为取得权利和负担义务。

法人的民事行为能力与自然人的民事行为能力相比,具有以下特点:

(一)法人的民事行为能力与其民事权利能力在存续时间上是一致的

法人民事行为能力与其民事权利能力同时产生、同时终止,都是始于法人的成立,终于法人的消灭。因为法人一经成立,就需以自己的名义独立进行民事活动,否则就不能实现法律赋予其权利能力的目的,失去其设立的意义。因此,法人从一成立时起就须具有民事行为能力。而自然人的民事行为能力与民事权利能力却不能同时发生。

(二)法人的民事行为能力范围受其目的和经营范围的限制

法人民事行为能力的范围是法人可以进行民事活动的范围,法人只能在其法律许可的目的和经营范围内进行民事活动。法人进行民事活动的范围不仅不能违反其设立的目的,而且即使是可从事营利活动的法人也应在其经营范围内进行民事活动。《民法通则》第42条规定:"企业法人应当在核准登记的经营范围内从事经营。"法人民事行为能力范围受经营范围的限制,这是维护社会正常的经济秩序和社会秩序的需要,是保护发起人和投资者利益的需要,也是确保交易安全的需要。因为不同的法人担负的社会职能不同,发起人设立法人的目的不同,法律对不同法人的条件要求也不同,法人只有在其经营范围内进行活动,才有利于稳定社会的经济秩序,才能实现发起人和投资者的目的,才能维护与法人进行民事活动的相对人的利益。而自然人的民事行为能力则受其年龄和智力状况的限制。

(三) 法人的民事行为能力是由法人机关或者代表人实现的

民事行为能力是以意思能力为基础的。法人是社会组织,法人的意思是团体意思,须通过一定的形式通过自然人的意思来形成和实现。法人的意思就是通过法人的机关或代表人来形成和实现的,法人机关或代表人以其意思代表着法人的团体意志,因此,法人机关或代表人在其权限范围内以法人名义实施的行为,也就代表着法人。

法人机关或代表人的权限是由法律、章程或条例规定的,但法人章程或条例对法人代表人权限的限制一般不能对抗第三人。《合同法》第50条规定:"法人或者其他组织的法定代表人、负责人超越权限订立的合同,除相对人知道或者应当知道其超越权限的以外,该代表行为有效。"

三、法人的民事责任能力

法人的民事责任能力是指法人对自己的不法行为承担民事责任的能力。

在法人有无民事责任能力上,曾有不同的学说。法人拟制说与法人否认说都不承认法人有民事责任能力,而法人实在说则承认法人也有民事责任能力。法人既为独立的民事主体,具有从事合法民事行为的能力,也具有对其不法行为承担民事责任的能力。法人的民事责任能力有以下两个最主要的特点:

(一) 法人民事责任能力是与其民事权利能力、民事行为能力同时产生、同时消灭的

法人的民事责任能力是其广义民事行为能力的内容,与法人的民事权利能力的存续期间一致。自法人成立时起,法人就不仅有独立实施合法行为取得权利和设定义务的资格,而且也具有对自己的违法行为承担民事责任的资格。

（二）法人民事责任能力是对其自己的违法行为承担责任的能力

法人民事责任能力是法人独立承担民事责任的资格，是以法人的意思能力为基础的。因而，法人的民事责任能力是法人对自己的行为承担民事责任的能力，法人对于非属于法人的行为不具有承担民事责任的资格。而法人的行为是通过法人的法定代表人或其他工作人员的有意识的行为体现出来的，法人的法定代表人或其他工作人员的行为只有属于法人的行为时，法人才对该行为承担民事责任。

在如何认定法人民事责任能力上，主要有三种不同的学说：(1) 经营活动说。该说认为，只要是法人的法定代表人或其他工作人员以法人名义进行的经营活动，法人就应承担民事责任。(2) 法人名义说。该说认为，凡法人的法定代表人或其他工作人员以法人名义进行的民事活动，就应由法人承担民事责任。(3) 执行职务说。该说认为，凡法人的法定代表人或其他工作人员执行职务上的行为，法人就应承担民事责任。执行职务说为理论上的通说。《民法通则》第43条规定："企业法人对它的法定代表人和其他工作人员的经营活动，承担民事责任。"《民法通则的意见》第58条规定："企业法人的法定代表人和其他工作人员，以法人名义从事的经营活动，给他人造成损失的，企业法人应当承担民事责任。"最高人民法院《关于适用〈中华人民共和国民事诉讼法〉若干问题的意见》(以下简称《民事诉讼法的意见》) 第42条规定："法人或者其他组织的工作人员因职务行为或者授权行为发生的诉讼，该法人或者其他组织为当事人。"由上述规定看，法人的法定代表人和其他工作人员只有以法人名义实施的执行职务或者授权的行为，才为法人的行为，不论该行为是否为经营活动，也不论该行为是否合法，均应由法人承担民事责任。

第三节 法人机关

一、法人机关的概念和特点

法人机关是指根据法律、章程或条例的规定，于法人成立时就产生的不需特别授权就能够以法人的名义对内管理法人的事务,对外代表法人进行民事活动的集体或者个人。

法人机关具有以下特点:(1)法人机关是形成、表示和实现法人意志的法人机构。如前所述,法人须有自己的组织机构,以形成法人的意志、执行法人的意志和保障法人意志的实现。没有法人机关,也就无法形成、无法表示和无法实现法人的意志。(2)法人机关是法人的有机组织成分。法人机关并不是独立于法人之外而存在的,而是法人的组成部分,是使法人成为社会有机体的必要机构,不能与法人相分离。(3)法人机关是根据法律、章程或条例的规定而设立的。法人机关的设立和权限是由法律或者章程、条例规定的,因此,法人机关代表法人实施行为时不需要另行授权。(4)法人机关是法人的领导或代表机关。法人机关对内负责管理法人的各项事务,对外代表法人进行民事活动。(5)法人机关是由单个自然人或集体组成的。由单个个人形成的法人机关为独任机关,如全民所有制企业的厂长(经理);由集体组成的法人机关称为合议制机关,如股份有限公司的股东大会、董事会、监事会。

二、法人机关的种类

各类法人的法人机关有所不同,一般说来,法人机关是由权力机关、执行机关和监督机关三部分构成的。

法人的权力机关是法人自身意思的形成机关,是决定法人生产经营或业务管理的重大事项的机关,如股份有限公司的股东大会。

法人的执行机关是执行法人权力机关决定的机关,是执行法人意志的机关。它有权执行法人章程、条例或设立命令所规定的以及法人权力机关决定的事项,如股份有限公司的董事会。

法人的监督机关是对法人的执行机关的行为实行监督检查,以保障法人意志能得以实现的机关,如股份有限公司的监事会。

三、法人的法定代表人

《民法通则》第38条规定:"依照法律或者法人组织章程规定,代表法人行使职权的负责人,是法人的法定代表人。"法定代表人是法人机关的组成之一,其特点在于:(1) 法定代表人是由法律或者法人的组织章程规定的。(2) 法定代表人是代表法人行使职权的负责人。法定代表人代表法人行使职权,直接根据法律或章程的规定以法人的名义代表法人进行民事活动,无须另行授权。法定代表人只能是法人的负责人。《民事诉讼法的意见》第38条中规定:"法人的正职负责人是法人的法定代表人。没有正职负责人的,由主持工作的副职负责人担任法定代表人。设有董事会的法人,以董事长为法定代表人;没有董事长的,经董事会授权的负责人可作为法人的法定代表人。"(3) 法定代表人是代表法人进行业务活动的自然人。法人的法定代表人只能由自然人担当,一个自然人担任法定代表人在职权范围内代表法人进行活动时,才为法定代表人,其行为也才为法人的行为。若其不是代表法人进行活动,则不为法定代表人,其行为属于自己的个人行为。

自然人不具备担任法人法定代表人条件的,不能担任法人的法定代表人。例如,根据《公司法》第147条第1款的规定,有下列情形之一的,不得担任公司董事、监事、高级管理人员:(1) 无民事行为能力或者限制民事行为能力;(2) 因贪污、贿赂、侵占财产、挪用财产或者破坏社会主义市场经济秩序罪,被判处刑罚,执行期满未逾5年,或者因犯罪被剥夺政治权利,执行期满未逾5年;(3) 担任破产清算的公司、企业的董事或者厂长、经理,对该公司、企业的破产负有个人责任的,自该公司、企业破产清算完结之日起未逾3年;(4) 担任因违法经营被吊销营业执照、责令关闭的公司、企业的法定代表人,并负有个人责任的,自该公司、企业被吊销营业执照之日起未逾3年;(5) 个人所负数额较大的债务到期未清偿。

四、法人机关与法人的关系

在法人机关与法人的关系上,有代理说与代表说两种观点。代理说以法人拟制说为根据,认为法人本身没有意思能力,其民事活动只能由自然人代理,法人机关是法人的代理机关,法人的法定代表人是其法定代理人,法人代表以法人名义进行民事活动时,应适用关于代理的规定。代表说以法人实在说为根据,认为法人机关是法人的有机组成部分,法人机关与法人间是代表关系,法人机关在其权限范围内的活动就是法人的活动。其中,代表说为通说。

法人机关与法人之间不是两个主体之间的关系,而是具有同一的法律人格。法人机关是法人的组成部分,二者是部分与整体的关系。法人机关在其职权范围内以法人名义进行活动,是代表法人的,其行为就是法人的行为,而不是代理法人的代理行为。法人机关虽由自然人担当,但法人机关与法人机关的担当人是不同的。如公司董事、董事长与担任董事、董事长的自然人是不同的。法人机关担当人的更换,并不是法人机关的变更。同时,法人机关的成员只有在其职权范围内以法人名义所为的行为,才为法人的行为。

第四节 法人的财产与责任

一、法人的财产

法人的财产是指法人独立拥有的财产。如前所述,有必要的财产和经费是法人应具备的条件,法人的独立性表现之一就是财产上的独立。法人的财产虽是由发起人、投资人或捐助人投入形成的,但它是法人独立拥有的财产。

法人的财产具有以下特点:(1) 法人的财产是法人独立享有、自主支配的财产。不为法人享有,不能由法人独立自主支配的财产,不属于法人的财产。(2) 法人的财产是与其他组织、与发起人或投资人、与法人的成员的财产完全相分离的财产。如没有与其他组织或个人的财产完全相分离,则也不能成为法人的财产。

法人的财产既包括法人成立时拥有的财产,也包括在其进行民事活动中形成的财产;既包括有形财产,也包括无形财产。法人对自己的财产享有财产权,任何组织或个人不得侵犯。

二、法人的责任

这里所说的法人的责任,是指法人对其在民事活动中发生的债务负责清偿的民事责任。法人的责任具有以下特点:

第一,法人的责任是法人独立承担的民事责任。法人能够独立承担民事责任,这是法人应具备的条件。法人的责任是法人独立承担的责任,而不能由其他组织或个人承担。

第二,法人的责任是法人对其自己的债务承担的责任。法人只对自己在民事活动中发生的债务承担责任,对不属于法人自己的债务不负清偿的责任。法人的债务既包括因法人的法定代表人和其他工作人员执行职务中发生的债务,也包括法人的代理人在代理权限范围内为代理行为所发生的债务。

第三,法人的责任是以法人的独立财产承担的责任。法人的独立责任是与法人的独立财产相联系的,法人须以自己的全部财产承担法人的责任,而不能仅以部分财产承担责任。从这一意义上说,法人的责任也是一种无限责任。法人虽对其全部债务均应承担民事责任,但其承担的责任仅以自己的财产为限,而不能以设立人或其成员的其他财产承担责任。作为企业法人来说,法人承担责任是以其实有的财产为限,而不是以注册资本额为限。如果法人的财产不足以清偿全部债务,则应破产清算,不能让法人的出资人再以其财产为法人清偿债务。但是,如果出资人的实际出资未达到法人的注册资本额,则出资人仍应缴足其应缴的出资。因此,法人的出资人仅就自己的出资对法人的债务承担责任。《公司法》第3条规定:"公司是企业法人,有独立的法人财产,享有法人财产权。公司以其全部财产对公司的债务承担责任。有限责任公司的股东以其认缴的出资额为限对公司承担责任;股份有限公司的股东以其认购的股份为限对公司承担责任。"

第四,法人的责任不能代替法定代表人的个人责任。如上所述,法人的法定代表人代表法人所为的行为,就是法人的行为,因该行为发生的债务当然也应由法人负责。但法人的法定代表人应依法履行自己的职责,否则也应承担责任。法人的责任与其法定代表人的个人责任不能相互代替。根据《民法通则》第49条的规定,企业法人有下列情形之一的,除法人承担责任外,对法定代表人可以给予行政处分、罚款,构成犯罪的,依法追究刑事责任:(1)超出登记机关核准登记的经营范围从事非法经营的;(2)向登记机关、税务机关隐瞒真实情况、弄虚作假的;(3) 抽逃资金、隐匿财产逃避债务的;(4) 解散、被撤销、被宣告破产后,擅自处理财产的;(5) 变更、终止时不及时申请办理登记和公告,使利害关系人遭受重大损失的;(6) 从事法律禁止的其他活动,损害国家利益或者社会公共利益的。

第五节 法人的设立

一、法人设立的概念

法人的设立是指法人这一组织体的创办或建立。作为组织体的法人,只有建立起组织体,才能取得法人资格。

法人的设立不同于法人的成立。法人的设立是法人成立的前置准备阶段,是法人成立的必经程序。于设立后,法人才能成立;法人于成立时起才为独立的民事主体。因此,法人的成立是指已设立的社会组织取得法人的资格。有的法人于设立后即取得法人资格,一经设立也就成立,如机关法人;有的法人于设立后须经法人登记后才能取得法人资格,设立与成立完全是两个阶段,如企业法人。

二、法人设立的原则

法人设立的原则主要有以下几种:

(一) 特许设立主义

依特许设立主义,法人的设立须经国家立法和国家元首的许可。这种设立原则对于法人的设立进行严格限制。现代各国法上,只对特别的法人才采取该原则。我国对于机关法人的设立原则上采特许设立主义,其设立须依法律的直接规定。

(二) 许可设立主义

许可设立主义又称行政许可设立主义,是指法人的设立须经行政机关的许可。在我国,事业单位和社会团体法人的设立一般是采取该原则的,即其设立须经行政机关的审查许可。

(三) 自由设立主义

自由设立主义又称放任设立主义,即对法人的设立国家不作任何干预,由当事人自由设立。现代各国法上多不采此原则。

(四) 准则设立主义

准则设立主义是指法律规定设立法人的条件,设立人可按此条件设立法人,而不必经行政机关的许可。我国对于企业法人的设立多采此原则。

(五) 强制设立主义

强制设立主义是指国家对法人的设立采取强制设立的政策。强制设立主义仅适用于特殊领域的法人。例如,依我国法律,凡应当设立工会的,必须设立工会。

三、法人设立的程序

(一) 法人设立的方式

依我国现行法的规定,法人的设立方式主要有以下几种:

1. 命令设立

这是政府以其命令设立法人的方式。机关法人、全民所有制事业单位法人主要以这种方式设立。

2. 发起设立

这是由发起人一次性认足法人设立所需资金以设立法人的方式。企业法人大多采用这种设立方式。

3. 募集设立

这是由发起人认足法人设立所需的部分资金,其余部分向社会公开募集而设立法人的方式。股份有限公司的设立可采取这种方式。《公司法》第78条中规定:"股份有限公司的设立,可以采取发起设立或者募集设立的方式。发起设立,是指由发起人认购公司应发行的全部股份而设立公司。募集设立,是指由发起人认购公司应发行股份的一部分,其余股份向社会公开募集或者向特定对象募集而设立公司。"

4. 捐助设立

这是基金会法人的设立方式,由发起人捐足法人所需的资金以设立法人。

（二）法人设立的条件

不同的法人，其设立的条件要求不同。总的说来，法人的设立须具备以下共同条件：

1. 有发起人或设立人

法人的设立必有发起人或设立人，并且其人数还须符合法律的规定。例如，有限责任公司由 50 个以下股东共同出资设立；设立股份有限公司，应当有 2 人以上 200 人以下为发起人，其中须有半数以上的发起人在中国境内有住所。

2. 须有法律依据

所谓有法律依据，是指所设立的法人在法律上有规定，是法律确认的。如果法律上没有关于相关法人的规定，则不能设立此法人。

（三）法人资格的取得

如上所述，法人的设立不等于法人的成立，只有于设立后取得法人资格，法人才成立。根据《民法通则》第 50 条的规定，以命令方式设立的机关法人，不须登记，自设立之日起即具有法人资格；事业单位法人和社会团体法人，依法不需要办理法人登记的，自设立之日起，即取得法人资格；依法需要办理法人登记的，经核准登记取得法人资格。根据《民法通则》第 41 条的规定，企业法人均须办理法人登记，自主管机关核准登记，领取企业法人营业执照之日起，取得法人资格。依现行法规定，社会团体法人的登记主管机关为各级民政部门，其他法人的登记主管机关为各级工商行政管理部门。

第六节　法人的变更与终止

一、法人的变更

（一）法人变更的概念

法人变更是指法人成立后在其存续期间内因各种原因而发生的组织体、组织形式以及其他事项的变动。法人的变更主要指企业法人的变更。《民法通则》第 44 条第 1 款规定："企业法人分立、合并或有其他重要事项变更，应当向登记机关办理登记并公告。"

(二) 法人组织体的变更

法人组织体的变更包括法人合并和法人分立两种情形。

1. 法人的合并

法人的合并是指两个以上的法人合并为一个法人。法人合并分为吸收合并和新设合并。吸收合并是指各个合并在一起的法人中一个法人的资格保留,其他法人的资格消灭,如甲公司与乙公司合并为一新的甲公司,甲公司的资格保留,而乙公司资格消灭。新设合并又称创设合并,是指各个合并在一起的法人的资格均消灭,而成立一个新的法人。如甲公司与乙公司并在一起成立丙公司。企业法人作出合并决议后,应通知债权人,债权人可以要求其清偿债务或者提供相应的担保。企业法人合并时,合并各方的债权、债务由合并后存续的法人或者新设的法人承继。

2. 法人的分立

法人的分立是指由一个法人分为两个以上的法人。法人分立包括新设分立和派生分立。新设分立是指原法人资格消灭,而分成几个新法人。如甲公司分为乙公司与丙公司,甲公司的资格消灭。派生分立是指原法人资格不消灭,而从中分出几个新的法人,如从甲公司中分出乙公司。企业法人作出分立决议后,应通知债权人并公告。根据《公司法》的规定,除公司在分立前与债权人就债务清偿达成的书面协议另有约定外,公司分立前的债务由分立后的公司承担连带责任。

(三) 组织形式的变更

组织形式的变更是指企业法人组织形式的改变。如非公司法人改为公司法人,有限责任公司改为股份有限公司。组织形式变更,依法须经审批的,经审批后才可变更。法人组织形式的变更是于原法人的基础上创设新法人,因此须办理法人登记,变更后的法人承受原法人的权利义务。

(四) 其他重要事项的变更

其他重要事项,是指法人登记中应登记的事项,如法人的名称、法人的代表、场所、住所、注册资本等。凡法人登记应登记的事项变更的,均应于核准变更后在规定期间内办理变更登记。但这些事项的变更,不影响法人原参与的法律关系的效力。

二、法人的终止

法人的终止又称法人的消灭,是指法人的民事主体资格不再存在,其民事权利能力和民事行为能力终止。

不同的法人终止的原因有所不同。例如,机关法人常因法律的直接规定或命令撤销而终止,社会团体法人常因团体成员的决定撤销或因违反法律、法规被撤销而终止。根据《民法通则》第45条的规定,企业法人由于下列原因之一终止:

(一) 依法被撤销

依法被撤销既包括基于国家法律或主管机关的决定被撤销,也包括因违法经营被撤销(吊销营业执照)。

(二) 解散

这里的解散,是指企业法人因任务完成或法人机关的决议或章程规定的存续期间届满或因其他事由而自行决定解散。

(三) 依法被宣告破产

当企业法人出现破产法规定的应宣告破产的事由时,经该法人的代表人、主管机关或其债权人等的申请,人民法院受理后依法宣告该企业法人破产。

(四) 其他原因

除上述原因外,企业法人也可因其他原因终止,如合并、分立都引起企业法人的终止。

三、法人的清算

法人的清算是指于法人终止时由清算组织依职权清理该法人的财产,了结其参与的财产法律关系。

《民法通则》第40条规定:"法人终止,应当依法进行清算,停止清算范围外的活动。"因此,法人的清算是法人消灭中的必要程序。《民法通则》第47条规定:"企业法人解散,应当成立清算组织,进行清算。企业法人被撤销、被宣告破产的,应当由主管机关或者人民法院组织有关机关和有关人员成立清算组织,进行清算。"

清算组织是依法成立的对终止的法人进行清算的组织或个人,又称为清算人。清算组织的职责就是进行清算活动,包括:(1)了结现存的业务。如未履行的合同,若能够继续履行,则应继续履行完;(2)收取债权和清偿债务。(3)将清偿债务后剩余的财产移交给享有权利的人。

清算组织于清算结束后,应按有关规定向有关部门或人员报告清算情况,向登记机关办理注销登记并公告。企业法人自办理注销登记后消灭。

第五章 非法人组织

第一节 非法人组织概述

一、非法人组织的概念和特点

非法人组织也就是法律中所说的"自然人、法人、其他组织"中的其他组织,是指不具有法人资格但可以自己的名义进行民事活动的社会组织。

非法人组织具有以下特点:

(一) 非法人组织为社会组织

非法人组织也是社会组织。作为依法成立的组织,非法人组织不同于自然人。尽管有的非法人组织的成员仅有一个自然人,但它也是作为一个社会组织而存在的。这是非法人组织与自然人的根本区别。

(二) 非法人组织具有相应的民事权利能力和民事行为能力

非法人组织可以自己的名义进行民事活动,可以享有民事权利和负担民事义务。这是非法人组织与法人相同之处。也正因为其享有民事权利能力和民事行为能力,在民法上才有意义。如果某一组织不具有民事权利能力和民事行为能力,则该组织不为民法上的非法人组织。

(三) 非法人组织不具备法人的条件

非法人组织不属于法人,不具备法人的条件。尽管非法人组织也为一个组织体,但其不是如法人一样地具有完全的独立性、严密的组织机构、严格的议事规则,也不能独立地承担民事责任。

二、非法人组织的主体地位

关于非法人组织是否为民事主体,在民法学说和各国立法上有不同的观点。有的认为,非法人组织不为民事主体,而仅是诉讼主体;也有的认为,非法人组织只是自然人进行民事活动的特殊形式,不具有独立的主体资格。现在通说认为,非法人组织具有一定的民事权利能力和民事行为能力,也具有民事诉讼能力,是既不同于自然人也不同于法人的另一类民事主体,有的称之为第三类民事主体。我国《合同法》和《合伙企业法》等法律中明确规定其他组织为民事权利义务的主体,可以自己的名义进行民事活动,从而确认了其为民事主体的法律地位。但非法人组织只具有相对独立的民事主体地位,其在财产和责任上不具有完全的独立性。

三、非法人组织的种类

非法人组织是多种多样的,可作以下分类:

(一) 营利性非法人组织与非营利性非法人组织

根据非法人组织的成立目的,非法人组织可分为营利性非法人组织与非营利性非法人组织。

营利性非法人组织是指以营利为目的的不具有法人资格的社会组织。例如,合伙企业、个人独资企业、个体工商户等。非营利性非法人组织是指不以营利为目的的不具有法人资格的社会组织。例如,不具有法人资格的社会团体。

(二) 需登记的非法人组织与不需登记的非法人组织

根据非法人组织的成立是否以办理登记为要件,可将非法人组织分为需登记的非法人组织与不需登记的非法人组织。

需登记的非法人组织是指不经登记原则上不能成立的非法人组织。依我国法律规定,社会团体以及从事工商业经营活动的非法人组织需要办理登记手续,领取《社会团体证书》或《营业执照》后方能取得相应的主体资格。不需登记的非法人组织是指不需办理登记手续也可成立的非法人组织。例如,农村承包经营户依法不需办理登记手续。

第二节 合　伙

一、合伙的概念和特点

从广义上说,合伙是指由两个以上的人为了共同的目的,按照共同协议组成的联合体;从狭义上说,合伙是指两个以上的民事主体为了共同的经济目的,按照协议组成的不具有法人资格的营利性组织。通常所称合伙一般就其狭义而言。

《民法通则》第30条规定:个人合伙"是指两个以上的公民按照协议,各自提供资金、实物、技术等,合伙经营、共同劳动"。第52条规定:"企业之间或者企业、事业单位之间联营,共同经营、不具备法人条件的,由联营各方按照出资比例或者协议的约定,以各自所有的或者经营管理的财产承担民事责任。依照法律规定或者协议的约定负连带责任的,承担连带责任。"《合伙企业法》第2条规定:"本法所称合伙企业,是指自然人、法人和其他组织依照本法在中国境内设立的普通合伙企业和有限合伙企业。普通合伙企业由普通合伙人组成,合伙人对合伙企业债务承担无限连带责任。本法对普通合伙人承担责任的形式有特别规定的,从其规定。有限合伙企业由普通合伙人和有限合伙人组成,普通合伙人对合伙企业债务承担无限连带责任,有限合伙人以其认缴的出资额为限对合伙企业债务承担责任。"根据以上规定,合伙具有以下特点:

(一) 合伙是按照共同协议组成的联合体

合伙人成立合伙的共同协议称为合伙合同。合伙合同是合伙成立的基础,没有合伙合同也就不能成立合伙,所以,合伙有时指合伙合同,有时指合伙组织。但合伙的成立除须有合伙合同外,还应办理工商登记,领取《营业执照》。合伙协议依法由全体合伙人协商一致,以书面形式订立。合伙协议应当包括合伙的目的、合伙人的出资、合伙的盈余分配和亏损分担、合伙事务的执行、入伙、退伙及合伙终止等事项。但个人合伙虽仅有口头协议,在工商行政管理部门办理了合伙登记手续的,合伙成立。当事人之间没有书面合伙协议,又未经工商行政管理部门核准登记,但具备合伙的其他条件,又有两个以上无利害关系人证明确有口头合伙协议的,人民法院可以认定为合伙关系(《民法通则的意见》第50条)。

(二) 合伙是独立从事经营活动的联合体

合伙是合伙人为了共同的经济目的而成立的组织,合伙可有自己的名称或字号,可以自己的名义享受权利和负担义务,其具有团体性,在人格、财产、利益和责任等方面都是相对独立于合伙人个人的。

(三) 合伙是由合伙人共同出资成立的联合体

合伙是由合伙人共同出资成立的联合体。合伙人的出资是合伙进行经营活动的物质基础。合伙人的出资数额和方式由合伙协议约定。根据《合伙企业法》的规定,普通合伙人可以用货币、实物、知识产权、土地使用权或者其他财产权利出资,也可以用劳务出资;以实物、知识产权、土地使用权或者其他财产权利出资,需要评估作价的,可由全体合伙人协商确定,也可由全体合伙人委托法定评估机构评估;以劳务出资的,其评估办法由全体合伙人协商确定,并在合伙协议中载明。有限合伙人不得以劳务出资。

(四) 合伙是合伙人共享收益、共担风险的社会组织

合伙是合伙人为了共同的经济目的和基于相互信任而组成的,合伙收益由合伙人共享,合伙的经营风险由合伙人共担。在普通合伙中,合伙人对于合伙的债务负连带责任;在有限合伙中,有限合伙人以其认缴的出资为限对合伙债务承担责任,普通合伙人对合伙债务承担无限连带责任。可以说,合伙中有合伙人对合伙债务负无限连带责任,是合伙与法人的重要区别之一。

二、合伙的分类

合伙的分类主要有以下几种:

(一) 普通合伙与有限合伙

根据合伙人对合伙债务承担责任的范围,合伙可分为普通合伙和有限合伙。

普通合伙是指合伙人对合伙债务均承担无限连带责任的合伙。有限合伙又称有限责任合伙,是指对合伙债务合伙人中至少有一人

承担无限责任,有一人承担有限责任的合伙。有限合伙中承担无限责任的为普通合伙人,承担有限责任的为有限合伙人。《合伙企业法》规定的合伙企业包括普通合伙企业和有限合伙企业。由于普通合伙人对合伙企业的债务承担无限连带责任,因此,《合伙企业法》第3条规定,国有独资公司、国有企业、上市公司以及公益性的事业单位、社会团体不得成为普通合伙人。

(二) 个人合伙与单位合伙

根据合伙人的自然属性,合伙可分为个人合伙与单位合伙。

个人合伙是指自然人之间的合伙,即合伙人为自然人;单位合伙是指由企业、事业单位为合伙人的合伙,这是法人之间联营的一种形式。

(三) 合伙企业与其他合伙

根据合伙的目的和组织形态,合伙可分为合伙企业和其他合伙。

合伙企业是指组成企业的合伙。合伙企业的成立须符合《合伙企业法》规定的条件;合伙企业以外的合伙,则为其他合伙。

三、合伙的内部关系

(一) 合伙人的出资和合伙财产的使用、管理

合伙财产包括合伙人的出资、以合伙名义取得的收益和依法取得的其他财产。合伙人的出资是合伙成立的基础。合伙人应当按照协议约定的出资方式、数额和缴付期限,履行出资义务,不按照协议约定出资的,应承担民事责任。

合伙财产为合伙人的共有财产,合伙人应维护合伙财产共有。根据《合伙企业法》的规定,除法律另有规定外,合伙人在合伙企业清算前,不得请求分割合伙财产,但合伙人在合伙企业清算前私自转移或者处分合伙财产的,合伙不得以此对抗善意第三人。合伙人对其在合伙财产中的份额可以处分,但除合伙协议另有约定外,普通合伙人向合伙人以外的人转让其在合伙中的全部或者部分财产份额时,须经其他合伙人一致同意。在同等条件下,其他合伙人有优先购买权;普通合伙人相互之间转让在合伙中的全部或者部分财产份额的,应当通知其他合伙人;普通合伙人以其在合伙中的财产份额出质

的,也须经其他合伙人一致同意,未经其他合伙人一致同意,其行为无效。有限合伙人可以按照合伙协议的约定向合伙人以外的人转让其在合伙中的财产份额,但应当提前30日通知其他合伙人;除合伙协议另有约定外,有限合伙人可以将其在合伙中的财产份额出质。

(二) 合伙事务的执行

普通合伙的合伙人对执行合伙事务享有同等的权利。合伙人可以在协议中约定或者经全体决定委托合伙人中的一人或数人对外代表合伙,执行合伙的事务。于此情形下,其他合伙人不执行合伙事务但有权监督执行合伙事务合伙人执行合伙事务的情况,执行事务的合伙人应当定期向其他合伙人报告事务执行情况以及合伙的经营财务状况。合伙人分别执行合伙事务的,执行事务的合伙人可以对他人执行的事务提出异议,合伙事务的执行人在其他合伙人提出异议时,应暂停执行,待合伙人就有关事项作出决议后再予以执行。合伙人对合伙有关事项决议时,按照合伙协议约定的表决办法办理,合伙协议未约定或者约定不明确的,实行合伙人一人一票并经全体合伙人过半数的表决办法。但根据《合伙企业法》第31条的规定,除合伙协议另有约定外,合伙企业的下列事项应当经全体合伙人一致同意:(1) 改变合伙企业的名称;(2) 改变合伙企业的经营范围、主要经营场所和地点;(3) 处分合伙企业的不动产;(4) 转让或者处分合伙企业的知识产权和其他财产权利;(5) 以合伙企业名义为他人提供担保;(6) 聘任合伙人以外的人担任合伙企业的经营管理人员。合伙人在执行合伙事务中应与处理自己事务为同一的注意,不得从事损害本合伙利益的活动;合伙人不得自营或者同他人合作经营与本合伙相竞争的业务;除合伙协议另有约定或者经全体合伙人一致同意外,不得同本合伙进行交易。

有限合伙的有限合伙人不执行合伙事务,而由普通合伙人执行合伙事务。有限合伙人对外不得代表合伙,如果第三人有理由相信有限合伙人为普通合伙人并与之交易的,该有限合伙人对该笔交易承担与普通合伙人同样的责任。由于有限合伙人不执行合伙事务,因此除合伙协议另有约定外,有限合伙人可以同本有限合伙进行交易,可以自营或者与他人合作经营与本有限合伙相竞争的业务。有限合伙人虽不执行合伙事务,但对有关合伙事务有参与决定和监督的权利。有限合伙人对有关合伙事务参与决定和监督,不能视为执行合伙事务。根据《合伙企业法》第68条第2款的规定,有限合伙人的下列行为,不视为执行合伙事务:(1)参与决定普通合伙人入伙、退伙;(2)对企业的经营管理提出建议;(3)参与选择承办有限合伙企业审计业务的会计师事务所;(4)获取经审计的有限合伙企业财务会计报告;(5)对涉及自身利益的情况,查阅有限合伙企业财务会计账簿等财务资料;(6)在有限合伙企业中的利益受到侵害时,向有责任的合伙人主张权利或者提起诉讼;(7)执行事务合伙人怠于行使权利时,督促其行使权利或者为了本企业的利益以自己的名义提起诉讼;(8)依法为本企业提供担保。

(三)合伙收益的分配和合伙亏损的分担

合伙人对于合伙的收益有分配的权利,对于合伙经营的亏损也有分担的义务。合伙人对于合伙损益分配的比例,依合伙协议的约定而定。合伙协议中没有明确约定损益分配比例的,由全体合伙人协商确定;协商不成的,按照实缴出资比例确定,无法确定出资比例的,按照平均比例确定。根据《合伙企业法》的规定,普通合伙的合伙协议不得约定将全部利润分配给部分合伙人或者由部分合伙人承担全部亏损。有限合伙企业不得将全部利润分配给部分合伙人,但合伙协议另有约定的除外。根据《民法通则的意见》第48条的规定,个人合伙中只提供技术性劳务,不提供资金、实物的合伙人,应按照协议约定的债务承担比例或者技术性劳务折抵的出资比例承担合伙经营的亏损;协议未规定债务承担比例或者出资比例的,可以按照约定的或者合伙人实际的盈余分配比例承担;没有盈余分配比例的,按照其余合伙人平均投资比例承担。

四、合伙与第三人的关系

(一)执行合伙事务的后果

《民法通则》第34条第2款规定:"合伙人可以推举负责人。合伙负责人和其他人员的经营活动,由全体合伙人承担民事责任。"《合伙企业法》第28条中规定:执行合伙事务的合伙人"执行合伙事务所产生的收益归合伙企业,所产生的费用和亏损由合伙企业承担"。可见,合伙人以合伙名义实施的行为,也就是合伙的行为,其后果由合伙承受。《合伙企业法》第 37 条规定:"合伙企业对合伙人执行合伙事务以及对外代表合伙企业权利的限制,不得对抗善意第三人。"因此,凡合伙人以合伙名义进行的民事活动,即使其没有执行合伙事务或者代表合伙的权利,只要与之交易的第三人为善意的不知其无执行权或代表权,其后果也由合伙承受。

(二) 合伙债务的清偿

合伙债务是指在合伙存续期间因合伙的经营活动而发生的债务。对于合伙的债务,首先,应以合伙财产清偿。其次,合伙不能清偿到期债务的,普通合伙人承担无限连带责任,由普通合伙人以其在合伙外的财产清偿。也就是说,任一普通合伙人都有义务清偿合伙的全部债务,尽管就其内部来说,每个普通合伙人按一定比例承担债务的清偿额,但只要合伙债务未全部清偿,不论其是否已就自己承担的份额为清偿,其清偿责任不能免除。并且普通合伙人对合伙债务的清偿负无限责任,不以其出资为限。当然,由于普通合伙人承担无限连带责任,清偿数额超过其应分担的亏损比例的,有权向其他普通合伙人追偿。但根据《合伙企业法》的规定,以专业知识和专门技能为客户提供有偿服务的专业服务机构设立为特殊普通合伙企业的,合伙人在执业活动中因故意或者重大过失造成合伙企业债务的,该执业的合伙人应当承担无限责任或者无限连带责任,其他合伙人以其在合伙中的财产份额为限承担责任。

由于合伙财产为合伙人的共有财产,因此,在合伙人的个人债务需清偿时,合伙人可以其在合伙财产中的份额清偿其个人债务。但对于合伙人发生的与合伙无关的个人债务,应先以其合伙财产以外的个人财产清偿。合伙人的债权人不得以其对于合伙人个人的债权抵销其对合伙的债务,也不得代位行使该合伙人在合伙中的权利。合伙人的个人财产不足以清偿其个人债务时,只能以其从合伙中应分得的收益用于清偿债务。合伙人个人债务的债权人依法请求法院强制执行该合伙人在合伙中的财产份额用于偿债时,对该合伙人的财产份额,其他合伙人有优先受让的权利。

五、入伙与退伙

（一）入伙

入伙是指在合伙存续期间第三人加入合伙成为合伙人。

书面合伙协议中对入伙有约定的，入伙应按协议中的约定办理；合伙协议中对入伙没有明确约定的，入伙须经全体合伙人的一致同意。因为合伙是建立在相互信任的基础上的，第三人入伙时，即使合伙人中有一人不同意，也不能入伙。

入伙应订立入伙协议，第三人入伙后即成为新的合伙人。除入伙协议另有约定外，新入伙的合伙人与原合伙人享有同等的权利和负担同等的义务。根据《合伙企业法》的规定，新入伙的普通合伙人对其入伙前的合伙债务与原合伙人同样承担连带无限责任，新入伙的有限合伙人对入伙前的合伙债务以其认缴的出资为限承担责任。

根据《合伙企业法》的规定，除合伙协议另有约定外，经全体合伙人同意，有限合伙人可以转为普通合伙人，普通合伙人也可以转为有限合伙人。有限合伙人转为普通合伙人的，对其作为有限合伙人期间有限合伙发生的债务承担无限连带责任；普通合伙人转为有限合伙人的，对其作为普通合伙人期间发生的债务承担无限连带责任。

（二）退伙

退伙是指在合伙存续期间，合伙人与其他合伙人脱离合伙关系而不再为合伙人。退伙分为任意退伙、法定退伙和强制退伙。

任意退伙又称声明退伙，是基于合伙人自己的意思而决定的退伙。根据《民法通则的意见》第52条的规定，个人合伙的合伙人退伙，书面协议有约定的，按书面协议处理；书面协议未约定的，原则上应予准许。但因其退伙给其他合伙人造成损失的，应当考虑退伙的原因、理由以及双方当事人的过错等情况，确定其应当承担的赔偿责任。根据《合伙企业法》的规定，合伙企业的合伙人退伙，合伙协议未约定合伙存续期间的，合伙人在不给合伙事务的执行造成不利影响的情况下，可以退伙，但应当提前30日通知其他合伙人。合伙协议约定有合伙存续期间的，在有下列情形之一时，也可以退伙：(1) 合伙协议约定的退伙事由出现；(2) 经全体合伙人一致同意；

(3) 发生合伙人难于继续参加合伙的事由;(4) 其他合伙人严重违反合伙协议约定的义务。合伙人在不具备上述条件下擅自退伙的,应当赔偿由此而给其他合伙人造成的损失。

法定退伙又称非任意退伙,是指根据法律直接规定的条件而非基于合伙人的意思而发生的退伙。根据《合伙企业法》的规定,在下列情形下,合伙人当然退伙:(1) 作为合伙人的自然人死亡或者被宣告死亡;(2) 个人丧失偿债能力;(3) 作为合伙人的法人或者其他组织依法被吊销营业执照、责令关闭、撤销,或者被宣告破产;(4) 法律规定或者合伙协议约定合伙人必须具有相关资格而丧失该资格;(5) 合伙人在合伙中的全部财产份额被人民法院强制执行。合伙人死亡的,该合伙人的继承人依合伙协议的约定或者经全体合伙人的一致同意继承合伙财产的份额而成为新合伙人的,不发生退伙;普通合伙人的继承人为无民事行为能力或者限制民事行为能力的,经全体合伙人一致同意,可以成为有限合伙人。普通合伙人被依法认定为无民事行为能力或者限制民事行为能力的,经其他合伙人一致同意,可以依法转为有限合伙人;其他合伙人未能一致同意的,该无民事行为能力或者限制民事行为能力的合伙人退伙。

强制退伙又称除名退伙,是指合伙人因有某种事由经合伙人全体一致决议将该合伙人开除。根据《合伙企业法》第 49 条的规定,合伙人有下列情形之一的,经其他合伙人一致同意,可以决议将其除名:(1) 未履行出资义务;(2) 因故意或者重大过失给合伙企业造成损失;(3) 执行合伙事务时有不正当行为;(4) 发生合伙协议约定的事由。对合伙人的除名决议应当书面通知被除名人,被除名人接到除名通知之日,除名生效,被除名人退伙。被除名人对除名决议有异议的,可自接到通知之日起 30 日内向法院起诉。

退伙时,应进行退伙结算。对于退伙人在合伙中的财产份额应予退还,退伙人对给合伙造成的损失负有赔偿责任的,相应扣减其应当赔偿的数额。退伙人已分担合伙债务的,对基于其退伙前的原因发生的合伙债务仍负无限连带责任,但有限合伙人退伙的仅以其退伙时从有限合伙中取回的财产承担责任。

六、合伙的解散与清算

合伙的解散又称合伙的终止,是指合伙终结,合伙人间结束合伙关系。

根据《合伙企业法》第85条的规定,合伙企业解散的原因有以下几种:(1) 合伙协议约定的经营期限届满,合伙人不愿意继续经营;(2) 合伙协议约定的解散事由出现;(3) 全体合伙人决定解散;(4) 合伙人已不具备法定人数满30天;(5) 合伙协议约定的目的实现或者无法实现;(6) 被依法吊销营业执照、责令关闭或者被撤销;(7) 法律、法规规定的合伙解散的其他原因。有限合伙仅剩有限合伙人的,应当解散;但仅剩普通合伙人的,合伙不解散而转为普通合伙。

合伙解散时应进行清算并公告债权人。合伙的清算,由全体合伙人担任清算人。不能以全体合伙人担任清算人的,也可以经全体合伙人过半数同意,指定一名或数名合伙人或者委托第三人担任合伙清算人。

合伙清算人在清算期间执行下列事务:(1) 清理合伙财产,必要时分别编制资产负债表和财产清单;(2) 处理与清算有关的合伙未了结的事务;(3) 清缴所欠税款;(4) 清理债权、债务;(5) 处理合伙清偿债务后的剩余财产;(6) 代表合伙参与民事诉讼。

清算结束后,应申请办理合伙的注销登记。注销后合伙终止,但原普通合伙人对合伙存续期间的债务仍应依法承担无限连带责任。

第三节 其他非法人组织

一、法人分支机构

法人分支机构是指由法人为实现其职能而设立的一种可以自己的名义进行民事活动但不能独立承担民事责任的独立机构。

法人分支机构具有以下特点:

（一）法人分支机构是由法人为实现其职能而设立的机构

法人分支机构是法人设立的从属机构，这主要表现在：(1) 法人分支机构是法人的一个组成部分，受法人的统一支配和管理；(2) 法人分支机构的名称须冠以其所从属的法人名称；(3) 法人分支机构是法人为扩大自己的营业活动范围设立的，为法人的营业场所；(4) 法人分支机构的营业在法人的业务范围内，法人分支机构在法人授权的范围内进行活动。

（二）法人分支机构是相对独立的机构

法人分支机构不同于法人的一般组成部分，具有相对独立性。这主要表现在：法人分支机构有自己可以独立支配的财产，有自己的组织机构，有自己的名称和营业所；法人分支机构须办理工商登记并领取《营业执照》；法人分支机构在法人授权的范围内独立进行民事活动。

（三）法人分支机构不能独立承担民事责任

法人分支机构不同于法人设立的子公司，其虽有独立性但不具备法人的条件。法人分支机构独立进行民事活动的法律后果为法人承担，法人分支机构在经营活动中应承担的民事责任由其所属法人以其全部财产承担。

二、个人独资企业

个人独资企业是指由一个自然人投资，财产为投资人个人所有，投资人以其个人财产对企业债务承担无限责任的经营实体。

个人独资企业具有以下特点：

（一）个人独资企业由自然人一人投资，财产为投资人个人所有

个人独资企业是由自然人一人投资设立的，投资人对本企业的财产依法享有所有权，其有关权利可以依法进行转让或继承，任何单位和个人不得违反法律、行政法规的规定以任何方式强制个人独资企业提供财力、物力、人力。

（二）个人独资企业有一定的经营规模并须经核准登记

个人独资企业须具备一定的规模，其设立须有合法的名称，有投资人申报的出资，有固定的生产经营场所和必要的生产经营条件，有

必要的从业人员。个人独资企业应当依法设置会计账簿,进行会计核算。个人独资企业的设立须向所在地的登记机关提交设立申请书,经登记机关核准登记才能成立。个人独资企业在存续期间登记事项发生变更的,应依法向登记机关办理变更登记;个人独资企业解散的,应于清算结束后,办理注销登记。

(三) 个人独资企业以自己的名义进行民事活动

个人独资企业于登记机关予以登记、发给营业执照之日成立。个人独资企业成立后,投资人即得以个人独资企业的名义从事经营活动。个人独资企业可以依法申请贷款、取得土地使用权,并享有法律、行政法规规定的其他权利。个人独资企业投资人可以自行管理企业事务,也可以委托或者聘用其他具有民事行为能力的人负责企业的事务管理。投资人对受托人或者被聘用的人员职权的限制,不得对抗善意第三人。

(四) 个人独资企业不能独立承担民事责任

个人独资企业不具有独立承担民事责任的能力,投资人以其个人财产对企业债务承担无限责任;投资人在申请企业设立登记时明确以其家庭共有财产作为个人出资的,应当依法以家庭共有财产对企业债务承担无限责任。因此,个人独资企业财产不足以清偿债务的,投资人应以其个人的其他财产予以清偿。个人独资企业解散后,原投资人对个人独资企业存续期间的债务仍应承担偿还责任,但债权人在5年内未向债务人提出偿债请求的,该责任消灭。

三、个体工商户

《民法通则》第26条规定:"公民在法律允许的范围内,依法经核准登记,从事工商业经营的,为个体工商户……"

个体工商户具有以下特点:

(一) 个体工商户是以户为经营单位的

个体工商户是自然人个人或者家庭经营的,但不是以自然人或者家庭的名义而是以工商户的名义进行经营。个体工商户可以有自己的字号,可以雇工或找帮工。

(二)个体工商户须依法核准登记

个体工商户即使是自然人个人经营的,也须依法经核准登记,领取营业执照后,方可以户的名义进行经营。不经核准登记,不能成立个体工商户。个体工商户转业、合并、转让、停业、歇业时,都应依法办理相应的登记手续。

(三)个体工商户须在法律允许的范围内从事工商业经营

个体工商户只能从事工商业经营活动,并且其从事的工商业生产经营活动只能是法律允许个体经营的。个体工商户应在核准登记的经营范围内依法进行生产经营活动。

(四)个体工商户以户的名义进行民事活动,享受民事权利和负担民事义务

个体工商户自核准登记之日起就取得独立经营的资格,可以工商户的名义进行民事活动。个体工商户对自己的名称享有名称权,对自己的商标享有商标权,其以自己的财产自主经营,参与民事法律关系。

(五)个体工商户的户主对个体工商户的债务承担无限责任

个体工商户的财产与户主的个人财产并非严格区分,其不能独立的承担民事责任。对于个体工商户经营中的债务,户主并不以其投入工商户的财产为限承担清偿责任,而是要负无限责任。《民法通则》第29条规定:"个体工商户、农村承包经营户的债务,个人经营的,以个人财产承担;家庭经营的,以家庭财产承担。"根据《民法通则的意见》第42—44条的规定,以自然人个人名义申请登记的个体工商户和个人承包的农村承包经营户,用家庭共有财产投资,或者收益的主要部分供家庭成员享用的,其债务应以家庭共有财产清偿;在夫妻关系存续期间,一方从事个体经营或者承包经营的,其收入为夫妻共有财产,债务亦应以夫妻共有财产清偿;个体工商户、农村承包经营户的债务,如以其家庭共有财产承担责任时,应当保留家庭成员的生活必需品和必要的生产工具。

四、农村承包经营户

《民法通则》第27条规定:"农村集体经济组织的成员,在法律

允许的范围内,按照承包合同规定从事商品经营的,为农村承包经营户。"

农村承包经营户具有以下特点:

(一) 农村承包经营户是以户为单位的农村集体经济的一个经营层次

农村承包经营户,可以是个人经营,也可以是家庭经营,但其是以"户"的名义。农村承包经营是集体经济的一种经营形式,因而承包经营户一般为农村集体经济组织的成员。

(二) 农村承包经营户依照承包合同从事商品经营

农村承包经营户是基于承包合同发生的,承包户须依照合同的约定独立进行经营,以自己的名义进行民事活动。农村承包经营户须从事商品经营,仅是生产自己需要的农副产品,不为农村承包经营户。

(三) 农村承包经营户应在法律允许的范围内从事生产经营

农村承包经营户虽不需进行工商登记,但其也只能在法律和政策允许的范围内按照承包合同的约定依法经营,承包经营户对其承包经营的自然资源和其他资产应合理使用,妥善管理,不得擅自改变其用途。

(四) 农村承包经营户的经营者对承包经营期间的债务负无限责任

农村承包经营户的债务承担,与个体工商户相同,即:个人经营的,以个人财产承担;家庭经营的,以家庭财产承担。

第六章 民事法律关系客体

第一节 民事法律关系客体概述

一、民事法律关系客体的概念和特点

民事法律关系的客体是民事法律关系的要素之一，是指作为法律关系内容的民事权利和民事义务共同指向的对象。因为在民事法律关系的内容中，民事权利处于主导地位，所以民事法律关系的客体，也就是民事权利的客体，又称为民事权利的标的。

民事法律关系的客体具有以下特点：

（一）有益性

所谓有益性，是指能够满足人们的利益需要。因为民事主体参与民事法律关系是为满足自己的物质利益或者非物质利益需要的，各种民事法律关系都是主体基于能够满足其利益需要的对象形成的，这一对象即是民事权利义务共同指向的法律关系的客体。因此，只有能够满足人们的各种利益需要的物质财富或非物质财富，才会成为民事法律关系的客体。

（二）客观性

所谓客观性，是指不依主体的意识而转移。民事法律关系的客体是存在于主体意识之外的客观现象，它既可以是客观物质世界的现象，也可以是客观精神世界的现象，它是能够为主体的意识所感知和为主体所支配的事物，但不依主体的意识而转移。单纯的主观意识不能成为法律关系的客体。

（三）法定性

所谓法定性，是指由法律所规定。民事法律关系的客体虽为客观现象，但并非各种客观现象皆可为客体。何种客观事物可为民事法律关系的客体是由法律确认的。例如，自然人的人身在古代法中

可为民事法律关系的客体,在现代法中则不能为民事法律关系的客体。又如,知识产品在古代法中不为民事法律关系的客体,而在现代法中则成为民事法律关系的重要客体。

二、民事法律关系客体的种类

民事法律关系的客体范围甚广,并且随着生产力的发展会不断扩大。总的说来,民事法律关系的客体包括以下几类:

(1) 物,其中包括金钱和有价证券。

(2) 其他财产。财产在民法上是一个多含义的概念,有时专指物,有时指物和财产权利,有时指物以及财产权利和财产义务。这里的财产是指物以外的财产。

(3) 行为。行为是指人的工作和服务。如保管物品的保管行为,演出服务等。

(4) 智力成果。智力成果是智力劳动所创造出的成果,如商标、专利、技术秘密、发现等。

(5) 人身利益。人身利益是指人格和身份所体现的非物质利益。

(6) 其他。能够满足人们物质和精神利益需要的其他财富,如信息等也可为民事法律关系的客体。

第二节 物

一、物的概念和特点

民法上的物是民事主体能够实际控制或支配的具有一定经济价值的物质资料。

民法上的物与物理学上的物有联系又有区别。物理学上的物体、物质,是由物的自然属性决定的,而法律上的物不仅具有自然属性,而且还具有法律属性。不为物理学上的物,自不能成为法律上的物;但虽为物理学上的物,也并非就为法律上的物。民法上的物具有以下特点:

（一）须存在于人身之外

民法上的物只能是存在于人身之外的物,而不能是人身。现代法上人只能为主体,而不能为客体。不仅人身不能成为客体,人身上的某一部分包括各种器官在未与人体脱离前也不能成为物。以人身上的某一器官为交易对象的,不受法律保护,法院不能强制执行。人身的组成部分只有在与人体脱离后才可成为物。人死亡后已无生命,不为主体,因而尸体可成为物。

（二）须能够为人力所实际控制或支配

只有能够为人力所支配和控制的物,才为民法上的物。因为只有这样的物,才能满足主体的个体需要,才能用于交易。随着生产力的发展,人类支配自然的能力增强,物的范围也不断扩大。例如,电、热、声、光、气等自然力,在不能为人力实际控制和支配时不为物,而能够为人力控制和支配后则成为物。

（三）须能够满足人们的社会生活需要

民法上的物须具有可使用性,具有价值和使用价值。因为只有能够满足人们的生产或生活需要,才可为主体所有,才可用于交换。不能满足人们生产或生活的实际需要的物,在法律上没有意义。

（四）须为独成一体的有体物

民法上的物一般仅指有体物。所谓有体,是指具有一定的形体,能够为人的感官感触到。民法上的物还须独为一体,即能够单独满足人们的需要。如不能独成一体,则不能单独用于交易,不为民法上的物。

二、物的分类

（一）动产与不动产

根据物是否具有可移动性,物可分为动产与不动产。

动产是指可以一般方法移动且移动后不会改变或不会损害其价值的物;不动产则是指不能以一般方法移动或移动后会改变或损害其价值的物。依我国法规定,土地及房屋、林木等地上定着物为不动产,不动产以外的物为动产。

这种分类的主要意义在于:第一,法律对动产与不动产的调整原则不同。法律对动产一般赋予其流通性,而对不动产一般不赋予自由流通性。第二,权利的公示方式和变动要件不同。动产上的权利一般以占有为公示方式,权利的变动以交付为要件;而不动产上的权利以登记为公示方式,权利的变动一般以登记为要件。第三,在某些法律关系中,法律的适用不同。例如,在涉外继承中,不动产适用不动产所在地的法律,而动产适用被继承人住所地的法律。第四,诉讼管辖不同。不动产纠纷由不动产所在地法院管辖,动产纠纷则不依动产的所在地确定管辖权。

(二) 流通物与限制流通物、禁止流通物

根据物是否具有自由流通性,物可分为流通物与限制流通物、禁止流通物。

流通物是指允许在民事主体之间自由流通的物;限制流通物是指法律对其流通予以一定限制,仅可在特定主体之间或特定范围内流通的物;禁止流通物是指法律禁止其流通,不能成为交易标的物的物。限制流通物与禁止流通物是由法律明确规定的。在我国,禁止流通物主要包括国家的专有物(如矿藏、水流等)、假币、淫秽物品、毒品等;限制流通物主要包括文物、麻醉药品、运动枪支弹药等。法律未作限制流通或禁止流通规定的物,都为流通物。

这种分类的主要意义在于:流通物可以自由流通;限制流通物只能在限定的范围内流通,否则交易无效;禁止流通物则不得为交易的标的物。

(三) 主物与从物

根据两物之间的作用关系,物可分为主物与从物。

主物是指由同一人所有的需共同使用才能更好发挥效用的两物中起主要作用的物;从物则是指辅助主物发挥效用的物。从物须具备三个条件:第一,与主物同属一人所有;第二,须独成一物;第三,须与主物共同使用才能更好地发挥物的作用。如自行车与车锁,前者为主物,后者为从物。又如汽车与车上的备用轮胎,前者为主物,后者为从物,但汽车上的轮胎则不为其从物。

这种分类主要意义在于:除法律另有规定或者当事人另有约定外,对主物处分的效力及于从物,从物随主物的转移而转移。《物权法》第 115 条规定:"主物转让的,从物随主物转让,但当事人另有约定的除外。"

(四) 原物与孳息

根据两物之间的派生关系,物可分为原物与孳息。

原物为产生孳息的物,孳息则是由原物产生的收益。孳息又分为天然孳息和法定孳息。天然孳息是指依物的自然属性而产生的收益,如果树所产的果实、母猪所生猪仔;法定孳息是指依法律关系所生的收益,如房屋出租所得的租金。

这种分类的主要意义在于:天然孳息由所有权人取得;既有所有权人又有用益物权人的,由用益物权人取得,当事人另有约定的,按照约定。法定孳息,当事人有约定的,按照约定取得;没有约定或者约定不明确的,按照交易习惯取得(《物权法》第 116 条)。

(五) 消耗物与非消耗物

根据物使用后形态的变化性,物可分为消耗物与非消耗物。

消耗物又称消费物,是指经一次性使用就会归于消灭或改变形态和性质的物,如米、面;非消耗物又称非消费物,是指可长期多次使用而不会改变形态和性质的物,如房屋、自行车。

这种分类的主要意义在于:消耗物不能作为转移使用权的债的标的物,而非消耗物可以作为转移使用权的债的标的物。

(六) 可分物与不可分物

根据物是否可分割,物可分为可分物与不可分物。

可分物是指经分割后并不会改变其性质或影响其效益的物。如一袋米经分割后不会改变用途,也不会降低其价值。不可分物是指经分割会改变其性质和影响其用途的物,如一台电视机就不能分割。

这种分类的主要意义在于:共有物为可分物的,当事人可采取实物分割的方式分割;若为不可分物,则不能采取实物分割的方法,而只能采取折价补偿或者变价的方式分割。

(七) 特定物与种类物

根据物在交易中的定方式,物可分为特定物与种类物。

特定物是指以单独的特点具体确定的物。特定物既可是因物自身的特点而区别于他物的物,如某件文物;也可以是依当事人的主观意志确定的物,如从同一型号的电视机中选出的一台。种类物是指仅以品种、规格、型号或度量衡加以确定的物,如海信牌21英寸电视机100台。

这种分类的主要意义在于:第一,某些法律关系只能以特定物为标的物,如租赁、借用关系;而某些法律关系只能以种类物为标的物,如借贷关系。第二,标的物意外灭失的法律后果不同。特定物在交付前灭失的,一般发生债的履行不能;而种类物在交付前灭失时,一般不发生履行不能,只要债务人还有同种类物,就应负履行责任。第三,所有权的转移时间可有所不同。以种类物进行交易的,只能在交付后发生所有权的转移;而以特定物为交易的,除法律另有规定外,当事人可以约定在交付前转移所有权。

(八)代替物与不代替物

根据物可否由他物替代,物可分为代替物与不代替物。

代替物是指得以同一种类、品质及数量的物代替的物;不代替物是指不能以他物代替的物。前者如米、面;后者如房屋,车辆。

这种分类的主要意义在于:代替物为借贷(消费借贷)的标的物,而不代替物为借用(使用借贷)、租赁的标的物。

三、物在民法上的意义

物在民法中有特别重要的意义,主要表现在以下方面:

(一)物涉及多种民事法律关系

物为物权关系的客体。物又是最常见的交易对象,债的客体也常涉及物。

(二)物可决定民事法律关系的性质

一方面,物会影响到民事法律关系的效力,如以限制流通物进行交易的,若在限制的范围内,可有效;若超出限制交易的范围,则无效。另一方面,物会决定某些民事法律关系的类别,如甲将一物出借给乙,若该物为非消耗物,则成立借用关系;若该物为消耗物,则成立借贷关系。

(三)物会影响案件的管辖

当事人发生纠纷时,会因物的性质不同而受不同法院的管辖。

例如,因不动产纠纷提起的诉讼就由不动产所在地的法院管辖。

第三节 货币和有价证券

一、货币

货币,有时称金钱,是充当一般等价物的一种特殊的物。

货币的特殊性在于其价值体现为票面价值,如1张100元的人民币与10张10元的人民币价值完全相同。货币从性质上说属于动产,是代替物。作为一般等价物,货币是一种支付手段,又是流通手段和补偿手段。

货币有本币与外币之分。本币为本国的货币,外币为外国的货币。我国的本币人民币为法定货币,可以任意流通;特别行政区的货币与外国的货币属于限制流通物。依法律规定,单位之间的交易,一般不能以现金支付。

二、有价证券

(一) 有价证券的概念和特点

有价证券是设定并证明持券人有权取得一定财产权利的书面凭证。有价证券代表着一定的财产权利,具有经济价值,也是一种特殊的物。有价证券具有以下特点:

1. 有价证券与证券上所记载的权利不可分离

有价证券之所以有价,是因为它代表着一定的权利,其价值是由证券所代表的权利体现出来的,因此,有价证券与证券上代表的权利不可分离。享有证券上的权利须持有证券,行使证券上的权利须提示证券,转让证券上的权利须交付证券。不持有有价证券也就不能享有证券上载明的权利。有价证券的这一特点,区别于单纯证明权利存在的书面证据。例如,借据也是证明债权人债权的凭证,但它仅起证据的作用,债权人不持有借据,仍可向债务人主张权利。

2. 有价证券的持有人只能向特定的义务人主张权利

持有有价证券的人享有证券所代表的权利,但持有人只能向特定的负有支付义务的人主张权利,而不能向其他人主张权利。在这一点上,有价证券显然不同于货币,货币的持有人可向任何人主张权利。并且,有价证券的义务人不会因证券持有人的变更而变更。

3. 有价证券的支付义务人有单方的见券即付的履行义务

有价证券上所记载的权利的义务人负有向持券人见券即付的义务。只要持券人的证券是有效的,义务人见到证券即应履行支付义务,既无权要求对方给付对价,也不论持券人是否为真正权利人。

(二) 有价证券的种类

有价证券是多种多样的,通常有两种分类方法对有价证券进行分类。

其一,根据有价证券上所代表的权利的性质,有价证券可分为:(1) 代表一定货币的有价证券,如本票、汇票、支票;(2) 代表一定商品的有价证券,如仓单、提单;(3) 代表一定股份权利的有价证券,如股票;(4) 代表一定债权的有价证券,如债券。

其二,根据有价证券权利的转移方式,有价证券可分为:(1) 记名有价证券,即在证券上记明权利人姓名或名称的证券。记名有价证券的权利转让一般须按照债权转让的方式进行,有的还须办理登记过户手续。(2) 指示有价证券,即在证券上指明第一个取得证券权利人姓名或名称的有价证券。指示有价证券的权利转让须依背书方式进行,也就是不仅须交付证券,且须背书受让人的姓名或名称。(3) 无记名有价证券,即证券上无权利人姓名或名称记载的有价证券。无记名有价证券的权利转让,可依单纯交付方式为之。

第七章 民事行为

第一节 民事行为概述

一、民事法律行为的概念

民事行为是最普遍的法律事实。如前所述,民事法律事实包括行为和自然事实,而行为中又包括事实行为和民事行为。民事行为是自然人、法人和其他组织自愿实施的以意思表示为要素的、欲发生民事法律后果的行为。自愿是民法的基本原则,民事主体自愿决定是否参与民事法律关系和参与何种民事法律关系。但民事主体自愿实施的行为也须符合法律规定,才能发生预期的法律后果。因此,民事主体实施的民事行为只有符合法律规定的条件即合法,才能发生欲发生的设立、变更、终止民事权利和民事义务的后果。合法的民事行为也就是民事法律行为。《民法通则》第54条规定:"民事法律行为是公民或者法人设立、变更、终止民事权利和民事义务的合法行为。"据此可以说,民事法律行为是民事主体实施的以发生民事法律后果为目的的合法行为。

二、民事法律行为的特点

(一) 民事法律行为是民事主体实施的以发生一定民事法律后果为目的的行为

民事法律行为是能够发生一定民事法律后果的行为,但它是民事主体即自然人、法人和其他组织实施的行为。不是民事主体实施的行为,即使能够发生民事上的法律后果,也不属于民事法律行为。如法院的裁决虽能发生民事后果,却不是民事法律行为。民事法律行为的这一特点决定了民事法律行为的当事人的法律地位是平等的。同时,民事法律行为以发生一定的民事法律后果为目的,民事主体实施的不以发生民事法律后果为目的的行为,同样不属于民事法律行为。

(二) 民事法律行为是以意思表示为要素的行为

意思表示是指当事人设立、变更、终止民事权利和民事义务的内在意志的外部表现。民事主体虽有设立、变更、终止民事权利和民事义务的行为目的,但若不将该意思表示出来,则外人无从知道,也就不可能发生当事人预期的法律后果。因此,民事法律行为以意思表示为要素。没有意思表示,也就没有民事法律行为。是否以意思表示为要素,是民事法律行为与事实行为的根本区别。

(三) 民事法律行为是能发生当事人预期法律后果的合法行为

民事法律行为尽管是以意思表示为要素的,是当事人以发生一定民事法律后果为目的的行为,但能否发生当事人预期的法律后果,还决定于该行为是否符合法律的规定。只有符合法律规定的合法行为,才能发生当事人预期的法律后果;否则就不能发生当事人预期的民事法律后果。民事法律行为是合法行为,能够发生当事人预期的法律后果。合法性是民事法律行为区别于其他民事行为(如无效民事行为)的根本特点。

三、民事行为的分类

(一) 单方行为与双方或多方行为

根据构成民事行为的意思表示为单数还是复数,民事行为可分为单方行为与双方或多方行为。

单方行为是指仅有当事人一方的意思表示即可成立的民事行为。例如,遗嘱只要有立遗嘱人一方的意思表示就可成立,即为单方行为。双方或多方行为是指须有双方或多方当事人的意思表示的一致才能成立的民事行为。例如,买卖为双方行为,要有出卖人与买受人双方的意思表示的一致才能成立,仅有其中一方的一个意思表示,买卖行为不能成立。

这种分类的主要意义在于,正确确定民事行为是否成立。单方行为只需有一个意思表示;而双方或多方行为则需有两个以上的意思表示,且意思表示的内容一致。

(二) 有偿行为与无偿行为

根据民事行为是否有对价,民事行为可分为有偿行为与无偿行为。

有偿行为是有对价的民事行为,一方从对方取得利益须支付一定的财产代价,任何一方在没有给予对方相应的代价时,不能从对方取得相应的利益。无偿行为是指没有对价的民事行为,一方从对方取得某种财产利益,不需向对方支付财产代价。民事行为的有偿无偿决定于法律的规定和当事人的约定。有的民事行为只能是有偿的,如买卖、租赁等;有的民事行为只能是无偿的,如借用、赠与等;有的民事行为是否有偿决定于当事人的约定,如委托、保管等。

这种分类的主要意义在于:第一,有偿行为当事人的责任重于无偿行为当事人的责任。例如,买卖为有偿行为,出卖人负瑕疵担保责任;赠与为无偿行为,赠与人一般不负瑕疵担保责任。又如,根据《合同法》第374条的规定,保管期间,因保管人保管不善造成保管物毁损、灭失的,保管人应当承担损害赔偿责任,但保管是无偿的,保管人证明自己没有重大过失的,不承担损害赔偿责任。第二,有偿行为的当事人须具有相应的民事行为能力,而限制民事行为能力人、无民事行为能力人可以独立实施纯受利益的无偿行为。

(三) 双务行为与单务行为

根据民事行为当事人双方权利义务的关系,民事行为可分为双务行为与单务行为。

双务行为是指当事人双方均负担相应义务的民事行为,一方的义务也就是另一方的权利。例如,买卖为双务行为,出卖人负有交付出卖物并转移所有权的义务,买受人则负有支付价款的义务。单务行为是指当事人一方仅负担义务而另一方仅享有权利的民事行为。例如,赠与为单务行为,赠与人仅负有交付赠与物并转移所有权的义务,而不享有相应的权利。双务行为一般是有偿的,但也有的双务行为是无偿的,如无偿的委托合同。单务行为一般是无偿的,但也可以是有偿的,如自然人之间的有息借贷就是有偿行为。

这种分类的主要意义在于:除法律另有规定或当事人另有约定外,双务行为的当事人应当同时履行其义务;一方在未履行自己的义务时请求对方履行的,对方有权拒绝;一方因可归责于自己的事由不能履行义务时,对方有权依法解除法律关系并要求赔偿。单务行为不发生上述法律后果。

(四)诺成性行为与实践性行为

根据民事行为的成立生效是否以标的物的实际交付为要件,民事行为可分为诺成性行为与实践性行为。

诺成性行为又称不要物行为,是指只要当事人意思表示一致即可成立的民事行为,这种民事行为不以标的物的实际交付为成立生效要件。实践性行为又称要物行为,是指除当事人意思表示一致外,还须实际交付标的物才能成立生效的民事行为。民事行为是诺成性还是实践性的,决定于法律的规定和交易习惯。例如,《合同法》第367条规定:"保管合同自保管物交付时成立,但当事人另有约定的除外。"据此,除当事人另有约定外,保管合同即为实践性行为。

这种分类的主要意义在于:诺成性行为自当事人达成合意时成立,交付标的物为履行义务;而实践性行为自当事人交付标的物时成立,交付标的物是民事行为的成立条件。

(五)要式行为与不要式行为

根据民事行为是否须采用某种特定形式,民事行为可分为要式行为与不要式行为。

要式行为是指须采用某种特定形式的民事行为,这种民事行为不采用特定的形式不能成立生效。不要式行为是指法律不要求须采用某种特定形式的民事行为,这种民事行为采用何种形式可由当事人自由决定。在现代法中,民事行为以不要式为原则,以要式为例外。

这种分类的主要意义在于,正确确定民事行为的成立与否。对于要式行为,当事人若未采用法律规定的形式,则不能成立生效。

(六)要因行为与不要因行为

根据民事行为与其原因的关系,民事行为可分为要因行为与不要因行为。

要因行为又称有因行为,是指民事行为与其原因不可分离,原因不存在,民事行为也就不能成立生效的民事行为。无因行为又称无因行为,是指民事行为可与原因相分离,原因存在与否不影响其效力的民事行为。民事行为的原因,也就是民事行为的目的。例如,买卖行为的原因,在出卖人为取得价款,在买受人为取得出卖物的所有权。买卖行为属于有因行为,若无一方取得所有权,另一方取得价款的原因,则买卖行为不能有效。又如,甲因支付货款而向乙签发一票据,该票据行为的原因即为甲应付货款,因票据行为属于无因行为,因此,即使甲不应向乙付货款,甲所签发的票据也可是有效的。

这种分类的主要意义在于,正确确定民事行为的效力。要因行为的原因不存在时,行为无效;而无因民事行为则不会因原因的不存在而无效。

(七) 生前生效行为与死后生效行为

根据民事行为发生效力的时间,民事行为可分为生前生效行为与死后生效行为。

生前生效行为又称为生存行为,是指民事行为的效力发生于行为人生存时的民事行为。多数民事行为属于生前生效行为。死后生效行为又称为死因行为,是指于行为人死亡后方发生法律效力的民事行为。例如,遗嘱就为死因行为。

这种分类的主要意义在于,法律对死后生效行为多设有特别规定。例如,法律对于遗嘱就有特别规定。

(八) 主行为与从行为

根据两个民事行为相互间的关系,民事行为可分为主行为与从行为。

主行为是指在两个有联系的民事行为中,不依赖于他行为而可独立存在的民事行为;而需依赖于他行为而存在的民事行为,就为从行为。例如,为担保贷款而订立保证合同,贷款行为为主行为,保证合同则为从行为。

这种分类的主要意义在于:从行为的命运决定于主行为,主行为不存在,从行为也不能存在。

第二节 意思表示

一、意思表示的概念和要件

如前所述,意思表示作为民事行为的要素,是指民事行为的行为人欲设立、变更、终止民事权利和民事义务的内在意思的外在表现。行为人实施行为的内在意思是其行为的目的,该目的只有表示出来才能为他人了解,才有法律意义。因此,意思表示包括意思与表示两方面的要件或内容。

意思表示中的意思是行为人实施行为的内在意思,是行为人要设立、变更、终止民事权利和义务即发生民事法律后果的意思,因而又称为效果意思。至于行为人何以形成该意思,即产生该意思的动机,则不属于意思表示的内容,也不会影响意思表示的效力。

意思表示中的表示是指行为人以一定形式表达出其意思。表示包括两个要素:其一,为表示行为,即行为人表达意思的外部行为;其二,为表示意思,即行为人通过表示行为将内在意思表达出的外部意思。

意思与表示只有一致,意思表示才能发生效力。意思表示发生效力,表意人就要受其意思表示的拘束,非依法律规定不得擅自撤回或变更其意思表示。

二、意思表示的形式

意思表示的形式也就是民事行为的形式,是指表意人为意思表示或表现意思表示的方式。没有一定的方式,就不能表现出行为人的意思,只有通过一定的形式才能表现出当事人的意思表示。

意思表示的形式主要有口头形式、书面形式和默示形式。

口头形式是指以口头语言的方式为意思表示,如以口头语言当面交谈,电话中商谈。口头形式具有简单方便的特点,但在发生纠纷时,难以查证。

书面形式是指以书面文字等方式为意思表示。书面形式可以有形地表现所载内容,因此有利于确定意思表示的内容,在发生纠纷时也可有据可查。合同书、信件、传真、电报、电传、电子数据交换和电子邮件等都属于书面形式。

默示形式是指不直接以语言文字而是通过行为为意思表示。这种形式,根据当事人是以作为即积极行为还是以不作为即消极行为表达意思,又可分为推定形式和沉默形式。所谓推定形式,是指当事人通过某种积极行为表达其意思,他人从其行为中可推断出其意思表示。例如,存车人将车停放在看车场,看车人发给存车牌,从当事人的停放车辆和给予看车牌的行为可推断出当事人保管车辆的意思表示。所谓沉默形式,是指行为人以消极行为表达其意思。例如,继承人知道被继承人死亡,对其是否继承遗产不作任何表示,只保持沉默。沉默形式只有在法律有特别规定或者当事人事先有特别约定的情况下,才可以成为意思表示的形式。

《民法通则》第56条规定:"民事法律行为可以采取书面形式、口头形式或者其他形式。法律规定用特定形式的,应当依照法律规定。"意思表示的形式根据其确定的依据,可分为约定形式和法定形式。约定形式是指意思表示采取何种形式是由当事人约定的;法定形式是指意思表示采取何种形式是由法律直接规定的,当事人不得约定。如前所述,在现代法上,民事行为以不要式为原则,以要式为例外。要式行为的形式就为法定形式,而不要式行为的形式则可由当事人约定。

三、意思表示的分类

(一) 明示的意思表示与默示的意思表示

根据意思表示的表示方式,意思表示可分为明示的意思表示与默示的意思表示。

明示的意思表示是指以语言文字或者法律或交易习惯所确认的其他表示方法,直接表示其意思的意思表示。例如,以口头或书面方式所作出的意思表示。默示的意思表示是指通过表意人的行为来表示其意思的意思表示。例如,房屋租赁合同届满后,承租人继续居住并交房租,出租人收受房租,双方以其行为表示出订立不定期租赁合同的意思。

这种分类的主要意义在于：有的意思表示必须是明示的，否则不能成立。如《继承法》第 25 条规定："受遗赠人应当在知道受遗赠后两个月内，作出接受或者放弃遗赠的表示。到期没有表示的，视为放弃受遗赠。"依此规定，接受遗赠的意思表示必须是明示的。如上所述，除法律另有规定外，单纯的沉默不能构成默示意思表示。

（二）有相对人的意思表示与无相对人的意思表示

根据意思表示有无相对人，意思表示可分为有相对人的意思表示与无相对人的意思表示。

有相对人的意思表示是指有表示对象的意思表示。例如，合同订立中的要约与承诺，都是有相对人的意思表示。双方行为中的意思表示都是有相对人的意思表示。无相对人的意思表示是指没有表示对象的意思表示。例如，遗嘱、捐助都是无相对人的意思表示。单方行为的意思表示多为无相对人的，但有的也有相对人，如撤销权的行使行为。

这种分类的主要意义在于：有相对人的意思表示须向相对人为之，并且受领意思表示的相对人原则上须有受领能力；而无相对人的意思表示则不必向相对人为之。

（三）对话的意思表示与非对话的意思表示

有相对人的意思表示，根据表示到达对方的方式可分为对话的意思表示与非对话的意思表示。

对话的意思表示是指表意人作出的意思表示可直接入于为对方了解范围的意思表示，如当面或用电话所为的意思表示。非对话的意思表示是指表意人作出的意思表示不是直接为对方了解而是间接入于对方了解范围的意思表示。例如，以书信作出的意思表示，经第三人传达的意思表示。

这种分类的主要意义在于，正确认定二者的生效时间。关于对话的意思表示和非对话的意思表示于何时生效，有不同的观点。我国通说认为，对话的意思表示从意思表示被相对人了解时生效，非对话的意思表示则于意思表示到达相对人时生效。

（四）健全的意思表示与不健全的意思表示

根据意思表示有无瑕疵，意思表示可分为健全的意思表示与不健全的意思表示。

健全的意思表示是指无瑕疵的意思表示。健全的意思表示不仅需表意人的意思与表示相一致，且表意人的意思是自由形成的，未受不当的影响。不健全的意思表示为有瑕疵的意思表示，是指表意人的意思与表示不一致或者表意人的意思形成不自由的意思表示。

这种分类的主要意义在于，正确认定二者的效力。健全的意思表示为有效的意思表示，不健全的意思表示可影响民事行为的效力。

四、意思表示的瑕疵

意思表示的瑕疵包括意思与表示不一致和意思表示不自由两种情况。

（一）意思与表示不一致

意思与表示不一致是指表意人的真实意思与其表示于外部的意思不相符合。意思与表示不一致可分为以下两种情形：

1. 故意的不一致

意思与表示故意的不一致，是指表意人的真实意思与表示的不一致为表意人所明知。具体包括以下情形：

（1）真意保留。真意保留又称单独虚伪表示，是指表意人故意隐匿其真意而表示出不同的意思，其并无受其意思表示拘束的意思而为意思表示。例如，表意人欲出卖电视机而故意表示出卖电冰箱。为保护交易的安全及相对人的利益，真意保留的意思表示原则上有效，表意人应受其意思表示的拘束；但相对人明知表意人故意使其意思与表示不一致的，该意思表示应无效。

（2）通谋虚伪表示。通谋虚伪表示是指表意人与相对人通谋而为虚假的意思表示。例如，债务人为逃避强制执行与其亲友通谋将财产出卖给其亲友。通谋虚伪表示，因当事人双方都知道并非真实意思，因而应为无效，但为保护交易的安全和善意第三人的利益，当事人不得以其虚伪表示无效而对抗善意第三人。

（3）隐藏行为。隐藏行为是指表意人为虚伪表示而其真意为发生另外的法律效果的表示行为。例如,甲欲将某物出卖给乙,但与乙通谋为赠与乙的意思表示。隐藏行为中的虚伪表示应为无效,其所隐藏的意思表示能否有效应依关于真实行为的规定确定。

2. 无意的不一致

意思与表示无意的不一致,是指意思与表示的不一致不为表意人所明知。具体包括以下情形:

(1) 错误。错误是指表意人因误认或不知而使其意思与表示不一致。错误既可能是表示内容上的错误,也可能是表示上的错误。错误可以有各种情形,主要包括关于当事人的错误,如将甲误认为乙而赠与财物;关于行为性质的错误,如误认租赁为借用;关于标的物的错误,如将黄铜误认为黄金,将公斤误表示为市斤。

(2) 误传。误传是指因第三人无意地传达错误而造成意思与表示不一致。例如,表意人的意思是购买某物,而电报局错误地译成出卖某物。

(二) 意思表示不自由

意思表示不自由,是指表意人所为的意思表示不是出于自己的自由意志,即其意思的形成是因受到不正当干预而非自由形成的。意思表示不自由主要包括以下情形:

1. 受欺诈的意思表示

受欺诈的意思表示是指表意人因受他人的欺诈而作出的违背自己真意的意思表示。受欺诈的意思表示构成须具备三个条件:(1) 须有他人的欺诈。所谓欺诈,是指故意告知虚假情况(如称他人之物为自己的货物)或者故意隐瞒真实情形(如知其商品有瑕疵而不告知),使他人陷入错误。但当事人无告知义务时,虽未如实告知真实情况,也不为欺诈。(2) 需表意人因受欺诈而陷入错误(如误认对方有货可供,对方的商品为优质品)。(3) 表意人因该错误而作出违背其真意的意思表示(如同意购买对方的货物)。

2. 受胁迫的意思表示

受胁迫的意思表示是指表意人因受他人的胁迫而作出的违背其真意的意思表示。受胁迫的意思表示的构成须具备以下条件:(1) 须有他人的胁迫。所谓胁迫,是指以给其本人或者亲友的身体、生命、健康、自由、名誉、财产等造成损害相要挟,以使表意人产生恐惧而为意思表示。(2) 需表意人受胁迫而产生恐惧。(3) 表意人因恐惧而为违背真意的意思表示。

3. 危难的意思表示

危难的意思表示是指表意人处于困境或面临危难,为摆脱困境被迫迎合对方而作出的违背其真意的意思表示。危难意思表示的构成须具备以下条件:(1) 需表意人处于危难之中,如急需某物。(2) 对方利用表意人的危难迫使其作出符合自己意思的意思表示,如使对方同意高价购买某物。(3) 表意人为摆脱困境而迎合对方作出违背其真意的意思表示,如表意人不得不同意出高价购买某物,而其真意并不愿意出此高价。

五、意思表示的解释

意思表示的解释是指阐明当事人意思表示的真实含义。当事人所为的意思表示,其意思明确、清楚,相互并无争议时,当然不发生意思表示的解释问题。若当事人所为的意思表示不够明了,相互有争议时,就发生意思表示的解释问题。《合同法》第 125 条中规定:"当事人对合同条款的理解有争议的,应当按照合同所使用的词句、合同的有关条款、合同的目的、交易习惯以及诚实信用原则,确定该条款的真实意思。"

第三节 民事行为的成立与生效

一、民事行为的成立要件

民事行为是民事主体以设立、变更、终止民事权利和民事义务为目的行为。民事行为能否成立决定于其是否具备成立的条件。民事行为的成立要件分为一般要件和特别要件。

(一) 民事行为的一般成立要件

任何民事行为的成立,均须具备以下三个条件:

1. 行为人

行为人是实施民事行为作出意思表示的主体。单方行为只需有一行为人即可,而双方或多方行为的主体须为二人以上。

2. 意思表示

意思表示是民事行为的要素,是民事行为区别于事实行为的根本特点。因而意思表示是民事行为的成立要件之一。单方行为只需有一个意思表示即可;双方或多方的民事行为不仅需有两个以上的意思表示,而且须各方的意思表示一致,才能成立。

3. 标的

这里的标的,是指行为的内容,也就是行为人实施行为所要达到的效果。

(二) 民事行为的特别成立要件

民事行为的特别成立要件,是指特别的一些民事行为成立所需要的特有条件。何种民事行为需特别的成立要件,依其性质而不同。例如,要式行为的成立须有特别的方式,实践性行为的成立须有标的物的实际交付。

二、民事行为的生效要件

民事行为生效即发生法律效力,而只有合法的民事行为才能发生效力。合法民事行为也就是民事法律行为。所以,民事行为的生效要件也就是民事法律行为应具备的条件。

(一) 民事行为的一般生效要件

民事行为的一般生效要件,是指民事行为生效普遍须具备的条件。根据《民法通则》第 55 条的规定,民事行为的一般生效要件即民事法律行为应具备的条件包括以下三个:

1. 行为人具有相应的民事行为能力

行为人具有相应的民事行为能力,是指行为人具有实施该行为的相应的为意思表示的能力。限制民事行为能力人只能独立实施与其年龄、智力或精神健康状况相适应的民事行为,其他的民事行为须由法定代理人代理或经其同意;无民事行为能力人除纯受利益的民事行为外,只能由其法定代理人代理实施民事行为。不具有相应民事行为能力人所实施的民事行为,不能有效。

2. 意思表示真实

意思表示真实,是指行为人的意思表示为健全的意思表示。若行为人的意思表示不真实,属于不健全的意思表示,则该民事行为为意思表示有瑕疵的民事行为,不能当然有效。

3. 不违反法律或者社会公共利益

不违反法律或者社会公共利益,是指行为的内容即标的合法、确定、可能。所谓合法,是指不与法律、法规的强行性或禁止性规定相抵触,不违反社会公序良俗;所谓可能,是指行为的内容是可以实现的;所谓确定,是指行为的内容确定,当事人的权利义务可以确定。若当事人的行为内容不合法,如买卖国有土地;或者不可能,如买卖已不存在的房屋;或者不确定,如买卖材料一批,则该行为不能有效。

(二) 民事行为的特别生效要件

民事行为的特别生效要件是指一些特殊的民事行为除具备一般生效要件外还须具备的生效条件。例如,死因行为的特别生效要件为行为人的死亡,行为人不死亡则不能生效。

第四节 附条件和附期限的民事行为

一、附条件的民事行为

《民法通则》第 62 条规定:"民事法律行为可以附条件,附条件的民事法律行为在符合所附条件时生效。"《合同法》第 45 条第 1 款规定:"当事人对合同的效力可以约定附条件。附生效条件的合同,自条件成就时生效。附解除条件的合同,自条件成就时失效。"可见,附条件的民事行为是指行为人设定一定条件,以条件的成就与否作为民事行为效力发生与否的民事行为。

(一) 条件的概念和特点

民事行为中所附的条件,是指当事人在实施行为时设定的用以确定行为效力的特定的客观事实。民事行为一般从成立时起,即民事行为生效时发生法律效力,但当事人也可以以其意思不使民事行为于成立时起生效而于发生某一客观事实时生效或者使民事行为的效力于发生某一客观事实时终止。例如,甲有房屋四间准备给儿子结婚用,现乙要租用甲的房屋,甲乙订立租赁合同,同时约定若甲的儿子于5月1日不结婚,房屋即由乙租用。又如,甲将房屋出租给乙,同时约定于甲的儿子结婚时,租赁合同即终止。这里,甲乙间约定的"甲的儿子不结婚"、"甲的儿子结婚"都为民事行为中附的条件。可见,条件实际上是当事人用以决定民事行为效力的发生或消灭的事项。

概括地说,条件具备以下特点:

1. 需为尚未发生的客观事实

客观事实是不依当事人主观意志决定的客观存在的事实。当事人的主观意志可以决定的事实,或者在民事行为成立时已经发生的客观事实,不能作为条件。

2. 需为将来能否发生不能肯定的事实

条件是将来能否发生具有或然性的事实。将来肯定能发生或者肯定不能发生的事实,不能作为条件。

3. 需为合法的事实

作为条件的事实须不违反法律、法规,不违反公序良俗。如约定将某人致伤则赠与财物若干,即为以不合法的事实为条件。以违法事项为条件的民事行为不能有效,但若民事行为中关于条件的部分无效不影响其他部分效力的,其他部分可为有效。

4. 需为当事人约定的事项

条件只能是当事人特别约定的客观事实。若为法律规定的或者民事行为性质决定的限制民事行为效力的事项,不为条件。例如,甲将其房屋设立抵押权,当事人约定:"抵押权自登记时设立"。当事人约定的这一事实就不属于条件,因为房屋抵押权自登记时设立是法律的规定。

5. 需为与当事人希望发生的法律效果不相矛盾的事实

当事人关于条件的约定属于民事行为内容的一部分,自不能与当事人希望发生的效果相矛盾。例如,甲乙约定:甲将某物卖与丙时,即赠与乙。这里,甲赠与乙某物的条件即与当事人欲发生的效果冲突,该民事行为自不能有效。

(二) 条件的成就与不成就

条件既是将来发生与否不能肯定的事实,也就有发生或不发生的可能。所谓条件成就,是指作为条件的客观事实发生;所谓条件不成就,则是指作为条件的客观事实未出现。例如,约定以甲的儿子不结婚为条件,若甲的儿子未结婚,则为条件成就;若甲的儿子结婚,则为条件不成就。

因为条件决定着民事行为的效力发生与否,在条件成就与否未确定前,当事人享有条件发生后可取得的利益的权利(这一权利属于期待权)。因此,条件的成就与不成就,应是自然发生的结果,当事人不得恶意促成或者恶意阻碍条件的成就。根据《合同法》第45条第2款的规定,当事人为自己的利益不正当阻止条件成就的,视为条件已成就;不正当地促成条件成就的,视为条件不成就。

(三) 条件的分类

1. 停止条件与解除条件

根据条件的作用,条件可分为停止条件与解除条件。

停止条件又称延缓条件,是指关系民事行为效力发生的条件。附停止条件的民事行为成立后,当事人的权利义务已经确定,但不发生效力,当事人的权利义务处于停止的状态,一直延缓到条件成就时才发生效力;若条件不成就,则该民事行为失去效力。例如,甲乙约定,乙考上大学即赠与财物若干。"乙考上大学"这一条件,就属于停止条件。

解除条件是指关系民事行为效力消灭的条件。附解除条件的民事行为,在条件成就时当事人间的民事权利义务关系终止;条件不成就时,当事人间的权利义务关系继续。例如,甲将房屋出租给乙,约定若甲的儿子于毕业时回本地工作,则乙即交还租住的房屋。"甲的儿子毕业时回本地工作"这一条件,就属于解除条件。

2. 积极条件与消极条件

根据条件的内容,条件可分为积极条件与消极条件。

积极条件是指以某种事实的发生为内容的条件。如乙考上大学即赠与财产若干,这里的条件"乙考上大学"即属于积极条件。

消极条件是指以某种事实不发生为内容的条件。如甲乙约定,甲的儿子毕业时不回本地工作,甲将房屋租给乙居住。这里的条件"甲的儿子毕业时不回本地工作"即为消极条件。

二、附期限的民事行为

附期限的民事行为是指当事人以将来确定到来的客观事实作为决定民事行为效力的附款的民事行为。《合同法》第46条规定:"当事人对合同的效力可以约定附期限。附生效期限的合同,自期限届至时生效。附终止期限的合同,自期限届满时失效。"

附期限的民事行为中所附的期限与附条件的民事行为中所附的条件,其作用是相同的,二者的根本区别在于:期限是将来肯定发生的事实,而条件是将来能否发生不肯定的事实。

附期限的民事行为所附的期限,依其作用可分为生效期限与终止期限。

生效期限简称始期,又称延缓期限,是指决定民事行为效力发生的期限。附生效期限的民事行为,在期限到来前当事人的权利义务不发生效力。如甲乙约定,于甲的大楼落成时租给乙两间房。"大楼落成"就属于生效期限。

终止期限又称终期,是指决定民事行为效力消灭的期限。附终止期限的民事行为,在期限到来前民事行为一直有效。如甲乙约定,甲将房屋出租给乙,有效期限为10年。这里10年的期限就为终止期限,于10年期限届满时,该租赁行为就失去效力。

第五节 无效民事行为

一、无效民事行为的概念和特点

无效民事行为是指因根本不具备民事行为的生效要件,自始确定的、当然的、完全不能发生法律效力的民事行为。

无效民事行为具有以下特点:

(一) 无效民事行为是严重欠缺民事行为生效要件的民事行为

无效民事行为虽是当事人以发生民事法律后果为目的的、以意思表示为要素的行为,但其不具备民事行为的生效要件,亦即不具备法律规定的民事法律行为应具备的条件,因而是欠缺合法性的民事行为。

(二)无效民事行为是自始不能发生效力的民事行为

无效民事行为自成立时起就不具有法律效力,自一开始就是无效的,因而,它不同于成立时起发生效力而后归于无效的民事行为。《民法通则》第58条第2款明确规定:"无效的民事行为,从行为开始起就没有法律约束力。"所谓无效,也就是没有民事法律行为的效力。民事法律行为的效力在于可发生当事人预期的法律后果,而无效民事行为自始就不能发生当事人预期的法律后果。

(三)无效民事行为是确定的当然无效的民事行为

无效民事行为不能发生效力是确定的,不会改变的。它不仅从开始就无效,其后也不能变为有效。无效民事行为属于当然无效的民事行为。所谓当然无效,是指不须经任何程序和无须任何人的主张,它就是无效的;任何人都可主张其无效,任何人也不能使之有效。因此,法院和仲裁机构不仅可应当事人的请求,确认无效民事行为的无效;而且在案件审理中可依职权主动宣告无效民事行为的无效。

二、无效民事行为的种类

关于无效民事行为的种类,《民法通则》第58条规定了以下7种:(1)无民事行为能力人实施的;(2)限制民事行为能力人依法不能独立实施的;(3)一方以欺诈、胁迫的手段或者乘人之危,使对方在违背真实意思的情况下所为的;(4)恶意串通,损害国家、集体或者第三人利益的;(5)违反法律或者社会公共利益的;(6)经济合同违反国家指令性计划的;(7)以合法形式掩盖非法目的的。《合同法》第52条对《民法通则》规定的无效民事行为的情形作了一定的修正。根据《合同法》等法律的规定,无效民事行为有以下情况:

(一)无民事行为能力人实施的民事行为

无民事行为能力人不具有独立实施民事行为的资格,其实施的民事行为无效。当然,如前所述,无民事行为能力人实施的纯受利益的民事行为可以是有效的,相对人不能以其为无民事行为能力人而主张无效,这也是保护无民事行为能力人利益的需要。

(二) 限制民事行为能力人实施的依法不能独立实施的单方行为

限制民事行为能力人只能独立实施依法可独立实施的行为,而单方行为又不发生法定代理人的追认,所以,限制民事行为能力人实施的依法不能独立实施的单方行为无效。但限制民事行为能力人实施的依法不能独立实施的双方行为,因经法定代理人追认后可有效,不属于确定无效的民事行为。

(三) 一方以欺诈、胁迫的手段所为的损害国家利益的民事行为

一方以欺诈、胁迫的手段实施民事行为的,对方的意思表示为受欺诈的意思表示、受胁迫的意思表示,这种民事行为如果损害国家利益,则为无效民事行为。若该行为并不损害国家利益,则不属于无效民事行为。可见,该行为无效的根本原因在于损害国家利益。

(四) 恶意串通,损害国家、集体或者第三人利益的民事行为

所谓恶意串通,是指当事人双方故意串通,合谋实施行为以损害国家、集体或者第三人的利益。恶意串通民事行为的构成要件为:(1) 当事人双方有共同的故意;(2) 双方合谋的目的是损害国家、集体或者第三人的利益。由于该种行为是以损害他人利益为目的的,因而是无效民事行为。

(五) 以合法形式掩盖非法目的的民事行为

以合法形式掩盖非法目的的民事行为,属于意思表示不真实中的隐藏行为,其虚假的意思表示虽为合法的但因非其真意不能有效,而其隐藏的意思表示因是具有非法目的的也不能有效,因此该种民事行为属于无效民事行为,其无效的根本原因在于目的非法。

(六) 损害社会公共利益的民事行为

损害社会公共利益,也就是违反公序良俗。社会公共利益是涉及社会全体的共同利益,而民事行为涉及的应是当事人的利益,而不能损害他人的利益。损害社会公共利益的民事行为,因损害社会公众的利益,而不仅仅涉及当事人之间的利益,所以应为无效民事行为。

(七) 违反法律、行政法规的效力性强制性规定的民事行为

法律、行政法规中的强行性规定,是任何人都须遵守的,当事人不得以其意思排除其适用。但强制性规范有的属于管理性的,有的属于效力性的。根据《合同法的解释(二)》第14条的规定,违反法律、行政法规的效力性强制性规定的民事行为,才属于无效的民事行为。这里的行政法规仅限于国务院制定的行政法规,不能包括地方性法规、行政规章。

三、无效民事行为的后果

无效民事行为不能发生当事人预期的法律后果,即当事人的效果意思不能发生法律效力,但无效民事行为并非不发生任何后果。根据《民法通则》第61条以及《合同法》的有关规定,无效民事行为发生以下法律后果:

(一) 不得履行

无效民事行为不具有履行效力,当事人不得履行;已经开始履行的,应当停止履行。当然,民事行为有部分无效和全部无效之分。民事行为部分无效,不影响其他部分效力的,其他部分仍然有效。民事行为部分无效,其他部分仍然有效的,其他部分应当履行。

(二) 返还财产

无效民事行为成立后,当事人已经履行的,应当恢复原状。当事人应将依该民事行为取得的财产返还给对方;不能返还或者没有必要返还的,应当折价补偿。

(三) 赔偿损失

因无效民事行为的实施给当事人造成损失的,有过错的一方应当赔偿对方因此受到的损失,双方都有过错的,应当各自承担相应的责任。

(四) 收缴财产归国家或者返还财产给集体、第三人

当事人恶意串通,损害国家、集体或者第三人利益的,因此取得的财产收归国家所有或者返还集体、第三人。

第六节 可撤销民事行为

一、可撤销民事行为的概念和特点

可撤销民事行为又称可撤销或可变更的民事行为,是指因意思表示有瑕疵,当事人可以请求人民法院或者仲裁机构予以变更或撤销的民事行为。

可撤销民事行为具有以下特点:

(一)可撤销民事行为是意思表示有瑕疵的民事行为

可撤销民事行为在外观上具备民事行为的生效要件,但其并不完全具备民事行为的生效要件,而实质上意思表示不健全,即意思表示有瑕疵。

(二)可撤销的民事行为是可予以变更或撤销的民事行为

可撤销的民事行为并非自始无效,在行为成立后是有效的,仅是因意思表示不真实,当事人可以请求变更或撤销,在被撤销后才属于自始无效的。

(三)可撤销民事行为是只有当事人才可主张无效的民事行为

可撤销民事行为不是当然无效的,只有当事人才可以请求予以变更或撤销,也只有在被撤销后才从成立时起无效。除当事人外,其他任何人不得主张撤销可撤销的民事行为,在案件审理中,当事人未提出请求的,法院或仲裁机构也不得依职权主张撤销。

二、可撤销民事行为的种类

根据《民法通则》第59条和《合同法》第54条的规定,可撤销民事行为包括以下三种:

(一)重大误解的民事行为

重大误解的民事行为,当事人的意思与表示不一致,属于意思表示错误,因而当事人可予以变更或者撤销。根据《民法通则的意见》第71条的规定,行为人因对行为的性质、对方当事人、标的物的品种、质量、规格和数量等的错误认识,使行为的后果与自己的意思相悖,并造成较大损失的,可以认定为重大误解。

(二)显失公平的民事行为

显失公平的民事行为又称暴利行为,是指双务行为成立时当事人的权利义务分担明显不公平的行为。根据《民法通则的意见》第72条的规定,一方当事人利用优势或者利用对方没有经验,致使双方的权利义务明显违反公平、等价有偿原则的,可以认定为显失公平。

(三)一方以欺诈、胁迫的手段或者乘人之危,使对方在违背真实意思的情形下所为的民事行为

一方以欺诈、胁迫的手段或者乘人之危,使对方在违背真实意思的情况下实施的民事行为,对方的意思表示属于意思表示不自由的不健全的意思表示,由于对方的意思表示不自由,因此表意人可以请求变更或者撤销其意思表示。

三、可撤销民事行为的撤销

(一)撤销权的概念

可撤销民事行为是可以变更或撤销的,当事人享有的可以使可撤销民事行为自始不发生效力的权利即为撤销权。

根据《合同法》第54条的规定,重大误解的民事行为和显失公平的民事行为,当事人任何一方都享有撤销权;一方以欺诈、胁迫的手段或者乘人之危,使对方在违背真实意思下所为的民事行为,受损害一方享有撤销权。

撤销权人可以向法院或者仲裁机构请求撤销该民事行为,也可以请求变更该民事行为。当事人请求变更的,法院或者仲裁机构不得撤销,而只能变更该民事行为。

(二)撤销权的消灭

享有撤销权的当事人应当及时行使撤销权。根据《合同法》第55条的规定,有下列情形之一的,撤销权消灭:(1)具有撤销权的当事人自知道或者应当知道撤销事由之日起1年内没有行使撤销权;(2)具有撤销权的当事人知道撤销事由后明确表示或者以自己的行为放弃撤销权。撤销权消灭后,当事人不得请求变更或者撤销,该民

事行为有效。

(三) 可撤销民事行为被撤销后的后果

可撤销民事行为经当事人请求被变更的,应按变更后的内容履行;经请求后被撤销的,该民事行为自始无效,发生无效民事行为的法律后果。

可撤销民事行为被撤销后,虽发生与无效民事行为相同的法律后果,但它不同于无效民事行为,其区别主要在于:(1) 二者发生的原因不同。(2) 二者的效力不同。可撤销的民事行为是有效的,仅是在有撤销权人行使撤销权而撤销该行为时,该行为的效力才因被撤销而溯及地消灭,自始无效。而无效民事行为自始就不能发生效力。(3) 确认二者无效的条件和程序不同。可撤销民事行为是否撤销决定于当事人的意思,只有享有撤销权的当事人才有权请求法院或仲裁机构予以撤销,其他人无权主张该行为无效或撤销。而无效民事行为是绝对无效的,当事人及利害关系人都可主张无效,法院或仲裁机构也可依职权确认其无效。

第七节 效力待定民事行为

一、效力待定民事行为的概念和特点

效力待定民事行为又称效力未定民事行为,是指于民事行为成立时其是有效还是无效尚不能确定,还待其后一定事实的发生来确定其效力的民事行为。

《民法通则》中对效力待定民事行为未作规定,而《合同法》中作了规定。效力待定民事行为具有以下特点:

(一) 效力待定民事行为是于成立时是否有效或无效处于不确定状态的民事行为

效力待定民事行为因欠缺民事行为的某种非实质性的生效要件,于成立时不能确定有效,但其又不是当然无效的,可以通过其他的行为使之有效。因此,效力待定民事行为既不同于无效民事行为,也不同于可撤销民事行为。无效民事行为因欠缺民事行为的根本性

生效要件而当然无效,可撤销民事行为在未被撤销前是有效的。

（二）效力待定民事行为既可成为有效民事行为,也可成为无效民事行为

效力待定民事行为可能有效,也可能无效,但它不同于可撤销民事行为。可撤销民事行为于成立时是有效的,只是因意思表示有瑕疵,享有撤销权的当事人可行使撤销权而使之自始无效。而效力待定民事行为于行为成立时并不能确定有效,也不能确定无效,其是有效或无效决定于他人的行为。

二、效力待定民事行为的种类

根据《合同法》的规定,效力待定民事行为主要有以下几种:

（一）限制民事行为能力人实施的依法不能独立实施的双务行为

限制民事行为能力人可以独立实施与其年龄、智力、精神健康状况相适应的或者纯获利益的民事行为,其他民事行为须由法定代理人代理或者经法定代理人同意。因此,限制民事行为能力人未经法定代理人同意而独立实施的依法不能独立实施的民事行为,属于效力待定的民事行为;经法定代理人追认,该行为有效;若法定代理人拒绝追认,则该行为无效。

所谓法定代理人追认,是指法定代理人于限制民事行为能力人实施的民事行为成立后表示同意该行为。法定代理人追认的意思表示,既可以向限制民事行为能力人作出,也可以向与限制民事行为能力人实施行为的相对人作出。

由于法定代理人是否追认决定着限制民事行为能力人所实施的行为的效力,若法定代理人长时间不作出是否追认的意思表示,则该行为就始终处于效力不定的状态。因此,为保护相对人的利益,法律赋予相对人以催告权和撤销权。根据《合同法》第47条的规定,相对人可以催告法定代理人在1个月内予以追认。法定代理人应于该期间内作出追认的表示,法定代理人未作表示的,视为拒绝追认。同时,在该行为未被追认前,善意相对人有撤销的权利。撤销应当以通知的方式作出。所谓善意,是指与限制民事行为能力人为民事行为

的相对人不知道限制民事行为能力人行为能力的欠缺。

（二）无权代理行为

代理人应在代理权限内为代理行为。无权代理人以本人名义所为的民事行为，未经被代理人追认，对被代理人不发生效力；而经被代理人追认，则对被代理人发生效力。因此，无权代理行为也属于效力待定民事行为。

根据《合同法》第48条的规定，对于无权代理行为，相对人可以催告被代理人在1个月内予以追认。被代理人未作表示的，视为拒绝追认。民事行为被追认前，善意相对人有撤销的权利。撤销应当以通知的方式作出。

（三）无权处分行为

无权处分行为是指无处分权人与相对人所为的处分他人的物或权利的行为。处分他人的财产，应有处分权。根据《合同法》第51条的规定，无处分权人处分他人财产，经权利人追认或者无处分权的人实施行为后取得处分权的，该行为有效。所以，无权处分行为属于效力待定民事行为：于行为成立后，权利人予以追认或者无处分权的人取得处分权，该行为有效；权利人未予以追认或者无处分权的人未取得处分权，该行为则无效。

（四）欠缺债权人同意的债务转移行为

债务转移是指债务人将其债务转移给第三人负担。《合同法》第84条规定："债务人将合同的义务全部或者部分转移给第三人的，应当经债权人同意。"因此，欠缺债权人同意时债务人与第三人实施移转债务的民事行为，属于效力待定的民事行为：经债权人同意的，为有效，可发生债务移转的后果；若债权人不同意，则为无效，不能发生债务移转的后果。

第八章 代　理

第一节　代理概述

一、代理的概念

《民法通则》第 63 条第 2 款规定："代理人在代理权限内，以被代理人的名义实施民事法律行为。被代理人对代理人的代理行为，承担民事责任。"依此规定，代理是指代理人在代理权限内，以被代理人（本人）的名义进行民事活动，由本人直接承受其法律后果的制度。这属于狭义的代理，又称为直接代理。广义的代理还包括间接代理。间接代理又称为隐名代理，是指代理人在代理权限内以自己的名义与第三人实施民事行为，其行为后果为本人承受的制度。这里所说的代理仅指《民法通则》中规定的直接代理，不包括《合同法》中规定的间接代理。

代理涉及三方当事人、三方面的法律关系。这三方当事人是：代理人、被代理人即本人、与代理人为民事行为的第三人即相对人。这三方面的关系是：代理人与被代理人之间的关系，此为代理的基础关系；代理人与相对人之间的关系，此为代理行为；相对人与被代理人之间的关系，此为代理的法律后果。

二、代理的特点

（一）代理人以被代理人的名义实施代理行为

代理人以被代理人的名义为民事行为，直接为被代理人设定权利义务。代理的这一特点将代理行为与行纪行为相区别。若某人受他人的委托以自己的名义为他人与第三人为民事行为，则不属于这里所说的代理。

(二) 代理人代理进行的主要是民事行为

代理人代被代理人实施的主要是民事行为,但不限于民事行为,如代办房产登记、代办企业登记等均可。但若代理进行的行为不具有民事法律意义,不能产生民事权利义务,则不属于代理,如代人整理资料就不为代理。代理的这一特点将法律上的代理与事实上的代理相区分。

(三) 代理人独立为代理行为

代理人独立地进行代理活动,其与相对人实施代理行为时,独立作出意思表示或者受领意思表示。正因为代理人独立为代理行为,因此,代理人应为完全民事行为能力人,无民事行为能力人不能作代理人。代理的这一特点将代理人与使者、居间人等区别开来。使者是辅助民事主体实施民事行为的辅助人,但使者仅是代他人转达意思表示,而不能独立作出意思表示。居间人是向委托人报告订立合同的机会或者提供订立合同的媒介服务的人,尽管居间人也是当事人双方实施民事行为的中介人,但其并不代一方向对方为意思表示或者受领意思表示。

(四) 代理人在代理权限内实施代理行为

代理人进行代理活动须有代理权。因此,代理人只能在代理权限范围内实施代理行为。代理人超越代理权限所实施的行为,不属于代理行为,而属于无权代理行为。

(五) 代理人实施代理的法律后果直接由被代理人承受

《民法通则》中规定,被代理人对代理人的代理行为,承担民事责任。这就是说,代理人所为的代理行为的后果直接归属于被代理人,虽代理人与相对人为民事行为,却是在被代理人与相对人间发生权利义务关系。正因为代理的后果由被代理人直接承受,所以代理人在代理中所为的意思表示应与被代理人的真实意思或利益相一致,代理人所实施的行为属于可撤销民事行为时,被代理人有权请求变更或撤销。

三、代理的意义和适用范围

（一）代理的意义

代理是商品经济发展到一定阶段的产物。在古罗马法中并无代理制度，这主要是因为古罗马的商品经济也不发达，在合同关系上遵循严格的形式主义，须由当事人亲自到场作意思表示，不需代理；在家长制下，家子无民事权利能力，也无须由他人代理进行民事活动。代理起源于欧洲中世纪的商法，确认于近代资本主义。现代各国法上无不规定代理制度。

代理的意义主要体现在两个方面。第一，代理扩大了民事主体的活动范围。有了代理制度，民事主体就可以通过代理人进行民事活动，这样其需要进行民事活动时，就可不受其自身的能力、知识、时间以及地域等方面的限制，从而可大大扩大自己的业务范围。第二，代理可以补充某些民事主体资格上的不足。无民事行为能力人、限制民事行为能力人虽具有民事权利能力，却因不具有完全的民事行为能力，完全不能或不能完全通过自己的行为设定权利和履行义务。有了代理制度，欠缺完全民事行为能力的主体就可以通过法定代理人来实现其民事权利能力。

（二）代理的适用范围

代理的适用范围极广。从主体上说，不论自然人、法人还是其他民事主体，都可以通过代理人进行民事活动。从代理的事项上说，代理进行的虽主要是民事行为，但其他与民事行为相关的能够引起民事权利义务发生的具有法律意义的行为，也可以适用代理。但下列行为不适用代理：

1. 依照法律规定或者当事人的约定应由本人实施的民事行为。例如，立遗嘱，依法律规定只能由本人亲自实施，不得代理。又如，与特定人的身份有关的义务的履行不适用代理，如特邀某演员表演不能由他人代理表演。

2. 事实行为。事实行为不以发生民事法律后果为目的，无须向他人为意思表示，因而不适用代理的规定。

3. 违法行为。代理实施违法行为的，不适用代理的规定。《民法通则》第 67 条规定:"代理人知道被委托代理的事项违法仍然进行代理活动的,或者被代理人知道代理人的代理行为违法不表示反对的,由被代理人和代理人负连带责任。"

四、代理的分类

代理的分类,常见的主要有以下几种:

(一) 委托代理、指定代理与法定代理

根据代理人代理权的发生根据,代理可分为委托代理、指定代理与法定代理。

委托代理是指按照委托人的委托而产生的代理。委托代理是基于被代理人的意思而发生的,因此又称为意定代理。委托代理的代理权来自于被代理人的授权,所以又称为授权代理。委托代理人按照被代理人的委托行使代理权。法定代理是指由法律根据一定的社会关系直接规定的代理。法定代理的代理权来自于法律的直接规定。法定代理人依照法律的规定行使代理权。《民法通则》第 14 条规定:"无民事行为能力人、限制民事行为能力人的监护人是他的法定代理人。"指定代理是指由人民法院或者其他指定单位的裁定或者决定而确定的代理。指定代理人按照人民法院或者指定单位的指定行使代理权。

(二) 一般代理与特别代理

根据代理人代理权限的范围,代理可分为一般代理与特别代理。一般代理又称为总括代理、全权代理,是指代理人的代理权限及于一般事项的全部,其范围并无特别限定的代理。特别代理是指特别限定代理某一事项,代理权限限定于一定范围或特定事项的代理。

这种分类的主要意义在于:对于法律规定的某些须特别授权的事项,只有在特别授权的情况下,代理人才有代理权。

(三) 单独代理与共同代理

根据代理人的人数,代理可分为单独代理与共同代理。

单独代理是指代理权仅授予一人,代理人只有一人的代理;共同代理是指代理权授予二人以上,代理人为数人的代理。

这种分类的主要意义在于:共同代理人应共同行使代理权。共同行使代理权的数个代理人,如果其中一人或者数人未与其他代理人协商,所实施的行为侵害被代理人权益的,由实施行为的代理人承担民事责任。被代理人为数人时,其中一人或者数人未经其他被代理人同意而提出解除代理关系,因此造成损害的,由提出解除代理关系的被代理人承担(《民法通则的意见》第79条)。

(四) 本代理与再代理

根据代理权是否是由本人授予的,代理可分为本代理与再代理。

本代理是指直接由本人授权的代理。本代理的代理人是由被代理人直接选任的。再代理又称为复代理,是指代理人在必要的情形下,将部分或全部代理事项转托他人而由他人即再代理人(又称复代理人)所为的代理。再代理中的再代理人是由原代理人选任的,而不是由本人选定的。

这种分类的主要意义在于:再代理的成立须具备特别的条件。《民法通则》第68条规定:"委托代理人为被代理人的利益需要转托他人代理的,应当事先取得被代理人的同意。事先没有取得被代理人同意的,应当在事后及时告诉被代理人,如果被代理人不同意,由代理人对自己所转托的人的行为负民事责任,但在紧急情况下,为了保护被代理人的利益而转托他人代理的除外。"依此规定,再代理的成立须具备以下条件:(1) 须是为了被代理人的利益。若不是为了被代理人的利益,代理人不得转托他人代理。(2) 须经原代理人授权。再代理人是由原代理人选任的,须由原代理人授权。原代理人对再代理人的授权,不能超越其代理权限。若不是由原代理人授权,而是由本人直接授权的,不成立再代理,而发生本代理。(3) 须事先取得被代理人的同意或者事后及时报告被代理人并取得其同意。再代理人虽是由原代理人选任的,但其仍是本人的代理人,而不是原代理人的代理人,再代理人为代理行为的后果直接由本人承受。所以,再代理须征得本人的同意。事先未经本人同意,事后及时报告本人时,若被代理人同意,则成立再代理;若被代理人不同意,则不成立再代理。再代理成立的,再代理人所为的代理行为的后果直接归属于被代理人;否则原代理人应对其转托的第三人的行为后果承担民事责任。但在紧急情况下,代理人为了保护被代理人的利益而转托他人代理的,即使事后被代理人不同意,也发生再代理的效力。根据《民法通则的意见》第 80 条的规定,所谓"紧急情况",是指由于急病、通讯联络中断等特殊原因,委托代理人自己不能办理代理事项,又不能与被代理人及时取得联系,如不及时转托他人代理,会给被代理人的利益造成损失或者扩大损失的情况。

第二节 代 理 权

一、代理权的概念

代理权是指代理人以被代理人的名义进行民事活动,并由被代理人承担其法律后果的一种法律资格。

关于代理权的性质,有否认说、权力说、权利说及资格说等不同的观点。否认说认为,代理不过是基础关系的外部效力,应受规范这一基础关系的规定的支配;权力说认为,代理权为权力,是一种法律上之力;权利说认为,代理权为一种权利,是实施代理行为之权;资格说认为,代理权不是一种权利,而是一种资格或地位。目前,学者多数倾向于资格说。因为代理人与被代理人、与相对人之间的关系是平等的民事主体之间的关系,所以,他们相互之间的关系不能是权力义务关系。同时,由于代理人享有代理权,却并不享有任何利益,而民事权利都是以利益为内容的,因此,代理权也不应为一种民事权利。代理人享有代理权,既有权利也有义务为代理行为,代理行为的后果也就应由被代理人承受,可见,代理权实质上反映着代理人在代理关系中的地位,包含权利、义务、责任。

二、代理权的授予

(一) 代理权授予的概念

代理权的授予是指授予代理人以代理权的法律现象。代理权的授予是代理权发生的根据,没有代理权的授予,代理人也就不享有代理权。代理人证明自己被授予代理权的法律文书通常称为代理证书。

代理权的授予依代理的种类不同而不同。如前所述，委托代理、法定代理与指定代理的区别根据就在于代理权产生的根据不同。法定代理中的代理权是由法律直接赋予的，指定代理中的代理权是由指定单位通过其指定授予的。只有委托代理的代理权是由被代理人即本人授予的。我们这里所说的代理权的授予主要是对委托代理而言的。

(二) 代理权授予的性质、形式和内容

关于被代理人授予代理人代理权的授权行为的性质，有不同的观点。通说认为，授权行为是一种单方行为，只要有本人一方授予代理权的意思表示，就可以发生授权的效力。本人授权的意思表示，应向代理人为之，也可以向与代理人为民事行为的第三人为之。

授权行为属于不要式行为。《民法通则》第65条中规定："民事法律行为的委托代理，可以用书面形式，也可以用口头形式。法律规定用书面形式的，应当用书面形式。"本人以书面形式授权的，该授予代理权的文书称为授权委托书。授权委托书也是证明代理人有代理权的代理证书。因此，为维护代理关系中各方当事人的利益，授权委托书的内容应当具体明确。根据《民法通则》第65条的规定，书面委托代理的授权委托书应当载明代理人的姓名或者名称、代理事项、权限和期间，并由委托人签名或者盖章。委托书授权不明的，被代理人应当向第三人承担民事责任，代理人负连带责任。

三、代理权的行使

(一) 代理权行使的含义与原则

代理权的行使是指代理人在代理权限内实施代理行为。代理权的行使应遵循以下原则：

1. 在代理权限内积极行使代理权

行使代理权是代理人的权利和义务，是代理人的职责。代理人应在代理权限内积极行使代理权，而不得消极不行使。这是代理人履行代理职责的基本要求。代理人怠于行使代理权的，构成其义务的违反。根据《民法通则》第66条第2款的规定，代理人不履行职责而给被代理人造成损害的，应当承担民事责任。

2. 维护被代理人的利益

代理权的行使是以为被代理人取得利益为目的的,因此,代理人行使代理权时应当维护被代理人的利益,而不得为自己的利益计算。代理人为代理行为时应尽相当的注意,以免给被代理人造成损失。委托代理人不得擅自变更被代理人的指示,不得擅自转托他人代理。代理人应及时向被代理人报告代理的情况,并将在代理中受有的利益及时转交给被代理人。因代理人未尽注意义务,擅自变更被代理人的指示等而使被代理人受到损失的,代理人应负赔偿责任。

3. 合法行使代理权

代理人行使代理权,不得逾越代理权限,也不得滥用代理权。超越代理权的代理行为,构成无权代理;滥用代理权则为禁止行为。

(二) 滥用代理权的禁止

滥用代理权是指代理人行使代理权违背代理的宗旨而实施损害被代理人利益的行为。滥用代理权的构成须具备以下条件:(1) 代理人有代理权;(2) 代理人实施行使代理权的代理行为;(3) 代理人所实施的代理行为损害或会损害被代理人的利益。由于滥用代理权违背了代理的宗旨,所以各国立法上普遍禁止,滥用代理权的行为一般是无效的。

滥用代理权主要有以下三种情形:

1. 对己代理

对己代理是指代理人以被代理人的名义与自己实施民事行为。例如,甲委托乙代理出卖货物,乙以甲的名义与自己订立一购买该货物的合同。该代理行为因只有代理人一人的意思表示,会损害被代理人的利益,所以除使本人纯获利益者外,对己代理一般应无效。

2. 双方代理

双方代理是指代理人同时代理双方为同一民事行为。例如,代理人丙代理甲出卖某房屋,代理乙购买该房屋。双方代理,一方面因实际上只有代理人一人的意思表示,另一方面代理人"一手托两家",会损害某一方被代理人的利益,因此除双方特别许可的外,双方代理为法律禁止的无效行为。

3. 代理人与第三人恶意串通

代理人与第三人恶意串通是代理人与第三人为民事行为时串通损害被代理人利益的行为。于此情形下,代理人虽有代理权,但其行使是以损害被代理人利益为目的的,因此,该行为是滥用代理权的无效行为。《民法通则》第 66 条第 3 款规定:"代理人和第三人串通,损害被代理人的利益的,由代理人和第三人负连带责任。"

四、代理权的消灭

代理权的消灭,也就是代理关系的终止。因发生代理权的根据不同,代理权的消灭原因也有所不同。

根据《民法通则》第 69 条的规定,有下列情形之一的,委托代理终止:(1) 代理期间届满或者代理事务完成;(2) 被代理人取消委托或者代理人辞去委托;(3) 代理人死亡;(4) 代理人丧失民事行为能力;(5) 作为被代理人或者代理人的法人终止。根据《民法通则的意见》第 82 条的规定,被代理人死亡的,代理也应终止,但被代理人死亡后有下列情况之一的,委托代理人实施的代理行为有效:(1) 代理人不知道被代理人死亡的;(2) 被代理人的继承人均予承认的;(3) 被代理人与代理人约定到代理事项完成时代理权终止的;(4) 在被代理人死亡前已经进行、而在被代理人死亡后为了被代理人的继承人的利益继续完成的。

根据《民法通则》第 70 条的规定,有下列情形之一的,法定代理或者指定代理终止:(1) 被代理人取得或者恢复民事行为能力;(2) 被代理人或者代理人死亡;(3) 代理人丧失民事行为能力;(4) 指定代理的人民法院或者指定单位取消指定;(5) 由其他原因引起的被代理人和代理人之间的监护关系消灭。

代理权终止,代理人就不再有代理权,不得以本人的名义进行民事活动,否则其所为的行为即属于无权代理。代理权终止后,代理证书也就失去效力,为维护当事人和第三人的利益,代理人应缴回代理证书,而不得留置,本人有权要求代理人缴回代理证书。

第三节 无权代理

一、无权代理的概念

无权代理是指行为人没有代理权而以他人的名义所实施的代理。代理本以代理人有代理权为条件,若无代理权却以他人的名义进行民事活动,则不属于代理。但由于无权代理的行为人是以本人的名义实施行为的,该行为具有代理行为的表面特点,行为人实施行为的目的和后果对本人也并非就无利,所以,各国法律一般仍将无权代理规定在代理中。

无权代理发生的原因主要有以下三种:其一,行为人自始就没有代理权。例如,行为人从未被授予代理权,其却以代理人的资格自居而为"代理行为"。行为人曾被授予代理权,但授权行为无效或被撤销的,行为人也属于自始没有代理权。其二,行为人所为的代理行为超越代理权。代理人只能在代理权限内为代理行为,其所为的代理行为若超越代理权限,则属于无权代理而不为有权代理。例如,行为人被本人授权购买电视机,行为人却以本人的名义购买电冰箱。其三,行为人的代理权消灭。行为人原有代理权,但代理权已经消灭,此时行为人仍以代理人身份而为代理行为的,也构成无权代理。

广义上,无权代理包括狭义的无权代理和表见代理。

二、狭义无权代理

狭义无权代理是指行为人无代理权,也没有使他人足以相信其有代理权的客观事实,行为人以本人名义而实施的代理。

无权代理涉及行为人、本人及相对人三方,依法律规定发生以下法律后果:

(一) 本人与相对人之间的关系

如前所述,就本人方面说,无权代理行为属于效力待定民事行为。该行为若经本人追认,则为有效代理,对本人发生法律效力;若本人不追认,则对本人不发生法律效力。同时,相对人有催告权,其得对本人定一合理期限,催告本人对无权代理行为作出是否追认的决定,在催告期间本人未作表示的,视为拒绝追认;善意相对人有撤销权,在本人未对无权代理行为追认前,可以自己的意思予以撤销该无权代理行为。

(二) 行为人与相对人之间的关系

在行为人与相对人之间,无权代理行为经善意相对人撤销的,自不发生效力;未经相对人撤销而经本人追认的,行为人不承担行为的后果;本人拒绝追认的,行为人应承担行为的后果。《民法通则》第66条第1款中规定:"没有代理权、超越代理权或者代理权终止后的行为,只有经过被代理人追认,被代理人才承担民事责任。未经追认的行为,由行为人承担民事责任。本人知道他人以本人名义实施民事行为而不作否认表示的,视为同意。"

(三) 行为人与本人之间

在行为人与本人之间,若无权代理行为,经本人追认,则行为人属于本人的代理人。若无权代理行为未经本人追认,则依不同情况处理:行为人实施的行为是为避免本人利益受损失的,可成立无因管理,按无因管理关系处理;行为人的行为损害本人利益的,行为人应向本人承担民事责任,相对人为恶意的,与行为人负连带责任。《民法通则》第66条第4款明确规定:"第三人知道行为人没有代理权、超越代理权或者代理权已终止还与行为人实施民事行为给他人造成损害的,由第三人与行为人负连带责任。"

三、表见代理

(一) 表见代理的概念和构成

表见代理又称表现代理,是指行为人无代理权而以本人的名义与第三人为民事行为,但有足以使第三人相信其有代理权的事实和理由,善意相对人与行为人实施民事行为的,该民事行为的后果由本人承担。

构成表见代理须具备以下条件:

1. 行为人无代理权却以本人的名义为民事行为

表见代理属于广义无权代理中的情形,因此,只有行为人无代理权而为代理行为的,才可构成。若行为人有代理权,则为有权代理,不属于表见代理。

2. 客观上有足以使相对人相信行为人有代理权的事实

表见代理之所以称为表见代理,就是因为行为人虽无代理权,但从行为人与本人关系的外表上看,行为人有代理权,行为人的无权代理行为表现为有权代理。正由于在行为人方面存在足以使相对人相信其有代理权的事实和理由,为了保护相对人的利益,维护交易的安全,才确认表见代理发生有权代理的效力。

3. 相对人主观上无过错

相对人无过错是指相对人为善意的,不知道或不应知道行为人无代理权。因为表见代理制度的目的是为了保护善意相对人的利益。若相对人主观上有过错,知道或者应当知道行为人无代理权而仍与之为民事行为,则无加以保护的必要。

4. 行为人与相对人所为的民事行为具备生效要件

表见代理发生有效代理的法律后果,即本人承担行为人所为代理行为的法律效果。因此,只有在行为人与相对人间所为的民事行为有效时,才可构成表见代理。若行为人与相对人所为的行为本身就无效,则不能成立表见代理,不能由本人承担该无效民事行为的后果。

(二) 表见代理的常见情形与后果

行为人没有代理权、超越代理权或者代理权终止后以本人名义实施民事行为的,都会成立表见代理。常见的构成表见代理的情形主要有以下几种:(1) 本人对第三人表示授权给行为人而实际上本人并未向行为人授予代理权或者在授权后又撤回其授权。(2) 本人交付证明文件给行为人,行为人以此证明文件与相对人实施民事行为。例如,本人将空白介绍信或者盖有合同专用章的合同书交给行为人,行为人用此文件与他人订立合同。(3) 代理关系终止后,本人未收回代理证书,行为人以原委托授权书等代理证书与相对人实施行为。(4) 本人知道行为人为无权代理行为而不表示反对。例如,无代理权的行为人以本人的名义与相对人订立合同,本人知道后不反对并已经开始准备履行合同义务。

《合同法》第 49 条规定:"行为人没有代理权、超越代理权或者代理权终止后以被代理人名义订立合同,相对人有理由相信行为人有代理权的,该代理行为有效。"如上所述,表见代理发生有权代理的后果,因为表见代理的代理行为有效,被代理人就应承受该代理行为的法律后果,与相对人发生民事权利义务关系。被代理人承担有效代理行为所产生的责任后,可以向无权代理人追偿因代理行为而遭受的损失。但是,表见代理因属于广义无权代理的一种,毕竟不为有权代理,所以,相对人也可在本人未承认该表见代理行为前主张该行为为无权代理而撤销该行为,从而可直接向实施无权代理行为的行为人追究民事责任。

第九章 诉讼时效与期限

第一节 民事时效概述

一、民事时效的概念

民事时效是指一定的事实状态持续存在一定时间后即发生一定法律后果的法律制度。

时效包含以下三方面的要素和含义：(1) 须有一定的事实状态的存在。所谓事实状态，是指仅为一种客观的事实，而并未受法律的确认。如某人没有权利而占有某物，某人不行使其请求权。(2) 需该事实状态持续不间断地存在了一定期间。如已连续占有某物15年，连续不行使权利5年。(3) 发生一定的法律后果，即权利取得或消灭。

时效是将一定的事实状态经过一定的时间与一定法律后果联系在一起。一定的事实状态持续存在的一定期间就是时效期间。可见，时效期间的构成条件为二：一是一定事实状态的存在，二是一定事实状态持续存在一定期间。缺少其中任何一个条件，也不构成时效期间这一法律事实。时效期间的出现引起一定的法律后果，该后果也就是时效的法律效力。

二、民事时效的性质

（一）时效为法律事实中的自然状态

时效因是一定事实状态经过一定期间而发生一定法律后果的法律现象，因此，时效是可引起民事法律后果的法律事实。时效作为一种法律事实与人的意志无关，不属于行为。因其为时间的经过，因而属于一种自然状态。

（二）时效具有强行性

时效的构成和效力是由法律直接规定的,当事人不得排除其适用。时效期间是由法律规定的,而不是由当事人约定的。因此,时效期间为法定期间、强行性期间。

三、民事时效的种类

时效依不同的标准,可有不同的分类。各国法律通常依据时效的构成条件和法律后果,将时效分为取得时效和消灭时效。

取得时效是指占有他人的财物的事实状态持续存在一定期间后即取得该财产的所有权的时效制度。因此种时效以占有财产为前提,故又称为占有时效。取得时效的构成条件是占有人和平、公开并且善意地以自己的名义占有他人的财产,这一占有的事实状态持续地达到一定期间;其法律后果则是占有人取得所占有的物的所有权。可见,取得时效的目的,是使财产所有权关系确定。取得时效是物权取得的一种根据。目前,我国现行法上还未规定取得时效。

消灭时效是指因不行使权利的事实状态持续存在一定期间后即发生丧失权利的法律后果的时效制度。例如,债权人不请求债务人履行债务达到一定期间,债权人即丧失请求债务人履行的权利。关于消灭时效,在各国法上规定也不完全一致。我国现行法上规定了诉讼时效,诉讼时效属于消灭时效。

第二节 诉讼时效概述

一、诉讼时效的概念和特点

诉讼时效是指权利人于一定期间内不行使请求人民法院保护其民事权利的请求权,就丧失该项请求权的法律制度。

如前所述,权利人的民事权利受法律的保护。权利人在其权利受到侵害时,有权请求法院予以保护。但人民法院保护权利也不是无限制的。权利人应于法律规定的期间内请求保护,超过该期间后,法院将不再予以保护。法律规定的权利人请求人民法院保护其民事权利的法定期间就是诉讼时效期间。

诉讼时效具有以下特点：

（一）诉讼时效属于消灭时效

诉讼时效是以权利人不行使请求法院保护其民事权利的事实状态为前提的，这与消灭时效以权利人不行使权利的事实状态的前提相一致。同时，诉讼时效完成后，权利人丧失的并不是向法院起诉的权利，权利人仍有权向法院起诉，只不过权利人丧失了通过诉讼获得救济的权利，法院会不再保护其权利。因此，诉讼时效完成后权利人的实体请求权消灭，而不是程序上的请求权消灭。因实体上的请求权，是权利人取得胜诉的根据，所以又称为胜诉权。

（二）诉讼时效具有强行性

法律关于诉讼时效的规定属于强行性规定，当事人既不能协议排除对诉讼时效的适用，也不得以协议变更诉讼时效期间。根据《诉讼时效的规定》第2条的规定，当事人违反法律规定，约定延长或者缩短诉讼时效期间、预先放弃诉讼时效利益的，人民法院不予支持。

（三）诉讼时效具有普遍性

诉讼时效规范为普遍性规范，除法律另有规定外，诉讼时效适用于各种民事法律关系。

二、诉讼时效与除斥期间的区别

除斥期间又称预定期间，是指法律规定的某种权利的存续期间。例如，在可撤销民事行为中，有撤销权的当事人应于法律规定的期间内行使撤销权，期间届满而未行使的，撤销权消灭。法律规定的撤销权的行使期间就属于除斥期间。

因为除斥期间届满后也会发生某种权利消灭的后果，所以它与诉讼时效极为相似。但诉讼时效与除斥期间为不同的制度，二者主要有以下区别：

（一）性质和后果不同

诉讼时效期间是权利受到侵害时权利人请求法律保护的法定期间，诉讼时效完成后权利人丧失的仅是请求法律保护的权利；而除斥期间是权利存续的期间,除斥期间届满后所消灭的权利一般为形成权而非请求权。诉讼时效的目的和作用在于维护新的关系而否定原来的法律关系(权利人行使请求权的目的是维护原来的法律关系);而除斥期间的目的和作用是维护原来的法律关系(权利人行使权利的目的是变动原来的关系)。

(二) 起算点不同

诉讼时效期间一般自权利人能够行使请求权之日起计算,若权利人不能行使请求法律保护的权利,则一般不开始计算时效期间;而除斥期间则一般自权利成立之日时起算,至于权利人能否行使其权利,一般并不影响期间的计算。

(三) 计算方式不同

诉讼时效期间为可变期间,在诉讼时效期间开始计算后,可发生中止、中断或延长;而除斥期间为不变期间,除斥期间开始后不发生中止、中断或延长。

(四) 法律条文表述不同

诉讼时效期间和除斥期间虽都是由法律直接规定的,但在法律条文的表述上不同。对于诉讼时效,法律条文中一般直接表述为"时效"或者表述为某项请求权因多长时间不行使而消灭或者不受保护等;而对于除斥期间,法律条文中一般不表述为时效,仅表述为某权利(如撤销权)的存续期间为多长时间或者因多长时间不行使而消灭或者应于何期间内行使。

(五) 适用条件不同

对于诉讼时效,因时效完成后权利人仅消灭其请求权,因此于诉讼时效完成后,当事人自愿履行的,不受时效的限制;而对于除斥期间,不论当事人是否主张,法院可依职权主动适用关于除斥期间的规定。

三、诉讼时效的适用范围

诉讼时效的适用范围又称诉讼时效的客体,是指诉讼时效适用于何种权利。

如前所述,诉讼时效具有普遍性。诉讼时效适用于权利受到侵害时权利人请求法律保护的请求权。除法律另有规定外,各种因权利受到侵害而产生的请求权均适用诉讼时效。依现行法规定,下列请求权不适用诉讼时效:(1) 在物权保护上,排除妨碍请求权、停止侵害请求权、消除危险请求权。至于返还原物请求权是否适用诉讼时效,存在不同的观点。(2) 对未经授权经营的国有财产的保护。(3) 对人身权的保护。但因侵害人身权而给权利人造成财产损害而发生的损害赔偿请求权,适用诉讼时效。根据《诉讼时效的规定》第1条的规定,下列债权请求权不适用诉讼时效:(1) 支付存款本金及利息请求权;(2) 兑付国债、金融债券以及向不特定对象发行的企业债券本息请求权;(3) 基于投资关系产生的缴付出资请求权;(4) 其他依法不适用诉讼时效规定的债权请求权。

四、诉讼时效的种类

诉讼时效通常分为普通诉讼时效和特别诉讼时效。

(一) 普通诉讼时效

普通诉讼时效又称一般诉讼时效,是指民法上统一规定的适用于法律没有另外特别规定的各种民事法律关系的诉讼时效。普通诉讼时效的特点有二:(1) 它是由普通法规定的,而不是由特别法规定的。(2) 它在适用上有一般意义。只要法律上没有另外的规定,就适用普通诉讼时效。

《民法通则》第135条规定:"向人民法院请求保护民事权利的诉讼时效期间为2年,法律另有规定的除外。"依此规定,除法律另有规定外,都应适用2年期间的诉讼时效。因此,普通诉讼时效的时效期间为2年。

(二) 特别诉讼时效

特别诉讼时效又称特殊诉讼时效,是指由民法或者单行法特别规定的仅适用于特殊规定的民事法律关系的诉讼时效。

在其他国家和地区的立法上,消灭时效分为普通消灭时效和特别消灭时效。普通消灭时效又称为长期消灭时效,特别消灭时效又称为短期消灭时效。也就是说,普通消灭时效的时效期间长于短期消灭时效的时效期间。但我国的普通诉讼时效与特别诉讼时效的区分并不以时效期间的长短为根据,特别诉讼时效的时效期间既可能短于普通诉讼时效期间,也可长于普通诉讼时效期间。特别诉讼时效的特点在于:(1)它是由法律特别规定的,不具有适用上的一般意义;(2)它与普通诉讼时效的时效期间不同。从适用上说,特别诉讼时效优于普通诉讼时效:对于某一具体的民事法律关系,在法律有特别的时效规定时,应适用法律的特别规定;只有在法律没有特别规定时,才可适用普通诉讼时效。

特别诉讼时效包括《民法通则》中规定的特别时效和其他单行法中规定的特别时效。

1.《民法通则》关于特别诉讼时效的规定

根据《民法通则》第136条的规定,下列的诉讼时效期间为1年:(1)身体受到伤害要求赔偿的;(2)出售质量不合格的商品未声明的;(3)延付或者拒付租金的;(4)寄存财物被丢失或者损毁的。

2. 其他法律中规定的特别诉讼时效

除《民法通则》外,其他法律中规定的期间不为2年的诉讼时效,也为特别诉讼时效。例如,《合同法》第129条中规定,因国际货物买卖和技术进出口合同争议提起诉讼或者申请仲裁的期限为4年,自当事人知道或者应当知道其权利受到侵害之日起计算。

四、诉讼时效的效力

诉讼时效的效力是指诉讼时效完成即诉讼时效期间届满后发生的法律后果。

关于诉讼时效或消灭时效的效力,有不同的观点和立法例。概括起来有四种学说:(1)债权消灭说。此说主张时效完成后,债权人的债权本身消灭。(2)抗辩权发生说。此说认为,时效完成后债权本身不消灭,仅在债务人一方产生抗辩权。(3)诉权消灭说。此说主张,时效完成后,债权人的诉权消灭,司法机关不受理其诉讼。(4)胜诉权消灭说。此说主张,时效完成后,权利人仅丧失胜诉权。

《民法通则》第138条规定:"超过诉讼时效期间,当事人自愿履行的,不受诉讼时效限制。"依此规定,诉讼时效完成后,权利人丧失请求权,但其受领权不丧失,义务人自愿履行时,权利人有权受领。

对于义务人来说,诉讼时效完成后,虽法院不依强制程序强制其履行,但其义务仍存在,只是责任消灭,因此,义务人自愿履行的,其履行仍有效,于自愿履行后不得以诉讼时效完成为由而请求返还。债务人是否自愿履行决定于债务人的意思。因此,在权利人请求法院保护其权利,要求义务人承担履行责任时,债务人可以提出诉讼时效的抗辩,债务人不提出诉讼时效抗辩,即表示其愿意承担责任。《诉讼时效的规定》第3条规定:"当事人未提出诉讼时效抗辩的,人民法院不应对诉讼时效问题进行释明及主动适用诉讼时效的规定进行裁判。"依第22条规定,诉讼时效期间届满,当事人一方向对方当事人作出同意履行义务的意思表示或者自愿履行义务后,又以诉讼时效期间届满为由进行抗辩的,人民法院不予支持。

第三节 诉讼时效期间的计算

一、诉讼时效的起算

诉讼时效的起算是指诉讼时效期间的开始计算。诉讼时效起算,也就是诉讼时效期间开始。因此,诉讼时效从何时起计算直接关系到权利的保护期间,对当事人双方有着重要意义。

《民法通则》第137条中规定:"诉讼时效期间从知道或者应当知道权利被侵害时起计算。但是,从权利被侵害之日起超过20年的,人民法院不予保护。"因为诉讼时效期间,是权利人请求人民法院保护其民事权利的法定期间,因此只能从权利人知道或者应当知道权利被侵害时起算。所谓知道,是指权利人明确权利被何人侵害的事实;所谓应当知道,是指根据客观事实推定权利人能知道权利被侵害和被何人侵害。但是,自权利被侵害之日起超过20年的,即使权利人不知道或不应当知道权利被侵害,人民法院也不再予以保护。

在不同的法律关系中,权利人知道或者应当知道权利被侵害的时间有所不同。根据《民法通则的意见》及《诉讼时效的规定》的规定,诉讼时效期间的开始时间一般应依下列情形确定:(1) 定有履行期限的债,诉讼时效期间自约定的履行期限届满之日起算。(2) 当事人约定同一债务分期履行的,诉讼时效期间从最后一期履行期限届满之日起算。(3)未定有履行期限的债,诉讼时效期间应自债权人给予的宽限期限届满之日起算,但债务人在债权人第一次向其主张权利时明确表示不履行义务的,诉讼时效期间从债务人明确表示不履行义务之日起算。所谓宽限期间,是指债权人要求对方履行时给予对方的必要的准备时间。(4)合同被撤销返还财产、赔偿损失请求权的诉讼时效期间从合同被撤销之日起算。(5)返还不当得利请求权的诉讼时效期间,从当事人一方知道或者应当知道不当得利事实及对方当事人之日起算。(6)管理人因无因管理行为产生的给付必要管理费用、赔偿损失请求权,从无因管理行为结束并且管理人知道或者应当知道本人之日起算。本人因不当无因管理行为产生的赔偿损失请求权的诉讼时效期间,从知道或者应当知道管理人及损害事实之日起算。(7)以不作为为标的的请求权,应自义务人违反不作为义务之日起算。(8)侵害身体健康的,伤害明显的,从受伤害之日起算。伤害当时未曾发现,后经确诊并能证明是由伤害引起的,从伤势确诊之日起算。

二、诉讼时效的中止

(一)诉讼时效中止的概念

诉讼时效的中止是指在诉讼时效期间的最后6个月内,因发生法定事由使权利人不能行使请求权的,暂停计算时效期间,待中止事由消除后,再继续计算诉讼时效期间。可见,诉讼时效的中止,只是在诉讼时效进行中因一定的法定事由的发生而停止计算时效期间,而在阻碍诉讼时效进行的法定事由消除后,诉讼时效将继续进行。

(二)诉讼时效中止的事由和时间

诉讼时效中止的事由是由法律规定即法定的而不能是约定的。《民法通则》第139条规定:"在诉讼时效期间的最后6个月内,因不可抗力或者其他障碍不能行使请求权的,诉讼时效中止。从中止时效的原因消除之日起,诉讼时效期间继续计算。"依此规定,发生诉讼时效中止的事由包括:(1)不可抗力;(2)其他障碍。其他障碍是指除不可抗力以外的阻碍权利人行使请求权的客观事实,主要有:权利被侵害的无民事行为能力人或限制民事行为能力人没有法定代理人或者法定代理人死亡、丧失代理权、丧失行为能力;继承开始后没有确定继承人或遗产管理人;权利人被义务人或者其他人控制无法主张权利;当事人双方处于夫妻关系中;义务人逃避民事责任下落不明等。只有阻碍权利人行使请求权的客观事实发生在诉讼时效期间的最后6个月内,才能发生诉讼时效的中止。如果中止的事由发生在诉讼时效期间的最后6个月前而于最后6个月时消除的,诉讼时效不中止;若该事由延续到最后6个月内,则自时效期间的最后6个月时起中止。

(三)诉讼时效中止的后果

诉讼时效中止,只是发生诉讼时效期间的停止计算,原进行的诉讼时效仍然有效,中止事由消除后,诉讼时效继续进行。因此,诉讼时效中止,只是将中止的时间不计入诉讼时效期间,中止前后进行的诉讼时效时间合并计算期间届满时,诉讼时效完成。

三、诉讼时效中断

(一)诉讼时效中断的概念

诉讼时效中断是指在诉讼时效进行中,因发生法定事由致使已经经过的诉讼时效期间全归无效,待中断事由消除后,重新开始计算诉讼时效期间。

(二)诉讼时效中断的事由

诉讼时效的事由是由法律直接规定的。《民法通则》第140条规定:"诉讼时效因提起诉讼、当事人一方提出要求或者同意履行义务而中断。从中断时起,诉讼时效期间重新计算。"依此规定,诉讼时效中断的事由有以下三种:

1. 提起诉讼

提起诉讼是指权利人依诉讼程序向人民法院起诉主张其权利。权利人提起诉讼,说明其已积极行使请求权保护其权利,因此诉讼时效不应再进行。《诉讼时效的规定》第12条规定,当事人一方向法院提交起诉状或者口头起诉的,诉讼时效从提交诉状或者口头起诉之日起中断。第13条规定,具有下列事项之一的,人民法院应当认定与提起诉讼具有同等诉讼时效中断的效力:(1)申请仲裁;(2)申请支付令;(3)申请破产、申报破产债权;(4)为主张权利而申请宣告义务人失踪或者死亡;(5)申请诉前财产保全、诉前临时禁令等诉前措施;(6)申请强制执行;(7)申请追加当事人或者被通知参加诉讼;(8)在诉讼中主张抵销;(9)其他与提起诉讼具有同等诉讼时效中断效力的事项。

权利人向人民调解委员会以及其他有权解决相关民事纠纷的有关单位提出保护相应民事权利的请求的,也表明权利人积极主张权利而不是怠于行使权利,应与起诉有同等效果,自权利人提出请求之日起诉讼时效中断。权利人向公安机关、人民检察院、人民法院报案或者控告,请求保护其民事权利的,从其报案或者控告之日起诉讼时效中断。

2. 权利人提出要求

权利人提出要求是指权利人向义务人主张权利,要求义务人履行义务。权利人提出要求,说明其未放弃权利,改变了权利人不行使权利的事实状态,因此发生诉讼时效的中断。

权利人提出要求,可以自己提出,也可以通过代理人提出;可以直接向义务人提出,也可以向义务人的代理人或者财产代管人提出。根据《诉讼时效的规定》第10条的规定,具有下列情形之一的,应当认定为"当事人一方提出要求",产生诉讼时效中断的效力:(1)当事人一方直接向对方当事人送交主张权利文书,对方当事人在文书上签字、盖章或者虽未签字、盖章但能够以其他方式证明该文书到达对方当事人;(2)当事人一方以发送信件或者数据电文方式主张权利,信件或者数据电文到达或者应当到达对方当事人;(3)当事人一方为金融机构,依照法律规定或者当事人约定从对方当事人账户中扣收欠款本息的;(4)当事人一方下落不明,对方当事人在国家级或者下落不明当事人一方住所地的省级有影响的媒体上刊登具有主张权利内容的公告的,但法律和司法解释另有特别规定的,适用其规定。前述(1)项情形中,对方当事人为法人或者其他组织的,签收人可以是其法定代表人、主要负责人、负责收发信件的部门或者被授权主体；对方当事人为自然人的，签收人可以是自然人本人、同住的具有完全民事行为能力的亲属或者被授权主体。权利人对同一债权中的部分债权主张权利，除权利人明确表示放弃剩余债权的情形外，诉讼时效中断的效力及于剩余债权。

3. 义务人同意履行义务

义务人同意履行义务是指义务人承认权利人的权利，表示自己履行义务。有的称为承认、同意。义务人同意履行义务，当事人双方间的权利义务关系处于确定状态，已进行的诉讼时效也就无维持的必要，因此发生诉讼时效的中断。根据《诉讼时效的规定》第 16 条的规定，义务人作出分期履行、部分履行、提供担保、请求延期履行、制定清偿债务计划等承诺或者行为的，应当认定为其"同意履行义务"。

（三）诉讼时效中断的法律后果

发生诉讼时效中断时，已经经过的诉讼时效全归无效，重新开始计算诉讼时效期间。一般说来，因起诉或者申请仲裁而中断诉讼时效的，应自诉讼终结或者法院或仲裁机构作出裁决之日起重新开始计算时效期间；权利人申请强制执行的，应自执行程序完毕之日起重新开始计算时效期间。权利人向人民调解委员会或者有关单位提出权利保护请求，经调处达不成协议的，自调处失败之日起重新开始计算时效期间，调处达成协议，义务人未按协议所定期限履行义务的，诉讼时效期间自该期限届满之日起重新开始计算。向公安机关、检察院、法院报案或者控告的，自上述机关决定不立案、撤销案件、不起诉的，诉讼时效期间从权利人知道或者应当知道不立案、撤销案件、不起诉之日起重新计算；刑事案件进入审理阶段，诉讼时效期间从刑事裁判文书生效之日起重新计算。因权利人提出要求或义务人同意履行义务而中断诉讼时效的，自要求或者同意的意思表示到达对方之日起重新开始计算诉讼时效期间。

（四）诉讼时效中断与中止的区别

诉讼时效的中断与中止，都是诉讼时效完成的障碍，都有使诉讼时效不能按期完成的作用，但二者有着以下重要的区别：

1. 发生的事由不同

诉讼时效中断和中止的事由,尽管都是法律规定的法定事由,但其性质不同:诉讼时效中断的事由属于可由当事人主观意志决定的情况,而诉讼时效中止的事由属于不由当事人主观意志决定的客观情况。

2. 发生的时间不同

诉讼时效中断可发生在诉讼时效开始后的任何时间内,而诉讼时效的中止只能发生在诉讼时效期间的最后 6 个月内。

3. 发生的后果不同

诉讼时效中断是使已经过的时效期间全归无效,重新开始计算诉讼时效期间;而诉讼时效中止是使已经过的时效期间仍然有效,只是使时效期间暂停计算,于中止事由消除后继续计算时效期间。

四、诉讼时效的延长

诉讼时效的延长是指在诉讼时效完成后,权利人向人民法院提出请求时,经法院查明权利人确有正当理由未能及时行使权利的,可延长时效期间,使诉讼时效不完成。所谓有正当理由,是指权利人由于客观的障碍在法定诉讼时效期间不能行使请求权的特殊情况。

诉讼时效延长是对诉讼时效中止的一种补充,其与诉讼时效中止有以下区别:(1)诉讼时效中止发生在诉讼时效进行中,而诉讼时效延长则发生于诉讼时效期间届满后;(2)诉讼时效中止的事由是由法律直接规定的,而诉讼时效延长的事由是由法院确定的。由于有无使诉讼时效延长的正当理由,是由法院根据具体情况决定的,因而为避免使诉讼时效制度流于形式,法院在对诉讼时效延长问题上应当严格掌握。

根据《民法通则的意见》第 175 条、《民法通则》第 137 条规定的"20 年"的期间,可以适用延长的规定,而不适用中止、中断的规定。

第四节 期　限

一、期限的概念和意义

期限是指民事法律关系发生、变更和终止的时间。民事法律关系都有一个产生、变更和终止的过程,与时间有着密切的关系。期限包括期日和期间。期日是指不可分的一定时间,如某年、某月、某日、某时;期间则是指从某一时刻到另一时刻所经过的一段时间,如 1 个月、1 年,从 2010 年 11 月 30 日到 2013 年 11 月 30 日。

期限在民法上的意义主要表现在以下方面:(1) 期限可以决定民事主体的民事能力的取得丧失。如,出生之时为自然人民事权利能力发生的时间,成年之日为自然人取得完全民事行为能力的时间,法人的成立时间决定着法人民事能力的产生。(2) 期限可以决定某些事实的推定,如自然人下落不明满一定期间可推定其失踪或死亡。(3) 期限决定着权利的行使和义务的履行,如债务履行期限、保证期限、撤销权的行使期间。(4) 期限可以决定民事权利义务的取得、丧失,如所有权的转移时间、除斥期间、时效期间。(5) 期限可以决定民事法律关系的效力,如附期限民事行为中的期限。

二、期间的分类

(一) 任意性期间与强行性期间

根据期间是否具有强制性,期间可分为任意性期间与强行性期间。

任意性期间是指法律允许当事人自行约定的期间。民法上的期间多为任意性期间,可由当事人自行约定。强行性期间是指由法律直接规定的并且当事人不得排除其适用的期间,如诉讼时效期间、除斥期间。

(二) 确定期间、相对确定期间与不确定期间

根据期间的确定性,期间可分为确定期间、相对确定期间与不确定期间。

确定期间是指以日历上的某一时间来确定的期间,如合同的有效期为从 2011 年 5 月 15 日至 2012 年 5 月 14 日。相对确定的期间是指以某一事件或行为的发生而准确计算的期间,如继承开始后 2 个月。不确定期间是指未明确规定而由当事人根据情况来确定的期间,如债务人收到债权人通知后应及时发货,这里的期间即为不确定期间。

(三) 连续期间与不连续期间

根据期间的计算方法,期间可分为连续期间与不连续期间。

连续期间是指期间开始后连续不间断地进行计算,不因任何情况的出现而中断计算的期间,如除斥期间。不连续期间是指期间开始后只计算其中某些时间或者可舍去某些时间的期间,如约定"工期 1 年,但中间不能施工的日期不计入内",这里 1 年的期间即为不连续期间。

(四) 法定期间、指定期间与意定期间

根据期间的确定根据,期间可分为法定期间、指定期间与意定期间。

法定期间是指由法律直接规定的期间,如诉讼时效期间。指定期间是指由法院或仲裁机构等确定的期间,如裁决中规定的偿还债务的期间。意定期间是指由当事人自行约定的期间,所以又称约定期间,如合同中约定的履行期间。

(五) 普通期间与特殊期间

根据期间的适用范围,期间可分为普通期间与特殊期间。

普通期间是指除法律另有规定外,可普遍适用于某类或各种民事法律关系的期间,如普通诉讼时效期间、自然人的成年期间。特殊期间是指法律规定的仅适用于特别规定的某些特定民事法律关系的期间,如特殊诉讼时效期间。

三、期限的确定与计算

期限可以以下方式确定:(1) 规定日历上的某一时间,如 2012 年 2 月 1 日;(2) 规定一定期间,如 1 个月、1 年;(3) 规定某一必然到来或必然发生的特定时刻,如死亡之日;(4) 规定以当事人提出的时间为准,如规定债权人提出偿还债务时即应偿还。

根据《民法通则》第 154 条的规定,期间的计算方法为:(1) 期间的起点。"规定按照小时计算期间的,从规定时开始计算。规定按照日、月、年计算期间的,开始的当天不算入,从下一天开始计算。"(2) 期间的终点。当事人约定的期间不是以月、年第一天起算的,1 个月为 30 日,1 年为 365 日;期间的最后一日是星期日或者其他法定休假日的,以休假日的次日为期间的最后一天,星期日或其他法定休假日有变通的,以实际休假日的次日为期间的最后一天;期间的最后一天的截止时间为 24 点,有业务时间的,到停止业务活动的时间截止。

根据《民法通则》第 155 条的规定,民法所称的"以上"、"以下"、"以内"、"届满",包括本数;所称的"不满"、"以外",不包括本数。

第二编 人 身 权

第十章 人身权概述

第一节 人身权的概念和内容

一、人身权的概念和特点

人身权又称人身非财产权利,是指民事主体依法享有的,与其人身不可分离的而无直接财产利益内容的权利。

人身权具有以下特点:

(一) 人身权的客体是人身利益

人身权以特定的人身关系为基础,体现了民法对民事主体的人身利益的确认和保护,因此,人身权的客体是民事主体的人身利益,这种人身利益包括人格利益和身份利益。

(二) 人身权具有专属性

人身权的专属性是指人身权与特定权利主体的人身不可分离,是一种专属权。人身权之所以具有专属性,是由人身权的存在基础所决定的。因为人身权的客体是人身利益,而不表现为代表一定财产利益的物或行为。这种人身利益只能存在于民事主体的人身之上,与特定人的人格或身份不可分离。因此,人身权是以民事主体的存在为存在前提的一种民事权利,与特定人的人身不可分离。

(三) 人身权具有非财产性

人身权的非财产性是指人身权不具有直接的财产内容。人身权的客体是人身利益,这种人身利益不像有形财产那样具有价值和使用价值,不能用金钱加以衡量。民事主体享有和行使人身权,并不以满足物质利益为目的,而在于满足某种精神利益的需要。因此,人身权的实现不直接体现为财产利益。人身权虽然不具有直接的财产内容,但人身权与财产权也有一定的联系。例如,某些人身权的享有是某些财产权发生的前提(如继承权就是以特定身份权为前提的),某些人身权的行使可以为权利主体带来财产权益(如肖像权等),人身权受到侵害时会导致财产利益的损害及赔偿。

(四) 人身权具有绝对性

人身权的绝对性是指人身权是特定主体所享有的权利,其义务主体是不特定的任何人。因此,人身权是绝对权。社会上的任何不特定之人,都负有不得侵害他人人身权的不作为义务,只要他人不加以侵害,权利人的人身权就可以得到实现。

二、人身权的内容

人身权是以人身利益为客体,不具有直接财产内容的民事权利,因此,人身权的内容主要包括以下几个方面:

(一) 支配权

支配权是权利人按照自己的意志对其人身利益进行控制的权利。例如,自然人有权按照自己的意志对自己的身体、健康、姓名等人身利益加以支配。基于支配权,权利人对自己的人身利益享有一定的处分权,即在法律允许的范围内权利人有权对自己的人身利益加以处分。例如,法人有权转让自己的名称,自然人有权将自己的血液、器官捐献给他人等。当然,人身权支配权受严格限制,如不得非法放弃等。

(二) 利用权

利用权是指权利人按照自己的意志对人身利益加以利用,以满足自身需要的权利。例如,自然人利用自己的姓名参加社会活动,利用自己的身体参加劳动,利用自己的隐私进行文学创作,利用自己的肖像获取一定的利益等。

(三) 维护权

维护权是指权利人维护自己人身利益,并不受他人侵害的权利。例如,自然人有权通过各种方式维护自己的生命和健康利益;在人身利益受到侵害时,权利人有权请求司法保护。

第二节 人身权的分类

根据人身权的客体不同,人身权可以分为人格权与身份权两类,而这两种人身权又可以分为不同的种类。

一、人格权

(一) 人格权的概念和特点

人格权是指民事主体基于法律上的独立人格而享有的以人格利益为内容的人身权。这种人身权是与民事主体的人格联系在一起的,是保持法律上的独立人格所必需的。就是说,只要具备了法律上的独立人格,就自然享有人格权。

人格权具有以下特点:

1. 人格权是民事主体终身所享有的权利

人格权与民事主体的法律人格紧密相连,依民事主体的人格存在而存在。例如,自然人的人格权与自然人的民事权利能力一样,为自然人终身享有,自出生时发生,至死亡消灭;法人或非法人组织的人格权自成立起享有,至终止时消灭,也为法人或非法人组织所终身享有。也正是在这意义上说,人格权具有固有性。

2. 人格权是以人格利益为客体的权利

人身权是以人身利益为客体的权利,人身利益包括人格利益和身份利益,以人格利益为客体的人身权就是人格权。人格利益是民事主体具有独立人格必须享有的,法律保护民事主体的人格权,也就是保护民事主体的人格利益不受侵犯,使民事主体能够以自己独立的人格参加民事活动,享有权利和承担义务。

3. 人格权是民事主体平等享有的权利

基于法律上的人格平等原则,民事主体的人格权也是平等的,不因民事主体的不同而有所差别。例如,自然人的人格权不因其年龄、性别、智力状况、文化程度、财产状况等而有所不同;法人或非法人组织的人格权也不因其所有制性质、组织形式、规模、财产状况等而有所不同。当然,人格权的平等并不是说任何民事主体的人格权都是完全一样的,而是强调民事主体的人格权在法律上的地位是平等的。

(二) 人格权的分类

1. 具体人格权与一般人格权

根据人格权的客体范围,人格权可以分为具体人格权与一般人格权。

具体人格权是指民事主体依法享有的,以各种具体人格利益为客体的人格权。例如,以自然人的生命、健康、身体、肖像、名誉等人身利益为客体的生命权、健康权、身体权、肖像权、名誉权等,都属于具体人格权。一般人格权是指民事主体依法享有的,以人格独立、人格自由、人格尊严等一般人格利益为客体的人格权。一般人格权主要包括人格独立、人格自由、人格尊严等内容。

这种分类的主要意义在于:具体人格权都是以具体的人格利益为客体的,体现为具体的权利,如生命权、健康权、身体权、名誉权等;而一般人格权不是以具体的人格利益而是以主体的根本人格利益为客体的,一般不体现为某种具体的权利,如人格独立、人格自由、人格尊严等。

2. 物质性人格权与精神性人格权

根据具体人格权的客体性质,人格权可以分为物质性人格权与精神性人格权。

物质性人格权是指以体现在人的身体之上的物质性人格利益为客体的人格权。例如,生命权、健康权、身体权;精神性人格权是指以非物质性的精神性人格利益为客体的人格权。例如,姓名权、名称权、肖像权、名誉权、隐私权等。

这种分类的主要意义在于,这两种人格权在主体范围和保护方法上存在着差别。物质性人格权为自然人所独有,法人或非法人组织不享有物质性人格权;精神性人格权的保护主要适用非财产责任形式,而物质性人格权的保护主要适用财产责任形式。

二、身份权

(一) 身份权的概念和特点

身份权是指民事主体基于特定的身份而享有的以身份利益为客体的人身权。它与民事主体的特定身份紧密相连,是法律为保护特定的身份利益而确认的权利。

身份权具有以下特点:

1. 身份权是与民事主体的特定身份相联系的非主体所固有的权利

身份权的取得须以一定的身份为基础,没有特定的身份,就不能取得身份权。所谓身份,是指民事主体在一定社会关系中所处的不可转让的地位或者资格。身份并非为民事主体所必备的,因此,身份权也就不是民事主体固有的终身享有的权利。这是身份权与人格权的区别之一。

2. 身份权是以身份利益为客体的人身权

身份权的客体也是人身利益,但这种人身利益表现为身份利益,而不是人格利益。身份利益不同于人格利益,它不仅为权利人的利益而存在,而且也往往为相对人的利益而存在。同时,身份利益不仅具有利益因素,也可能具有不利益因素。因此,身份权既包括权利内容,也可能会包括义务内容。这是身份权与人格权在客体上的区别。

3. 身份权非为民事主体所平等享有的权利

由于身份权以一定的身份为存在基础,而不同的民事主体所具有的身份不同,他们所享有的身份权也就有所不同。因此,身份权因不同的民事主体而存在差别,并非每一个民事主体都平等地享有身份权。由于民事主体在社会关系中所处的地位不同,因而,民事主体所取得的身份权也就有所不同。民事主体身份权的差异性,是身份权与人格权的另一重要区别。

(二) 身份权的分类

1. 亲属法上的身份权与非亲属法上的身份权

根据身份权的法律依据不同,身份权可以分为亲属法上的身份权与非亲属法上的身份权。

亲属法上的身份权是指依亲属法上的身份关系而产生的身份权。例如,配偶权、亲权、亲属权等;非亲属法上的身份权是指非依亲属法上的身份关系而产生的身份权。例如,荣誉权、著作身份权等。

这种分类的主要意义在于:亲属法上的身份权只能由自然人所享有,而非亲属法上的身份权的主体则不受限制。

2. 基本身份权与派生身份权

根据身份权之间的关系,身份权可以分为基本身份权与派生身份权。

基本身份权是指基于民事主体的基本身份而确立的身份权,例如,配偶权、亲权、亲属权等;派生身份权是指由基本身份权所派生出的各种具体身份权。例如,由亲权派生出的身上照护权,由配偶权所派生出的住所决定权等。

这种分类的主要意义在于:派生身份权决定于基本身份权。基本身份权确定,则当然发生派生身份权;基本身份权消灭,则派生身份权随之消灭。

第十一章 人 格 权

第一节 物质性人格权

一、生命权

生命权是自然人享有的以其生命利益为客体的,以生命安全利益为内容的人格权。生命权是自然人从事民事活动和其他一切活动的前提和基础。自然人只有享有生命,才能享有民事权利能力,进而享有民事权利,承担民事义务;丧失了生命,民事权利能力终止,其民事主体资格当然也就不存在了。因此,法律赋予每个自然人以生命权,禁止任何机关、单位和个人非法剥夺他人的生命。

生命权包括以下主要内容:

(1) 生命安全维护权。生命安全维护权是自然人维护其生命延续的权利,其实质是禁止他人非法剥夺生命。基于生命安全维护权,自然人在其生命受到侵害或者有侵害的危险时,有权采取相应的保护措施。

(2) 生命利益支配权。生命利益支配权是自然人在法律许可的范围内,支配自己生命的权利。例如,在法律允许的范围内,有权请求实施安乐死;为保护他人利益或社会公共利益而放弃自己生命。

二、健康权

健康权是自然人享有的以健康利益为客体的,以维持其人体的生理机能正常运作和功能完善发挥为内容的人格权。所谓健康,是指人体的各种生理机能的完整和健全,没有任何身心障碍。

健康权包括以下主要内容:

(1) 健康利益维护权。健康利益维护权是自然人保持自己的健康并不受非法侵害的权利。一方面,自然人有权通过各种方式使自己的健康保持在完好的状态,如人身生理机能出现障碍时,有权及时请求救治。另一方面,当健康利益受到侵害时,权利人有权请求救济。

(2) 健康利益支配权。健康利益支配权是在法律许可的范围内,自然人有权支配自己健康利益的权利。例如,因参加危险性大的体育比赛而致伤,即属于行使健康利益支配权。当然,健康利益支配权并不是绝对的,而是受到法律的限制。对于某些故意恶化自己健康的行为,法律应给予必要的限制。例如,对吸毒行为,应当施行强制性治疗。

三、身体权

身体权是自然人享有的维护其身体完整并支配其肢体、器官和其他身体组织的人格权。

身体权与生命权、健康权是不同的。身体权与生命权的区别在于:生命权的法律意义在于生命的延续,而身体权的法律意义在于身体的完整存在。身体权与健康权的区别在于:健康权体现的健康利益是自然人生理心理机能的完善性,而身体权体现的身体利益是自然人身体组织的完整性。

身体权包括以下主要内容:

(1) 保持身体完整权。保持身体完整权是自然人保持其身体整体的完整性,并不受他人侵害的权利。基于保持身体完整权,任何破坏自然人身体完整性的行为都属于对身体权的侵害。例如,非法搜查他人身体;非法侵扰他人身体,如将污物泼在他人身上等;对身体组织的无疼痛破坏,如强行剪掉他人的指甲、毛发等。

(2) 身体支配权。身体支配权是自然人在法律许可的范围内,支配自己的肢体、器官和其他组织的权利。例如,自然人利用自己的身体进行表演;自然人将自己的血液、器官捐献他人等。

第二节 精神性人格权

一、姓名权

姓名权是指自然人享有的决定、使用和依照规定改变自己姓名的权利。所谓姓名,是指自然人的姓氏和名字,是自然人特定化的文字符号,是自然人之间相互区别的社会标志。

姓名权包括以下主要内容:

(1) 姓名的决定权。姓名的决定权是自然人决定自己的姓氏和名字的权利。每一个自然人都有权按照自己的意愿,在法律允许的范围内选择自己的姓名,任何人都不得强迫他人接受某一姓名。姓名的决定权是姓名权的核心,是自然人有无独立人格的重要标志。自然人姓名的决定权,包括对姓的决定权和对名的决定权。例如,夫妻双方都有各自用自己姓名的权利;子女可以随父姓,也可以随母姓。

(2) 姓名的使用权。姓名的使用权是自然人依法使用自己的姓名的权利。自然人姓名的使用权包括两个方面的含义:一是自然人有权使用自己的姓名,即自然人有权以自己的姓名参与社会活动,享有权利和承担义务;二是自然人有权不使用自己的姓名。在法律允许的范围内,自然人有权不使用自己的姓名,他人不得强迫。

(3) 姓名的改变权。姓名的改变权是自然人依照法律规定改变自己姓名的权利。自然人的姓名改变权与姓名的决定权是紧密相连的。既然法律赋予自然人以决定自己姓名的权利,当然就应当允许自然人改变自己的姓名。自然人改变自己的姓名,可以是姓氏的改变,也可以是名字的改变,还可以姓氏和名字一同改变。当然,自然人改变自己的姓名,应当依照法律的规定进行。

(4) 姓名利益维护权。姓名利益维护权是自然人维护自己的姓名利益,禁止他人干涉、盗用、假冒的权利。自然人对自己的姓名享有决定权、使用权和改变权,任何人不得干涉。否则,就构成对自然人姓名权的侵害。如强迫他人使用或不得使用某一姓名、强迫他人改变或限制他人依法改变姓名、不当使用他人姓名等。盗用、假冒属于非法使用自然人姓名的行为。盗用姓名是指不经自然人许可而擅自使用其姓名;假冒姓名是指未经自然人许可而将其姓名充作自己的姓名,即冒名顶替。盗用与假冒的区别在于:前者不以被盗用者的姓名而是以本人的姓名从事活动,而后者是将他人姓名充作自己的姓名从事活动。

二、名称权

名称权是指法人或非法人组织享有的决定、使用、改变其名称并排斥他人干涉的权利。所谓名称,是指法人或非法人组织在社会活动中,用以确定和代表自身并区别于其他组织的文字和符号。

名称权包括以下主要内容:

(1) 名称设定权。名称设定权是法人或非法人组织依法为自己设定名称的权利。法人和非法人组织在设定名称时,应当遵照法律的规定,并且应进行登记。

(2) 名称使用权。名称使用权是法人或非法人组织使用其名称的权利。名称使用权是一种独占的使用权,可以排除他人非法干涉和非法使用。

(3) 名称变更权。名称变更权是法人或非法人组织依法变更自己名称的权利。名称的变更,可以是部分变更,也可以是全部变更。

(4) 名称转让权。《民法通则》第99条第2款规定,企业法人、个人合伙、个体工商户有权转让其名称。名称可以全部转让,即将名称权全部转让于他人;也可以部分转让,即将名称使用权转让于他人使用。

(5) 名称利益维护权。名称利益维护权是法人或非法人组织维护自己的名称利益不受他人侵害的权利。在实践中,侵害名称权的行为主要包括:干涉他人行使名称权,即对他人名称的设定、使用、依法变更和依法转让等进行非法干预;非法使用他人的名称,即未经许可,盗用或假冒他人已经登记的名称。

三、肖像权

肖像权是指自然人享有的以对在自己的肖像上所体现的人格利益为客体的人格权。所谓肖像,是指通过绘画、照相、雕刻、录像、电影等造型艺术形式使公民外貌在物质载体上再现的视觉形象。

肖像权包括以下主要内容:

(1) 肖像拥有权。肖像拥有权是自然人拥有自己肖像的权利。未经本人的许可,他人不得拥有该自然人的肖像,也不得损坏他人的肖像。

(2) 肖像制作权。肖像制作权是自然人决定是否制作、如何制作肖像的权利。自然人有权自己制作肖像,亦可以委托他人制作自己的肖像,如到照相馆拍照、请人制作塑像等。未经本人同意,他人不能擅自制作该自然人的肖像。

(3) 肖像利用权。肖像使用权是自然人决定是否使用、如何利用本人肖像的权利。未经本人同意,他人不得使用其肖像。同时,自然人有权将自己的肖像使用权部分地转让他人,让他人享有在约定的范围内善意地使用该肖像的权利,肖像权人也因此有权依约定从受让人处获得相应的报酬。

(4) 肖像维护权。肖像维护权是自然人维护自己肖像的完整性,并禁止他人毁坏、歪曲及玷污的权利。

一般地说,未经自然人同意以营利为目的而使用其肖像、擅自制作他人的肖像、擅自拥有他人的肖像、以侮辱的方式使用他人的肖像等,都属于侵害肖像权的行为。但在下列情况下,为了国家、社会的利益而不得不使用公民的肖像时,虽未经其本人同意,也不构成对肖像权的侵害,即构成阻却违法事由:(1) 政治家、体育和影视明星或者其他著名人士,在公开露面时,为报道其活动而使用其肖像;(2) 为时事新闻而报道游行、阅兵、庆祝活动或其他公众性活动,参与活动的人不能主张肖像权;(3) 现代史上著名人物肖像的善意使用;(4) 为维护自然人本人利益需要而使用其肖像,如在寻人启事上使用失踪人的肖像;(5) 为社会利益需要而使用自然人的肖像,如在司法活动中为侦查、起诉或审判的需要使用他人的肖像,为批评不道德行为而拍摄他人肖像并予公布,为宣传先进人物而将公民的照片展出等。

四、名誉权

名誉权是指民事主体依法对其名誉所享有的权利。所谓名誉,是指社会对特定人的品德、才能、思想、作风、信用等的评价。

名誉权包括以下主要内容:

(1) 名誉拥有权。名誉拥有权是权利人对于自己的名誉所享有的保持其社会公正评价的权利。名誉是一种社会评价,权利人是无法通过自己的主观力量去改变它的,只能拥有已经获得的名誉。

(2) 名誉利益支配权。名誉利益支配权是权利人对名誉权所体现的利益享有支配的权利。例如,自然人、法人可以利用自己良好的名誉参与社会活动,以满足其利益需求。当然,名誉利益不得抛弃,也不得转让。

(3) 名誉维护权。名誉维护权是权利人维护自己名誉的权利。一方面,权利人可以利用自己的努力维护其已获得的名誉;另一方面,在他人侵害其名誉时,有权请求法律救济。在实践中,侵害名誉权的行为主要是侮辱、诽谤等行为。侮辱是指行为人以暴力或其他方式贬损他人名誉的行为;诽谤是指捏造事实损害他人名誉的行为。

为维护社会公共利益或公共道德,下列行为不属于侵害名誉权,即具有阻却违法性:(1) 自然人通过合法途径反映情况;(2) 各级人民代表、政协委员在会议上的发言;(3) 单位依据职权对自己管理的干部、职工作出涉及个人品德的评价;(4) 履行法律或道德上的义务;(5) 正当的舆论监督及文艺评论;(6) 事先同意的行为。

五、隐私权

隐私权是指自然人享有的个人生活秘密、私人行为自由和私人领域不受非法干扰的人格权。隐私权主要涉及的是私人活动、个人信息和私人领域。私人活动如自然人的社会交往、夫妻性生活、婚外恋等;个人信息如自然人个人的财产状况、社会关系状况、身体缺陷、家庭情况、生活经历等;私人领域如家庭地址、日记、通信等。

隐私权包括以下主要内容：

（1）隐私隐瞒权。隐私隐瞒权是自然人对于自己的隐私进行隐瞒而不愿为他人所知的权利。可以说，任何人都有隐私，隐瞒这些隐私，是自然人维护其正常生活的必要手段，也是维护其人格利益的需要。

（2）隐私利用权。隐私利用权是自然人对于自己的隐私加以利用，以满足自己精神或物质需要的权利。自然人隐私的利用，既可以是自我利用，也可以是准许他人利用。前者如利用自己的生活经历创作文学作品、利用自己的身体进行绘画，后者如准许他人利用自己的生活经历创作文学作品、利用自己的身体进行绘画等。

（3）隐私支配权。隐私支配权是自然人对于自己的隐私有权按照自己的意愿进行支配的权利。例如，自然人有权决定在多大的范围内、采取何种方式向他人公开自己的隐私，如向他人陈述自己的恋爱史、生活经历等；自然人有权准许他人对自己的个人领域进行察知，如准许他人看自己的日记、参观自己的卧室等。

（4）隐私维护权。隐私维护权是自然人对于自己的隐私所享有的维护其不受侵犯的权利。如禁止他人非法收集个人信息资料、禁止进入个人私有领域、禁止泄露个人的恋爱史等。如果他人非法侵犯自然人的隐私权，受害人有权请求司法救济。在实践中，侵害隐私权的行为主要表现为刺探个人资讯、监视私人活动、骚扰私人领域、擅自披露他人隐私、非法利用他人隐私等。

第十二章 身 份 权

第一节 亲属法上的身份权

一、配偶权

配偶权是指夫妻双方相互享有的基于配偶关系发生的以配偶身份利益为客体的身份权,即基于夫以妻为配偶、妻以夫为配偶的婚姻关系而产生的身份权。

配偶权包括以下主要内容:

(1) 同居权,即夫妻双方之间互有进行包括性生活在内的共同生活的权利。同居权既是夫妻双方的权利,同时也是夫妻双方的义务。

(2) 贞操请求权,即夫妻双方有请求对方保持贞操的权利。

(3) 扶养权,即夫妻之间有请求对方扶养的权利。

此外,配偶权还包括姓氏决定权、住所决定权、日常家事代理权、失踪或死亡宣告申请权、行为能力欠缺申请权等权利。

应当指出,配偶权中的各项具体身份权,大都包括权利和义务双重内容。例如,同居权、贞操请求权、扶养权等,既是夫妻双方的权利,也是夫妻双方的义务。因此,也可以称为同居义务、贞操保持义务、扶养义务。

二、亲权

亲权是指父母基于父母身份享有的对未成年子女进行抚养、教育和保护的身份权。

亲权包括以下主要内容:

(1) 抚养教育权,即父母作为亲权人有抚养教育未成年子女的权利义务。父母有权利也有义务抚养教育未成年子女,父母不履行抚养义务时,未成年子女有要求父母给付抚养费的权利。

(2) 人身保护权,即父母有保护未成年子女的人身,以使其免受各种侵害的权利义务。

(3) 财产管理权,即父母有权管理未成年子女的财产,以免遭受损害。

此外,亲权还包括未成年子女的姓名设定权、住所指定权、法定代理权、民事行为补正权等内容。

三、亲属权

亲属权是指父母与成年子女、祖父母(外祖父母)与孙子女(外孙子女)以及兄弟姐妹之间相互享有的基于亲属关系而产生的身份权。

父母与成年子女之间的亲属权主要包括:父母对不具有行为能力的成年子女有抚养的权利和义务;成年子女有赡养父母的权利和义务;父母子女之间互有行为能力欠缺、失踪或死亡宣告的申请权等。

祖父母(外祖父母)与孙子女(外孙子女)之间的亲属权主要是表现为相互之间的抚养和赡养的权利义务,即有负担能力的祖父母(外祖父母),对于父母已经死亡的孙子女(外孙子女)有抚养的义务;有负担能力的孙子女(外孙子女),对于子女已经死亡的祖父母(外祖父母),有赡养的义务。此外,祖父母(外祖父母)与孙子女(外孙子女)互有行为能力欠缺、失踪或死亡宣告的申请权。

兄弟姐妹之间的亲属权主要表现为抚养的权利和义务,即有负担能力的兄、姐,对于父母已经死亡或父母无力抚养的未成年的弟、妹,有抚养的义务。同时,兄弟姐妹之间也互有行为能力欠缺、失踪或死亡宣告的申请权。

第二节 非亲属法上的身份权

一、荣誉权

荣誉权是指民事主体享有的获得、维护、利用其荣誉并不受他人非法侵害的权利。所谓荣誉,是指国家或有关组织因民事主体在生产经营、工作学习等社会活动中成绩突出而授予其的某种称号。

荣誉权包括以下主要内容:

(1)荣誉支配权。荣誉支配权是权利人对其所获得的荣誉及其由此产生的利益加以支配的权利。例如,荣誉权人有权保持自己的荣誉称号,有权抛弃自己的荣誉称号等。

(2)荣誉利用权。荣誉利用权是荣誉权人利用其所获得的荣誉获取合法利益的权利。这里的合法利益,既包括精神利益,也包括物质利益。例如,荣誉权人可以以一定的方式表明自己所获得的荣誉,也可以将所获得的荣誉用于生产及生活活动。

(3)荣誉维护权。荣誉维护权是权利人对获得的荣誉称号保持归自己所有,并不受他人侵害的权利。

在实践中,侵害荣誉权的行为主要有非法剥夺荣誉称号、侮辱和诽谤他人的荣誉称号、非法侵占他人荣誉、侵害他人荣誉权的物质利益等。

二、知识产权中的身份权

知识产权是具有财产权和人身权双重内容的民事权利,其中的人身权为身份权,而不是人格权。

在著作权中,身份权包括四项:一是发表权,即决定作品是否公之于众的权利;二是署名权,即表明作者身份,在作品上署名的权利;三是修改权,即修改或者授权他人修改作品的权利;四是保护作品完整权,即保护作品不受歪曲篡改的权利。

在专利权中,身份权主要表现为专利权人有在专利文件中写明自己是发明人或设计人的权利。

在商标权中,身份权主要表现为商标权人在商标的使用中有标明自己名称的权利。

在发明权、发现权和其他科技成果权中,身份权主要表现为权利人领取荣誉证书、标明权利人身份的权利。

第三编 物 权

第十三章 物权总论

第一节 物权概述

一、物权的概念和特点

根据《物权法》第 2 条第 3 款的规定,物权是指权利人依法对特定的物享有直接支配和排他的权利,包括所有权、用益物权和担保物权。

物权具有以下特点:

(一) 物权是以特定物为客体的权利

物权作为一种法律关系,其客体原则上是物,而不能是行为。《物权法》第 2 条第 2 款规定:物权法上的物包括不动产和动产;法律规定权利作为物权客体的,依照其规定。可见,物权的客体主要是有体物,包括不动产和动产;只有在特殊情况下,权利才能作为物权的客体。例如,权利质权就是以权利为物权客体的。在物权的客体问题上,物权法实行物权客体特定主义,这是一物一权原则所要求的。按照物权客体特定主义,物权的客体只能是特定的、独立的一物,物的构成成分不能作为物权的客体。也就是说,就物的构成成分不能设立物权。当然,若物的构成成分与物本身相分离而成为独立一物时,则可以作为物权的客体。所谓"独立一物",是指法律观念上的独立一物而非物理学上的独立一物。因此,从物理学上来说为独立一物的,而法律观念上可以确立其各个独立部分并视其各个独立部分为一物时,该物之独立部分也可以作为物权的客体。例如,一幢建筑物的各区分所有部分就可以作为建筑物区分所有权的客体。相反,从物理学上来说虽为不同的物,但若法律观念上将其视为一物时,也可以作为一个物权的客体。例如,集合物在物理学上是由若干独立物所构成的,但法律观念上可以将其视为独立的一物而作为物权的客体。

(二) 物权是权利人直接支配特定物的权利

物权是权利人对特定物直接支配的权利,具有支配性,因此,物权是支配权。所谓支配,是指对物加以控制、管领、处分。这种控制、管领、处分既可以是对物的实体的控制,也可以是对物的价值的控制;既包括事实上的使用、处置,也包括法律上的使用、处置。所谓直接支配,是指权利人得依自己的意思,无须借助于他人的意思或行为,即可实现物权。例如,所有权人得以自己的意思依法直接对其所有物进行占有、使用、收益、处分。应当指出的是,权利人直接支配特定物并非其目的,其目的在于通过支配标的物而享受物的利益。在物权法中,由于各种物权的具体内容不同,其权利人所享受的物的利益也不同。例如,所有权人得直接享受物的使用价值和交换价值,得将其物的使用价值让与他人,自己取得相应的对价,也可以将其物的交换价值让与他人,以获取信用;用益物权人得直接享受自己所取得的标的物的使用价值的利益,对物为占有、使用、收益;担保物权人得享受其取得的标的物的交换价值的利益,于债务人不履行债务时,直接以担保物的价值优先受偿其债权。

(三) 物权是具有排他性的权利

物权的支配权性质,决定了物权是具有排他性的权利。物权的支配性与排他性是紧密相联的,反映了两种不同的关系。物权的支配性反映了权利人与物的关系,强调的是物权的权能;物权的排他性反映了权利人与其他人的关系,强调的是物权的效力。因此,物权的排他性可以从两个方面理解:一方面,同一特定物不能同时存在两个相同的支配力,即在同一特定物之上不能同时设立两个以上内容相抵触的物权。例如,一物之上不能同时设立两个所有权,一块土地之上也不能同时设立两个建设用地使用权。物权的这种排他性,与物权客体特定主义共同构成了物权法上的一物一权原则的基本内容。

另一方面,物权的效力及于权利人之外的其他人,其他人都负有不得侵害物权的消极义务。因此,物权是对世权、绝对权。

二、物权的分类

(一) 物权的法定种类

在物权的法定种类问题上,物权法实行物权法定原则。对此,《物权法》第5条规定:"物权的种类和内容,由法律规定。"可见,物权法定原则(又称物权法定主义),是指当事人只能依法律的规定设立物权,即物权的种类、内容由法律直接规定,不允许当事人任意创设或改变。物权法之所以实行物权法定原则,其根本原因在于物权是绝对权,具有对世效力,与社会经济制度、交易安全及他人利益都有着直接关系。只有以强行性规范规定物权的种类和内容,才能使物权的存在明确化,物权的变动公开化,也才能确保交易的安全便捷,维护第三人的利益。

根据《物权法》第5条的规定,物权法定包括物权的种类法定和物权的内容法定。前者称为类型强制,后者称为内容固定。所谓物权的种类法定,是指物权的种类由法律明确规定,当事人不得以协议的方式创设法律所不认可的物权类型。例如,当事人不得创设我国法律所没有规定的不动产质权。所谓物权的内容法定,是指物权的内容由法律明定,当事人不得创设与法定物权内容不符的物权。例如,当事人协议设立不转移占有的动产质权,因与法律的规定相悖而无效。

当事人违反物权法定原则的,依其违反的情形,将产生如下法律后果:(1) 当事人违反物权法定原则,若法律设有特别的效果规定时,应当从其规定。例如,法律规定,在建设用地使用权中,工业用地的最高存续期限为50年。若当事人约定的年限超过50年的,则超过部分无效,应缩短至50年。(2) 当事人违反物权法定原则,若法律没有特别规定的,应属于违反法律的禁止性规定,应为无效。例如,当事人协议设立居住权的,不得认可为物权。(3) 当事人违反物权法定原则而使物权内容部分无效,但若不影响其他部分效力的,其他部分仍可有效。例如,当事人在抵押合同或质押合同中约定的流押条款或流质条款因违反法律规定而无效,但不影响抵押权、质权的效力。(4) 当事人设立的物权虽归于无效,但若该行为符合其他法律规定的,仍可发生其他法上的效力。例如,当事人订立了房屋租赁合同,双方约定:承租人在出租人继续出租房屋时享有优先承租权,并且具有物权效力。这一约定因无物权法上的根据而无效。但这种约定并不违反合同法的规定,因而可以发生合同法上的效力。

基于物权法定原则,各国法所规定的物权种类不尽相同。从我国《物权法》来看,法定的物权种类有所有权、土地承包经营权、建设用地使用权、宅基地使用权、地役权、抵押权、质权和留置权。此外,《物权法》第8条规定:"其他相关法律对物权另有特别规定的,依照其规定。"这表明,除物权法以外的其他法律也可以基于物权法定原则而规定物权。例如,《物权法》第122条规定:"依法取得的海域使用权受法律保护。"第123条规定:"依法取得的探矿权、采矿权、取水权和使用水域、滩涂从事养殖、捕捞的权利受法律保护。"而上述这些物权是由其他法律如海域使用管理法、矿产资源法、水法、渔业法等法律所规定的。因此,海域使用权、探矿权、采矿权、取水权、养殖权、捕捞权等也属于物权的法定种类。

(二) 物权的学理分类

物权依据一定的标准,可以作不同的分类,主要有以下几种:

1. 意定物权与法定物权

根据物权成立的原因,物权可分为意定物权与法定物权。

意定物权是指根据当事人的协议而设立的物权。当事人设立物权的协议,通常称为物权合同。在物权法上,多数物权为意定物权,如依当事人的协议而设立的土地承包经营权、建设用地使用权、地役权、抵押权、质权等。法定物权是指根据法律的直接规定而成立的物权。例如,留置权、优先权等。在法定物权中,有的物权当事人可以排除适用,如留置权;有的物权当事人不能排除适用,如优先权。

这种分类的主要意义在于:这两种物权的成立要件及法律适用是不同的。法定物权不需要当事人通过协议设立,只要具备法律所规定的条件,物权即可成立。同时,法定物权成立后,权利人应当按照法律所规定的内容行使物权。

2. 完全物权与定限物权

根据物权人对标的物的支配范围,物权可分为完全物权与定限物权。

完全物权是指权利人对标的物为全面支配的物权。所谓全面的支配,是指既可以支配物的使用价值,又可以支配物的交换价值。在物权中,只有所有权人才能对标的物进行全面支配,所以,只有所有权是完全物权。由于所有权是所有权人对自己的标的物进行全面支配的权利,因而所有权又称自物权。定限物权是指权利人对标的物仅能于一定限度内为一定范围支配的物权。定限物权对标的物的支配力是不完全的,或是对标的物的使用价值予以支配,或是对标的物的交换价值予以支配,权利人仅能在限定的范围内对标的物予以支配。所以,定限物权又称为不完全物权。在一物之上设立定限物权时,所有权人的权利就在该物权的效力范围内受到限制,所以,定限物权有限制所有权的作用,又可以称为限制物权。在物权中,定限物权是在他人之物上设立的,而不是在自己之物上设立的,所以,定限物权也就是他物权。

这种分类的主要意义在于:一方面,定限物权与完全物权的行使范围不同。完全物权为全面的支配权,定限物权仅为一定限度或一定范围的支配权。另一方面,定限物权的效力强于完全物权。所有物之上存在定限物权时,在他物权人的权利范围内,所有权人不能同时享有相同的权利内容。

3. 用益物权与担保物权

对于定限物权,根据物权人支配标的物的内容,可分为用益物权与担保物权。

用益物权是指以支配标的物的使用价值为内容的物权。因用益物权对标的物的使用价值的利用以对标的物的实体支配为前提,故用益物权又称实体物权或使用价值物权。土地承包经营权、建设用地使用权、宅基地使用权、地役权等均为用益物权。担保物权是指以支配标的物的价值为内容的物权。因担保物权是对标的物的价值加以支配并通过对标的物的变价才能实现,故担保物权属于价值权,为价值物权。抵押权、质权、留置权等均为担保物权。

这种分类的主要意义在于：一方面，设立用益物权的目的在于取得物的使用价值，而设立担保物权的目的在于取得物的价值。另一方面，用益物权的权利人以对标的物的实体加以利用而实现权利为目的，因此，在同一标的物上已存在用益物权时，通常不能再设立用益物权；而担保物权因是对标的物的价值加以支配的权利，权利人是以就担保物的价值优先受偿来确保债权的，因此，在同一标的物上可以有数个担保物权同时存在。

4. 不动产物权、动产物权与权利物权

根据物权的客体种类，物权可分为不动产物权、动产物权与权利物权。

不动产物权是指以不动产为客体的物权。例如，土地所有权、建筑物所有权、土地承包经营权、建设用地使用权、宅基地使用权、地役权等都属于不动产物权。动产物权是指以动产为客体的物权。凡动产上存在的物权，如动产所有权、动产抵押权、动产质权和留置权等都为动产物权。权利物权是指以权利为客体的物权。在我国物权法上，物权的客体原则上为有体物，但在特定情形下，权利也可以作为物权的客体，从而成立权利物权，如建设用地使用权抵押权、权利质权等。

这种分类的主要意义在于：这三种物权在成立与变动的要件、公示方式等方面存在着不同。例如，不动产物权通常以登记为公示方式，动产物权通常以占有为公示方式，权利物权以登记或占有权利凭证为公示方式。

5. 独立物权与附属物权

根据物权能否独立存在，物权可分为独立物权与附属物权。

独立物权又称主物权，是指非从属于他权利而能够独立存在的物权。例如，所有权、土地承包经营权、建设用地使用权、宅基地使用权等都属于独立物权。附属物权又称从物权，是指附属于他权利而存在，权利人须享有他权利才能享有的物权。担保物权为典型的附属物权，其以所担保的债的存在为存在前提。地役权也为附属物权，其以地役权人享有需役地的权利为存在前提。

这种分类的主要意义在于：独立物权可以独立存在，而附属物权只能依其他权利的存在而存在。

6. 有期物权与无期物权

根据物权的存续是否有期限,物权可分为有期物权与无期物权。

有期物权是指物权的存续有期限限制的物权。除法律另有特别规定外,定限物权一般为有期物权。在有期物权中,有的物权由法律规定最长存续期限,如土地承包经营权、建设用地使用权等;有的物权由当事人约定物权的存续期限,如地役权;还有的物权虽法律没有规定或当事人没有约定存续期限,但从性质上说也是有存续期限的,如抵押权、质权、留置权等。无期物权是指物权的存续没有期限限制的物权。这里所说的没有存续期限的限制,并不是指物权永远存在,不能消灭,而是仅指物权与其客体共存。所有权为永久存续的权利,属于无期物权。

这种分类的主要意义在于:有期物权得因其存续期间届满而消灭,而无期物权则不会因某一期间的届满而消灭,只可因标的物灭失、抛弃或其他原因而消灭。

7. 一般法上物权与特别法上物权

根据物权所依据的法律规范,物权可分为一般法上物权与特别法上物权。

一般法上物权是指由一般法所规定的物权。一般法通常是指民法典。目前,我国尚未制定民法典,《物权法》具有一般法的性质,因此,《物权法》上所规定的物权属于一般法上物权。特别法上物权是指由特别法规定的物权。特别法上物权又包括两种形态:一种是对一般法上物权的具体化,如《海商法》中所规定的船舶所有权、船舶抵押权、船舶留置权;另一种是一般法上没有规定的物权,如《海商法》中规定的船舶优先权、《海域使用管理法》中规定的海域使用权、《矿产资源法》中规定的采矿权和探矿权、《渔业法》中规定的养殖权和捕捞权、《水法》中规定的取水权等。

这种分类的主要意义在于:这两种物权所适用的法律不同。特别法上物权应优先适用特别法的规定,只有在特别法没有规定时才可适用一般法的规定。

第二节 物权的效力

物权的效力是法律赋予物权的作用力与保障力。物权的效力是由物权的内容和性质所决定的,反映着物权的权能和特性,也是物权依法成立后所发生的法律效果。

物权的效力有共同效力和特殊效力之分。物权的共同效力是各种物权都具有的效力,而物权的特殊效力是每种物权所特有的效力。这里所讲的物权效力,是就物权的共同效力而言的。一般地说,物权的效力包括排他效力、优先效力、追及效力、妨害排除效力。

一、物权的排他效力

物权的排他效力是指在同一标的物之上不能同时存在两个以上内容不相容的物权,亦即在同一标的物之上已存在的物权具有排除在该物上再成立与其内容相抵触的物权的效力。

物权的排他效力是由物权的支配性所决定的。物权是直接支配标的物的权利,为保障这种支配权的实现,法律必须赋予其排他效力,某物一旦受某人某一方面的支配,他人则不能再为同样的支配。否则,物权的直接支配权就会落空,权利人就不能对标的物为有效的支配,也就不能对物为正常地交易。例如,若一物之上可以有两个所有权,则何人可以处分标的物必成疑问。

物权的排他效力是物权共有的效力,但各种物权的排他效力的强弱程度有所不同:所有权最强,以占有标的物为内容的定限物权次之,不以占有标的物为内容的定限物权最弱。具体而言:(1)所有权之间不能并存。在同一标的物之上只能存在一个所有权,只要一物之上已有一所有权存在,就不能另有他所有权存在。(2)用益物权之间原则上不能并存。用益物权通常以占有标的物为内容,故用益物权之间原则上不能并存于同一标的物之上。例如,一块土地之上不能同时存在两个以上的土地承包经营权、建设用地使用权或宅基地使用权。当然,如果用益物权的内容不同,则可以并存。例如,不同的地役权在内容上存在很大差别,故地役权可以并存于同一标的物之上。(3) 担保物权之间原则上可以并存。担保物权因其以物的交换价值为内容,故担保物权原则上可以并存于同一标的物之上。例如,在同一标的物之上可以设立数个抵押权,也可以在同一标的物上设立抵押权后成立质权或留置权。但是,质权、留置权因其是以占有标的物为成立条件的,故一般不能并存于同一标的物之上。(4) 不同种类的物权可以并存。例如,所有权与用益物权、所有权与担保物权、用益物权与担保物权等都可以并存于同一标的物之上。

二、物权的优先效力

（一）物权相互间的优先效力

物权相互间的优先效力是指在同一个标的物之上同时存在两个以上不同内容或性质的物权时,先成立的物权具有优先于后成立的物权的效力。这就是物权法理论上所称的"时间在先,权利在先"规则或"先来后到"规则。这种优先效力主要表现以下两个方面:一方面,优先享受其权利,即先成立的物权优先于后成立的物权而得到实现。例如,在同一标的物之上设立多个抵押权时,先成立的抵押权优先于后成立的抵押权。另一方面,先成立的物权压制后成立的物权,即后成立的物权害及到先成立的物权时,后成立的物权将因先成立的物权的实行而被排斥或消灭。

以物权的成立时间先后确定物权的优先效力只是一般原则,这一原则也存在例外。这种例外主要有两种情形:(1) 定限物权优先于所有权。定限物权是在一定范围内限制所有权的权利,因此,在同一标的物上,虽然定限物权成立在后,也具有优先于所有权的效力。(2) 法律规定有物权先后顺序的,应以法律的规定确定物权的先后顺序。一般地说,法律通常依据以下规则规定物权的先后顺序:一是费用性担保物权优先于融资性担保物权。前者以担保因保存或增加标的物价值所生债权为目的,如留置权;后者以担保融资所生债权为目的,如抵押权、质权。例如,《物权法》第239条规定:"同一动产上已设立抵押权或者质权,该动产又被留置的,留置权人优先受偿。"二是基于公益或社会政策确定后发生的物权具有优先效力。例如,《海商法》第25条规定:"船舶优先权先于船舶留置权受偿,船舶抵押权后于船舶留置权受偿。"

(二) 物权优先于债权的效力

物权优先于债权的效力是指物权的客体和债权的给付物为同一标的物时,无论物权成立先后,其效力均优先于债权。物权优先于债权的效力主要表现在以下三方面:(1) 所有权的优先效力。例如,在"一物二卖"时,若后买者(后发生债权的债权人)因登记或交付而取得标的物的所有权,则先买者(先发生债权的债权人)不能以其债权发生在先而主张标的物的所有权。(2) 用益物权的优先效力。在某物已为债权给付的标的物时,若在该物之上又有用益物权存在时,则不论该用益物权设立于债权成立之前或之后,用益物权的效力均优先于债权。例如,土地所有权人将某块土地出借于甲后,又就同一块土地为乙设立了建设用地使用权,则乙的建设用地使用权的效力优先于甲的借用权,即甲的借用权归于消灭。(3) 担保物权优先于一般债权。例如,在债务人的财产上存在有抵押权时,抵押权有优先于一般债权的效力。

物权优先于债权的效力作为一般原则,也存在着例外,即债权在特殊情形下也具有优先于物权的效力。这种例外的根据,或者是基于债权物权化,或者基于公益或社会政策,主要包括以下情形:(1) 租赁合同的出租人将租赁物出卖给受让人时,受让人虽取得租赁物的所有权,但不能以该所有权对抗承租人的租赁权。也就是说,租赁权虽为债权,但具有优先于受让人的所有权的效力。这就是所谓的"买卖不破租赁"规则。对此,《合同法》第229条规定:"租赁物在租赁期间发生所有权变动的,不影响租赁合同的效力。"这一规则也同样适用于抵押权与租赁权的关系,即订立抵押合同前抵押物已出租的,原租赁关系不受该抵押权的影响。当然,抵押权设立后抵押物出租的,该租赁关系不得对抗已登记的抵押权(《物权法》第190条)。(2) 根据《物权法》第20条的规定,当事人签订买卖房屋或者其他不动产物权的协议,为保障将来实现物权,按照约定向登记机构申请预告登记后,未经预告登记的权利人同意,处分该不动产的,不发生物权效力。可见,经过预告登记的债权具有否定其后设立于该标的物上的物权的效力。(3) 在建设工程价款优先受偿权中,如果商品房的买受人支付了大部分款项的,则该优先受偿权不能对抗买受人的债权。就是说,商品房买受人的债权一定条件下优先于承包方的工程价款优先受偿权。

三、物权的追及效力

物权的追及效力是指物权成立后,其标的物无论辗转归于何人之手,物权人均得追及物之所在而直接支配该物。

基于物权的追及效力,在标的物的占有发生转移时,物权人得直接基于物权追及到该物行使权利,从而可以充分保障物权人的权利实现。例如,当所有权人的财产被他人侵夺时,所有权人就有权向侵夺人请求返还所有物。即使该财产被侵夺人转让于第三人,财产所有权人仍有权向现实的财产占有人请求返还其所有物。再如,根据《担保法的解释》第68条的规定,抵押物依法被继承或者赠与的,抵押权不受影响。就是说,即使抵押物的所有权因继承或赠与而发生变动,但抵押权人基于抵押权,仍然可以追及至抵押物而行使抵押权。

当然,物权的追及效力是有限制的,在某些情形下会因善意取得的适用而被阻断。例如,无权处分人处分他人财产,而第三人为善意有偿取得财产时,构成善意取得,物权的追及效力即被阻断,第三人可以取得受让财产的所有权,原所有权人只能通过其他方法加以救济。

四、物权的妨害排除效力

物权的妨害排除效力是指物权人于其物被侵害或有被侵害之虞时,物权人得请求排除侵害或防止侵害,以回复其物权的圆满状态的权利。

物权是物权人对特定物的支配权、绝对权,具有排他性,其他人都负有不得侵害物权的义务,因而为保障物权人对标的物的支配,以排除他人的非法干涉或侵害,确保物权的圆满状态,法律自应赋予物权以妨害排除效力。可见,物权的妨害排除效力是以物权的存在为前提的,是以排除对物权的妨害使物权处于圆满状态为目的的,是对物权的一种救济。

基于物权妨害排除效力而产生的权利,通常称为物权请求权或物上请求权。一般而言,物权请求权包括返还请求权、排除妨害请求权和预防妨害请求权三项内容。返还请求权是指物权人在其标的物被他人非法侵占时,得请求返还的权利;排除妨害请求权是指物权人于其物权的圆满状态被占有以外的其他方法妨害时,得请求除去妨害的权利;预防妨害请求权是指物权人于有妨害其物权之虞时,得请求防止妨害发生的权利。

第三节 物权的变动

一、物权变动的概念

物权的变动可以从两个方面理解:就物权自身而言,物权的变动是指物权的发生、变更、转让和消灭的运动状态;就物权主体而言,物权的变动是指物权的取得、丧失与变更。

从《物权法》规定来看,物权变动包括物权的发生、变更、转让和消灭四种形态。

(一) 物权的发生

物权的发生是指物权与某一特定主体相结合,即某一特定主体取得对某物的物权。就物权主体而言,物权的发生又称物权的取得。基于物权取得的根据不同,物权取得可以分为原始取得与继受取得。

物权的原始取得又称物权的固有取得或物权的绝对发生,是指权利人非依据他人既存的权利而取得物权。例如,通过生产、没收、征收、善意取得、先占、添附等方法取得的物权,都属于物权的原始取得。一般而言,依据原始取得方式取得的物权为所有权。当然,定限物权在特殊情形下也可以依据原始取得方式而取得,如通过善意取得方式取得抵押权、质权等。物权的原始取得主要是基于事实行为而取得物权,该物权的客体上可能原不存在物权,也可能原存在物权。但即使该物上原存在物权,以原始取得方式取得物权时,物权的取得也与原权利人的物权无关,原始取得人一经取得该物的物权,该物上的原有一切负担均因原始取得而归于消灭,原物权人不得就该标的物再主张任何权利。

物权的继受取得又称物权的传来取得或物权的相对发生,是指依据他人既存的权利而取得物权。继受取得一般是通过法律行为而取得物权的,但又不限于依法律行为取得。继受取得又可以分为创设的继受取得与转移的继受取得。创设的继受取得简称物权的创设取得,是指于物权的标的物上创设新的物权。创设取得是在他人之物上再设立一物权,因此,只有定限物权才能适用创设取得的方式,并且创设取得的物权只能是与原物权人的物权不同的物权。转移的继受取得简称物权的转移取得,是指就他人的物权依原状转移而取得物权。所有权、其他物权均可以适用转移取得的方式,而且转移取得的物权与原物权人的物权内容是相同的。

(二) 物权的变更

物权的变更有广义与狭义之分。广义的物权变更包括物权的主体、客体和内容的变更。物权主体的变更是指物权主体人数的变化(如单独所有变为共有,共有变为单独所有)和物权主体的更换(如所有权人由甲变为乙)。物权客体的变更为量的变更,是指物权的客体在量上有所增减。例如,物权的客体因添附而增加,或因部分毁损而减少。物权内容的变更为质的变更,是指物权在内容上的扩张或缩减、期限的延长或缩短。例如,建设用地使用权期限的延长、抵押权顺序的变更等。狭义的物权变更仅指物权的客体与内容的变更,不包括物权主体的变更。由于物权主体的变更通常涉及物权的取得与丧失,也即物权转让,且《物权法》已经将变更与转让作为物权变动的两种并列形态,因此,物权法上所称的物权变更仅为狭义的物权变更,即物权的客体变更与内容变更。

(三) 物权的转让

物权的转让是指物权人将物权通过一定的方式转移于他人,即新物权人取得物权,原物权人丧失物权。例如,通过买卖、赠与、互易等方式取得某物的所有权,即属于物权的转让。如前所述,从广义上说,物权的转让属于物权变更的一种形式,属于物权主体的变更。同时,因物权转让后,新物权人取得物权,而原物权人丧失物权,因此,物权的转让,就新物权人而言,属于物权的取得,为转移取得;就原物权人而言,属于物权的消灭,为物权的相对消灭。

(四) 物权的消灭

物权的消灭即物权的终止、丧失,是指物权与其权利主体相分离。物权的消灭可以分为绝对消灭与相对消灭。物权的绝对消灭是指不仅原物权人的物权消灭,并且其他人也不能取得该物权。例如,物权客体灭失,不仅原物权人的权利消灭,其他人也不可能再就该物取得物权。物权的相对消灭是指物权虽与原物权人相分离,但又与新的物权人结合。物权的相对消灭,从原物权人来说,为物权的消灭;从物权取得人来说,为物权的转移取得。因此,物权的相对消灭与物权的继受取得,实际上是一个问题的两个方面。

物权消灭的原因很多,既包括法律行为,也包括法律行为之外的其他事实。概括起来,物权消灭的主要原因有抛弃、混同、标的物灭失、权利存续期间届满、因法定原因被撤销等。这里仅就抛弃、混同作一说明。

1. 抛弃

抛弃是依物权人的意思表示,使物权归于消灭的一种单方行为。由于抛弃是一种单方行为,故只要有物权人一方的意思表示即可。抛弃的意思表示,应以一定的方式为之。例如,物权人抛弃动产所有权的,其放弃对该动产的占有即可产生抛弃的效力;抛弃留置权、质权等动产物权的,应向因该抛弃而直接受利益者为抛弃的意思表示并交付该动产,始发生抛弃的效力;抛弃不动产物权的,通常应向登记机关为抛弃的意思表示,并办理注销登记才能产生抛弃的效力。

原则上,物权人得自由抛弃物权。但是,如果物权的抛弃妨害他人利益时,则物权人不得抛弃物权。例如,以自己取得的建设用地使用权为担保,向银行贷款而设立抵押权后,该建设用地使用权人就不得抛弃其建设用地使用权。

2. 混同

物权的混同是指同一物之上所存在的两个以上的物权归属于一人的事实。在物权发生混同的情况下,一物权即因混同而消灭。物权的混同主要有两种情形:其一,所有权与其他物权混同。一物之上存在所有权和其他物权(包括用益物权和担保物权)归属于一人时，其他物权因混同而消灭。例如，甲在其房屋上为乙设立了抵押权，后乙购买了该房屋而取得所有权，则所有权与抵押权同归于乙，乙的抵押权消灭。其二，所有权之外的物权与以该权利为标的的物权混同。所有权之外的物权与以该权利为标的的物权归属于一人时，则以该权利为标的的物权消灭。例如，甲对一块土地享有建设用地使用权，甲以其建设用地使用权为乙设立了抵押权。后乙取得了甲的建设用地使用权，则建设用地使用权与以该建设用地使用权为标的的抵押权同归于乙，抵押权消灭。

当然，物权的混同导致物权的消灭，只是一般原则。在一些特殊情况下，物权也不因物权的混同而消灭。例如，在所有权与其他物权发生混同时，如果其他物权的存续对于所有权人或第三人有法律上的利益时，其他物权不消灭。同理，在所有权之外的物权与以该权利为标的的物权发生混同时，如果以该物权为标的的权利的存在对于权利人或第三人有法律上的利益时，该权利也不消灭。《担保法的解释》第77条规定："同一财产向两个以上的债权人抵押的，顺序在先的抵押权与该财产的所有权归属一人时，该财产的所有权人可以以其抵押权对抗顺序在后的抵押权。"根据这一规定，在同一财产上设立有数个抵押权时，先顺序抵押权与所有权混同的，该抵押权不消灭，且可以对抗后顺序的抵押权。在这种情况下所产生的抵押权，通常称为所有人抵押权。

二、物权变动的原因

物权变动的原因是指引起物权变动的法律事实。物权变动的原因有多种多样，从性质上可以分为法律行为和非法律行为两大类。

(一) 法律行为

法律行为是物权变动的最常见、最主要的原因。这里的法律行为既包括双方行为，也包括单方行为。前者如设立、变更及转让物权的合同行为，后者如物权的抛弃。

物权如何基于法律行为而发生变动，各国立法有不同的主张，大致可以分为三种立法主义：一是债权意思主义(又称意思主义)，即物权因法律行为而变动时,仅须有当事人的意思表示即可,无须进行登记或交付。按照债权意思主义,公示原则所要求的登记或交付,并非物权变动的生效要件,而仅是物权变动的对抗要件。例如,在买卖房屋关系中,当事人于买卖合同的意思表示一致时,买卖合同成立,房屋所有权即由卖方转移归买方。至于办理所有权的转移登记,并不是买方取得房屋所有权的要件,而是对抗第三人的要件。二是物权形式主义(又称形式主义),即物权因法律行为而变动时,不仅须有债权行为,还须有物权变动的意思表示以及履行登记或交付的法定形式。按照物权形式主义,债权行为只能发生债权关系,物权变动是物权行为的效果。物权行为独立存在,其效力不受原因关系即债权行为的影响。物权公示原则所要求的登记或交付为物权行为的法定形式,是物权变动的生效要件。例如,在买卖关系中,当事人双方关于成立买卖关系的意思表示的一致仅发生买卖的债权债务关系。当事人要发生转移所有权的物权变动,还须另有转移标的物所有权的合意及履行登记或交付等手续。三是债权形式主义(又称折衷主义),即物权因法律行为而变动时,除债权的合意外,仅须践行登记或交付的法定形式,即发生物权变动的效力。按照债权形式主义,物权的变动仅须在债权意思表示外加上登记或交付即为已足,不需另有物权变动的合意。

在我国法上,物权变动的模式原则上采取了债权形式主义,特殊情形下采取了债权意思主义。就债权形式主义而言,《物权法》在物权变动上既不要求物权变动须另有物权合意,也未承认物权变动的无因性。对此,《物权法》第9条第1款规定:"不动产物权的设立、变更、转让和消灭,经依法登记,发生效力;未经登记,不发生效力,但法律另有规定的除外。"《物权法》第23条规定:"动产物权的设立和转让,自交付时发生效力,但法律另有规定的除外。"应当指出的是,我国《物权法》尽管采取了债权形式主义,但也明确了债权行为与物权变动的区分原则。对此,《物权法》第15条规定:"当事人之间订立有关设立、变更、转让和消灭不动产物权的合同,除法律另有规定或者合同另有约定外,自合同成立时生效;未办理物权登记的,不影响合同效力。"就债权意思主义而言,《物权法》也规定在特殊情形下仅以当事人的意思作为物权变动的条件,而无须交付或登记。例如,《物权法》第 127 条第 1 款规定:"土地承包经营权自土地承包经营权合同生效时设立。"

(二) 非法律行为

除法律行为外,物权变动的原因还包括事实行为与事件、行政行为与司法行为等非法律行为。事实行为如先占、拾得遗失物、发现埋藏物、添附、混同、建造建筑物等;事件如法定期间的届满、物权人的死亡及继承的发生等;行政行为与司法行为如征收、没收、法院判决、仲裁委员会裁决等。

一般说来,基于非法律行为而发生的物权变动,不经登记或交付即可直接发生效力。至于何时发生物权变动的效力,取决于法律的直接规定。对此,《物权法》规定了三种情形:(1) 根据《物权法》第 28 条的规定,因人民法院、仲裁委员会的法律文书或者人民政府的征收决定等,导致物权设立、变更、转让或者消灭的,自法律文书或者人民政府的征收决定等生效时发生效力。(2) 根据《物权法》第 29 条的规定,因继承或者受遗赠取得物权的,自继承或者受遗赠开始时发生效力。(3) 根据《物权法》第 30 条的规定,因合法建造、拆除房屋等事实行为设立或者消灭物权的,自事实行为成就时发生效力。非基于法律行为而发生的物权变动,虽不经公示即可生效,但毕竟上述物权变动不一定为社会一般人所明知。为维护交易的安全,法律通常对物权取得人的处分权作一定的限制,将完成公示作为物权取得人处分物权的要件。对此,《物权法》第 31 条规定:基于上述物权变动而享有不动产物权的,处分该物权时,依照法律规定需要办理登记的,未经登记,不发生物权变动的效力。

三、物权变动的公示原则

公示原则是指当事人以公开方式使公众知晓物权变动的事实。即物权的变动必须与一定的标志结合起来,使第三人能够从外部加以识别。

物权变动之所以坚持公示原则,决定于物权本身的性质。物权为对世权,具有绝对性与排他性,其义务主体是权利人之外的任何第三人。因此,物权的变动不仅关系到权利人的利益,并且涉及权利人以外的一切人。这样,为维护第三人的利益和交易的安全,物权的变动就必须以一定的方式公示于众,否则将不能发生物权变动的法律后果。可见,公示原则不仅有利于保护物权人的利益,也有利于保护第三人的利益,以免善意第三人因受让的权利有瑕疵而受损失。

物权变动的公示方法,依物权种类的不同而有所不同。《物权法》第6条规定:"不动产物权的设立、变更、转让和消灭,应当依照法律规定登记。动产物权的设立和转让,应当依照法律规定交付。"可见,不动产物权变动以登记为公示方法,而动产物权变动以交付为公示方法。

物权变动的公示效力如何,立法上有三种不同主义:一是公示要件主义,即公示为物权变动的生效要件,未经公示的不发生物权变动的效果;二是公示对抗主义,即公示为物权变动的对抗要件,未经公示的亦发生物权变动的效果,但不得对抗第三人;三是折衷主义,即兼采公示要件主义和公示对抗主义,依不同种类的物权而定。在我国,不动产物权的设立、变更、转让和消灭,经依法登记,发生效力;未经登记,不发生效力,但法律另有规定的除外(《物权法》第9条第1款);动产物权的设立和转让,自交付时发生效力,但法律另有规定的除外(《物权法》第23条)。可见,我国物权法原则上采取了公示要件主义,只有在法律另有规定的情况下,才采取公示对抗主义。例如,地役权的设立未经登记的,不得对抗善意第三人;动产抵押权的设立未经登记的,不得对抗善意第三人。

物权变动公示后,依法产生公信力,即依公示方式所表现的物权即使与真实的权利状态不符,法律仍承认其具有与真实物权存在相同的效果。例如,在不动产登记簿上记载某人享有某项物权时,应推定该人享有该项权利;动产的占有人对其占有的动产实施某项行为时,应推定该人依法享有为此种行为的权利。即使公示表现的权利与真实的物权不一致,第三人基于对公示权利的信赖而自推定权利人处取得物权的,仍可取得受让的物权,真正物权人不得以处分人无权处分为由否认第三人已取得的物权。

四、不动产登记

（一）不动产登记的概念

不动产登记是指登记机构根据当事人的登记申请,将不动产物权变动的事项记载于登记簿上的行为。

根据《物权法》第 9 条第 1 款的规定,不动产物权的变动经依法登记,发生效力;未经登记,不发生效力,但法律另有规定的除外。可见,在法律没有另外规定的情况下,不动产登记是不动产物权变动的生效要件。例如,建设用地使用权的出让和转让,未经登记的,均不发生物权变动的效力。

在不动产登记中,不动产登记簿与不动产权属证书是两个重要的法律文件。根据《物权法》第 14 条的规定,不动产登记自登记事项记载于不动产登记簿时发生效力。因此,不动产登记簿是物权归属和内容的根据(《物权法》第 16 条),即确认物权的根据。不动产权属证书是权利人享有该不动产物权的证明。不动产权属证书记载的事项应当与不动产登记簿一致;记载不一致的,除有证据证明不动产登记簿确有错误外,以不动产登记簿为准(《物权法》第 17 条)。

（二）不动产登记机构及其职责

根据《物权法》第 10 条的规定,不动产登记由不动产所在地的登记机构办理;国家对不动产实行统一登记制度,统一登记的范围、登记机构和登记办法,由法律、行政法规规定。可见,我国的不动产登记实行地域管理,而不实行级别管辖。

当事人申请不动产登记的,应当根据不同登记事项,向登记机构提供权属证明和不动产界址、面积等必要材料(《物权法》第 11 条)。根据《物权法》第 12 条的规定,登记机构收到申请后,应当履行下列职责:(1) 查验申请人提供的权属证明和其他必要材料;(2) 就有关登记事项询问申请人;(3) 如实、及时登记有关事项;(4) 法律、行政法规规定的其他职责。申请登记的不动产的有关情况需要进一步证明的,登记机构可以要求申请人补充材料,必要时可以实地查看。为防止登记机构利用职权损害当事人的利益,登记机构不得有下列行为:要求对不动产进行评估;以年检等名义进行重复登记;超出登职责范围的其他行为(《物权法》第 13 条)。应当指出的是,登记机构在进行不动产登记时,只能按件收取登记费用,不得按照不动产的面积、体积或者价款的比例收取(《物权法》第 22 条)。

登记机构应当认真履行自己的职责,登记机构因登记错误,给他人造成损害的,应当承担赔偿责任。登记机构赔偿后,可以向提供虚假材料申请登记造成登记错误的当事人追偿。当事人提供虚假材料申请登记,给他人造成损害的,也应当承担赔偿责任(《物权法》第 21 条)。

(三) 不动产登记的种类

1. 初始登记、变更登记与注销登记

初始登记又称原始登记,是指对原无权属证书的不动产首次办理的不动产登记。例如,对合法建造的房屋所办理的房屋所有权登记。

变更登记是指登记的权利人转让其不动产权利或者在不动产之上为他人设立他物权,以及对既存登记的部分发生正常变动而办理的登记。在我国,转让不动产物权的登记又称转移登记、过户登记,设立他物权的登记通常称为他项权利登记。

注销登记是指对错误的、不真实的和已经消灭的不动产物权予以消除所进行的登记。例如,已经登记的宅基地使用权和地役权消灭的,应当办理注销登记。

2. 正式登记与预告登记

正式登记又称本登记或终局登记,是指对现实的不动产物权所进行的登记。通常所进行的不动产登记,大都是正式登记。

预告登记是指为保全一项以将来发生不动产物权变动为目的的债权请求权所进行的预先登记。根据《物权法》第 20 条的规定,预告登记主要包括以下三项内容:(1) 当事人签订买卖房屋或者其他不动产物权的协议,为保障将来实现物权,按照约定可以向登记机构申请预告登记;(2) 预告登记后,未经预告登记权利人同意,处分该不动产的,不发生物权效力;(3) 预告登记后,债权消灭或者自能够进行不动产登记之日起 3 个月未申请登记的,预告登记失效。

3. 更正登记与异议登记

更正登记是指申请人认为登记有错误时,登记机构经登记的权利人书面同意或有证据证明登记确有错误时所进行的改变登记权利人的登记。根据《物权法》第 19 条第 1 款的规定,权利人、利害关系人认为不动产登记簿记载的事项有错误的,可以申请更正登记;不动产登记簿记载的权利人书面同意更正或者有证据证明登记确有错误的,登记机构应当予以更正。更正登记具有终止现实登记权利的效力,是对既有登记内容的变更,因此,更正登记必须在查明事实的前提下进行。

异议登记是指对现实登记的权利的正确性提出异议而进行的登记。异议登记的主要功能在于阻止登记权利人对登记的不动产进行现时处分,属于一种临时性的不动产保护措施。根据《物权法》第 19 条第 2 款的规定,异议登记主要包括以下三项内容:(1) 异议登记的前提条件是申请人在提出更正登记申请的情况下,不动产登记簿记载的权利人不同意更正;(2) 登记机构予以异议登记,申请人在异议登记之日起 15 日内不起诉的,异议登记失效;(3) 异议登记不当,造成权利人损害的,权利人可以向申请人请求损害赔偿。

五、动产交付

动产交付是指物权人将动产转移给他人占有。交付是动产物权变动的生效要件,即除法律另有规定外,动产物权的设立和转让,自交付时发生效力。根据《物权法》第 24 条的规定,船舶、航空器和机动车等物权的设立、变更、转让和消灭,亦以交付为生效要件,但未经登记的,不得对抗善意第三人。

在物权法上,交付包括现实交付和观念交付。现实交付又称直接交付,是指物权人将动产直接移交给另一方占有并由其行使直接管领力。实际上,现实交付也就是占有的现实转移。

观念交付是指动产的占有在观念上转移而非现实转移。为照顾特殊情形下交易的便捷,法律许可在特殊情形下,以观念交付代替现实交付。观念交付主要包括简易交付、指示交付、占有改定。

简易交付是指当事人双方以转移物权的合意代替该动产现实转

移占有的交付。对此,《物权法》第25条规定:"动产物权设立和转让前,权利人已经依法占有该动产的,物权自法律行为生效时发生效力。"例如,甲借用乙的电视机,其后甲、乙约定将该电视机出卖给甲。此时,电视机的所有权自双方买卖合同生效时即发生转移。

指示交付是指当动产由第三人占有时,让与人以对第三人的返还请求权让与受让人,以代替现实交付。对此,《物权法》第26条规定:"动产物权设立和转让前,第三人依法占有该动产的,负有交付义务的人可以通过转让请求第三人返还原物的权利代替交付。"例如,甲将出租给乙的一台设备出卖给丙,甲、丙约定:甲将其对乙的返还设备请求权转让给丙,由丙以自己的名义直接向乙请求返还该设备。于此情形下,甲即是以指示交付的方式为交付,设备的所有权自约定生效时转移于丙。

占有改定是指转让动产物权的出让人仍直接占有标的物,而由受让人间接占有该标的物。对此,《物权法》第27条规定:"动产物权转让时,双方又约定由出让人继续占有该动产的,物权自该约定生效时发生效力。"例如,甲、乙双方签订钢琴买卖合同,但乙因参加演出需继续使用钢琴至演出结束,乙与甲又订立乙借用该钢琴的合同,由乙继续占有该钢琴。此时,钢琴的所有权自买卖合同生效时即视为交付而发生所有权的转移。

第十四章 所 有 权

第一节 所有权概述

一、所有权的概念和特点

《物权法》第 39 条规定:"所有权人对自己的不动产或者动产,依法享有占有、使用、收益和处分的权利。"根据这一规定,所有权是指所有权人对自己的物依法享有占有、使用、收益和处分的权利。

所有权除具有物权的一般特点外,还具有以下特点:

(一) 所有权具有自权性

所有权的自权性是指所有权系所有权人对自己的物所享有的物权。因此,所有权为自物权。所有权人在行使对标的物的权利时,无须其他权利的中介,即可以直接、无条件地行使占有、使用、收益、处分的权利。

(二) 所有权具有全面性

所有权的全面性又称完全性,是指所有权是最完全的物权。在法律规定的范围内,所有权人对于其物得为占有、使用、收益及处分等全面的概括的支配,即对所有物的使用价值和交换价值可予以全面的支配。与所有权不同,定限物权仅限于标的物的使用价值或交换价值支配标的物,而不能全面支配标的物。支配使用价值的,为用益物权;支配交换价值的,为担保物权。正因为如此,所有权被称为全面的支配权,而定限物权被称为一面的支配权。

(三) 所有权具有单一性

所有权的单一性又称整体性、浑一性,是指所有权系对标的物具有概括管领支配力或统一支配力的物权。所有权尽管有占有、使用、收益、处分等各种权能或作用,但所有权并不是这些权能或作用的总和,而是各种权能浑然一体的整体性权利。因此,所有权本身不得在内容或时间上加以分割。在基于所有权而设立用益物权或担保物权时,并不是分割出所有权的某种权能,而是将所有权的单一内容的一部分予以具体化,由他人享有之。

(四)所有权具有弹力性

所有权的弹力性又称归一性,是指所有权的单一内容可以自由伸缩。即,在所有权之上设立定限物权时,所有权人对所有物的全面支配权将因受到限制而减缩,而于该限制解除时,所有权人又恢复了对所有物的圆满支配状态。可见,所有权的弹力性系附随于所有权之上设立定限物权而产生的。所有权之上没有定限物权的存在,就无所谓所有权的弹力性。在现代社会,因所有权的弹力性,使得所有权逐渐趋于观念化,所有权不再囿于直接支配物的固有形态,而可以系观念的存在。所有权人即使并没有直接支配标的物,所有权仍得存在。这种现象,学说上称之为所有权的观念化或价值化,或所有权的观念性或价值性。

(五)所有权具有恒久性

所有权的恒久性又称为永久性、无期性,是指所有权因标的物的存在而永久存续,不得预定其存续期间。因此,所有权是无期物权。所有权的恒久性并非指所有权永不消灭或不可消灭,而只是指所有权不得预定存续期间。例如,标的物灭失、抛弃等原因都可导致所有权的消灭。

二、所有权的权能

所有权的权能即所有权的内容,是指所有权所发生的作用。所有权的不同权能具有不同的作用,而这种作用又体现在所有权人对所有物实施一类或一系列行为的可能性上。根据《物权法》第39条的规定,所有权包括占有、使用、收益和处分四项权能。

(一)占有权能

占有权能是指所有权人对所有物为事实上管领、控制的权能。占有权能是所有权人对所有物进行现实支配的前提和基础,也是所有权人支配其所有物的直观表现。

占有权能在一定条件下可以与所有权相分离,依法律规定或当事人约定由非所有权人行使。当占有权能与所有权分离而属于非所有权人时,非所有权人享有的占有权能同样受法律保护,所有权人不得随意请求返还原物,回复对所有物的占有。应当指出的是,非依法律规定或当事人约定而占有所有权人之物的,构成非法占有,非法占有人不仅不能享有占有权能,而且应对所有权人承担返还原物的责任。

(二) 使用权能

使用权能是指依所有物的性能或用途,不毁损其物或变更其性质而加以利用,以满足生产和生活需要的权能。使用权能是所有权人对标的物为事实上的支配,本质上是对标的物使用价值的利用。使用权能的行使以对物的占有为前提,享有物的使用权能须同时享有物的占有权能。但在某些场合,享有物的占有权能却并不一定享有物的使用权能,如质权人对质物享有占有权能,但原则上不享有使用权能。

如同占有权能一样,使用权能也可以与所有权人发生分离,而由非所有权人享有。非所有权人享有使用权能,只能是依法律规定或当事人的约定而利用标的物。否则,即构成非法使用,使用人不仅不享有使用权能,而且应对所有人承担民事责任。

(三) 收益权能

收益权能是指收取标的物所产生的新增经济利益的权能。这里的经济利益的范围相当广泛,不仅包括天然孳息和法定孳息,而且包括在实际生产经营活动中所产生的各种收益。

收益权能与使用权能有着密切的联系。通常情况下,收益权能是以使用权能为前提的,故收益权能与使用权能的主体一般是一致的。当然,收益权能也可以与所有权发生分离,且分离的形式呈现出多样化的趋势。例如,土地所有权人在自己的土地上为他人设立土地承包经营权、建设用地使用权等,都是土地所有权人将收益权能部分或全部地让与他人,从而使收益权能与所有权发生分离。

(四) 处分权能

处分权能是指依法对物进行处置,从而决定其命运的权能。由于处分权能涉及物的最终处理,因此,处分权能是所有权的核心权能。处分权能通常由所有权人行使,非所有权人只有在法律有特别规定或当事人有特别约定时才能处分他人所有的财产。

处分包括事实上的处分和法律上的处分。事实上的处分是指对物进行消费,即通过事实行为使物的物理形态发生变化,从而满足人们的需要。例如,粮食、燃料的消费等。法律上的处分是指对物权的处置,即通过法律行为使物权发生变动。此外,于物上设立负担如抵押权、地役权等,也可以认为是法律上的处分。

三、所有权的分类

(一) 国家所有权与集体所有权、私人所有权

根据所有权的主体,所有权可以分为国家所有权与集体所有权、私人所有权。《物权法》第4条规定:"国家、集体、私人的物权和其他权利人的物权受法律保护,任何单位和个人不得侵犯。"可见,国家所有权与集体所有权、私人所有权受法律的平等保护,并不因主体的不同而存在差异。但在我国现行经济制度下,不同主体的所有权在客体范围、取得方式及行使等方面还是存在不同的。因此,《物权法》专章规定了国家所有权与集体所有权、私人所有权。对此,后面将专门论述。

(二) 不动产所有权与动产所有权

根据所有权的客体,所有权可以分为不动产所有权与动产所有权。不动产所有权是以不动产为客体的所有权,主要包括土地所有权和建筑物所有权;动产所有权是以动产为客体的所有权。这里,仅对不动产所有权中的土地所有权和建筑物所有权作一说明。

1. 土地所有权

土地所有权是以土地为客体的不动产所有权。土地所有权具有以下特点:(1) 土地所有权的客体具有特定性。土地所有权的客体为土地,在我国法上,土地包括国有土地和集体土地。(2) 土地所有权的主体具有限定性。在我国法上,土地所有权的主体只能是国家或农村集体,其他任何人或任何组织都不成为土地所有权的主体。(3) 土地所有权的交易具有禁止性。我国法律严格禁止土地的交易,不允许以任何形式进行土地交易。(4) 土地所有权的行使具有

特殊性。在我国,土地虽归国家或集体所有,但国家或集体组织一般并不直接行使土地所有权,而是通过所有权人设置土地使用权的方式行使其所有权。例如,就国家土地所有权而言,主要实行建设用地使用权制度;就集体土地所有权而言,主要实行土地承包经营权、宅基地使用权、建设用地使用权等制度。

土地所有权以土地为客体,而土地又包括地表、地上空间和地下地身。因此,明确土地所有权的效力范围具有重要意义。对此,可以从"横"和"纵"两个方面理解。在"横"的方面,可以通过划定四至的方法,明确疆界即地界,以此来确定某一土地所有权的范围。可见,土地所有权在"横"的方面是以地界为其效力所及的范围。在"纵"的方面,土地所有权的效力及于地表、地上空间和地下地身,但土地所有权的效力在及于地上空间、地下地身时应受到一定的限制。这主要表现在:(1)法律的限制,如国防、电信、交通、自然资源、环境保护、名胜古迹保护等方面的法律限制。(2)内在的限制,即以"行使所有权有利益"的范围加以限制。就是说,土地所有权的效力范围,仅限于其行使受到法律保护的利益范围之内;超出此范围,为土地所有权的效力所不及。例如,飞机在土地上空飞行,对土地所有权人而言,即属于"行使所有权有利益"的范围之外。

2. 建筑物所有权

建筑物所有权是指以各种类型的建筑物为客体的不动产所有权。建筑物所有权包括普通建筑物所有权和建筑物区分所有权,它们各具有不同的特性。《物权法》对业主的建筑物区分所有权作了专章规定。

建筑物属于地上定着物,因此,在物理上,建筑物与土地不可分离。但在法律上,建筑物与土地的关系存在着结合主义和分别主义两种不同的立法例。依据结合主义,建筑物与土地结合为一个不动产,建筑物只是土地的一部分而不是独立的物;依据分别主义,建筑物与土地是两个独立的物。我国法采取分别主义,建筑物与其占有范围内的土地为两个独立的不动产,可以分别成为物权的客体,具体表现为建筑物所有权与土地使用权是两种独立的不动产物权。我国《物权法》在实行分别主义的同时,又实行了"房地一体处分"原则。

根据《物权法》第 146 条和第 147 条的规定,建设用地使用权转让、互换、出资或者赠与的,附着于该土地上的建筑物、构筑物及其附属设施一并处分;建筑物、构筑物及其附属设施转让、互换、出资或者赠与的,该建筑物、构筑物及其附属设施占用范围内的建设用地使用权一并处分。这就是通常所称的"房随地走"或"地随房走"规则。

四、所有权的限制

所有权是绝对权,具有排他性,任何人都负有不得侵害所有权的义务,以确保所有权的圆满状态。但是,与其他权利一样,所有权也不是绝对无限制的。所有权的行使必须在法律允许的范围内进行,以保护社会公共利益和他人的正当权益。《物权法》第 7 条规定:"物权的取得和行使,应当遵守法律,尊重社会公德,不得损害公共利益和他人合法权益。"

从我国法律的有关规定来看,所有权受限制的情形主要有以下几种:

(一)国家有权依法征收、征用所有权人的不动产和动产

为了公共利益的需要或者因抢险、救灾等紧急需要,国家有权依法征收或征用所有权人的不动产或动产。关于征收,《物权法》第 42 条第 1、2、3 款规定:"为了公共利益的需要,依照法律规定的权限和程序可以征收集体所有的土地和单位、个人的房屋及其他不动产。征收集体所有的土地,应当依法足额支付土地补偿费、安置补助费、地上附着物和青苗的补偿费等费用,安排被征地农民的社会保障费用,保障被征地农民的生活,维护被征地农民的合法权益。征收单位、个人的房屋及其他不动产,应当依法给予拆迁补偿,维护被征收人的合法权益;征收个人住宅的,还应当保障被征收人的居住条件。"关于征用,《物权法》第 44 条规定:"因抢险、救灾等紧急需要,依照法律规定的权限和程序可以征用单位、个人的不动产或者动产。被征用的不动产或者动产使用后,应当返还被征用人。单位、个人的不动产或者动产被征用或者征用后毁损、灭失的,应当给予补偿。"

(二)接受相邻关系人的限制

所有权人应当容忍他人对其所有物为一定限度内的"妨碍"行

为,为相邻关系人在用水、通行、排水、铺设管线等方面提供必要的便利,除非相邻关系人对其造成损害,不得向相邻关系人请求支付任何费用。

(三) 接受法律规定的不作为义务或作为义务的限制

所有权人不得任意实施某种自由支配行为,如不得擅自改变耕地用途等;或者于一定情况下不仅有行使其所有权的权利,而且还负有积极行使的义务,如应及时拆除或加固危房、不能任凭土地荒置而不利用等。

第二节　国家所有权和集体所有权、私人所有权

一、国家所有权

《物权法》第45条规定:"法律规定属于国家所有的财产,属于国家所有即全民所有。"根据这一规定,国家所有权是指国家对国家所有即全民所有的财产依法享有占有、使用、收益和处分的权利。

国家所有权具有以下特点:

(一) 国家所有权的主体是国家

国家所有权的主体只能是代表全体人民意志和利益的国家,其他任何国家机关、单位或个人都不能充当国家所有权的主体。

(二) 国家所有权的客体具有广泛性

国家所有权的客体具有无限的广泛性,任何财产都可以成为国家所有权的客体而不受限制,而且有些财产属于国家专有。《物权法》第41条规定:"法律规定专属于国家所有的不动产和动产,任何单位和个人不能取得所有权。"根据《物权法》的规定,下列财产属于国家所有:(1) 矿藏、水流、海域;(2) 城市的土地和法律规定属于国家所有的农村和城市郊区的土地;(3) 森林、山岭、草原、荒地、滩涂等自然资源,但法律规定属于集体所有的除外;(4) 法律规定属于国家所有的野生动植物资源;(5) 无线电频谱资源;(6) 法律规定属于国家所有的文物;(7) 国防资产以及依照法律规定为国家所有的铁路、公路、电力设施、电信设施和油气管道等基础设施(《物权法》

第 46 条至第 52 条)。

(三) 国家所有权的取得方法具有特殊性

国家所有权的取得除与集体所有权、私人所有权具有相同的取得方法外,还有自己的特殊取得方法,如征收、没收、税收等。这些取得方法只能产生国家所有权,而不能产生其他类型的所有权。

(四) 国家所有权的行使具有特殊性

根据《物权法》第 45 条第 2 款的规定,除法律另有规定外,国有财产由国务院代表国家行使所有权。国务院在代表国家行使所有权时,可以依据具体情况决定所有权的行使方法。例如,根据《物权法》第 53 条至第 55 条的规定,国家机关对其直接支配的不动产和动产,享有占有、使用以及依照法律和国务院的有关规定处分的权利;国家举办的事业单位对其直接支配的不动产和动产,享有占有、使用以及依照法律和国务院的有关规定收益、处分的权利;国家出资的企业,由国务院、地方人民政府依照法律、行政法规规定分别代表国家履行出资人职责,享有出资人权益。

(五) 国家所有权的保护具有一定的特殊性

国家所有权与集体所有权、私人所有权在法律地位上是平等的,因此,法律应当予以平等保护。但由于国家所有权的主体毕竟是国家,因此,在所有权的保护上,还存在一定的特殊性。例如,根据《物权法》第 57 条的规定,履行国有财产管理、监督职责的机构及其工作人员,应当依法加强对国有财产的管理、监督,促进国有财产保值增值,防止国有财产损失;滥用职权,玩忽职守,造成国有财产损失的,应当依法承担法律责任。违反国有财产管理规定,在企业改制、合并分立、关联交易等过程中,低价转让、合谋私分、擅自担保或者以其他方式造成国有财产损失的,应当依法承担法律责任。

二、集体所有权

《物权法》第 59 条第 1 款规定:"农民集体所有的不动产和动产,属于本集体成员集体所有。"第 61 条规定:"城镇集体所有的不动产和动产,依照法律、行政法规的规定由本集体享有占有、使用、收益和处分的权利。"根据上述规定,集体所有权是指集体经济组织依法对集体财产享有占有、使用、收益、处分的权利。

集体所有权具有以下特点：

（一）集体所有权的主体具有多元性

集体所有权的主体是为数众多的劳动群众集体组织，包括农民集体组织和城镇集体组织，其种类包括工业、农业、商业、手工业等各行各业的集体组织。可见，集体所有权的主体具有多元性。

（二）集体所有权的客体具有相对广泛性

集体所有权的客体范围十分广泛，除国家专有财产不能成为集体所有权的客体外，其他财产均可以成为集体所有权的客体。根据《物权法》第58条的规定，集体所有的不动产和动产主要包括：(1) 法律规定属于集体所有的土地和森林、山岭、草原、荒地、滩涂；(2) 集体所有的建筑物、生产设施、农田水利设施；(3) 集体所有的教育、科学、文化、卫生、体育等设施；(4) 集体所有的其他不动产和动产。

（三）集体所有权的行使具有特殊要求

集体所有权由作为所有权人的集体组织直接行使，或者由所有权人的代表行使。根据《物权法》第59条的规定，农民集体所有权行使中的重大事项应当依照法定程序经本集体成员决定，如土地承包方案以及将土地发包给本集体以外的单位或者个人承包、个别土地承包经营权人之间承包地的调整、土地补偿费等费用的使用及分配办法、集体出资的企业的所有权变动等。对于集体所有的土地和森林、山岭、草原、荒地、滩涂等，应当依照下列规定行使所有权：(1) 属于村农民集体所有的，由村集体经济组织或者村民委员会代表集体行使所有权；(2) 分别属于村内两个以上农民集体所有的，由村内各该集体经济组织或者村民小组代表集体行使所有权；(3) 属于乡镇农民集体所有的，由乡镇集体经济组织代表集体行使所有权（《物权法》第60条）。根据《物权法》第62条和第63条的规定，在行使农民集体所有权时，集体经济组织或者村民委员会、村民小组应当依照法律、行政法规以及章程、村规民约向本集体成员公布集体财产的状况。如果集体经济组织、村民委员会或者其负责人作出的决定侵害集体成员的合法权益，受侵害的集体成员可以请求法院予以撤销。

三、私人所有权

《物权法》第 64 条规定:"私人对其合法的收入、房屋、生活用品、生产工具、原材料等不动产和动产享有所有权。"根据这一规定,私人所有权是指私人依法对其合法取得的不动产和动产享有占有、使用、收益、处分的权利。

私人所有权具有以下特点:

(一) 私人所有权的主体是私人

私人所有权的主体只能是私人,而不是国家或集体。这里的私人可以是单独的自然人,也可以是个人独资企业、个人合伙企业等非公有制企业。

(二) 私人所有权的客体包括生活资料和生产资料

私人所有权的客体包括生活资料和生产资料,但主要是生活资料。私人财产主要包括私人的合法收入、房屋、生活用品、生产工具、原材料、储蓄、投资及其收益等。

(三) 私人所有权通过劳动及其他合法方式获得

私人所有权的取得方式主要是劳动,包括体力劳动和脑力劳动。但通过接受继承、遗赠、赠与等非劳动方式,也可以取得私人财产所有权。

四、法人所有权

《物权法》除规定了国家所有权与集体所有权、私人所有权外,还规定了法人所有权。所谓法人所有权,是指法人对其不动产和动产依照法律、法规及规章的规定享有的占有、使用、收益和处分的权利。从《物权法》的规定来看,法人所有权包括企业法人所有权和其他法人所有权。

关于企业法人所有权,《物权法》第 68 条第 1 款规定:"企业法人对其不动产和动产依照法律、行政法规以及章程享有占有、使用、收益和处分的权利。"企业法人所有权是由其出资者出资而形成的,并须依照法律、行政法规及法人章程行使所有权。对此,《物权法》

第 67 条规定:"国家、集体和私人依法可以出资设立有限责任公司、股份有限公司或者其他企业。国家、集体和私人所有的不动产或者动产,投到企业的,由出资人按照约定或者出资比例享有资产收益、重大决策以及选择经营管理者等权利并履行义务。"

关于其他法人所有权,《物权法》第 68 条第 2 款规定:"企业法人以外的法人,对其不动产和动产的权利,适用有关法律、行政法规以及章程的规定。"此外,《物权法》第 69 条还规定:"社会团体依法所有的不动产和动产,受法律保护。"

第三节 建筑物区分所有权

一、建筑物区分所有权的概念和特点

《物权法》第 70 条规定:"业主对建筑物内的住宅、经营性用房等专有部分享有所有权,对专有部分以外的共有部分享有共有和共同管理的权利。"根据这一规定,建筑物区分所有权是指业主对建筑物内的住宅、经营性用房等专有部分享有所有权,对专有部分以外的共有部分享有共有权和共同管理权的一种不动产所有权。

建筑物区分所有权具有以下特点:

(一) 建筑物区分所有权的客体具有特殊性

建筑物区分所有权的客体为建筑物,这种建筑物与一般建筑物有所不同,它在结构上须能够在横向、纵向或纵横向上区分为若干独立部分,而且建筑物的区分各部分能够单独使用并能为不同的业主(所有权人)所专用。如果一个建筑物不能区分为若干个独立部分,或即使能够区分但不能为不同的业主所专用,则不能形成建筑物区分所有权,而只能形成普通建筑物所有权。

(二) 建筑物区分所有权的内容具有复合性

建筑物区分所有权是由专有权(所有权)、共有权、管理权(成员权)的复合而构成的特别所有权。对于建筑物的专有部分,业主享有专有权;对于建筑物的共有部分,业主享有共有权和管理权。在这三种权利中,专有权占主导地位。根据《物权法》第 72 条第 2 款的

规定,业主转让建筑物内的住宅、经营性用房,其对共有部分享有的共有和共同管理的权利一并转让。

(三) 建筑物区分所有权的主体具有多重身份性

建筑物区分所有权是由专有权、共有权、管理权所构成的,这就决定了建筑物区分所有权的主体具有多重身份性。就是说,业主对专有部分享有专有权,为所有权人;对共有部分享有共有所有权和共同管理权,为共有所有权人和管理权人。

二、专有部分的专有权

专有部分的专有权是指业主对区分所有建筑物的专用部分所享有的占有、使用、收益和处分的权利。《物权法》第71条规定:"业主对其建筑物专有部分享有占有、使用、收益和处分的权利。业主行使权利不得危及建筑物的安全,不得损害其他业主的合法权益。"根据《建筑物区分所有权的解释》第4条的规定,业主基于对住宅、经营性用房等专有部分特定使用功能的合理需要,无偿利用屋顶以及与其专有部分相对应的外墙面等共有部分的,不应认定为侵权。但违反法律、法规、管理规约,损害他人合法权益的除外。

专有权的客体是区分所有建筑物中的独立建筑空间,如公寓楼中的某一单元住宅。与普通建筑物所有权不同,建筑物区分所有权中的专有权不是对有体物加以管领支配,而是对由建筑材料所组成的"空间"加以管领支配。因此,建筑物区分所有权中的专有权又被称为空间所有权。《建筑物区分所有权的解释》第2条规定,建筑区划内符合下列条件的房屋(包括整栋建筑物),以及车位、摊位等特定空间,应当认定为专有部分:(1) 具有构造上的独立性,能够明确区分;(2) 具有利用上的独立性,可以排他使用;(3) 能够登记成为特定业主所有权的客体。规划上专属于特定房屋,且建设单位销售时已经根据规划列入该特定房屋买卖合同中的露台等,应当认定为专有部分的组成部分。

三、共有部分的共有权

共有部分的共有权是指业主对区分所有建筑物的共有部分所享

有的权利。《物权法》第 72 条第 1 款规定:"业主对建筑物专有部分以外的共有部分,享有权利,承担义务;不得以放弃权利不履行义务。"根据《建筑物区分所有权的解释》第 14 条的规定,建设单位或者其他行为人擅自占用、处分业主共有部分、改变其使用功能或者进行经营性活动,权利人请求排除妨害、恢复原状、确认处分行为无效或者赔偿损失的,人民法院应予支持。发生这里所称的擅自进行经营性活动的情形,权利人请求行为人将扣除合理成本之后的收益用于补充专项维修资金或者业主共同决定的其他用途的,人民法院应予支持。行为人对成本的支出及其合理性承担举证责任。

共有权的客体是区分所有建筑物的共有部分,即除专有部分之外的部分。在建筑物区分所有权中,共有部分主要包括以下几项:

其一,根据《物权法》第 73 条的规定,建筑区划内的道路,属于业主共有,但属于城镇公共道路的除外。建筑区划内的绿地,属于业主共有,但属于城镇公共绿地或者明示属于个人的除外。建筑区划内的其他公共场所、公用设施和物业服务用房,属于业主共有。

其二,根据《物权法》第 74 条的规定,建筑区划内,规划用于停放汽车的车位、车库应当按照以下规定明确其归属:(1)建筑区划内,规划用于停放汽车的车位、车库应当首先满足业主的需要。建筑区划内,规划用于停放汽车的车位、车库的归属,由当事人通过出售、附赠或者出租等方式约定。根据《建筑物区分所有权的解释》第 5 条的规定,建设单位按照配置比例将车位、车库,以出售、附赠或者出租等方式处分给业主的,应当认定其行为符合"应当首先满足业主的需要"的规定。这里所称配置比例,是指规划确定的建筑区划内规划用于停放汽车的车位、车库与房屋套数的比例。(2)占用业主共有的道路或者其他场地用于停放汽车的车位,属于业主共有。根据《建筑物区分所有权的解释》第 6 条的规定,这里所称车位,是指建筑区划内在规划用于停放汽车的车位之外,占用业主共有道路或者其他场地增设的车位。

其三,根据《建筑物区分所有权的解释》第 3 条的规定,除法律、行政法规规定的共有部分外,建筑区划内的以下部分,应当认定为共有部分:(1)建筑物的基础、承重结构、外墙、屋顶等基本结构部分,通道、楼梯、大堂等公共通行部分,消防、公共照明等附属设施、设备,避难层、设备层或者设备间等结构部分;(2) 其他不属于业主专有部分,也不属于市政公用部分或者其他权利人所有的场所及设施等;(3) 建筑区划内的土地,依法由业主共同享有建设用地使用权,但属于业主专有的整栋建筑物的规划占地或者城镇公共道路、绿地占地除外。

四、共有部分的管理权

共有部分的管理权是指业主基于对建筑物共有部分的管理而享有的权利。业主的管理权主要包括以下内容:

其一,根据《物权法》第75条的规定,业主可以设立业主大会,选举业主委员会。业主大会或者业主委员会的决定,对业主具有约束力,但业主大会或者业主委员会作出的决定侵害业主合法权益的,受侵害的业主可以请求人民法院予以撤销(《物权法》第78条)。根据《建筑物区分所有权的解释》第12条的规定,业主以业主大会或者业主委员会作出的决定侵害其合法权益或者违反了法律规定的程序为由,请求人民法院撤销该决定的,应当在知道或者应当知道业主大会或者业主委员会作出决定之日起1年内行使。

其二,根据《物权法》第76条的规定,下列事项由业主共同决定:(1) 制定和修改业主大会议事规则;(2) 制定和修改建筑物及其附属设施的管理规约;(3) 选举业主委员会或者更换业主委员会成员;(4) 选聘和解聘物业服务企业或者其他管理人;(5) 筹集和使用建筑物及其附属设施的维修资金;(6) 改建、重建建筑物及其附属设施;(7) 有关共有和共同管理权利的其他重大事项。例如,改变共有部分的用途、利用共有部分从事经营性活动、处分共有部分,以及业主大会依法决定或者管理规约依法确定应由业主共同决定的事项(《建筑物区分所有权的解释》第7条)。其中,决定第(5)、(6)项规定的事项的,应当经专有部分占建筑物总面积2/3以上的业主且占总人数2/3以上的业主同意;决定其他事项的,应当经专有部分占建筑物总面积过半数的业主且占总人数过半数的业主同意。根据《建筑物区分所有权的解释》第8条和第9条的规定,这里的专有部分面积和建筑物总面积,可以按照下列方法认定:专有部分面积,按照不动产登记簿记载的面积计算;尚未进行物权登记的,暂按测绘机构的实测面积计算;尚未进行实测的,暂按房屋买卖合同记载的面积计算。建筑物总面积,按照前项的统计总和计算。这里的业主人数和总人数,可以按照下列方法认定:业主人数,按照专有部分的数量计算,一个专有部分按一人计算。但建设单位尚未出售和虽已出售但尚未交付的部分,以及同一买受人拥有一个以上专有部分的,按一人计算;总人数,按照前项的统计总和计算。

其三,根据《物权法》第77条的规定,业主不得违反法律、法规以及管理规约,将住宅改变为经营性用房。业主将住宅改变为经营性用房的,除遵守法律、法规以及管理规约外,应当经有利害关系的业主同意。根据《建筑物区分所有权的解释》第10条和第11条的规定,业主将住宅改变为经营性用房,未经有利害关系的业主同意,有利害关系的业主请求排除妨害、消除危险、恢复原状或者赔偿损失的,人民法院应予支持。将住宅改变为经营性用房的业主以多数有利害关系的业主同意其行为进行抗辩的,人民法院不予支持。业主将住宅改变为经营性用房,本栋建筑物内的其他业主,应当认定为"有利害关系的业主";建筑区划内,本栋建筑物之外的业主,主张与自己有利害关系的,应证明其房屋价值、生活质量受到或者可能受到不利影响。

其四,根据《物权法》第79条的规定,建筑物及其附属设施的维修资金,属于业主共有。经业主共同决定,可以用于电梯、水箱等共有部分的维修。维修资金的筹集、使用情况应当公布。根据《建筑物区分所有权的解释》第13条的规定,业主请求公布、查阅下列应当向业主公开的情况和资料的,人民法院应予支持:(1)建筑物及其附属设施的维修资金的筹集、使用情况;(2)管理规约、业主大会议事规则,以及业主大会或者业主委员会的决定及会议记录;(3)物业服务合同、共有部分的使用和收益情况;(4)建筑区划内规划用于停放汽车的车位、车库的处分情况;(5)其他应当向业主公开的情况和资料。

其五,根据《物权法》第80条的规定,建筑物及其附属设施的费用分摊、收益分配等事项,有约定的,按照约定;没有约定或者约定不明确的,按照业主专有部分占建筑物总面积的比例确定。

其六,根据《物权法》第81条和第82条的规定,业主可以自行管理建筑物及其附属设施,也可以委托物业服务企业或者其他管理人管理。对建设单位聘请的物业服务企业或者其他管理人,业主有权依法更换。物业服务企业或者其他管理人根据业主的委托管理建筑区划内的建筑物及其附属设施,并接受业主的监督。

其七,根据《物权法》第83条的规定,业主应当遵守法律、法规以及管理规约。业主大会和业主委员会对任意弃置垃圾、排放污染物或者噪声、违反规定饲养动物、违章搭建、侵占通道、拒付物业费等损害他人合法权益的行为,有权依照法律、法规以及管理规约,要求行为人停止侵害、消除危险、排除妨害、赔偿损失。业主对侵害自己合法权益的行为,也可以依法向人民法院提起诉讼。根据《建筑物区分所有权的解释》第15条的规定,业主或者其他行为人违反法律、法规、国家相关强制性标准、管理规约,或者违反业主大会、业主委员会依法作出的决定,实施下列行为的,可以认定为其他"损害他人合法权益的行为":(1)损害房屋承重结构,损害或者违章使用电力、燃气、消防设施,在建筑物内放置危险、放射性物品等危及建筑物安全或者妨碍建筑物正常使用;(2)违反规定破坏、改变建筑物外墙面的形状、颜色等损害建筑物外观;(3)违反规定进行房屋装饰装修;(4)违章加建、改建,侵占、挖掘公共通道、道路、场地或者其他共有部分。

第四节 相邻关系

一、相邻关系的概念和特点

相邻关系是指相互毗邻的不动产所有权人或使用权人之间在行使所有权或使用权时,因相互间给予便利或接受限制所发生的权利义务关系。可见,相邻关系的实质是不动产权利内容的限制和扩张。

相邻关系具有以下特点:

(一) 相邻关系的主体具有多数性

相邻关系作为所有权的一种限制,只能发生在两个以上的民事主体之间,单一的民事主体不可能发生相邻关系。例如,相邻的不动产由同一主体所有和使用的,即不能发生相邻关系。相邻关系可以发生在自然人之间,也可以发生法人之间或自然人与法人之间。在相邻关系中,当事人只能是两个以上不同的不动产的所有权人或使用权人。

(二) 相邻关系的标的物具有相邻性

相邻关系只能产生在相邻的不动产之间,动产之间的相邻不能产生相邻关系。这是因为,如果不动产不相毗邻,则所有权人或使用权人之间就不会发生权利行使的冲突问题,自然也就不会发生相邻关系。而当事人因相邻动产的所有权或使用权行使发生冲突时,完全可以通过移动动产的位置而加以解决。不动产的毗邻不仅包括不动产相互连接,也包括不动产相互邻近。

(三) 相邻关系的产生具有法定性

相邻关系是由法律直接规定的,而不是当事人约定的,是法律为调和不动产所有权人或使用权人之间的利益冲突而对所有权所作的限制,属于所有权制度的一项重要内容。

(四) 相邻关系的内容具有复杂性

相邻关系的内容十分复杂,不同种类的相邻关系所体现的内容各不相同。但综合而言,相邻关系的内容主要包括两个方面:一是相邻任何一方在行使所有权或使用权时,都有权要求相邻他方给予便利,而相邻他方应当提供必要的便利。所谓必要的便利,是指非从相邻方得到这种便利,就不能正常行使不动产的所有权或使用权。二是相邻各方行使权利时,不得损害相邻他方的合法权益。

(五) 相邻关系的客体具有特殊性

相邻关系是对不动产所有权或使用权的限制,也是一种物权制度,但相邻关系的客体与物权的客体有所不同。相邻关系所要解决的并不是相邻各方对不动产本身的争议,而只是在行使不动产权利时所发生的利益冲突。因此,相邻关系的客体是行使不动产权利时所体现的利益。

二、相邻关系的处理原则

在处理相邻关系时,应当坚持以下原则:

(一) 有利生产和方便生活的原则

相邻关系是人们在生产、生活中,因行使不动产权利而产生的,与人们的生产、生活直接相关。因此,《物权法》第84条中规定,相邻人应当按照有利生产、方便生活的原则出发,正确处理相邻关系。

(二) 团结互助和公平合理的原则

相邻关系发生在相邻不动产的所有权人或使用权人之间,要求相邻一方为另一方行使不动产权利给予必要的便利。如果相邻各方只要求他人给予方便,而自己却不为他人提供方便,就不可能处理好相邻关系。因此,《物权法》第84条中规定,不动产的相邻权利人应当按照团结互助、公平合理的原则,正确处理相邻关系。同时,在相邻关系中,相邻权利人在获得便利时,也应当承担一定的义务,对受到损失的相邻方,应当按照公平合理的原则给予适当的赔偿。对此,《物权法》第92条规定:"不动产权利人因用水、排水、通行、铺设管线等利用相邻不动产的,应当尽量避免对相邻的不动产权利人造成损害;造成损害的,应当给予赔偿。"

(三) 遵循习惯的原则

相邻关系基于不动产的特殊性,并非一朝一夕就形成的。因此,在处理相邻关系时,必须遵循当地的习惯。只有这样,才能稳定相邻关系,维护社会的生产和生活秩序,也有利于人们所接受。对此,《物权法》第85条规定:"法律、法规对处理相邻关系有规定的,依照其规定;法律、法规没有规定的,可以按照当地习惯。"例如,对于相邻一方所有的或者使用的建筑物范围内历史形成的必经通道,所有权人或使用权人不得堵塞。

三、相邻关系的种类

根据《物权法》的规定,相邻关系主要包括以下几种:

(一) 相邻用水和排水关系

在相邻用水和排水关系中,不动产权利人应当为相邻权利人用水、排水提供必要的便利。对自然流水的利用,应当在不动产的相邻权利人之间合理分配。对自然流水的排放,应当尊重自然流向(《物权法》第86条)。

(二) 相邻土地通行关系

在相邻的土地之间,不动产权利人对相邻权利人因通行等必须利用其土地的,应当提供必要的便利(《物权法》第87条)。

(三) 相邻不动产利用关系

不动产权利人因建造、修缮建筑物以及铺设电线、电缆、水管、暖气和燃气管线等必须利用相邻土地、建筑物的,该土地、建筑物的权利人应当提供必要的便利(《物权法》第88条)。

(四) 相邻通风、采光和日照关系

建造建筑物不得违反国家有关工程建设标准,妨碍相邻建筑物的通风、采光和日照(《物权法》第89条)。

(五) 相邻有害物排放关系

不动产权利人不得违反国家规定弃置固体废物,排放大气污染物、水污染物、噪声、光、电磁波辐射等有害物质(《物权法》第90条)。

(六) 相邻不动产安全维护关系

不动产权利人挖掘土地、建造建筑物、铺设管线以及安装设备等,不得危及相邻不动产的安全(《物权法》第91条)。

第五节 共 有

一、共有的概念和特点

《物权法》第93条中规定:不动产或者动产可以由两个以上单位、个人共有。根据这一规定,共有是指两个以上的权利主体对同一项财产共同享有所有权的法律制度。在共有关系中,共同享有所有权的人称为共有人,共有的标的物称为共有物,包括不动产和动产。

共有具有以下特点:

(一) 共有主体的多数性

共有主体的多数性又称为共有主体的多元性,是指共有人为两个以上的权利主体。如果只存在单一的权利主体,则不能形成共有关系。因此,共有主体的多数性是其区别于单独所有权的重要特点。

(二) 共有客体的同一性

共有主体尽管具有多数性,但多数主体系对同一项财产共同享有所有权。所谓的"同一项财产",是指在法律上可以独立存在的、尚未分割的统一财产。此项财产既可以是某一个特定的财产,如一栋房屋、一辆汽车等;也可以是一项集合财产,如遗产、夫妻共有财产等。

(三) 共有内容的双重性

在共有关系中,既存在共有人之间的对内关系,也存在共有人与第三人之间的对外关系。在对内关系中,各共有人对共有物或者按照各自的份额享有权利、承担义务,或者平等地享有权利、承担义务。在对外关系中,共有人是作为一个单一的权利主体与第三人发生民事关系的。

(四) 共有权的联合性

共有权的联合性是指共有是所有权的联合,而不是一种独立的所有权类型。这种所有权的联合,可以是同种类所有权的联合,如集体所有权之间的联合、私人所有权之间的联合,也可以是不同种类所有权的联合,如集体所有权与国家所有权之间的联合、集体所有权与私人所有权之间的联合等。

(五) 共有产生原因的共同性

共有是权利主体根据自身的生产或生活需要而设立的,或者法律为满足权利主体的共同需要而规定的。前者如合伙共有、家庭财产共有等,后者如夫妻财产共有、遗产共有等。可见,共有产生的原因具有共同性的特点。

二、共有的种类

根据《物权法》第93条的规定,共有包括按份共有和共同共有。此外,根据《物权法》第105条的规定,两个以上单位、个人共同享有用益物权、担保物权的,参照有关共有的规定。这里所规定的情形属于准共有的情形。所谓准共有,是指两个以上的权利主体共同享有所有权之外的其他财产权的一种制度。

（一）按份共有

《物权法》第94条规定："按份共有人对共有的不动产或者动产按照其份额享有所有权。"根据这一规定，按份共有是指共有人按照确定的份额对共有物分享权利、分担义务的共有。

按份共有作为共有的一种形式，除具有共有的共同特点之外，还具有以下特点：

1. 按份共有人的权利义务体现在一定份额之上

在按份共有中，按份共有人对共有物按照其份额享有所有权，因此，按份共有人的权利义务体现在一定份额之上。这个份额称为应有部分，是共有人对共有物所有权所享有的权利的比例，是确定按份共有人的权利义务的依据。也就是说，按份共有人享有权利和分担义务的多少，完全取决于共有人拥有应有部分的大小。根据《物权法》第104条的规定，按份共有人对共有物享有的份额，应当依共有人的约定确定；没有约定或者约定不明确的，按照出资额确定；不能确定出资额的，视为等额享有。

2. 按份共有人对其应有部分享有相当于所有权的权利

按份共有人按照其份额享有权利，分担义务。共有人对其应有部分，享有相当于所有权的权利。所以，按份共有人有权要求将自己的份额分出或予以转让，除非法律或者共有协议有所限制。在按份共有人死亡时，其继承人也有权继承其应有部分。

3. 按份共有人的权利义务及于共有物的全部

按份共有人按照自己的应有部分享有权利，承担义务，但应有部分只是所有权的量的分割，而非共有物的量的分割，所以，按份共有人并不是就共有物的各特定部分享有权利，承担义务，而是就自己的份额比例对整个共有物享有权利，承担义务。

（二）共同共有

《物权法》第95条规定："共同共有人对共有的不动产或者动产共同享有所有权。"根据这一规定，共同共有是指共有人基于共同关系，对共有物不分份额地享有权利、承担义务的共有。

共同共有与按份共有相比，具有以下特点：

1. 共同共有是不分份额的共有

在共同共有关系存续期间,各共有人对共有物并没有份额之分。只有在共同共有关系消灭时,才能确定各共有人的应有份额。因此,共同共有是不分份额的共有。各共有人共同享有共有物的各种利益,同时负担因共有物而产生的各种义务。

2. 共同共有的发生以共有人之间存在共同关系为前提

共同共有以共有人之间存在共同关系为成立的前提,没有共同关系的存在,就不能成立共同共有,只能成立按份共有。共同关系消灭时,共同共有关系也就随之消灭。因此,《物权法》第103条规定:"共有人对共有的不动产或者动产没有约定为按份共有或者共同共有,或者约定不明确的,除共有人具有家庭关系等外,视为按份共有。"

3. 共同共有人平等地享有权利和承担义务

在共同共有中,共有人对共有物共同享有所有权。因此,在共同共有关系中,各共同共有人对于共有物享有平等的占有、使用、收益、处分的权利。同时,各共有人对共有物也承担平等的义务。

三、共有的内部关系

共有的内部关系即共有的对内效力,表现为各共有人之间的权利义务关系。在共有的内部关系中,共有人的权利义务主要包括:

(一) 共有物的占有、使用、收益

共有是共有人对共有物共同享有所有权,因此,共有人对共有物都享有占有、使用、收益的权利。但因按份共有与共同共有的内部关系不同,共有人对行使所有权的要求也不同。按份共有人对共有物按照其份额享有所有权,共同共有人共同享有所有权。

(二) 共有物的管理

共有人对共有物进行管理,既是权利,也是义务。对此,《物权法》第96条规定:"共有人按照约定管理共有的不动产或者动产;没有约定或者约定不明确的,各共有人都有管理的权利和义务。"

(三) 共有物的处分

由于共有人对共有物共同享有所有权,因此,共有人对共有物应有处分权。但因共有物的处分涉及每个共有人的利益,故这种处分不能由共有人任意进行。根据《物权法》第 97 条的规定,共有人处分共有物以及对共有物作重大修缮的,除共有人之间另有约定外,应当经占份额 2/3 以上的按份共有人同意或者全体共同共有人同意。

(四)应有部分的处分

应有部分只在按份共有中存在,共同共有中不存在应有部分。因此,处分应有部分是按份共有人的权利。例如,按份共有人有权将其应有部分抛弃、转让或者分出。根据《物权法》第 101 条的规定,按份共有人转让其享有的共有的不动产或者动产份额的,其他共有人在同等条件下享有优先购买的权利。

(五)共有物的费用负担

共有物的费用既包括管理费用,也包括税费、保险费等其他费用。根据《物权法》第 98 条的规定,对共有物的管理费用以及其他负担,有约定的,按照约定;没有约定或者约定不明确的,按份共有人按照其份额负担,共同共有人共同负担。

四、共有的外部关系

共有的外部关系即共有的对外效力,表现为共有人与第三人之间的权利义务关系。根据《物权法》第 102 条的规定,因共有物产生的债权债务,在对外关系上,共有人享有连带债权、承担连带债务,但法律另有规定或者第三人知道共有人不具有连带债权债务关系的除外;在共有人内部,除共有人另有约定外,按份共有人按照份额享有债权、承担债务,共同共有人共同享有债权、承担债务。偿还债务超过自己应当承担份额的按份共有人,有权向其他共有人追偿。

五、共有物的分割

(一)共有物分割的原则

在共有关系终止时,通常要对共有物进行分割。共有人在分割共有物时,应当遵循下列原则:

1. 遵循约定原则

根据《物权法》第 99 条的规定,共有人约定不得分割共有物,以维持共有关系的,应当按照约定,但共有人有重大理由需要分割的,也可以请求分割。

2. 分割自由原则

根据《物权法》第 99 条的规定,共有人没有约定不得分割共有物或者约定不明确的,按份共有人可以随时请求分割,共同共有人在共有的基础丧失或者有重大理由需要分割时也可以请求分割。

3. 物尽其用原则

共有人在分割共有物时,应当保存和发挥共有物的效用,不得损害共有物的价值。对于难以实物分割或因实物分割会减损价值的,应采取其他的分割方式。如果因分割共有物对其他共有人造成损害的,请求分割人应当给予赔偿。

4. 平等协商原则

共有人在分割共有物时,应当在平等协商的基础上,本着团结和睦的精神进行。共有人对共有物的分割时间、方法、范围等都应当进行协商。

(二) 共有物分割的方法

《物权法》第 100 条第 1 款规定:"共有人可以协商确定分割方式。达不成协议,共有的不动产或者动产可以分割并且不会因分割减损价值的,应当对实物予以分割;难以分割或者因分割会减损价值的,应当对折价或者拍卖、变卖取得的价款予以分割。"根据这一规定,共有物的分割方法有以下三种:

1. 实物分割

实物分割是指共有人对共有物进行实体分割,由各共有人取得分割部分的单独所有权。实物分割只能在共有物为可分物且不会因分割减损价值的情况下,才能适用。

2. 折价补偿

折价补偿是指由某个共有人取得共有物的所有权,并由该共有人向其他共有人补偿其应取得部分的价值。

3. 变价分割

变价分割是指将共有物出卖而由共有人分配价金。在共有物不能进行实物分割时,或者共有人都不愿意接受共有物时,则可以将共有物拍卖或变卖,由共有人分割价款。

(三)共有物分割的瑕疵担保责任

共有物分割的瑕疵担保责任是指在共有物分割后,共有人之间应当对其他共有人分得的共有物部分的瑕疵所应承担的担保责任。对此,《物权法》第100条第2款规定:"共有人分割所得的不动产或者动产有瑕疵的,其他共有人应当分担损失。"

第六节 所有权取得的特别规定

一、善意取得

(一)善意取得的概念

善意取得又称即时取得,是指无权处分人将不动产或者动产有偿转让于善意第三人时,该第三人即取得该不动产或者动产的所有权的法律制度。

善意取得不仅适用于所有权的取得,也适用于其他物权的取得。当事人善意取得其他物权的,应当参照所有权善意取得的规定(《物权法》第106条第3款)。例如,建设用地使用权、抵押权、质权等都可以适用善意取得。

(二)善意取得的成立条件

根据《物权法》第106条第1款的规定,善意取得应当具备下列成立条件:

1. 标的物须为动产或者不动产

在我国,动产占有、不动产登记均具有公信力,因此,善意取得适用于动产和不动产。动产物权以占有为其公示方法,交易中极易使人误信占有人为所有权人,故需要通过善意取得维护交易安全。不动产物权虽以登记为公示方法,但对于登记错误的不动产,交易中同样会发生使人相信登记的权利人为真正所有权人的问题,因此,不动产交易安全也需要善意取得加以保护。

适用善意取得的动产并不是指一切动产,法律禁止流通的动产、货币和无记名有价证券、盗窃物等不适用善意取得,而遗失物只有在特定情形下适用善意取得。《物权法》第 107 条规定："所有权人或者其他权利人有权追回遗失物。该遗失物通过转让被他人占有的,权利人有权向无处分权人请求损害赔偿,或者自知道或者应当知道受让人之日起 2 年内向受让人请求返还原物,但受让人通过拍卖或者向具有经营资格的经营者购得该遗失物的,权利人请求返还原物时应当支付受让人所付的费用。权利人向受让人支付所付费用后,有权向无处分权人追偿。"可见,权利人自知道或者应当知道受让人之日起 2 年内没有请求受让人返还原物的,遗失物应当适用善意取得,由受让人取得遗失物的所有权。

适用善意取得的不动产仅限于建筑物等地上定着物,而不包括土地。因为土地不得买卖,自无适用善意取得的可能。

2. 让与人对处分的动产或不动产无处分权

在善意取得中,让与人必须是无处分权的动产的占有人或不动产的登记所有权人。一方面,对于动产而言,让与人须为占有人,因为只有占有人才有可能将占有的动产转让给第三人;对于不动产而言,让与人须为登记的所有权人,因为只有登记为所有权人的人才有可能将登记的不动产转让给第三人。无论是动产的占有人,还是登记为不动产所有权人的人,只有让与人没有处分该动产或不动产的权利,才能适用善意取得。如果让与人享有处分动产或不动产的权利,则无善意取得的适用问题。

3. 受让人受让财产时须为善意

顾名思义,善意取得应当以受让人的善意为成立条件。所谓受让人的善意,是指受让人不知道或者不应知道让与人无处分财产的权利。受让人是否为善意,应由否定其为善意的人举证证明,即主张受让人为非善意的一方应负举证责任。受让人的善意以动产交付或者不动产登记时为善意即为满足。动产交付或者不动产登记后,受让人是否为善意,不影响善意取得的成立。

4. 受让人须支付合理的价格

让与人将动产或不动产转让于受让人,必须通过买卖、互易等有偿交易行为而完成。受让人非因有偿交易行为而受让动产或不动产的,不发生善意取得问题。例如,因赠与、继承、受遗赠等而取得财产的,不适用善意取得。受让人不仅应基于有偿交易行为取得受让动产或不动产,且应支付合理的价格。支付的价格是否合理,也是判断受让人是否为善意的一个标准。

5. 转让的动产或不动产已经交付或者登记

动产所有权的取得以交付为要件,不动产所有权的取得以登记为要件,所以,善意取得的成立须受让人取得动产的占有或不动产登记,即转让的不动产或者动产依照法律规定应当登记的已经登记,不需要登记的已经交付给受让人。

(三) 善意取得的效力

善意取得成立后,依法产生一定的法律效力。这种法律效力表现在以下两个方面:

1. 受让人与原所有权人之间的效力

根据《物权法》第106条第1款的规定,在构成善意取得的情况下,受让人取得受让不动产或动产的所有权。可见,善意取得在受让人与原所有权人之间发生物权变动。受让人取得不动产或动产的所有权,系基于法律的规定,属于原始取得。因此,《物权法》第108条规定:"善意受让人取得动产后,该动产上的原有权利消灭,但善意受让人在受让时知道或者应当知道该权利的除外。"

2. 转让人与原所有权人之间的效力

根据《物权法》第106条第2款的规定,受让人依善意取得而取得不动产或动产所有权的,原所有权人有权向无处分权人请求赔偿损失。可见,善意取得在转让人与原所有权人之间发生债权关系。原所有权人向转让人请求赔偿损失可以行使下列权利:(1) 债务不履行损害赔偿请求权。当原所有权人与转让人之间存在债的关系时,如借用、租赁、保管关系等,原所有权人可以依债务不履行的规定,请求赔偿损失。(2) 侵权损害赔偿请求权。转让人处分原所有权人的不动产或动产属于一种侵权行为,原所有权人可以依侵权责任法的规定,请求赔偿损失。(3) 不当得利返还请求权。转让人处分原所有权人的不动产或动产所取得的对价构成不当得利,原所有权人可以依不当得利的规定,请求转让人返还所受利益。

二、拾得遗失物

(一) 拾得遗失物的概念

拾得遗失物是指发现他人的遗失物而予以占有的事实。拾得遗失物是一种事实行为,故拾得人不以具有民事行为能力为限。只要拾得人发现遗失物并予以实际占有的,均可构成拾得遗失物。

(二) 拾得遗失物的成立条件

一般地说,拾得遗失物的成立应当具备以下两个条件:

1. 标的物须为遗失物

遗失物是指所有权人遗忘于某处而不为任何人所占有的动产。一般地说,遗失物的构成须具备以下条件:一是须为有主物;二是须为动产;三是须丧失物的占有;四是须丧失占有非出于遗失人的本意。

根据《物权法》第114条的规定,拾得漂流物的,参照拾得遗失物的规定。所谓漂流物,通常是指在水上的遗失物。

2. 须有拾得的行为

所谓拾得,是指发现并占有遗失物的行为。发现与占有是构成拾得的两个必备要素,二者缺一不可。发现是指认识遗失物之所在,占有系对标的物实施事实上的管领力。只有发现与占有的结合,才能构成拾得。

(三) 拾得遗失物的效力

拾得遗失物成立后,发生以下三个方面的效力:

1. 拾得人的义务

(1) 返还义务。根据《物权法》第109条的规定,拾得人拾得遗失物的,应当将遗失物返还给权利人。这里的权利人包括遗失物的所有权人及其他合法占有的权利人(如用益物权人、担保物权人)。

(2) 通知和送交义务。根据《物权法》第109条的规定,拾得人拾得遗失物的,应当及时通知权利人领取或者送交公安等有关部门。拾得人将遗失物送交有关部门的,有关部门应当按照规定处理。对此,《物权法》第110条规定:"有关部门收到遗失物,知道权利人的,应当及时通知其领取;不知道的,应当及时发布招领公告。"

（3）保管义务。根据《物权法》第 111 条的规定，拾得人在遗失物送交有关部门前，应当妥善保管遗失物。因故意或者重大过失致使遗失物毁损、灭失的，应当承担民事责任。拾得人将遗失物送交有关部门的，有关部门在遗失物被领取前，负有同样的保管义务。

2. 拾得人的权利

（1）费用偿还请求权。根据《物权法》第 112 条第 1 款的规定，权利人领取遗失物时，应当向拾得人或者有关部门支付保管遗失物等支出的必要费用。可见，拾得人及有关部门对其支付的保管遗失物的必要费用有权要求权利人返还。当然，拾得人侵占遗失物的，则无权请求权利人偿还保管遗失物等支出的费用。

（2）报酬请求权。根据《物权法》第 112 条第 2 款的规定，权利人悬赏寻找遗失物的，领取遗失物时应当按照承诺履行义务。就是说，权利人悬赏寻找遗失物的，在领取遗失物时应当按照承诺支付约定的报酬。当然，拾得人侵占遗失物的，则无权请求权利人按照承诺履行义务。

3. 国家取得遗失物的所有权

根据《物权法》第 113 条的规定，遗失物自发布招领公告之日起 6 个月内无人认领的，归国家所有。可见，拾得遗失物作为所有权的取得方式，并不是由拾得人取得所有权，而是由国家取得所有权。

三、发现埋藏物

（一）发现埋藏物的概念

发现埋藏物是指认识埋藏物之所在而予以占有的事实。发现埋藏物也是一种事实行为，此与拾得遗失物并无不同。因此，发现人不以具有完全民事行为能力为限，只需具有意思能力即可。同时，发现人也不以具有所有的意思为必要。

（二）发现埋藏物的成立条件

一般地说，发现埋藏物的成立应具备以下两个条件：

1. 标的物须为埋藏物

埋藏物是指埋藏他物之中的物。构成埋藏物须具备下列条件：（1）须为动产，不动产不构成埋藏物；（2）须埋藏于他物之中，即一物包藏于他物之中,不易自外部发现的状态;(3) 须为有主物,而非无主物,只是所有权人不明而已。我国法除使用了埋藏物的概念外,还使用了"隐藏物"一词。实际上,埋藏物与隐藏物的含义并无不同,只是包藏物有所不同而已。通常认为,埋藏物是埋藏于土地之中的物,而隐藏物则是隐藏于土地以外的其他包藏物中的物。

2. 须有发现的行为

所谓发现,是指认识埋藏物的所在。通说认为,发现人只需认识埋藏物的所在,即可构成发现,不以同时加以占有为必要。

(三) 发现埋藏物的效力

依据《物权法》第 114 条的规定,发现埋藏物或者隐藏物的,参照拾得遗失物的有关规定。因此,发现埋藏物的效力应当参照拾得遗失物的效力加以认定。

四、添附

添附是指不同所有权人的财产结合在一起或不同人的劳力与财产结合在一起,而形成一种新的独立物的法律状态。目前,我国物权法还没有将添附规定为所有权的取得方法,但民法理论和司法实践均承认之。通说认为,添附包括附合、混合和加工三种形式。

(一) 附合

附合是指不同所有权人的有形财产相互结合而形成一种新物的添附方式。附合有动产与不动产的附合、动产与动产的附合两种形式。

1. 动产与不动产的附合

动产与不动产的附合简称不动产附合,是指不同所有权人的动产与不动产相互结合而形成一种新的独立物的附合形式。

动产与不动产的附合应当具备以下条件:(1) 动产与不动产须相互结合,即动产附合于不动产之上。例如,木板、瓷砖附合于房屋之上。(2) 动产须成为不动产的重要成分,即动产与不动产结合后,非经毁损或变更其性质不能使其分离,或者虽能分离但花费过大。(3) 动产与不动产应分别属于不同的人所有,同一所有权人的动产与不动产不发生附合问题。

动产与不动产附合后,应由不动产所有权人取得动产所有权,动产所有权归于消灭。但动产所有权人有权要求不动产所有权人给予补偿或赔偿。

2. 动产与动产的附合

动产与动产的附合简称动产附合,是指不同所有权人的动产相互结合而形成一种新的独立物的附合形式。

动产与动产的附合应当具备以下条件:(1) 动产与动产须相互结合,如将宝石镶入戒指等;(2) 动产与动产须组成合成物,即动产与动产附合的程度须达到非经毁损不能分离或虽能分离但花费过大的程度;(3) 附合的动产应属于不同的人所有,同一所有权人的动产不发生附合问题。

动产与动产附合后,可以采取以下三种方法确定附合物的所有权:一是由各原所有权人按照附合时的价值共有附合物的所有权;二是附合的动产中,如有可视为主物的,由主物的所有权人取得附合物的所有权;三是附合的动产中不存在可视为主物的,则由原物价值大的所有权人取得附合物的所有权。当然,取得附合物所有权的一方,应当给予丧失所有权的一方以一定的补偿。

(二) 混合

混合是指不同所有权人的物相互混杂而形成一种新物的添附形式。因混合而形成的物,通常称为混合物。

混合应当具备以下条件:(1) 混合的各项财产须为动产,不动产之间或者动产与不动产之间不发生混合的问题;(2) 混合物须不能识别或识别花费过大,即无法从外观上识别混合前的各项动产,或者虽能通过某种方法加以识别但花费过大;(3) 混合的各项动产须属于不同的所有权人,同一所有权人的动产混杂在一起,不发生混合问题。

动产混合后,可以准用动产与动产附合的规定确定混合物的所有权。

(三) 加工

加工是指对他人的物进行制作或改造而形成一种新物的添附形式。因加工而形成的物,通常称为加工物。

加工应当具备以下条件:(1)加工的标的物须为动产,不动产不发生加工问题。(2)须有加工行为,即对他人的财产进行制作或改造的行为。加工行为是一种事实行为,因此,加工人有无民事行为能力,在所不问。(3)加工的物须为他人所有,对自己的动产进行加工的,不发生所有权的变动问题,自不发生加工物的所有权归属问题。(4)因加工而制成新物。如果没有制成新物,则不会发生所有权的变动问题。

关于加工物的所有权归属,我国司法实践一般做法是:加工物归原材料所有权人所有,并由原材料所有权人对加工人的劳动给予一定的补偿。但如果加工物的价值显然大于原材料价值的,加工物也可以归加工人所有,并由加工人对原材料所有权人给予补偿。

五、先占

(一) 先占的概念

先占是指占有人以所有的意思,最先占有无主动产而取得所有权的法律事实。通说认为,先占属于事实行为,所以,先占人并不以具有完全民事行为能力者为限。即使行为能力受到限制者,也可因先占而取得所有权。

(二) 先占的成立条件

一般地说,先占的成立应具备以下三个条件:

1. 先占物须为无主物

所谓无主物,是指现在不属于任何人所有的物。无主物包括两种情形:一是从来没有为任何人所有的物,如不属于国家所有的野生动植物(如野兔、荒草等);二是曾有所有权人而现在无所有权人的物,如所有权人抛弃的物,即废弃物。某物是否为无主物,不以先占人的主观认识为准,而应以先占时的客观情况为依据。

2. 先占物须为动产

先占物不仅须为无主物,而且须为动产。无主的不动产不得依先占取得所有权,只能依法律的规定处理。但是,这里的动产也并不是指一切动产,而是仅限于一定范围内的动产。一般认为,不适用先占的动产主要包括两种:一是法律禁止适用先占的物,如禁止流通物、文物等；二是他人依法享有独占的先占权之物，如依渔业法对特定水面享有捕捞权的人，即对该水面内的水产动植物享有独占的先占权，故该水面内的水产动植物就不得成为先占物。

3. 先占人须以所有的意思占有无主动产

先占人以所有的意思占有无主动产，实际上包括了两个条件：一是先占人须有"所有的意思"。这里的"所有的意思"并非指取得所有权的意思，而是指先占人将占有的动产归于自己管领支配的意识。二是先占人须实际占有无主动产。行为人仅发现无主动产，尚不构成先占，还必须加以实际占有。

（三）先占的效力

目前，我国物权法还没有将先占规定为所有权的取得方法，但民法理论和司法实践均承认之。在实践生活中，通过先占取得无主动产的所有权已经成为一项的重要习惯。例如，捡拾废弃物、割荒草、钓鱼等，均可以通过先占而取得所有权。

第十五章 用益物权

第一节 用益物权概述

一、用益物权的概念和特点

《物权法》第117条规定:"用益物权人对他人所有的不动产或者动产,依法享有占有、使用和收益的权利。"根据这一规定,用益物权是指用益物权人对他人之物,以物的使用收益为目的而设立的物权。

用益物权是一种在他人之物上所设立的定限物权,具有以下特点:

（一）用益物权具有用益性

用益性是指用益物权是以物的使用和收益为目的而设立的物权。用益性是用益物权的基本属性,是用益物权与担保物权相区别的基本标志。物具有价值和使用价值双重属性。用益物权和担保物权是就这两种不同的价值而设立的权利:用益物权侧重于物的使用价值,担保物权侧重于物的价值或曰交换价值。

（二）用益物权具有独立性

独立性是指用益物权不以用益物权人对所有权人享有其他财产权利为其存在的前提。用益物权的独立性表明,用益物权不具有担保物权所具有的从属性和不可分性的属性。就是说,用益物权不以他权利的成立为成立前提,不随他权利的让与而让与,亦不随他权利的消灭而消灭;同时,用益物的变化,如部分灭失或价值减少等,用益物权都将随之发生变化。

（三）用益物权通常具有占有性

占有性是指用益物权的实现通常须以实体上支配用益物为条件。用益物权的内容在于使用收益物的实体,即对物的使用价值的用益,因而它必然以物的实体上的有形支配,即实际占有为必要。用益物须转移给用益物权人实际占有支配,否则,用益物权人的用益目的就无法实现。例如,若不转移土地,用益物权人就无法在土地上营造建筑物或进行耕作,从而也就无法实现建设用地使用权或土地承包经营权。

(四) 用益物权的客体是不动产

一般认为,用益物权的客体限于不动产,动产之上不存在用益物权。[①] 用益物权的客体之所以限于不动产,其主要原因在于:不动产(尤其是土地)的价值较高,拥有不易,社会上对其所有权与利用价值分别归属的需求较强,且通过物权关系加以确认,有利于稳定财产的利用关系。而就动产而言,其价值往往较低,较易获得,将动产的所有权与利用价值分别归属的社会价值不大。

二、用益物权的种类

用益物权是各国民法中的一项重要内容。但由于各国的社会结构、经济形态、生活习惯的不同,各国民法所规定的用益物权的种类亦存在着很大的差异

从我国《物权法》的规定来看,用益物权的种类包括土地承包经营权、建设用地使用权、宅基地使用权、地役权。同时,特别法中规定的海域使用权、探矿权、采矿权、取水权、养殖权和捕捞权等也属于用益物权。

第二节 土地承包经营权

一、土地承包经营权的概念和特点

《物权法》第125条规定:"土地承包经营权人依法对其承包经营的耕地、林地、草地等享有占有、使用和收益的权利,有权从事种植业、林业、畜牧业等农业生产。"根据这一规定,土地承包经营权是指土地承包经营权人依法享有的对其承包经营的耕地、林地、草地等占

---

① 值得注意的是,《物权法》第117条规定的用益物权的客体包括了动产,但该法却无具体动产用益物权的规定。

有、使用和收益以及自主从事种植业、林业、畜牧业等农业生产的权利。

土地承包经营权具有以下特点:

(一)土地承包经营权的目的在于从事农业生产活动

土地承包经营权的目的是于土地上从事种植业、林业、畜牧业等农业生产活动。因此,非以从事农业生产活动为目的而使用他人土地的,不能成立土地承包经营权。

(二)土地承包经营权的主体是农业生产者

土地承包经营权的目的在于从事农业生产活动,因此,土地承包经营权的主体只能是从事农业生产的人,其他非从事农业生产的单位或个人不能成为土地承包经营权的主体。同时,土地承包经营权的主体一般为本集体经济组织的成员。

(三)土地承包经营权的客体是农村土地

只有农村土地才能成为土地承包经营权的客体,在非农村土地上不能设立土地承包经营权。所谓农村土地,是指农民集体所有和国家所有依法由农民集体使用的耕地、林地、草地,以及其他依法用于农业的土地(《农村土地承包法》第2条)。

(四)土地承包经营权的取得具有严格的程序性

农村土地承包经营制度是我国在农村实行的基本经济制度,而且土地承包经营权涉及每个农户的基本生活保障,因此,法律对土地承包经营权的取得规定了严格的程序。例如,根据《农村土地承包法》第19条的规定,采用家庭承包方式设立土地承包经营权的,应按下列程序进行:村民会议选举产生承包工作小组、承包工作小组依法拟订承包方案、村民会议讨论通过承包方案、公开组织实施承包方案、签订承包合同。

二、土地承包经营权的取得

土地承包经营权主要基于法律行为而取得,其取得方式可以是创设的继受取得,这体现为土地承包经营权的设立;也可以是转移的继受取得,这体现为土地承包经营权的流转。

(一) 土地承包经营权的设立

土地承包经营权的设立是指承包人与发包人通过合同创设土地承包经营权。创设土地承包经营权的合同,为土地承包经营权合同。根据《物权法》第 127 条的规定,土地承包经营权自土地承包经营权合同生效时设立。县级以上地方人民政府应当向土地承包经营权人发放土地承包经营权证、林权证、草原使用权证,并登记造册,确认土地承包经营权。

根据《农村土地承包法》第 21 条的规定,土地承包经营权合同应当采取书面形式,一般包括以下内容:(1) 发包人、承包人的名称,发包人负责人和承包人代表的姓名、住所;(2) 承包地的名称、坐落面积、质量等级;(3) 承包期限和起止日期;(4) 承包地的用途;(5) 发包人和承包人的权利和义务;(6) 违约责任。

(二) 土地承包经营权的流转

土地承包经营权流转是指土地承包经营权人将土地承包经营权互换、转让等。在土地承包经营权流转后,转让方即不再享有土地承包经营权,而由受让方享有土地承包经营权。因此,从受让方取得土地承包经营权的角度而言,土地承包经营权的流转也是土地承包经营权的取得方式。

三、土地承包经营权的内容

(一) 土地承包经营权人的权利

1. 承包地的占有权

土地承包经营权人取得土地承包经营权的目的,在于在承包的土地上从事农业生产活动,而从事这些农业生产活动,必须以占有承包地为前提。因此,土地承包经营权人当然享有占有承包地的权利。

2. 承包地的使用权

土地承包经营权人占有承包地的目的在于使用承包地,如在耕地上耕种、在草原上放牧、在林地上种植竹木等。因此,土地承包经营权人对承包地有使用权,有权按照承包地的属性和约定用途利用承包地,有权在承包地上自主从事生产经营活动,有权在承包地上修建必要的附属设施等。

3. 承包地的收益权

在土地承包经营权中,无论权利人对承包地的使用是以土地的产出物自用为目的的消费性使用,还是以土地的产出物出售以获得经济利益或者为取得土地的法定孳息为目的的经营性使用,土地承包经营权人都有权获取使用土地所获得的利益。

4. 权利处分权

土地承包经营权人对其权利的处分,主要方式是采取法律允许的方式流转土地承包经营权。根据《物权法》第 128 条的规定,土地承包经营权人有权依法将土地承包经营权采取转包、互换、转让等方式流转,但流转的期限不得超过承包期的剩余期限。土地承包经营权人将土地承包经营权互换、转让,当事人要求登记的,应当向县级以上地方人民政府申请土地承包经营权变更登记;未经登记,不得对抗善意第三人(《物权法》第 129 条)。《物权法》第 133 条规定:"通过招标、拍卖、公开协商等方式承包荒地等农村土地,依照农村土地承包法等法律和国务院的有关规定,其土地承包经营权可以转让、入股、抵押或者以其他方式流转。"

5. 补偿请求权

土地承包经营权人在下列三种情况下,享有补偿请求权:(1) 在承包期内,土地承包经营权人交回承包地或者发包人依法收回承包地时,权利人对其在承包地上投入而提高土地生产能力的,有权获得相应的补偿(《农村土地承包法》第 26 条);(2) 土地承包经营权人对其在承包地上投入而提高土地生产能力的,土地承包经营权依法流转时有权获得相应的补偿(《农村土地承包法》第 43 条);(3) 承包地被征收、占用的,土地承包经营权人有权依法获得相应的补偿(《物权法》第 132 条)。

(二) 土地承包经营权人的义务

1. 维护承包地的农业用途

土地承包经营权人负有"维护农业用途,不得用于非农建设"的义务(《农村土地承包法》第 17 条第 1 项)。在土地承包经营权流转时,未经依法批准,不得将承包地用于非农建设(《物权法》第 128 条)。

2. 保护和合理利用承包地的义务

土地承包经营权人负有"依法保护和合理利用土地,不得给土地造成永久性损害"的义务(《农村土地承包法》第17条第2项)。这种义务,一般统称为维持地力的义务。如果土地承包经营权人违反保护和合理利用土地的义务,给承包地造成永久性损害的,发包人有权制止,并有权要求承包人赔偿由此造成的损失(《农村土地承包法》第60条)。

3. 支付相关费用的义务

在土地承包经营权中,需要支付相关费用的,土地承包经营权人负有支付相关费用的义务。例如,通过招标、拍卖、公开协商的方式承包荒地等农村土地的,土地承包经营权人应当支付有关承包费。

4. 返还土地的义务

在土地承包经营权消灭时,土地承包经营权人应当将土地返还给发包人。如果当事人约定,在返还土地时,土地承包经营权人应当恢复原状的,还应当恢复土地的原状。

四、土地承包经营权的消灭

一般地说,土地承包经营权可以因下列原因而消灭:

(一)期限届满不愿意继续承包

土地承包经营权是有期物权,只在法律规定的期间内存续。根据《物权法》第126条的规定,土地承包经营权的具体期限为:耕地的承包期为30年;草地的承包期为30年至50年;林地的承包期为30年至70年;特殊林木的林地承包期,经国务院林业行政主管部门批准可以延长。在土地承包经营权的期限届满时,土地承包经营权人有权按照规定继续承包。如果土地承包经营权人不愿继续承包的,土地承包经营权应归于消灭。

(二)承包地交回

土地承包经营权人交回承包地的,土地承包经营权归于消灭。承包地的交回主要有以下两种情形:一是在承包期内,承包方全家迁入设区的市,转为非农业户口的,应当将承包的耕地和草地交回发包方(《农村土地承包法》第26条第3款);二是在承包期内,承包方可以自愿将承包地交回发包方。承包方自愿交回承包地的,应当提前半年以书面形式通知发包方。承包方在承包期内交回承包地的,在承包期内不得再要求承包土地(《农村土地承包法》第29条)。

(三) 承包地收回

在承包期内,除法律另有规定外,发包人不得调整和收回承包地(《物权法》第130条和第131条)。发包人依法收回承包地的,土地承包经营权归于消灭。例如,在承包期内,承包人全家迁入设区的市,转为非农业户口的,应当将承包的耕地和草地交回发包方;如果承包方不交回承包地的,发包方可以收回承包的耕地和草地。但应当注意的是,在承包期内,妇女结婚,在新居住地未取得承包地的,发包方不得收回其原承包地;妇女离婚或者丧偶,仍在原居住地生活或者不在原居住地生活但在新居住地未取得承包地的,发包方不得收回其原承包地(《农村土地承包法》第30条)。

(四) 土地被征收、占用

国家出于公共利益的需要,征收承包地的,土地承包经营权归于消灭;因乡(镇)村公共设施、公益事业建设的需要而占用承包地的,土地承包经营权亦归于消灭。

(五) 土地灭失

在土地承包经营权存续期间,承包地因自然灾害而毁损灭失的,如耕地完全沙漠化、承包地全部成为水面等,土地承包经营权归于消灭。

第三节 建设用地使用权

一、建设用地使用权的概念和特点

《物权法》第135条规定:"建设用地使用权人依法对国家所有的土地享有占有、使用和收益的权利,有权利用该土地建造建筑物、构筑物及其附属设施。"根据这一规定,建设用地使用权是指建设用地使用权人为营造建筑物、构筑物及其附属设施而使用国有土地的权利。

建设用地使用权具有以下特点:

(一) 建设用地使用权具有特定的目的性

建设用地使用权是以开发经营或公益事业为目的而在他人土地之上建造建筑物、构筑物及其附属设施的权利,并因之而取得土地上建造建筑物、构筑物及其附属设施的所有权。

(二) 建设用地使用权的主体具有广泛性

在建设用地使用权中,不论是国家机关、公益事业单位、法人、非法人组织,还是自然人,都可以依法取得建设用地使用权,成为建设用地使用权人。同时,建设用地使用权人也不受从事特定目的或特定身份的限制。

(三) 建设用地使用权的客体具有限定性

建设用地使用权以土地为客体,且以国有建设用地为限。同时,建设用地使用权的客体范围不限于地表,也包括地上或者地下的一定空间。对此,《物权法》第136条规定:"建设用地使用权可以在土地的地表、地上或者地下分别设立。新设立的建设用地使用权,不得损害已设立的用益物权。"

(四) 建设用地使用权原则上具有期限性和流通性

建设用地使用权是使用国有土地的权利,属于他物权,因此,原则上应当有期限性。我国现行法对以出让方式取得的建设用地使用权的期限作了明确规定,但对以划拨方式取得的建设用地使用权,除法律、行政法规另有规定外,并没有使用期限的限制。同时,除法律另有规定外,建设用地使用权人有权将建设用地使用权转让、互换、出资、赠与或者抵押,因此,建设用地使用权具有流通性。

二、建设用地使用权的取得

建设用地使用权可以基于法律行为而取得,也可以基于法律行为之外的其他法律事实而取得。

(一) 基于法律行为而取得

基于法律行为而取得建设用地使用权,包括建设用地使用权的设立和让与两种形式。

1. 建设用地使用权的设立

根据《物权法》第 137 条第 1 款的规定,设立建设用地使用权,可以采取出让或者划拨等方式。

建设用地使用权的出让是指国家以土地所有权人的身份将建设用地使用权在一定年限内让与给建设用地使用权人,并由建设用地使用权人向国家支付建设用地使用权出让金的行为。《物权法》第 137 条第 2 款规定:"工业、商业、旅游、娱乐和商品住宅等经营性用地以及同一土地有两个以上意向用地者的,应当采取招标、拍卖等公开竞价的方式出让。"根据《物权法》第 138 条的规定,采取招标、拍卖、协议等出让方式设立建设用地使用权的,当事人应当采取书面形式订立建设用地使用权出让合同。建设用地使用权出让合同一般包括下列条款:(1) 当事人的名称和住所;(2) 土地界址、面积等;(3) 建筑物、构筑物及其附属设施占用的空间;(4) 土地用途;(5) 使用期限;(6) 出让金等费用及其支付方式;(7) 解决争议的方法。

建设用地使用权的划拨是指县级以上人民政府依法批准,在建设用地使用权人缴纳补偿、安置等费用后将土地交付其使用,或者将建设用地使用权无偿交付给建设用地使用权人使用的行为。我国法律严格限制以划拨方式设立建设用地使用权。依现行法的规定,下列建设用地,可以由县级以上人民政府依法批准划拨:(1) 国家机关用地和军事用地;(2) 城市基础设施用地和公益性事业用地;(3) 国家重点扶持的能源、交通、水利等项目用地;(4) 法律、法规规定的其他用地。

根据《物权法》第 139 条的规定,无论以何种方式设立建设用地使用权,都应当向登记机构申请建设用地使用权登记。建设用地使用权自登记时设立,登记机构应当向建设用地使用权人发放建设用地使用权证书。

2. 建设用地使用权的让与

建设用地使用权人有权将建设用地使用权转让给他人,经变更登记后,受让人即因让与而取得建设用地使用权。同时,根据法律的规定,建设用地使用权人可以建设用地使用权作价入股,合资、合作开发房地产,也可以建设用地使用权投资合办合资企业,这是建设用地使用权转让的一种特殊形式。建设用地使用权人还可通过互换、赠与的方式将取得的建设用地使用权转让给他人。

(二) 基于法律行为以外的事实取得建设用地使用权

建设用地使用权除因出让和划拨的法律行为而取得外,还可以基于法律行为以外的其他法律事实而取得,如继承等。

三、建设用地使用权的内容

(一) 建设用地使用权人的权利

1. 土地利用权

土地利用权是指建设用地使用权人对建设用地本身的占有、使用、收益的权利。土地利用权主要表现为建设用地使用权人利用土地从事建造建筑物、构筑物及其附属设施的行为,也包括在占用的土地范围内,从事必要的、非以建造建筑物、构筑物及其附属设施为目的的附属行为,如开辟道路、修筑围墙、种植花木等。

2. 权利处分权

根据《物权法》第 143 条的规定,建设用地使用权人有权将建设用地使用权转让、互换、出资、赠与或者抵押,但法律另有规定的除外。建设用地使用权转让、互换、出资、赠与或者抵押的,应当采取书面形式订立相应的合同。具体的使用期限由当事人约定,但不得超过建设用地使用权的剩余期限(《物权法》第 144 条)。根据《物权法》第 145 条的规定,建设用地使用权转让、互换、出资或者赠与的,应当向登记机构申请变更登记。建设用地使用权人在处分建设用地使用权时,应当遵守"房随地走"、"地随房走"规则。《物权法》第 146 条规定:"建设用地使用权转让、互换、出资或者赠与的,附着于该土地上的建筑物、构筑物及其附属设施一并处分。"第 147 条规定:"建筑物、构筑物及其附属设施转让、互换、出资或者赠与的,该建筑物、构筑物及其附属设施占用范围内的建设用地使用权一并处分。"

3. 建筑物、构筑物以及附属设施所有权的取得权

根据《物权法》第 142 条的规定,建设用地使用权人建造的建筑

物、构筑物及其附属设施的所有权属于建设用地使用权人,但有相反证据证明的除外。

4. 请求补偿的权利

根据《物权法》第148条的规定,建设用地使用权期间届满前,因公共利益需要提前收回该土地的,出让人应当依法对该土地上的房屋及其他不动产给予补偿,并退还相应的出让金。

(二) 建设用地使用权人的义务

1. 合理利用土地,不得改变土地用途的义务

根据《物权法》第140条的规定,建设用地使用权人应当合理利用土地,不得改变土地用途。需要改变土地用途的,应当依法经有关行政主管部门批准。所谓合理利用土地,是指建设用地使用权人应当按照法律的规定和合同的约定,合理开发、利用、经营土地。所谓不得改变土地用途,是指建设用地使用权人不得擅自改变建设用地使用权出让合同约定的或者建设用地使用权划拨批准文件中规定的土地用途。例如,不得将公益用地改变为商业用地,不得将非住宅用地改变为住宅用地等。

2. 支付出让金等费用的义务

建设用地使用权人应当依照法律规定以及合同约定支付出让金等费用,这是出让建设用地使用权人最基本的义务。此外,在划拨建设用地使用权中,建设用地使用权人虽不负支付出让金的义务,但应当依照法律规定支付补偿、安置等费用。

3. 返还土地的义务

在建设用地使用权消灭时,建设用地使用权人不再享有继续占用土地的权利,因此,应将土地返还于土地所有权人。在建设用地使用权人返还土地时,应依法对土地恢复原状。

四、建设用地使用权的消灭

(一) 建设用地使用权消灭的主要原因

1. 期间届满

期间届满主要是出让建设用地使用权消灭的原因,因为划拨建设用地使用权一般并没有期限的限制。同时,在出让建设用地使用

权中,因住宅建设用地使用权期间届满后自动续期,因此,住宅建设用地使用权也不会因使用权期间届满而消灭。依据我国现行法的规定,建设用地使用权出让的最高年限为:(1)居住用地70年;(2)工业用地50年;(3)教育、科技、文化、卫生、体育用地50年;(4)商业、旅游、娱乐用地40年;(5)综合或者其他用地50年。

建设用地使用权约定的期间届满后,建设用地使用权消灭。但是,为保护建设用地使用权人的建筑物所有权,法律赋予了建设用地使用权人在期间届满时的续期权。

2. 建设用地使用权被提前收回

根据《物权法》第148条的规定,建设用地使用权期间届满前,因公共利益需要,出让人有权提前收回。土地建设用地使用权被提前收回的,建设用地使用权即归于消灭。

3. 建设用地使用权被撤销

在具备法律规定的条件时,土地所有权人有权取消建设用地使用权。例如,建设用地使用权人超过出让合同约定的动工开发日期满2年未动工开发的,出让人有权撤销建设用地使用权。

4. 土地灭失

当建设土地因某种客观的原因(如地震、火山爆发等自然灾害)而灭失时,建设用地使用权即归于消灭。当然,如果土地仅是部分灭失的,则建设用地使用权只是部分灭失。就未灭失的土地部分,建设用地使用权仍为存续。

(二) 建设用地使用权消灭的后果

根据《物权法》的规定,建设用地使用权消灭后,产生以下法律后果:

(1) 建设用地使用权因公共利益需要提前收回土地而消灭的,国家应当对该土地上的房屋及其他不动产给予补偿,并退还相应的出让金(《物权法》第148条)。

(2) 住宅建设用地使用权期间届满的,自动续期。非住宅建设用地使用权期间届满后的续期,依照法律规定办理。该土地上的房屋及其他不动产的归属,有约定的,按照约定;没有约定或者约定不明确的,依照法律、行政法规的规定办理(《物权法》第149条)。

(3) 建设用地使用权消灭的,出让人应当及时办理注销登记。登记机构应当收回建设用地使用权证书(《物权法》第 150 条)。

第四节 宅基地使用权

一、宅基地使用权的概念和特点

《物权法》第 152 条规定:"宅基地使用权人依法对集体所有的土地享有占有和使用的权利,有权依法利用该土地建造住宅及其附属设施。"根据这一规定,宅基地使用权是指宅基地使用权人为建造住宅及其附属设施而使用集体所有土地的权利。

宅基地使用权具有以下特点:

(一) 宅基地使用权的客体是集体土地

宅基地使用权只能在土地之上设立,而且宅基地使用权的客体仅限于集体土地,在国有土地上只存在建设用地使用权而不存在宅基地使用权。

(二) 宅基地使用权的主体具有特定性

宅基地使用权人为农村村民,且限于该农民集体的成员,城镇居民不能成为宅基地使用权人,非该农民集体成员也不能通过审批取得该集体所有土地的宅基地使用权。

(三) 宅基地使用权的目的在于建造住宅及其附属设施

宅基地使用权人取得权利的目的在于利用集体土地,即在集体土地上建造住宅及其附属设施。凡不以在土地上建造住宅及其附属设施为目的而使用土地的,如以种植、放牧等为目的而使用集体土地的,都不属于宅基地使用权的范围。

(四) 宅基地使用权原则上没有期限性和流通性

宅基地使用权是权利人使用集体所有土地的权利,这一权利没有期限的限制,只要土地上的住宅存在,宅基地的使用权也同时存在。同时,我国现行法不允许宅基地使用权单独转让,也不允许单独继承。

二、宅基地使用权的取得

从我国现行法和相关政策来看,宅基地使用权的取得有审批取得和附随取得两种方式。

(一) 审批取得

审批取得是指宅基地使用权人经土地管理部门的审批而取得宅基地使用权。依据我国现行法的规定,农村村民一户只能拥有一处宅基地,其宅基地的面积不得超过省、自治区、直辖市规定的标准;农村村民建住宅,应当符合乡(镇)土地利用总体规划,并尽量使用原有的宅基地和村内空闲地;农村村民住宅用地,经乡(镇)人民政府审核,由县级人民政府批准。农村村民出卖、出租住房后,再申请宅基地的,不予批准。

(二) 附随取得

附随取得是指通过取得房屋所有权而附随取得宅基地使用权。尽管宅基地使用权不能单独转让,但我国法律允许农村房屋在一定条件下的转让。在农村房屋所有权发生转移的情况下,按照"地随房走"的原则,房屋占用范围内的宅基地的使用权亦随之转移。

同时,在房屋所有权人死亡后,其继承人或受遗赠人通过继承或接受遗赠而取得房屋所有权的,也附随取得宅基地使用权。

三、宅基地使用权的内容

(一) 宅基地使用权人的权利

1. 土地的占有、使用权

宅基地使用权人取得宅基地使用权的目的在于建造住宅及其附属设施。因此,宅基地使用权人有权占有和使用被批准的集体所有土地,用以建造住宅及其附属设施,并取得住宅及其附属设施的所有权。

2. 从事必要附属行为的权利

宅基地使用权人为行使宅基地使用权,可以在依法占有使用的土地范围内,进行非以建造住宅及其附属设施的行为,如修筑围墙、种植花木等。

3. 附随流转权

宅基地使用权虽然不能单独流转,但宅基地使用权人有权将宅基地使用权随同房屋所有权而转让给他人。但是,在宅基地使用权附随流转后,宅基地使用权人再申请宅基地的,不应予以批准。

(二) 宅基地使用权人的义务

1. 按照批准的用途使用宅基地的义务

宅基地使用权的目的在于满足农村居民的居住生活需要,宅基地只能用于建造住宅及其附属设施,不能用于其他用途。这不仅是保障农村居民生活的需要,也是维护集体土地所有权的需要。

2. 按照批准的面积建造住宅及其附属设施的义务

我国不仅实行"一户一宅"原则,而且对于宅基地的面积有严格的限制。因此,宅基地使用权人必须按照批准的宅基地面积建造住宅及其附属设施。

3. 服从国家、集体的统一规划的义务

宅基地使用权的取得应当服从国家、集体的统一规划,其行使也应服从国家、集体的统一规划。因国家、集体的统一规划而需要变更宅基地时,宅基地使用权人应当配合,不得阻挠。

四、宅基地使用权的消灭

(一) 宅基地使用权的消灭原因

一般地说,宅基地使用权可因下列原因而消灭:

1. 宅基地使用权的收回

土地所有权人基于特殊的原因,经原批准用地的人民政府批准,可以收回宅基地使用权。在宅基地使用权被收回后,该权利即归于消灭。例如,基于城镇或乡村发展的需要,土地所有权人在对城镇或乡村做出发展规划或进行调整时,有权收回或调整宅基地使用权。在这种情况下,宅基地使用权应归于消灭。

2. 征收

国家为了社会公共利益的需要,征收宅基地的,该宅基地使用权消灭。应当指出的是,这里征收的对象,既可以是单独的宅基地,也可以是住宅和宅基地。

3. 宅基地的灭失

宅基地因自然灾害等原因灭失的,宅基地使用权消灭。但如果只是宅基地上的建筑物或其他附属物灭失的,则不影响宅基地使用权的效力,宅基地使用权人有权在宅基地上重新建造房屋,以供居住。

(二) 宅基地使用权消灭的后果

宅基地使用权消灭后,发生如下主要法律后果:

1. 重新分配宅基地

根据《物权法》第154条的规定,为保障居民的基本生活需要,在宅基地使用权消灭后,没有宅基地的农户,有权重新申请宅基地使用权。

2. 宅基地使用权人取得补偿权

在土地所有权人收回宅基地使用权的情况下,如非出于宅基地使用权人的原因,土地所有权人应当对宅基地使用权人的地上附着物给予适当的补偿(《土地管理法》第65条)。

3. 办理注销登记

根据《物权法》第155条的规定,已经登记的宅基地使用权消灭的,权利人应当及时办理注销登记

第五节 地 役 权

一、地役权的概念和特点

《物权法》第156条规定:"地役权人有权按照合同约定,利用他人的不动产,以提高自己的不动产的效益。"根据这一规定,地役权是指为自己不动产的便利而利用他人不动产的权利。在地役权中,为自己不动产的便利而利用他人不动产的一方称为地役权人,又称需役地人;将自己的不动产供他人利用的一方称为供役地人;需要提供便利的不动产称为需役地,供地役权人利用的不动产称为供役地。

地役权具有以下特点:

(一) 地役权是为需役地的便利而设立的物权

地役权的目的并不在于地役权人使用他人的不动产,而在于地

役权人为自己不动产的利用提供便利,以增加自己不动产的效用,提高利用价值。所以,只有为自己不动产的便利而利用他人不动产的,才能设立地役权。也就是说,地役权是为需役地而存在的。在地役权中,需役地和供役地,可以是土地,也可以是建筑物;地役权人和供役地人,可以是不动产的所有权人,也可以是不动产的使用权人。

(二) 地役权的内容具有多样性

地役权是为需役地的便利而设立的物权,这种便利的内容相当广泛,从而使得地役权的内容具有了多样性。地役权中的便利,系指方便利益,其内容只要不违反法律或公序良俗,可以由当事人自行约定。一般地说,地役权的便利内容主要有:(1) 以供役地供利用,如通行、汲水地役权等;(2) 以供役地供收益,如引水地役权等;(3) 排除相邻关系规定的适用;(4) 禁止或限制供役地为某种使用,如禁止在供役地建筑高楼等。

(三) 地役权具有从属性

地役权的从属性是指地役权不得与需役地所有权或使用权(以下统称需役地权利)相分离而单独存在,不得保留地役权而处分需役地权利。地役权的从属性主要表现在以下两个方面:一方面,地役权不得与需役地分离而为转让,只能随同需役地权利一同转让。具体言之,需役地人不得自己保留需役地权利而将地役权转让给他人,不得自己保留地役权而将需役地权利转让给他人,也不得将需役地权利与地役权分别转让给不同的人。对此,《物权法》第164条规定:"地役权不得单独转让。土地承包经营权、建设用地使用权等转让的,地役权一并转让,但合同另有约定的除外。"另一方面,地役权不得与需役地分离而为其他权利的标的。对此,《物权法》第165条规定:"地役权不得单独抵押。土地承包经营权、建设用地使用权等抵押的,在实现抵押权时,地役权一并转让。"此外,《物权法》162条规定:"土地所有权人享有地役权或者负担地役权的,设立土地承包经营权、宅基地使用权时,该土地承包经营权人、宅基地使用权人继续享有或者负担已设立的地役权。"这也是地役权从属性的一个表现。

（四）地役权具有不可分性

地役权的不可分性又称地役权的一体不可分,是指无论是地役权的发生或消灭还是地役权的享有或负担,均及于需役地与供役地的全部,不得分割为数部分或仅为一部分而存在。可见,地役权的不可分性主要包括以下三项内容:

一是地役权发生上的不可分性。一方面,需役地为共有时,各共有人不得仅就自己的应有部分取得地役权,而需就需役地的全部取得地役权;另一方面,供役地为共有时,各共有人不能仅就自己的应有部分为他人设立地役权,而只能就供役地的全部设立地役权。

二是地役权消灭上的不可分性。一方面,需役地为共有时,各共有人不能按其应有部分使已经存在的地役权一部分消灭;另一方面,供役地为共有时,各共有人不能仅就其应有部分除去地役权。

三是地役权享有或负担上的不可分性。一方面,在地役权设立后,需役地为共有的,地役权由需役地共有人共同享有,而非由需役地各共有人分别享有。对此,《物权法》第 166 条规定:"需役地以及需役地上的土地承包经营权、建设用地使用权部分转让时,转让部分涉及地役权的,受让人同时享有地役权。"另一方面,供役地为共有的,地役权由供役地共有人共同负担,而非由供役地各共有人分别负担。对此,《物权法》第 167 条规定:"供役地以及供役地上的土地承包经营权、建设用地使用权部分转让时,转让部分涉及地役权的,地役权对受让人具有约束力。"应当指出的是,在需役地或供役地被分割时,如果地役权的行使,依其性质只涉及需役地或供役地的一部分的,则地役权仅就该部分存续。

二、地役权的取得

地役权可以基于法律行为而取得,也可以基于法律行为以外的法律事实而取得。

（一）基于法律行为而取得

基于法律行为而取得地役权,主要包括地役权的设立和让与两种行为。

地役权的设立主要是通过合同而为之。根据《物权法》第 157

条的规定,设立地役权,当事人应当采取书面形式订立地役权合同。地役权合同一般包括以下条款:(1)当事人的姓名或者名称和住所;(2)供役地和需役地的位置;(3)利用目的和方法;(4)利用期限;(5)费用及其支付方式;(6)解决争议的方法。《物权法》第158条规定:"地役权自地役权合同生效时设立。当事人要求登记的,可以向登记机构申请地役权登记;未经登记,不得对抗善意第三人。"应当指出的是,如果土地上已设立土地承包经营权、建设用地使用权、宅基地使用权等权利,未经用益物权人同意,土地所有权人不得设立地役权(《物权法》第163条)。

地役权也可以通过转让而取得,但因地役权具有从属性,地役权的转让不得单独为之,只能随需役地权利一并转让。

(二)基于法律行为以外的事实取得地役权

地役权除基于法律行为而取得外,还可以基于法律行为以外的其他法律事实而取得,如继承等。

三、地役权的内容

(一)地役权人的权利义务

1. 地役权人的权利

(1)供役地的使用权。地役权存在的目的,在于以供役地供需役地的便利之用。所以,地役权人当然享有使用供役地的权利。至于地役权人对供役地使用的方法、范围及程度等,应依当事人的约定而定,不得超过或变更当事人约定的范围。如果当事人没有约定使用方法及范围,则地役权人得于供役地损害最少的范围内为一切必要的使用。

(2)地役权的附随转让权。地役权人可以将地役权随需役地权利同时让与他人,或随同需役地权利为其他权利的标的。

(3)为必要的附随行为与设施的权利。地役权人为达到地役权的目的或实现权利内容,在权利行使的必需范围内,可以为一定的必要行为或为必要的设施,以便更好地实现地役权。但地役权人行使这一权利时,应选择对供役地损害最少的处所及方法为之。

2. 地役权人的义务

（1）维护设施的义务。地役权人对于其在权利行使的必要范围内所为的设施，负有维持的义务，以防止供役地因此而受到损害。

（2）支付费用的义务。如果当事人约定地役权为有偿的，则地役权人负有向供役地人支付约定费用的义务。

（3）恢复原状的义务。在地役权消灭后，如果地役权人占有供役地，则应返还土地并恢复原状。地役权人在供役地上有设施时，如该设施仅供需役地便利之用，则地役权人应取回该设施，并负责恢复原状。

（二）供役地人的权利义务

1. 供役地人的权利

（1）设施使用权。对于地役权人于供役地上所为的设施，供役地人在不影响地役权行使的范围内，有权使用之。

（2）费用请求权。在有偿的地役权中，供役地人享有请求支付费用的权利。

（3）供役地使用场所及方法的变更请求权。当事人在设立地役权时，定有权利行使场所及方法的，如变更该场所及方法对地役权人并无不利，而对于供役地人是有利益的，则供役地人对地役权人有请求变更地役权的行使场所及方法的权利。

2. 供役地人的义务

（1）容忍及不作为义务。地役权是存在于供役地之上的一种负担。对于该种负担，供役地人有容忍及不作为的义务。

（2）维持设施费用的分担义务。供役地人有权使用地役权人所为的设施，但为公平起见，供役地人应按其受益程度，分担维持设施的费用。

四、地役权的消灭

一般地说，地役权的消灭原因主要有以下几项：

（一）供役地人解除地役权合同

根据《物权法》第168条的规定，地役权人有下列情形之一的，供役地权利人有权解除地役权合同，地役权归于消灭：（1）违反法律规定或者合同约定,滥用地役权;(2) 有偿利用供役地,约定的付款期间届满后在合理期限内经两次催告未支付费用。

(二) 约定的事由出现

在地役权设立时,如果当事人约定在一定事由发生时,地役权消灭的,则一旦该事由出现,地役权即归于消灭。例如,当事人约定地役权不随同需役地权利而转让的,则需役地权利转让时,地役权消灭。

(三) 存续期间届满

地役权合同约定地役权有存续期限的,则存续期限届满后,地役权归于消灭。

(四) 标的物灭失

地役权存在的前提是供役地和需役地的同时存在,因此,当供役地灭失时地役权自归于消灭,需役地灭失的,地役权也归于消灭。如果供役地或需役地仅一部分灭失,则除地役权不能行使外,地役权不能消灭。

(五) 目的之事实不能

所谓目的之事实不能,是指设立地役权的目的因自然原因而不能实现。当供役地已不能供或难以供需役地便利之用时,如不使地役权消灭,则不仅设立地役权的目的无法达到,而且供役地必承受无谓的负担,这是不符合地役权调节不动产利用关系的本旨的。因此,目的之事实不能是地役权的消灭原因。例如,引水地役权因其水源枯竭应归于消灭。

第十六章 担保物权

第一节 担保物权概述

一、担保物权的概念和特点

《物权法》第170条规定:"担保物权人在债务人不履行到期债务或者发生当事人约定的实现担保物权的情形,依法享有就担保财产优先受偿的权利,但法律另有规定的除外。"根据这一规定,担保物权是指权利人以确保债权的实现为目的,在债务人不履行到期债务或者发生当事人约定的情形时,依法就担保物优先受偿的权利。

担保物权与用益物权相比,具有以下特点:

(一)担保物权具有变价受偿性

变价受偿性又称为换价性,这是担保物权的本质。所谓变价受偿性,是指担保物权是以取得担保物的交换价值为内容,在债务人不履行债务或者发生当事人约定的实现担保物权的情形,担保物权人可以就担保物的交换价值优先受偿。担保物权与用益物权一样,都是定限物权,担保物权与用益物权的主要区别特点就在于担保物权是一种价值权,而用益物权是一种使用价值权。作为价值权,担保物权不以取得标的物的占有、使用、收益为内容,而仅是为了控制标的物的价值,以保证在债务人不履行债务时,担保物权人能够以标的物的价值优先受偿。就担保物权的变价受偿性而言,在债权关系正常发展的情况下,债务人履行了给付义务,担保物权也就失去了意义。

(二)担保物权具有从属性

从属性又称为附随性、附属性、伴随性,是指担保物权系以确保债权的实现为目的的权利,是其所担保的主债权的从权利。一般地说,担保物权的从属性表现在成立上的从属性、处分上的从属性和消灭上的从属性。成立上的从属性是指担保物权的成立应以相应的债权成立为前提条件,不能脱离债权而单独设立;处分上的从属性是指担保物权应随同主债权的转让而转让,不能与主债权分离而单独转让;消灭上的从属性是指担保物权随主债权的消灭而消灭,主债权不存在,担保物权必不能存在。

(三) 担保物权具有不可分性

担保物权的不可分性是指担保物权人于其全部债权受清偿前,得就担保物的全部行使其权利,担保物的价值变化及债权的变化不影响担保物权的整体性。就是说,担保物权人得支配担保物的全部价值,以保障自己的全部债权受清偿。关于担保物权的不可分性,我国现行法上并没有规定,但《担保法的解释》第71条和第72条就抵押权的不可分性作了明确的规定:主债权未受全部清偿的,抵押权人可以就抵押物的全部行使抵押权。抵押物被分割或者部分转让的,抵押权人可以就分割或者转让后的抵押物行使抵押权。主债权被分割或者部分转让的,各债权人可以其享有的债权份额行使抵押权。主债务被分割或者部分转让的,抵押人仍以其抵押物担保数个债务人履行债务。

(四) 担保物权具有物上代位性

担保物权的物上代位性是指担保物权的效力及于担保物的代替物。这是因为,担保物权是以支配担保物的价值为内容的权利,以取得标的物的价值受偿为目的,所以,担保物权的效力也就及于担保物的代替物。对此,《物权法》第174条规定:"担保期间,担保财产毁损、灭失或者被征收等,担保物权人可以就获得的保险金、赔偿金或者补偿金等优先受偿。被担保债权的履行期未届满的,也可以提存该保险金、赔偿金或者补偿金等。"

二、担保物权的分类

(一) 法定担保物权与约定担保物权

根据担保物权的发生原因,担保物权可以分为法定担保物权与约定担保物权。

法定担保物权是指依据法律的直接规定而产生的担保物权,如留置权、优先权等;约定担保物权是指依据当事人的意思而设立的担保物权,如约定抵押权、约定质权等。

这种分类的主要意义在于:这两种担保物权的成立条件不同。法定担保物权依法律规定而成立,约定担保物权依当事人的意思而设立。设立担保物权,当事人应当订立担保合同。根据《物权法》第172条的规定,担保合同是主债权债务合同的从合同。主债权债务合同无效,担保合同无效,但法律另有规定的除外。担保合同被确认无效后,债务人、担保人、债权人有过错的,应当根据其过错各自承担相应的民事责任。

(二) 不动产担保物权、动产担保物权与权利担保物权

根据担保物权的客体性质,担保物权可以分为不动产担保物权、动产担保物权与权利担保物权。

不动产担保物权是以不动产为客体的担保物权,如不动产抵押权;动产担保物权是以动产为客体的担保物权,如动产质权、动产抵押权、留置权等;权利担保物权是以权利为客体的担保物权,如权利质权、建设用地使用权抵押权。

这种分类的主要意义在于,法律对它们的调整原则不同。一般地说,不动产担保物权以登记为公示方法,动产担保物权通常以交付(占有)为公示方法,而权利担保物权以交付(占有)权利凭证或登记为公示方式。

(三) 转移占有的担保物权与不转移占有的担保物权

根据担保物是否转移占有,担保物权可以分为转移占有的担保物权与不转移占有的担保物权。

转移占有的担保物权是指担保物由担保物权人占有的担保物权,如质权、留置权;不转移占有的担保物权是指担保物不转移给担保物权人占有的担保物权,如抵押权。

这种分类的主要意义在于:其一,这两种担保物权的成立条件不同。转移占有的担保物权以占有担保物为成立条件,而不转移占有的担保物权则不以占有担保物为成立条件。其二,物权人的权利义务范围不同。转移占有的担保物权的物权人对担保物享有占有权,同时负有保管义务;不转移占有的担保物权的物权人对担保物没有占有权,也不负保管义务。其三,这种分类可以作为区分不同担保物

权的标准。例如,质权与抵押权的区分,无论其担保物的性质如何,只要是转移占有的,就是质权;只要是不转移占有的,就是抵押权。再如,留置权和优先权都是法定担保物权,但留置权以物权人占有担保物为要件,而优先权并不以物权人占有担保物为要件。

(四)登记担保物权与非登记担保物权

根据担保物权的登记与否,担保物权可以分为登记担保物权与非登记担保物权。

登记担保物权是指依法应当办理登记才能成立的担保物权,如不动产抵押权、股权质权、知识产权质权等;非登记担保物权是指依法无须登记即可成立的担保物权,如质权、留置权、动产抵押权等。

这种分类的主要意义在于:这两种担保物权的成立条件不同。登记担保物权只有经登记,才能发生物权的法律效力;非登记担保物权自担保合同生效时成立或者自法律规定的条件具备时成立,并不以登记为成立条件。

第二节 抵 押 权

一、抵押权的概念和特点

《物权法》第179条规定:"为担保债务的履行,债务人或者第三人不转移财产的占有,将该财产抵押给债权人的,债务人不履行到期债务或者发生当事人约定的实现抵押权的情形,债权人有权就该财产优先受偿。"根据这一规定,抵押权是指为担保债务的履行,债务人或者第三人不转移财产的占有而将该财产抵押给债权人,在债务人不履行到期债务或者发生当事人约定的实现抵押权的情形时,债权人就该财产优先受偿的权利。在抵押权中,提供担保财产的债务人或者第三人为抵押人,债权人为抵押权人,提供担保的财产为抵押财产或抵押物。

抵押权作为一种担保物权,除具有变价受偿性、从属性、不可分性、物上代位性外,还具有以下特点:

(一)抵押权是不转移担保物占有的担保物权

抵押人设立抵押,并不转移抵押物的占有。也就是说,抵押权是在不转移抵押物占有的情况下于标的物上设立的担保物权。由于抵押权是不以抵押物的占有转移为成立条件的,因此,对抵押权不能以占有的方式来公示,而只能以登记的方式公示。

(二)抵押权的标的物可以是不动产或动产,也可以是权利

抵押权是在债务人或者第三人的财产上设立的担保物权。这里的财产既可以是不动产、动产,也可以是法律规定的可用以抵押的权利,如建设用地使用权、依法可以抵押的土地承包经营权等。

(三)抵押权具有特定性

抵押权的特定性是指抵押物和抵押权担保的债权须为特定的。抵押权是以抵押物的价值来担保债权实现的,因此,抵押物只能是特定的,这既是抵押权作为物权的要求,也是其担保作用的要求。对于不特定的财产,当事人无法估计其价值,也就不能起到担保的作用。抵押权所担保的债权也必须特定,抵押权只能担保特定的债权,而不能担保一切债权。

(四)抵押权具有顺序性

抵押权的顺序性是指在同一财产上设立有数个抵押权时,各抵押权之间有一定的先后顺序。因为抵押权不以转移对抵押物的占有为成立要件,所以在同一财产上可以设立数个抵押权。又因为抵押权的实质是优先受偿权,同一财产上设立的数个抵押权就应有一定的顺序。顺序在先的抵押权优于顺序在后的抵押权,在实现抵押权时只有先顺序的抵押权人受偿后,后一顺序的抵押权人才能就抵押物余下的价值受偿。当然,若各个抵押权为同一顺序,则各抵押权人只能按其各自的债权额比例受清偿。

二、抵押权的设立

一般地说,抵押权的设立须有抵押合同、抵押物和法定公示方式等要件。

(一)抵押合同

抵押合同是抵押当事人双方自愿设立抵押权的合意。《物权法》第185条第1款规定:"设立抵押权,当事人应当采取书面形式订立抵押合同。"

在抵押合同中,当事人双方为抵押人和抵押权人。抵押人又称设抵人,是提供财产作为债权担保的一方当事人。抵押人可以是债务人,也可以是第三人。当第三人作为抵押人时,该第三人称为物上保证人。抵押权人须为抵押权所担保的主债权的债权人,非主债权人不能成为抵押权人。

根据《物权法》第185条第2款的规定,抵押合同一般包括下列条款:(1)被担保债权的种类和数额;(2)债务人履行债务的期限;(3)抵押物的名称、数量、质量、状况、所在地、所有权归属或者使用权归属;(4)担保的范围。抵押合同虽不完全具备前述内容或者约定不明确的,当事人可以协商予以补充,抵押合同并不因此而无效。

（二）抵押物

抵押物是指抵押人用以设立抵押权的财产。关于抵押物的范围,《物权法》从正反两个方面作了规定。

根据《物权法》第180条第1款的规定,债务人或者第三人有权处分的下列财产可以抵押:(1)建筑物和其他土地附着物;(2)建设用地使用权;(3)以招标、拍卖、公开协商等方式取得的荒地等土地承包经营权;(4)生产设备、原材料、半成品、产品;(5)正在建造的建筑物、船舶、航空器;(6)交通运输工具;(7)法律、行政法规未禁止抵押的其他财产。应当指出的是,在可以抵押的财产中,以建筑物抵押的,该建筑物占用范围内的建设用地使用权一并抵押;以建设用地使用权抵押的,该土地上的建筑物一并抵押。抵押人未一并抵押的,未抵押的财产视为一并抵押(《物权法》第182条)。但是,在建设用地使用权抵押后,该土地上新增的建筑物不属于抵押物。该建设用地使用权实现抵押权时,应当将该土地上新增的建筑物与建设用地使用权一并处分,但新增建筑物所得的价款,抵押权人无权优先受偿(《物权法》第200条)。

根据《物权法》第184条的规定,下列财产不得抵押:(1)土地所有权;(2)耕地、宅基地、自留地、自留山等集体所有的土地使用权,但法律规定可以抵押的除外;(3)学校、幼儿园、医院等以公益为目的的事业单位、社会团体的教育设施、医疗卫生设施和其他社会公益设施;(4)所有权、使用权不明或者有争议的财产;(5)依法被查封、扣押、监管的财产;(6) 法律、行政法规规定不得抵押的其他财产。应当指出的是,乡镇、村企业的建设用地使用权不得单独抵押,但以乡镇、村企业的厂房等建筑物抵押的,其占用范围内的建设用地使用权一并抵押(《物权法》第183条)。

(三) 抵押权的登记

抵押权登记又称抵押登记,是指由登记机关依法在登记簿上就抵押物上的抵押权状态予以记载。

关于抵押权登记的效力,各国立法上大体有两种立法例:一是采取登记生效主义,即不经登记的抵押权不生效;二是登记对抗主义,即不经登记的抵押权可以生效,但不能对抗第三人。在我国,抵押权登记根据抵押物的不同分别实行登记生效主义和登记对抗主义。根据《物权法》第187条的规定,以建筑物和其他土地附着物、建设用地使用权、土地承包经营权以及正在建设的建筑物抵押的,应当办理抵押登记,抵押权自登记时设立。可见,不动产抵押权(包括不动产权益抵押权)实行登记生效主义。根据《物权法》第188条的规定,以生产设备、原材料、半成品、成品、交通运输工具以及正在建造的船舶、航空器抵押的,抵押权自抵押合同生效时设立;未经登记,不得对抗善意第三人。可见,动产抵押权实行登记对抗主义。

依我国现行法的规定,抵押权登记的部门主要有:(1) 以建设用地使用权抵押的,为核发建设用地使用权证书的土地管理部门;(2) 以城市房地产或者乡(镇)、村企业的厂房等建筑物抵押的,为县级以上地方人民政府规定的部门;(3) 以林木抵押的,为县级以上林木主管部门;(4) 以航空器、船舶、车辆抵押的,为运输工具的主管部门;(5) 以生产设备、原材料、半成品、产品抵押的,为抵押人住所地的工商行政管理部门;(6) 以其他财产抵押的,为抵押人所在地的公证部门。

三、抵押权的效力

(一) 抵押权所担保的债权的范围

抵押权所担保的债权的范围是指抵押权人得以从抵押物的变价中优先受偿的范围。根据《物权法》第173条的规定,抵押权的担保范围包括主债权及其利息、违约金、损害赔偿金和实现抵押权的费用;当事人另有约定的,按照约定。

(二) 抵押权效力及于标的物的范围

抵押权效力及于标的物的范围是指抵押权人于实现抵押权时得依法予以变价并优先受偿的标的物的范围。因此,抵押权效力及于标的物的范围不同于抵押权的标的物即抵押物。抵押物为抵押权设立时抵押人用于抵押的财产,又称为抵押原物。抵押权效力及于标的物的范围除抵押原物外,还包括抵押物的从物、从权利、附合物、孳息、代位物等。

1. 抵押物的从物

根据《担保法的解释》第63条的规定,抵押权设立前为抵押物的从物的,抵押权的效力及于抵押物的从物。但是,抵押物与其从物为两个以上的人分别所有时,抵押权的效力不及于从物。

2. 抵押物的从权利

按照主权利与从权利的关系,抵押权的效力也应当及于抵押物的从权利。例如,地役权虽然不得单独抵押,但作为需役地权利的土地承包经营权、建设用地使用权等抵押的,地役权也应随之抵押,在实现抵押权时,地役权一并转让。

3. 抵押物的添附物

根据《担保法的解释》第62条的规定,抵押物因附合、混合或者加工使抵押物的所有权为第三人所有的,抵押权的效力及于补偿金;抵押物所有权人为附合物、混合物或者加工物的所有权人的,抵押权的效力及于附合物、混合物或者加工物;第三人与抵押物所有权人为附合物、混合物或者加工物的共有人的,抵押权的效力及于抵押人对共有物享有的份额。

4. 抵押物的孳息

根据《物权法》第197条第1款的规定,债务人不履行到期债务或者发生当事人约定的实现抵押权的情形,致使抵押物被人民法院依法扣押的,自扣押之日起抵押权人有权收取该抵押财产的天然孳息或者法定孳息,但抵押权人未通知应当清偿法定孳息的义务人的除外。该孳息应当按照下列顺序清偿:(1) 收取孳息的费用;(2) 主债权的利息;(3) 主债权。

5. 抵押物的代位物

担保物权具有物上代位性,因此,抵押权的效力当然及于抵押物的代位物,包括保险赔偿金、损害赔偿金或者补偿金。

(三) 抵押人的权利

抵押人的权利是抵押权对抵押人的效力。抵押权成立后,抵押人享有以下主要权利:

1. 抵押物的占有、使用、收益权

由于抵押权的设立并不转移抵押物的占有,而抵押权又为价值权而非实体权,因此,于抵押权设立后,抵押人仍得对抵押物为占有、使用、收益的权利。

2. 抵押物的转让权

抵押人设立抵押权后,并不丧失对抵押物的所有权。因此,抵押人仍享有对抵押物的所有权,抵押人可以转让抵押物。关于抵押物的转让,《物权法》第191条规定:"抵押期间,抵押人经抵押权人同意转让抵押财产的,应当将转让所得的价款向抵押权人提前清偿债务或者提存。转让的价款超过债权数额的部分归抵押人所有,不足部分由债务人清偿。抵押期间,抵押人未经抵押权人同意,不得转让抵押财产,但受让人代为清偿债务消灭抵押权的除外。"可见,抵押人在下列两种情况下可以转让抵押物:一是抵押权人同意,二是受让人代为清偿债务。

3. 担保物权的设立权

抵押人设立抵押权后,仍享有抵押物的所有权,并不转移抵押物的占有,因此,抵押人就同一抵押物有权再设立抵押权,也可以就同一抵押的动产设立动产质权。

4. 抵押物的出租权

抵押物的出租权是指抵押人于抵押权设立后得将抵押物出租给他人的权利。在抵押期间,抵押人将抵押物出租的,在同一抵押物上即存在抵押权与承租权的竞合。根据《物权法》第190条中的规定,抵押权设立后抵押物出租的,该租赁关系不得对抗已登记的抵押权。也就是说,在租赁关系存续期间抵押权人实现抵押权时,租赁权不能对抗抵押权,抵押权优先于租赁权,在抵押权实现时,租赁权应当终止。

抵押人于抵押权设立后出租抵押物的,抵押权与租赁权的关系不同于抵押人将租赁物用于设立抵押权时承租权与抵押权的关系。对此,《物权法》第190条中规定:订立抵押合同前抵押财产已出租的,原租赁关系不受该抵押权的影响。《担保法的解释》第65条也规定:"抵押人将已出租的财产抵押的,抵押权实现后,租赁合同在有效期内对抵押物的受让人继续有效。"也就是说,在这种情况下,因租赁关系成立在前,抵押权成立在后,租赁关系对抵押权发生效力,抵押权不能对抗租赁权。

5. 用益物权的设立权

用益物权是对物的实体加以支配的权利,与抵押权的内容并不发生冲突。因此,在抵押权成立后设立用益物权的,不会影响抵押权的效力。抵押人于抵押权成立后设立用益物权的,如同设立租赁权一样,不能影响抵押权的效力。于抵押权实现时,后设立的用益物权应当消灭。

6. 物上保证人对债务人的追偿权

抵押人为债务人以外的第三人的,在其代为清偿债务,或者因抵押权的实现而丧失抵押物所有权时,抵押人对债务人享有追偿权。根据《担保法》第57条和《物权法》第176条的规定,为债务人抵押担保的第三人,在抵押权人实现抵押权后,有权向债务人追偿。物上保证人向债务人追偿的数额,应为抵押权人以抵押物的变价受清偿的债权数额。

(四)抵押权人的权利

抵押权人的权利是抵押权对抵押权人的效力。抵押权成立后,抵押权人享有以下主要权利:

1. 抵押权的保全权

抵押权的保全权是指在抵押期间于抵押物的价值受侵害时,抵押权人得享有的保全其抵押权益的权利。在抵押期间,抵押权人虽不占有抵押物,但如抵押物受到侵害致使其价值减少的,于抵押权实现时,抵押权人就会不能完全受清偿或者减缩受清偿的范围。因此,在抵押期间对抵押物的侵害,也是对抵押权的一种侵害,为保护抵押权人的权利,法律赋予抵押权人保全抵押权的权利。对此,《物权法》第 193 条规定:"抵押人的行为足以使抵押财产价值减少的,抵押权人有权要求抵押人停止其行为。抵押财产价值减少的,抵押权人有权要求恢复抵押财产的价值,或者提供与减少的价值相应的担保。抵押人不恢复抵押财产的价值也不提供担保的,抵押权人有权要求债务人提前清偿债务。"根据这一规定,在抵押物受侵害时,抵押权人的保全权主要包括以下权利:

(1) 停止侵害请求权。抵押权人的停止侵害请求权是指在抵押人的行为足以使抵押物价值减少时,抵押权人得要求抵押人停止其侵害行为的权利。抵押权人的停止侵害请求权是防止抵押物价值减少的有效救济措施,不仅得以抵押人为相对人,也得以第三人为相对人。

(2) 恢复原状请求权。抵押权人恢复原状请求权是指在因可归责于抵押人的事由致抵押物价值减少时,抵押权人得请求抵押人恢复抵押物的价值的权利。这里的所谓恢复抵押物的价值,是指恢复抵押物原来的状态,以维系抵押物的原价值。例如,将损毁的抵押房屋修复。根据《物权法》的规定,抵押权人有权向抵押人行使恢复原状请求权。但是,在第三人侵害抵押物使其价值减少时,若抵押人不主张权利的,抵押权人也有权向该第三人请求恢复原状,以更好地保护抵押权。

(3) 提供相当担保请求权。提供相当担保请求权是指于因抵押人的行为致抵押物价值减少时,抵押权人得请求抵押人另行提供相当担保的权利。抵押人另行提供的担保为人的担保还是物的担保,则在所不问,只要能保持抵押物原担保价值即可。

因抵押人的行为致抵押物价值减少时,抵押权人虽然既享有恢复原状请求权,又享有提供相当担保请求权,但抵押权人只能行使其中一项请求权。一般说来,在抵押物价值减少后,能够恢复原状态的,抵押权人应行使恢复原状请求权;不能恢复原状的,抵押权人可以行使提供相当担保请求权。

(4) 提前清偿债务请求权。在抵押权人行使恢复原状请求权或提供相当担保请求权时,抵押人既不恢复抵押物的价值,也不提供担保的,抵押权人有权要求债务人提前清偿债务。

2. 抵押权的处分权和变更权

抵押权的处分权是指抵押权人处分其抵押权及抵押权顺序的权利。抵押权的处分包括抵押权的抛弃、抵押权的转让、抵押权的供作担保及抵押权顺序的处分等。抵押权的变更,通常是指变更抵押权担保的债权数额等抵押权的内容。

(1) 抵押权的抛弃。抵押权的抛弃是指抵押权人放弃其优先受偿的担保利益。对此,《物权法》第194条中规定,抵押权人可以放弃抵押权。

(2) 抵押权的转让和供作担保。抵押权的转让是指抵押权人将其抵押权让与他人;抵押权的供作担保是指将抵押权提供为他债权的担保。《物权法》第192条规定:"抵押权不得与债权分离而单独转让或者作为其他债权的担保。债权转让的,担保该债权的抵押权一并转让,但法律另有规定或者当事人另有约定的除外。"根据这一规定,除法律另有规定或当事人另有约定外,抵押权只能随被担保的债权的转让一并转让,也只能随同被担保的主债权一同作为他债权的担保。

(3) 抵押权顺位的抛弃与转让。抵押权顺位是指抵押权人优先受偿的顺序和位次。抵押权的顺位直接关涉各抵押权人的利益,因此,抵押权顺位也是一种权利,通常称为顺位权或顺序权、次序权。抵押权顺位既然是抵押权人的权利,抵押权人也就可以处分之。根据《物权法》第194条第1款的规定,抵押权人可以抛弃抵押权顺位,也可以转让抵押权顺位。

(4) 抵押权顺位和内容的变更。抵押权顺位的变更通常是指同一抵押人的数个抵押权人,将其抵押权的顺位互换;抵押权内容的变更是指变更抵押权被担保的债权数额等。根据《物权法》第194条第1款的规定,抵押权人与抵押人可以协议变更抵押权顺位以及被担保的债权数额等内容,但抵押权的变更,未经其他抵押权人书面同意,不得对其他抵押权人产生不利影响。

(5) 抵押权处分和变更对其他担保人的效力。在同一债务既有抵押权又有其他担保权担保时,抵押权的处分和变更会影响到其他担保人的利益。因此,《物权法》第194条第2款规定:"债务人以自己的财产设定抵押,抵押权人放弃抵押权、抵押权顺位或者变更抵押权的,其他担保人在抵押权人丧失优先受偿利益的范围内免除担保责任,但其他担保人承诺仍然提供担保的除外。"

3. 优先受偿权

抵押权人的优先受偿权是指于抵押权实现时,抵押权人以抵押物的变价优先受清偿的权利。优先受偿权是抵押权的实质内容,是抵押权人最主要的权利。一般地说,抵押权人的优先受偿权主要表现在以下几方面:

(1) 在一般情况下,抵押权人优先于普通债权人受偿。在抵押人宣布破产时,抵押权优先于抵押人的一切债权,抵押权人有别除权。抵押物不列入破产财产,抵押权人得就抵押物的变价于其受担保的债权额内受偿。

(2) 在抵押物被查封、被执行时,抵押权优先于执行权。根据《担保法的解释》第55条的规定,已经设立抵押的财产被其他债权人申请采取查封、扣押等财产保全或执行措施的,不影响抵押权的效力。

(3) 顺序在先的抵押权优先于顺序在后的抵押权。根据《物权法》第199条的规定,在实现抵押权时,拍卖、变卖抵押物所得的价款依照下列规定清偿:其一,抵押权已登记的,按照登记的先后顺序清偿;顺序相同的,按照债权比例清偿。其二,抵押权已登记的先于未登记的受偿。其三,抵押权未登记的,按照债权比例清偿。如果同一财产向两个以上债权人抵押的,顺序在后的抵押权所担保的债权先到期的,抵押权人只能就抵押物价值超出顺序在先的抵押担保债权的部分受偿;顺序在先的抵押权所担保的债权先到期的,抵押权实现后的剩余价值应予提存,留待清偿顺序在后的抵押担保债权(《担保法的解释》第78条)。

四、抵押权的实现

(一)抵押权的实现条件

抵押权的实现又称为抵押权的实行,是指抵押权人行使抵押权,实现抵押物的价值,从中优先受偿其债权的法律现象。《物权法》第195条第1款规定:债务人不履行到期债务或者发生当事人约定的实现抵押权的情形,抵押权人可以与抵押人协议以抵押财产折价或者以拍卖、变卖抵押财产所得的价款优先受偿。根据这一规定,抵押权的实现应当具备以下条件:

1. 须抵押权有效存在并不受限制

抵押权的实现属于权利行使的行为,因此,只有抵押权的有效存在,才会有所谓抵押权的实现。抵押权的设立如为无效或者已被撤销,则因抵押权已不存在,当然不能实现。抵押权虽有效存在,但其实现受有一定限制时,在受限制的范围内不能实现抵押权。例如,抵押权随主债权供为其他债权担保的,于质权人实现质权前,抵押权人不能实现抵押权。

2. 须债务人不履行到期债务或者发生当事人约定的实现抵押权的情形

抵押权是债权实现的担保,因此,只有在债务人不履行到期债务,即债权不能如期受清偿时,抵押权人才能实现抵押权。债务人不履行到期债务既包括未履行全部债务,也包括未履行部分债务,但须其不履行非因债权人的原因,抵押权人才可实现抵押权。如果债务人未履行到期债务是因债权人的原因造成的,如债务人提出符合约定或者法律规定的给付,而债权人拒绝受领的,则债权人不能受偿是自己造成的,当然也就不能实现抵押权。

在当事人约定有其他实现抵押权的情形时,若该情形发生的,抵押权人也可以实现抵押权。

3. 须于法律规定的期间内行使

《物权法》第202条规定:"抵押权人应当在主债权诉讼时效期间行使抵押权;未行使的,人民法院不予保护。"根据这一规定,抵押权的行使期间为主债权诉讼时效期间,该期间届满后仍未行使的抵押权,人民法院不予保护。

(二)抵押权的实现方式

根据《物权法》第 195 条的规定,具备抵押权的实现条件时,抵押权人可以与抵押人协商以抵押物折价或者以拍卖、变卖的方法实现抵押权。抵押权人与抵押人达成的实现抵押权的协议损害其他债权人利益的,其他债权人可以在知道或者应当知道实现撤销事由之日起 1 年内请求人民法院撤销该协议。抵押权人与抵押人未就抵押权实现方式达成协议的,抵押权人可以请求人民法院拍卖、变卖抵押物。可见,抵押权的实现方式包括抵押物的折价、拍卖和变卖。

抵押物的折价是指抵押权人与抵押人约定,将抵押物以一定的价格由抵押权人取得抵押物的所有权。法律允许采取抵押物折价的方式实现抵押权,但不允许当事人在抵押合同中约定在债务人不履行到期债务时抵押物归债权人所有,即法律禁止流押契约。对此,《物权法》第 186 条规定:"抵押权人在债务履行期届满前,不得与抵押人约定债务人不履行到期债务时抵押财产归债权人所有。"因此,抵押权人与抵押人在抵押合同中有违反此禁止性规定的约定的,其约定无效。

抵押物的拍卖、变卖是以出卖的方式实现抵押物的价值。拍卖是公开的以竞争方式的买卖,而变卖是指拍卖以外的买卖方式。拍卖只不过是一种特别的变卖而已,但拍卖更能实现抵押物的价值。

《物权法》第 198 条规定:"抵押财产折价或者拍卖、变卖后,其价款超过债权数额的部分归抵押人所有,不足部分由债务人清偿。"根据这一规定,抵押权人得从抵押物的变价中直接受偿其受抵押担保的债权,不能受偿的部分可请求债务人清偿;受偿后有余额的,则应将余额归还给抵押人。在抵押权实现时,抵押权人与抵押人可以约定抵押物变价后的清偿顺序。根据《担保法的解释》第 74 条的规定,当事人没有约定的,按下列顺序清偿:(1) 实现抵押权的费用;(2) 主债权的利息;(3) 主债权。

五、抵押权的消灭

抵押权作为一种担保物权,既可因物权消灭的一般原因而消灭,

又可因担保物权消灭的原因而消灭,又有自己独特的消灭原因。抵押权消灭的原因主要有以下几种:

(一) 主债权消灭

主债权消灭,作为担保主债权担保物权的抵押权也消灭。这是因为,担保物权为从属于主债权的从权利,按照"从随主"原则,主权利消灭的,从权利也消灭。因此,在主债权因债务人清偿、抵销、免除等原因而完全绝对消灭时,抵押权也就消灭。

(二) 抵押人为物上保证人的,主债务转移

在一般情形下,债务转移并不导致抵押权的消灭。但是,在抵押人为物上保证人时,因抵押人是基于特定债务人的信用,基于与特定债务人之间的关系而提供抵押担保的,一旦债务转移,抵押人提供抵押担保的基础关系也就不存在,因此抵押权也不应存在,除非抵押人同意债务转移。对此,《物权法》第175条规定:"第三人提供担保,未经其书面同意,债权人允许债务人转移全部或者部分债务的,担保人不再承担相应的担保责任。"根据这一规定,在抵押人为物上保证人时,无论主债务全部转移还是部分转移,只要未经抵押人书面同意继续担保的,抵押人相应的担保责任就消灭。

(三) 抵押物灭失而无代位物

抵押物为抵押权的标的物,由于标的物的灭失为物权消灭的一般原因,因此,抵押物灭失的,不论其为事实上的灭失还是法律上的灭失,抵押权都消灭。但因抵押权为价值权,因此抵押物虽灭失但其有代位物时,由于其价值仍存在,抵押权并不能消灭,而是存在于代位物之上。因此,只有当抵押物灭失而无代位物时,抵押权才归于消灭。

(四) 抵押人为物上保证人的,债权人放弃债务人提供的物的担保或者免除保证人的保证责任

《物权法》第194条第2款规定:"债务人以自己的财产设定抵押,抵押权人放弃该抵押权、抵押权顺位或者变更抵押权的,其他担保人在抵押权人丧失优先受偿权益的范围内免除担保责任,但其他担保人承诺仍然提供担保的除外。"《担保法的解释》第123条规定:"同一债权上数个担保物权并存时,债权人放弃债务人提供的物的

担保的,其他担保人在其放弃权利的范围内减轻或者免除担保责任。"可见,在抵押人为物上保证人时,债权人放弃债务人提供的物的担保的,抵押人的担保责任于债权人放弃的优先受偿权益的范围内消灭。

《物权法》第176条规定:"被担保的债权既有物的担保又有人的担保的,债务人不履行到期债务或者发生当事人约定的实现担保物权的情形,债权人应当按照约定实现债权;没有约定或者约定不明确,债务人自己提供物的担保的,债权人应当先就该物的担保实现债权;第三人担保物的担保的,债权人可以就物的担保实现债权,也可以要求保证人承担保证责任。提供担保的第三人承担担保责任后,有权向债务人追偿。"《担保法的解释》第38条第1款规定:"同一债权既有保证又有第三人提供物的担保的,债权人可以请求保证人或者物的担保人承担担保责任。当事人对保证担保的范围或者物的担保的范围没有约定或者约定不明的,承担了担保责任的担保人,可以向债务人追偿,也可以要求其他担保人清偿其应当分担的份额。"因此,若抵押人为物上保证人的,债权人免除同一债权的保证人的保证责任时,则抵押人的担保责任于保证人应当分担的份额内消灭,亦即物上保证人设立的抵押权于此限度内消灭。

(五) 抵押权实现

抵押权实现,抵押权的设立的目的即达到,抵押权当然消灭,不论抵押权人所担保的债权是否全部受偿。

六、特殊抵押权

(一) 共同抵押权

1. 共同抵押权的概念和特点

共同抵押权是指为担保同一债权,于数个不同财产上设立一个抵押权。因为在一般情形下,抵押人是将一个财产用于抵押,于该财产上设立一个抵押权担保债权,而共同抵押权却是在数个财产上设立一个抵押权担保同一债权的,因此,共同抵押权属于特殊抵押权。

共同抵押权的特殊性主要在于,抵押权的标的物不是一个而是数个,并且设立抵押权的数个财产是独立的,而不是集合在一起视为一物。同时,该数个财产也不要求必须属于同一人所有,即共同抵押权可以就不同人的数个独立财产而设立。

2. 共同抵押权的效力

共同抵押权因标的物为数个独立的财产,而且作为抵押物的所有权人也并非须为同一人。因此,共同抵押的抵押权人如何就各个抵押财产受偿其债权,就成为共同抵押权效力上的特殊问题。对此,应区分以下两种情形:

(1)当事人以特别约定限定各个财产的负担金额的,抵押权人在实现抵押权时应就各个财产所负担的金额优先受偿。也就是说,各个财产分别以其价值按照其应负担的金额担保债权人的债权受偿。在这种共同抵押权中,各抵押财产对于同一债权的担保系分别负责,相互间并无连带关系。

(2)当事人未约定各个抵押财产所负担的金额的,抵押权人可以就其中的任一或者各个财产行使抵押权。这时,共同抵押物之间承担"物"的连带责任,每个抵押物之价值均担保着全部债权。抵押人承担担保责任后,可以向债务人追偿,也可以要求其他抵押人清偿其应当承担的份额。对此,《担保法的解释》第75条第2、3款规定:"同一债权有两个以上抵押人的,当事人对其提供的抵押财产所担保的债权份额或者顺序没有约定或者约定不明的,抵押权人可以就其中任一或者各个财产行使抵押权。抵押人承担担保责任后,可以向债务人追偿,也可以要求其他抵押人清偿其应当承担的份额。"但是,共同抵押权人在实现抵押权时,如果两个以上的抵押人一为债务人本人,一为物上保证人的,抵押权人原则上应当先就债务人本人提供的抵押物变价求偿。如果债权人放弃债务人提供的抵押担保的,其他抵押人有权在债务人抵押财产的价值范围内请求人民法院减轻或者免除其应当承担的担保责任。

(二)最高额抵押权

1. 最高额抵押权的概念和特点

《物权法》第203条第1款规定:"为担保债务的履行,债务人或者第三人对一定期间内将要连续发生的债权提供担保财产的,债务人不履行到期债务或者发生当事人约定的实现抵押权的情形,抵押权人有权在最高债权额限度内就该担保财产优先受偿。"根据这一规定,最高额抵押权是指为担保债务的履行,债务人或第三人对一定期间内将要连续发生的债权提供抵押财产,债务人不履行到期债务或者发生当事人约定的实现抵押权情形时,抵押权人在最高债权额限度内就该抵押财产优先受偿的权利。

最高额抵押权是一种特殊抵押权,具有以下特点:

(1) 最高额抵押权是为担保将来发生的债权所设立的抵押权。与一般抵押权不同,最高额抵押权所担保的债权通常不是已经发生的特定债权,而是将来要发生的债权。当然,经当事人同意,在最高额抵押权设立前已经存在的债权也可以转入最高额抵押权担保的债权范围(《物权法》第203条第2款)。

(2) 最高额抵押权所担保的是将来发生的不特定债权。在一般抵押权中,抵押权所担保的债权必须是特定债权,不能是不特定的债权。而最高额抵押权是对一定期间内将要连续发生的债权所作的担保。这种将要连续发生的债权是否一定发生、发生额为多少都是不确定的,因此,最高额抵押权所担保的债权属于不特定的债权。

(3) 最高额抵押权所担保的债权是一定期间内连续发生的债权。最高额抵押权是对一定期间内连续发生的债权的担保,仅适用于有连续发生债权的法律关系,如连续交易关系、连续借贷关系等。因此,最高额抵押权的适用范围受到限制。如果债权的发生不是一定期间内连续发生的,则不能设立最高额抵押权。

(4) 最高额抵押权所担保的债权设有最高限额。所谓最高限额,是指抵押权人实现抵押权时能够优先受偿的最高债权额,即抵押权人只能在最高债权额限度内就抵押财产优先受偿。如果抵押权所担保的债权没有最高限额,则不能成立最高额抵押权。

2. 最高额抵押权的设立

在最高额抵押权的设立上,当事人应当遵循法律关于一般抵押权设立的要求。与一般抵押权设立不同的是,当事人在设立最高额抵押权时,应在抵押合同中特别订明以下两项内容:

(1) 抵押权所担保的债权范围和最高限额。在最高额抵押合同中,当事人应当对最高额抵押权所担保的债权范围和最高限额作出约定。否则,不能成立最高额抵押权。

(2) 最高额抵押权所担保的债权的确定日期,即决算期。最高额抵押合同中约定担保的债权最高限额并非抵押权实际担保的债权数额,因此,最高额抵押合同中应有决算期的约定。当事人约定了决算期的,约定的债权确定期间届满时,抵押权人的债权确定。抵押合同中没有约定债权确定期间或约定不明的,根据《物权法》第206条的规定,决算期依下列情形确定:① 抵押权人或者抵押人自最高额抵押权设立之日起满2年后请求确定债权;② 新的债权不可能发生;③ 抵押财产被查封、扣押;④ 债务人、抵押人被宣告破产或者被撤销;⑤ 法律规定债权确定的其他情形。

3. 最高额抵押权的效力

最高额抵押权在效力上主要有以下特殊性:

(1) 最高额抵押权所担保的债权范围,不包括抵押物因财产保全或者执行程序被查封后或者债务人、抵押人破产后发生的债权(《担保法的解释》第81条)。

(2) 最高额抵押权担保的债权确定前,部分债权转让的,最高额抵押权不得转让,但当事人另有约定的除外(《物权法》第204条)。

(3) 最高额抵押权担保的债权确定前,抵押权人与抵押人可以通过协议变更债权确定的期间、债权范围以及最高债权额,但变更的内容不得对其他抵押权人产生不利影响(《物权法》第205条)。

4. 最高额抵押权的实现

最高额抵押权所担保的不特定债权,在特定后,债权已届清偿期的,最高额抵押权人可以根据一般抵押权的规定行使其抵押权。最高额抵押权人在实现抵押权时,如果实际发生的债权额高于最高限额的,以最高限额为限,超过部分不具有优先受偿效力;如果实际发生的债权额低于最高限额的,以实际发生的债权额为限对抵押物优先受偿(《担保法的解释》第83条)。

(三) 动产浮动抵押权

1. 动产浮动抵押权的概念和特点

《物权法》第181条规定:"经当事人书面协议,企业、个体工商户、农业生产经营者可以将现有的以及将有的生产设备、原材料、半成品、产品抵押,债务人不履行到期债务或者发生当事人约定的实现抵押权的情形,债权人有权就实现抵押权时的动产优先受偿。"根据这一规定,动产浮动抵押权是指企业、个体工商户、农业生产经营者以现有的以及将有的动产抵押,在债务人不履行债务或发生当事人约定的实现抵押权情形时,抵押权人就实现抵押权时的动产优先受偿的权利。

动产浮动抵押权为一种特殊抵押权,具有以下特点:

(1) 动产浮动抵押权中的抵押人限于企业、个体工商户、农业生产经营者,国家机关、社会团体、事业单位以及非从事生产经营的自然人不能设立动产浮动抵押权。

(2) 动产浮动抵押权的客体限于抵押人的生产设备、原材料、半成品、成品,其他的动产、不动产、权利不能设立动产浮动抵押权。

(3) 动产浮动抵押权的客体包括现有的动产以及将有的动产。至于具体以哪种动产设立动产浮动抵押权,应由抵押合同约定。

(4) 动产浮动抵押权设立后,抵押的财产处于不断变动之中,抵押人可以将抵押的原材料投入生产,也可以出卖抵押财产。同时,新增抵押财产范围内的动产也应列入抵押财产之中。可见,动产浮动抵押权的客体具有不确定性。只有在具备法律规定的事由时,抵押的财产才能确定。

2. 动产浮动抵押权的设立

动产浮动抵押权的设立须采取书面形式,不能以口头形式设立动产浮动抵押权。根据《物权法》第189条的规定,当事人设立动产浮动抵押权的,应当向抵押人住所地的工商行政管理部门办理登记。抵押权自抵押合同生效时设立;未经登记,不得对抗善意第三人。

3. 动产浮动抵押权的效力

动产浮动抵押权设立后,产生如下特殊效力:

(1) 浮动抵押权设立后,抵押人有权处分抵押财产,而无须经抵押权人的同意。

(2) 浮动抵押权不得对抗正常经营活动中已支付合理价款并取得抵押财产的买受人(《物权法》189条第2款)。

(3) 浮动抵押权设立后,抵押人有权以浮动抵押的特定动产设立固定抵押权。此时,应当按照法律规定的抵押权实现的顺序清偿债务。

4. 动产浮动抵押权的实现

动产浮动抵押权的客体具有不确定性,而抵押权的实现须以抵押财产确定为前提。因此,动产浮动抵押的动产须依法定事由使之确定后才能实现抵押权。根据《物权法》第196条的规定,动产浮动抵押的动产自下列情形之一发生时确定:(1)债务履行期届满,债权未实现;(2)抵押人被宣告破产或者被撤销;(3)当事人约定的实现抵押权的情形;(4)严重影响债权实现的其他情形。

在动产浮动抵押的财产确定后,动产浮动抵押权即变为固定抵押权,抵押权人应当按照一般抵押权的实现方式实现抵押权。

第三节　质　权

一、质权的概念和特点

质权是指债权人因担保其债权而占有债务人或第三人提供的财产,于债务人不履行债务或发生当事人约定的实现质权的情形时,得以其所占有的标的物的价值优先受偿的权利。在质权关系中,债务人或第三人用于质权担保的财产为质押财产,简称质物;占有质权标的的债权人为质权人;提供财产设定质权的债务人或第三人为出质人。

质权是一种担保物权,因此,质权具有担保物权的一般特点。此外,质权还具有以下特点:

(一)质权的标的物是动产和权利

质权的标的物可以是动产和权利,而不能是不动产,即在不动产之上不能设立质权。质权的标的物为动产的,为动产质权;质权的标的物为权利的,为权利质权。动产质权为质权的一般形式,而权利质权则为质权的特殊形式。因此,权利质权除适用物权法关于权利质权的特殊规定外,应适用有关动产质权的规定(《物权法》第229条)。例如,有关权利质权合同的内容、流质契约的禁止、质权人的权利义务、质权的实现方式等,在物权法没有具体规定时,都应适用有关动产质权的相关规定。

(二) 质权为于债务人或第三人交付的财产上设立的担保物权

质权的标的物可以是债务人的财产,也可以是第三人的财产,但不能是债权人自己的财产。因而质权是在他人财产上设立的他物权。质权不仅须在他人财产上设立,而且须在债务人或第三人交付给债权人占有的财产上设立。因此,质权以出质人移交质押财产的占有为成立要件。是否移交标的物占有,是质权与抵押权的重要区别。

(三) 质权是由债权人占有质物为要件的担保物权

质权以出质人移交质物的占有为成立要件,也是以债权人占有质物为存续要件的。所以,质权人有占有质物的权利。在债务人履行债务前,质权人得留置质物。在动产质权中,质权人须直接占有质物,在债权受偿前,质权人有权留置质物而拒绝质物所有人的返还请求;在权利质权中,质权人须占有权利证书和有关证书,在债权受偿前,质权人有权禁止出质人为其已质押的权利的行使。

二、动产质权

(一) 动产质权的概念

《物权法》第208条规定:"为担保债务的履行,债务人或者第三人将其动产出质给债权人占有的,债务人不履行到期债务或者发生当事人约定的实现质权的情形,债权人有权就该动产优先受偿。"根据这一规定,动产质权是指为担保债务的履行,债务人或者第三人将其动产出质给债权人占有,债务人不履行到期债务或者发生当事人约定的实现质权的情形时,债权人就该动产优先受偿的权利。

(二) 动产质权的设立

设立质权,当事人应当采取书面形式订立质权合同。根据《物权法》第210条第2款的规定,质权合同一般包括以下条款:(1) 被担保债权的种类和数额;(2) 债务人履行债务的期限;(3) 质物的名称、数量、质量、状况;(4) 担保的范围;(5) 质物交付的时间。

当事人设立质权,应当以法律允许出质的动产为质物,法律、行政法规禁止转让的动产不得出质(《物权法》第209条)。根据《担保法的解释》第85条的规定,债务人或者第三人将其金钱以特户、封金、保证金等形式特定化后,移交债权人占有作为债权担保的,债务人不履行债务时,债权人可以以该金钱优先受偿。可见,金钱在特定化时也可以作为质物,这就是所谓的金钱质。

《物权法》第212条规定:"质权自出质人交付质押财产时设立。"因此,出质人应当按照质权合同的约定交付质物。根据《担保法的解释》第89条的规定,质权合同中对质押财产约定不明,或者约定的质押财产与实际移交的不一致的,以实际交付占有的财产为质物。如果出质人没有按照质权合同约定的时间交付质物,因此给质权人造成损失的,出质人应当根据其过错承担赔偿责任(《担保法的解释》第86条)。在动产质权中,质物的交付可以是现实交付、简易交付或者指示交付,但不能是占有改定。出质人代质权人占有质物的,质权合同不生效。质权人将质物返还于出质人后,以其质权对抗第三人的,人民法院不予支持(《担保法的解释》第87条);出质人以间接占有的财产出质的,质权自书面通知送达占有人时设立。占有人收到出质通知后,仍接受出质人的指示处分质物的,该行为无效(《担保法的解释》第88条)。

(三) 动产质权的效力

1. 动产质权所担保的债权范围

根据《物权法》第173条的规定,质权的担保范围包括主债权及其利息、违约金、损害赔偿金、质物保管费用和实现质权的费用。但当事人另有约定的,按照约定。

2. 动产质权效力及于的标的物范围

动产质权的效力除及于质权的标的物即原质物外,还及于质物的从物、孳息物、代位物、添附物等。

(1) 动产质权的效力及于原物的从物,但从物未随同质物移交质权人占有的,质权的效力不及于从物。

(2) 除质权合同另有约定外,质权的效力及于质物的孳息。这里的孳息既包括天然孳息,也包括法定孳息。

(3) 动产质权的效力及于代位物。在质物灭失而存在代位物的,动产质权的效力及于该代位物。

(4) 动产质权的效力及质物的添附物。在质物因附合、混合、加工而产生添附的,若质物所有人取得添附物所有权的,则动产质权的效力及于该添附物;若出质人与他人共有添附物的,则动产质权的效力及于出质人对该添附物的应有部分之上。

3. 质权人的权利与义务

(1) 占有和留置质物的权利。质权以质物的占有转移为成立和存续要件,因此,质权人当然得占有和留置质物。只要债权未受清偿,质权人就得拒绝一切人返还质物的请求。即使出质人将质物转让给第三人的,也不影响质权人的质权。

(2) 质物孳息的收取权。《物权法》第213条规定:"质权人有权收取质押财产的孳息,但合同另有约定的除外。前款规定的孳息应当先充抵收取孳息的费用。"可见,除当事人另有约定外,质权人有权收取质物的孳息,且该孳息应当先充抵收取孳息的费用。

(3) 费用偿还请求权。质权人对于因保管质物所支出的必要费用,有权要求出质人偿还。所谓必要费用,是指为保存和管理质物所不可缺的费用。因质物仍为出质人所有,质权人保管质物也属于为出质人保管财产,因此,质权人为保管质物所支出的必要费用应由质物所有权人负担。

(4) 质权保全权。《物权法》第216条规定:"因不能归责于质权人的事由可能使质押财产毁损或者价值明显减少,足以危害质权人权利的,质权人有权要求出质人提供相应的担保;出质人不提供的,质权人可以拍卖、变卖质押财产,并与出质人通过协议将拍卖、变卖所得的价款提前清偿债务或者提存。"可见,质权保全权主要包括提供相应担保请求权、质物变价权。

(5) 转质的权利。所谓转质,是指质权人为给自己的债务作担保,将质物移交于自己的债权人而设立新质权的行为。因转质而取得质权的人,称为转质权人。转质有两种情况:一是责任转质,即质权人在质权存续期间,不经出质人同意而以自己的责任,将质物转质于第三人,设立新质权;二是承诺转质,即质权人经出质人同意,为供自己债务的担保而将质物转移占有于第三人,就质物再设立新质权的行为。《担保法的解释》第 94 条规定:"质权人在质权存续期间,为担保自己的债务,经出质人同意,以其所占有的质物为第三人设定质权的,应当在原质权所担保的债权范围之内,超过的部分不具有优先受偿的效力。转质权的效力优于原质权。""质权人在质权存续期间,未经出质人同意,为担保自己的债务,在其所占有的质物上为第三人设定质权的无效。质权人对因转质而发生的损害承担赔偿责任。"从这一规定来看,我国司法实践只承认承诺转质,而不承认责任转质。但《物权法》第 217 条规定:"质权人在质权存续期间,未经出质人同意转质,造成质押财产毁损、灭失的,应当向出质人承担赔偿责任。"由此可以推论,《物权法》也承认了责任转质。

(6) 质权的处分权。质权的处分权是质权人处分其质权的权利,包括质权的放弃、质权的让与或供他债权的担保。但债务人以自己的财产出质,质权人放弃该质权的,其他担保人在质权人丧失优先受偿权益的范围内免除担保责任,除非其他担保人承诺仍然提供担保(《物权法》第 218 条)。质权不得与其所担保的债权相分离而单独让与或者供为他债权的担保,但得与债权一并让与或供作他债权担保。债权让与时,质权应随同主债权一并让与,但当事人约定质权不随同让与时,质权应消灭。

(7) 优先受偿权。优先受偿权是质权人就质物的变价优先受偿的权利,是质权的基本效力。当债务人不履行到期债务或发生当事人约定的实现质权情形时,质权人有权就该质物优先受偿。同一动产上质权与抵押权并存时,登记的动产抵押权优先于质权(《担保法的解释》第 79 条)。

(8) 不得擅自使用、处分质物的义务。《物权法》第 214 条规定:"质权人在质权存续期间,未经出质人同意,擅自使用、处分质押财产,给出质人造成损害的,应当承担赔偿责任。"

(9) 质物的保管义务。质权人负有妥善保管质押财产的义务;因保管不善致使质押财产毁损、灭失的,应当承担赔偿责任(《物权法》第 215 条第 1 款)。

(10) 质物的返还义务。《物权法》第 219 条第 1 款规定:"债务人履行债务或者出质人提前清偿所担保的债权的,质权人应当返还质押财产。"

4. 出质人的权利和义务

（1）质物的处分权。出质人于质权成立后，并不丧失其对质物的所有权，因此，出质人得对质物为法律上的处分。

（2）质物孳息的收取权。质权人有权收取质押财产的孳息，但合同另有约定的除外(《物权法》第213条)。

（3）对质权人的抗辩权。出质人的抗辩权包括基于主债务发生的抗辩权和基于质权合同发生的抗辩权。例如，出质人可以为质权合同存在无效或者可撤销事由的抗辩，可以为主债权无效或者清偿期延长等的抗辩。出质人的抗辩权是基于质权关系而独立享有的，因此，出质人为物上保证人时，即使债务人抛弃其对债权人享有的抗辩权，出质人的抗辩权也不丧失，其仍可向质权人为之。

（4）除去侵害和返还质物请求权。质权人的行为可能使质物毁损、灭失的，出质人可以要求质权人将质物提存，或者要求提前清偿债务并返还质物(《物权法》第215条第2款)。

（5）物上保证人对债务人的追偿权。《物权法》第176条中规定：提供担保的第三人承担担保责任后，有权向债务人追偿。《担保法》第72条规定：为债务人质押担保的第三人，在质权实现后，有权向债务人追偿。根据上述规定，出质人为物上保证人的，在其代为清偿债务或者因质权的实现而丧失质物所有权时，对债务人享有追偿权。

（四）动产质权的实现

动产质权的实现是指债务人不履行到期债务或者发生当事人约定的情形时，质权人通过特定的方式行使质权以实现质物的价值，并从质物的价值中优先受偿其债权的法律现象。

《物权法》第219条第2款规定："债务人不履行到期债务或者发生当事人约定的实现质权的情形，质权人可以与出质人协议以质押财产折价，也可以就拍卖、变卖质押财产所得的价款优先受偿。"可见，动产质权的实现方式包括折价、拍卖、变卖三种方式。质物折价或拍卖、变卖后，其价款超过债权额的部分归出质人所有，不足部分由债务人清偿。应当指出的是，我国法律禁止流质契约。对此，

《物权法》第211条规定:"质权人在债务履行期届满前,不得与出质人约定债务人不履行到期债务时质押财产归债权人所有。"根据这一规定,出质人与质权人在质押合同中约定在债权人于其受偿期届满未受偿时,质物所有权即转移于质权人的,该约定为无效。

根据《物权法》第220条的规定,出质人可以请求质权人在债务履行期届满后及时行使质权;质权人不行使的,出质人可以请求人民法院拍卖、变卖质押财产。出质人请求质权人及时行使质权,因质权人怠于行使权利造成损害的,由质权人承担赔偿责任。

(五) 动产质权的消灭

一般地说,动产质权消灭的原因主要有:

1. 主债权消灭

质权与其担保的债权同时存在,债权消灭的,质权同时消灭。

2. 质物灭失而无代位物

质物灭失后无代位物的,质权消灭。但质物灭失后有代位物的,质权就代位物存在。

3. 质权的抛弃及质物的任意返还

质权为质权人的财产权利,质权人有权抛弃质权。在质权人抛弃其质权时,质权当然因抛弃而消灭。质权人任意将质物返还于出质人的,质权亦归于消灭。

4. 质物占有的丧失且不能回复

这里的质物占有的丧失,仅指因不可归责于质权人的事由而丧失占有。在此情况下,质权人可以向不法占有质物的第三人要求返还质物。若第三人将质物返还,则质权不消灭;若第三人不能将质物返还,则质权归于消灭。例如,若质物已为善意第三人取得所有权的,质权应归于消灭。

5. 质权的实现

当债务人到期不履行债务而质权人实现质权时,质权即因实现而消灭。

(六) 最高额质权

最高额质权是指为担保债务的履行,债务人或第三人对一定期间内将要连续发生的债权提供质物,债务人不履行到期债务或者发生当事人约定的实现质权情形时,质权人在最高债权额限度内就该质物优先受偿的权利。

根据《物权法》第222条的规定,出质人与质权人可以协议设立最高额质权,最高额质权除适用动产质权的一般规定,应参照最高额抵押权的规定。

三、权利质权

(一) 权利质权的概念和特点

权利质权是指为担保债务的履行,债务人或者第三人将其有权处分的权利出质给债权人,债务人不履行到期债务或者发生当事人约定的实现质权的情形时,债权人得就该权利优先受偿的权利。

权利质权与动产质权相比,具有以下特点:

1. 权利质权的客体是权利

与动产质权不同,权利质权的客体是权利。这里的权利并不是指所有的权利,而仅指所有权、用益物权以外的可以让与的其他财产权利。同时,这种财产权利须具有让与性。根据《物权法》第223条的规定,债务人或者第三人有权处分的下列权利可以出质:(1) 汇票、支票、本票;(2) 债券、存款单;(3) 仓单、提单;(4) 可以转让的基金份额、股权;(5) 可以转让的注册商标专用权、专利权、著作权等知识产权中的财产权;(6) 应收账款;(7) 法律、行政法规规定可以出质的其他财产权利。

2. 权利质权涉及第三债务人

权利质权的客体是财产权利,这种财产权利不仅涉及权利人,还涉及义务人。该义务人虽不是质权合同的当事人,但属于有利害关系的第三人,通常称为第三债务人。质权人向出质人、出质债权的债务人行使质权时,出质人、出质债权的债务人拒绝的,质权人可以起诉出质人和出质债权的债务人,也可以单独起诉出质债权的债务人(《担保法的解释》第106条)。

3. 权利质权以交付权利凭证或登记为设立条件

在权利质权的设立上,以具有权利凭证的财产权利设立质权的,应将该权利凭证交付于质权人占有,质权自权利凭证交付质权人时设立;以无权利凭证的财产权利设立质权的,质权自有关部门办理登记时设立。

(二) 证券质权

证券质权是指以有价证券即汇票、支票、本票、债券、存款单、仓单、提单所表示的财产权利为客体的质权。根据《物权法》第 224 条的规定,以汇票、支票、本票、债券、存款单、仓单、提单出质的,当事人应当订立书面合同。质权自权利凭证交付质权人时设立;没有权利凭证的,质权自有关部门办理出质登记时设立。

在证券质权中,汇票、支票、本票、债券、存款单、仓单、提单的兑现日期或者提货日期先于主债权到期的,质权人可以兑现或者提货,并与出质人协议将兑现的价款或者提取的货物提前清偿债务或者提存(《物权法》第 225 条);如果汇票、支票、本票、债券、存款单、仓单、提单的兑现或者提货日期后于债务履行期的,质权人只能在兑现或者提货日期届满时兑现款项或者提取货物(《担保法的解释》第 102 条)。

(三) 基金份额、股权质权

基金份额、股权质权是指以基金份额、股权所表示的财产权利为客体的质权。所谓基金份额,是指向投资者公开发行的,表示持有人按其所持份额对基金财产享有收益分配权等相关财产权利的凭证。根据《物权法》第 226 条第 1 款的规定,以基金份额、股权出质的,当事人应当订立书面合同。以基金份额、证券登记结算机构登记的股权出质的,质权自证券登记结算机构办理出质登记时设立;以其他股权出质的,质权自工商行政管理部门办理出质登记时设立。

在基金份额、股份质权中,基金份额、股权出质后,非经质权人同意,出质人不得转让,但经出质人与质权人协商同意的除外。出质人转让基金份额、股权所得的价款,应当向质权人提前清偿债务或者提存(《物权法》第 226 条第 2 款)。以依法可以转让的股份、股票出质的,质权的效力及于股份、股票的法定孳息。

(四) 知识产权质权

知识产权质权是指以注册商标专用权、专利权、著作权等知识产权中的财产权为客体的质权。根据《物权法》第 227 条第 1 款的规定,以注册商标专用权、专利权、著作权等知识产权中的财产权出质的,当事人应当订立书面合同,质权自有关主管部门办理出质登记时设立。

在知识产权质权中,知识产权中的财产权出质后,出质人不得转让或者许可他人使用,但经出质人与质权人协商同意的除外。出质人转让或者许可他人使用出质的知识产权中的财产权所得的价款,应当向质权人提前清偿债务或者提存(《物权法》第227条第2款)。如果出质人未经质权人同意而转让或者许可他人使用已出质权利的,应当认定为无效。因此给质权人或者第三人造成损失的,由出质人承担民事责任(《担保法的解释》第105条)。

(五) 应收账款质权

应收账款质权是指以应收账款所表示的现有或预期债权为客体的质权。所谓应收账款,是指权利人在交易活动中因提供一定的商品、服务或设施而有权收取的款项。根据《物权法》第228条第1款的规定,以应收账款出质的,当事人应当订立书面合同,质权自信贷征信机构办理出质登记时设立。

在应收账款质权中,应收账款出质后,未经质权人同意,出质人不得转让。经质权人同意出质人转让应收账款所得的价款,应当向质权人提前清偿债务或者提存(《物权法》第228条第2款)。

第四节 留 置 权

一、留置权的概念和特点

《物权法》第230条第1款规定:"债务人不履行到期债务,债权人可以留置已经合法占有的债务人的动产,并有权就该动产优先受偿。"根据这一规定,留置权是指当债务人不履行到期债务时,债权人可以留置已经占有的债务人的动产,并就该动产优先受偿的权利。

留置权除具有担保物权的一般特点外,还具有以下特点:

(一) 留置权是一种法定担保物权

留置权是以担保债权的实现为目的的,是对留置物价值的支配权,因此,留置权属于担保物权,具有价值性、从属性、不可分性、物上代位性等担保物权的一般属性。但留置权不是依当事人的意思而设立的,只能依法律规定的条件直接发生。只要具备了法律规定的条件,留置权即当然发生,因而留置权为一种法定担保物权。

(二) 留置权为得发生二次效力的担保物权

留置权不同于其他担保物权之处,不仅在于其成立上的法定性,还在于其效力上的二次性。留置权的第一次效力是留置债务人动产的效力,即当债务人不履行到期债务时,留置权人有权扣留已经合法占有的债务人的动产;留置权的第二次效力是优先受偿的效力,即当债务人于债务履行期满超过一定期限仍不履行债务时,留置权人得依法处分留置的动产,以其变价优先受偿。

(三) 留置权为动产担保物权和转移占有的担保物权

留置权的标的物限于动产,而不包括不动产和权利。因此,留置权属于动产担保物权。同时,留置权的成立以留置权人占有留置物为条件,因此,留置权为转移占有的担保物权。

二、留置权的成立条件

(一) 留置权成立的积极条件

留置权的成立条件是留置权成立必须具备的条件。根据《物权法》的规定,留置权的成立须具备以下积极条件:

1. 债权人须占有一定的财产

留置权为担保债权的从权利,留置权的主体当然须为债权人,但并非任何债权人都可为留置权的主体。债权人只有占有一定的财产,才可能在该财产上成立留置权。根据《物权法》的规定,只要债权人合法占有财产,该占有就具有正当的权原,就可以成立留置权。债权人非法占有财产的,不能就该财产成立留置权。

2. 债权人占有的财产须为债务人的动产

留置权为动产担保物权,因此,留置权只能成立于动产之中,不动产和权利不能成为留置权的客体。同时,债权人占有的动产须为债务人的动产。所谓"债务人的动产",并非专指债务人所有的动产,而是指债务人交付给债权人占有的动产。因此,尽管为第三人所有的动产,但只要为占有人交付给债权人,由债权人合法占有的,也可以成立留置权。《担保法的解释》第108条规定:"债权人合法占有债务人交付的动产,不知债务人无处分该动产的权利,债权人可以按照《担保法》第82条的规定行使留置权。"这一解释,也可以用于解释《物权法》的规定。例如,甲将自行车交乙保管,乙将该车送丙修理,在丙未受领修理费时,丙得留置该自行车。

3. 债权人占有的动产与债权之间存在关联关系

《担保法的解释》第109条规定:"债权人的债权已届清偿期,债权人对动产的占有与其债权的发生有牵连关系,债权人可以留置其所占有的动产。"根据这一规定,只要债权人对动产的占有与债权人债权的发生有关联,就可以成立留置权。对此,《物权法》第231条规定:"债权人留置的动产,应当与债权属于同一法律关系,但企业之间留置的除外。"可见,除企业之间的留置权外,只有债权人占有的动产与债权属于同一法律关系,才可以认定两者之间存在关联关系。

4. 须债权已届清偿期

债权已届清偿期是指债务人的债务履行期已到。如果债务人的履行义务尚未到期,而债权人返还其占有的标的物的义务已经到期,则不成立债权人的留置权。因为债务人义务未到期,则不发生债务人不履行义务的问题。而债权人只能在债务人不履行义务的情况下,才可以留置与此有关的标的物,以确保自己的债权。既然对方未发生义务的不履行,占有标的物的一方也就无留置标的物的道理,而应当履行其返还标的物的义务。若债权人的债权未届清偿期而许可其留置占有的标的物,则等于允许债权人得迟延履行返还标的物的义务,并对于债务人的债权得于期前强制其履行,这是违反公平原则的。当然,在例外情况下,债权人的债权即使未届清偿期,也允许成立留置权。对此,《担保法的解释》第112条规定:"债权人的债权未届清偿期,其交付占有标的物的义务已届履行期的,不能行使留置权。但是,债权人能够证明债务人无支付能力的除外。"

(二)留置权成立的消极要件

留置权成立的消极条件是指虽具备留置权成立的积极条件,但因其存在仍不能成立留置权的情形。可见,只有既具备留置权成立的积极条件又具备留置权成立的消极条件时,留置权才能成立。一般地说,留置权成立的消极条件包括以下几项:

1. 法律没有规定或者当事人没有约定不得留置

留置权虽为法定担保物权,不能依当事人的约定而发生,但法律关于留置权的规定为任意性的,而非强行性的,故法律规定不得留置的,当然不得留置。同时,若当事人约定不得留置,也不得留置。对此,《物权法》第 232 条规定:"法律规定或者当事人约定不得留置的动产,不得留置。"

2. 留置债务人的动产不违反公序良俗

公序良俗原则是民法的一项基本原则,也适用担保活动。因此,若留置债务人的动产违反公共秩序或善良风俗,则不能成立留置权。例如,对于债务人生活上的必需品,对于债务人定做的身份证、毕业证等,债权人如留置,或会使债务人的生活难以维持,或会使债务人无法工作,则违反公序良俗原则。因此,在这种情形下,不能成立留置权。

3. 留置财产与债权人所承担的义务不相抵触

如果债权人留置财产与其承担的义务相抵触,而仍许可债权人留置财产,则无异于许可债权人不履行其承担的义务,这有违于诚实信用原则。因此,在留置财产与债权人的承担的义务相抵触时,不成立留置权。例如,承运人负有将承运的物品运送到约定地点的义务,其不得以债务人未支付运费,而留置货物不予运送,因为这与其承担的运送义务相抵触。但承运人将货物运送到目的地后,尽管其负有应给付货物的义务,却得为运费等债权的受偿而留置货物。

4. 留置财产与债务人交付财产前或交付财产时的指示不相抵触

当事人虽未在合同中明确约定不得留置的物,但在债务人交付财产前或交付财产时,明确指示债权人于履行义务后应将标的物返还而不得留置的,则债权人不得留置该物。如运送合同中虽未规定承运人不得留置的货物,但在托运人交付货物时明确指示在货物运达后必须交付给收货人而不得留置时,则承运人不得以未交付运费等而留置运送到目的地的货物。

三、留置权的效力

（一）留置权所担保的债权范围

留置权为法定担保物权，因此，对于留置权所担保的债权范围，不得由当事人约定，而是由法律规定。根据《物权法》第173条的规定，留置权担保的债权范围包括主债权及利息、违约金、损害赔偿金、留置物保管费用和实现留置权的费用。

（二）留置权效力及于标的物范围

留置权效力及于标的物的范围包括原留置物、从物、孳息以及代位物。《物权法》第233条规定："留置财产为可分物的，留置财产的价值应当相当于债务的金额。"可见，留置权的效力仅及于债权人留置的财产，而不及于债权人占有的全部财产。

（三）留置权人的权利义务

1. 留置权人的权利

（1）留置物的占有权。留置权人在其债权未受偿前，得扣留留置物，拒绝一切返还请求。这是留置权产生第一次效力时的一项权利，是留置权的基本效力之一。

（2）留置物的孳息收取权。《物权法》第235条规定："留置权人有权收取留置财产的孳息。前款规定的孳息应当先充抵收取孳息的费用。"留置权人收取留置物孳息的权利是基于留置权的效力而不是基于占有的效力。因此，留置权人收取留置物的孳息并不能直接取得孳息的所有权，而只能以收取的孳息优先受清偿。一般说来，留置权人收取的孳息应先充抵收取孳息的费用，次充抵利息和原本。

（3）留置物的必要使用权。留置权人虽得占有留置物，但原则上对留置物不得为使用收益。只有为保管上的必要，于保管留置物所必要的范围内，留置权人才得使用留置物。何为必要的使用？此为事实问题，应依具体情况而定。当然，经留置物所有权人同意的，留置权人也得使用留置物。

（4）必要费用的返还请求权。留置权人为保管留置物所支出的必要费用，是为物的所有权人的利益而支出的，自应得向留置物的所有权人请求返还。所谓保管的必要费用,是指为留置物的保存及管理上所不可缺的费用,如养护费、维修费等。所支出的费用是否为必要,应依支出当时的客观标准而定,而不能以留置权人的主观认识为标准。

(5) 留置物变价的优先受偿权。留置权人有优先受偿权,于一定条件下,得就留置物的变价优先受清偿。这是留置权产生第二次效力时的一项权利,也是留置权的基本效力之一。

2. 留置权人的义务

(1) 留置物的保管义务。《物权法》第234条规定:"留置权人负有妥善保管留置财产的义务;因保管不善致使留置财产毁损、灭失的,应当承担赔偿责任。"留置权人占有留置物期间,除因不可抗力造成留置物毁损、灭失外,留置权人对留置物的毁损灭失均应负保管不善的赔偿责任。留置权人于占有留置物期间是否尽了必要的注意,其采取的措施是否得当,对留置物的损失是否有过错,应由留置权人负举证责任。

(2) 不得擅自使用、利用留置物的义务。留置权人负有不得擅自使用、利用留置物的义务。除为保管上的必要而为使用外,未经债务人同意的,留置权人不仅不得自己使用留置物,也不得将留置物出租或供作担保。留置权人未经留置物所有权人同意而使用留置物或将留置物出租或者提供担保的,构成其义务的违反,留置权人应对由此而造成的损害负赔偿责任。

(3) 返还留置物的义务。在留置权所担保的债权消灭时,留置权人有义务将留置物返还于债务人。在债权虽未消灭,但债务人另行提供担保而使留置权消灭时,留置权人也有返还留置物的义务。

(四) 留置物所有权人的权利

1. 留置物的处分权

留置物被债权人留置后,留置物的所有权人并不因此而丧失留置物的所有权。因此,留置物的所有权人仍可以对留置物为法律上的处分,但其处分不影响留置权的存在。也就是说,留置物的所有权人将留置物的所有权转移给他人时,留置权继续存在于留置物之上,债权人的留置权并不消灭,留置物的占有也不能发生转移。

2. 赔偿请求权

根据《物权法》第 234 条的规定,留置权人负有妥善保管留置物的义务;因保管不善致使留置物毁损、灭失的,留置物所有权人有权请求赔偿损失。

3. 返还留置物请求权

在留置权消灭时,留置物的所有权人有权请求留置权人返还留置物,留置权人有义务将留置物返还于债务人。

4. 请求留置权人及时行使留置权

根据《物权法》第 237 条的规定,债务人可以请求留置权人在债务履行期届满后行使留置权;留置权人不行使的,债务人可以请求人民法院拍卖、变卖留置物。

四、留置权的实现

(一) 留置权的实现条件

留置权的实现条件是指在何种情形下,留置权人得行使优先受偿权。一般地说,留置权的实现须具备以下条件:

1. 留置权人享有留置权

留置权实现的先决条件,是留置权人享有留置权。只有在留置权成立后留置权人留置标的物并保持对留置物的占有,留置权人才可以行使优先受偿权。如果留置权人不占有留置物,或者留置权已经消灭,则留置权人就不能实现留置权。

2. 确定留置财产后债务人履行债务的宽限期

留置权具有二次效力性,因此,留置权人于留置财产后,须经过一定期限后才可实现留置权。也就是说,在留置财产后,须给债务人一定的债务履行的宽限期。对此,《物权法》第 236 条第 1 款规定:"留置权人与债务人应当约定留置财产后的债务履行期间;没有约定或者约定不明确的,留置权人应当给债务人两个月以上履行债务的期间,但鲜活易腐等不易保管的动产除外。债务人逾期未履行的,留置权人可以与债务人协议以留置财产折价,也可以就拍卖、变卖留置财产所得的价款优先受偿。"

3. 通知债务人在宽限期内履行债务

在确定了留置财产后债务人履行债务的宽限期后,债权人应当通知债权人在此确定的期限内履行债务。一方面,留置权人应当告知债务人履行债务的宽限期限;另一方面,留置权应当催促债务人于此期限内履行债务。

4. 债务人在宽限期内仍未履行债务,也未另行提供担保

债务人债务履行的宽限期确定并通知债务人后,债务人应当于宽限期内履行债务。如果债务人于宽限期内履行了义务,留置权人的权利实现,留置目的达到,则留置权人也就不能实现留置权。如果债务人于宽限期内提供了另外的担保,留置权人的权利也得到了保障,留置权归于消灭,留置权人当然也不能实现留置权。只有在债务人于宽限期内仍未履行债务,且也未另外提供相当担保的情形下,留置权人才可实现留置权。

(二) 留置权实现的方式

根据《物权法》第236条第1款的规定,留置权的实现方式包括留置物的折价和拍卖、变卖。

留置物的折价是指以一定的价格将留置物折归留置权人,也就是卖给留置权人,由留置权人出价取得留置物的所有权。留置物的折价须留置权人与债务人协商一致,其价格应当公平合理。《物权法》第336条第2款规定:"留置财产折价或者变卖的,应当参照市场价格。"

留置物的拍卖、变卖是指将留置物出卖给第三人。留置物是拍卖还是变卖,可以由留置权人与债务人协商。如果当事人协商不成,则留置权人得自行决定留置物变价的方式。

《物权法》第238条规定:"留置财产折价或者拍卖、变卖后,其价款超过债权数额的部分归债务人所有,不足部分由债务人清偿。"根据这一规定,无论是留置物的折价还是拍卖、变卖,所得价款直接由留置权人取得,留置权人从中受偿其债权后,应将余额退还给债务人或者留置财产所有权人;不能退还的,应将余额予以提存,提存费用由债务人负担。留置权人实现留置权将留置物变价所得的价款不能完全清偿债权的,债权人仍得向债务人要求清偿。

五、留置权的消灭

留置权作为一种担保物权,既可因物权消灭的一般原因而消灭,又可因担保物权消灭的原因而消灭,又有自己独特的消灭原因。一般地说,留置权消灭的特殊原因主要有以下几种:

（一）留置物占有的丧失

根据《物权法》第240条的规定,留置权人对留置物丧失占有的,留置权消灭。这是因为,留置权是以留置物的占有为成立条件和存续条件的,因此,留置权人丧失对留置物的占有,留置权的存续条件也就不存在,留置权也就归于消灭。这里的留置物占有的丧失,既包括基于留置权人意愿的丧失,也包括非基于留置权人意愿的丧失。前者如留置权人自愿将留置物返还给债务人,后者如留置物的占有被侵夺。

（二）担保的另行提出

根据《物权法》第240条的规定,留置权人接受债务人另行提供担保的,留置权消灭。债务人另行提供的担保,可以是人的担保（如保证）,也可以是物的担保（如抵押权、质权）。但无论何种形式的担保,只有为留置权人所接受的,才能使留置权消灭。

（三）债权清偿期的延缓

留置权的成立以债务人不履行到期债务为条件。如果留置权人同意延缓债权的清偿期,则留置权人就不能请求债务人履行债务,不能认为债务人超过约定的期限不履行义务,从而也就欠缺留置权成立的要件。因此,在债权清偿期延缓时,留置权消灭。

第十七章 占 有

第一节 占有概述

一、占有的概念和本质

占有是指占有人对物有事实上管领力的事实状态。在占有法律关系中,管领物的人称为占有人,被管领之物称为占有物。

从本质上说,占有是一种事实,而不是一种权利。占有仅体现为人对物的支配管领关系,并不反映某种权利关系。无论是合法行为还是违法行为,均可基于管领物的事实而成立占有。所以,占有不是一种权利。将占有定性为事实,旨在表示法律对物的事实支配状态的保护,而不问占有是否具有法律上的正当权利。

二、占有的特点

占有具有如下特点:

(一) 占有的客体为物

占有是一种事实,反映的是一种人对物的管领关系。所以,占有的客体以物为限。这里的物与作为物权客体的物的范围并无不同,亦包括动产和不动产。但作为占有客体的物,并不以独立物为限,物的一部分或构成部分亦可成为占有的客体。例如,房屋的墙壁不能成为物权的客体,但却可以作为占有的客体,如将墙壁出租于他人供广告之用等。

(二) 占有为法律所保护的事实

尽管占有是一种事实而不是一种权利,但这种事实如同权利一样,也是受法律保护的。占有的事实之所以受法律保护,其主要理由在于维护社会秩序,增进社会福利。由于占有是受法律保护的事实,与不具有法律意义的单纯事实有所不同。所以,占有不仅得为侵权行为的客体,还可以成为不当得利所得请求返还的利益。

(三) 占有的成立须占有人对标的物有事实上的管领力

占有是一种事实,所以,只要占有人对物有事实上的管领力即可成立,而不问其内心意思如何。所谓事实上的管领力,是指人对物有确定、现实的支配状态。占有人有无事实上的管领力,应依社会观念加以认定。一般地说,人对物已有确定与继续的支配关系,或者已处于得排除他人干涉的状态,就可以认定有事实上的管领力。

第二节 占有的分类

占有因其状态的不同而有不同的种类,而不同种类的占有所产生的法律效果也不相同,故区分不同种类的占有具有重要的意义。占有依不同的标准,主要有以下分类:

一、有权占有与无权占有

根据占有是否具有法律的根据或原因,占有可分为有权占有与无权占有。

有权占有又称为正权原占有、有权原占有、合法占有,是指具有法律的根据或原因的占有。例如,承租人、保管人、用益物权人对标的物的占有,都属于有权占有。无权占有又称为无权原占有、非法占有,是指没有法律的根据或原因的占有。例如,小偷对赃物的占有、侵权人对他人财产的占有等,都属于无权占有。这里的法律上的根据或原因,是指占有是权利人行使权利的结果,其所行使的权利通常称为本权或权原。所以,基于本权的占有或有权原的占有,为有权占有;没有本权或权原的占有,为无权占有。

这种分类的主要意义在于,它们受法律保护的程度不同。有权占有因系有权原的占有,故在权原存在时,他人请求占有人返还占有物的,占有人有权予以拒绝。例如,承租人在承租期内对租赁物的占有为有权占有,出租人请求返还租赁物的,承租人(占有人)有权拒绝。而无权占有因系无权原的占有,故在有权原的占有人请求返还占有物时,占有人负有返还的义务。例如,侵权人侵占他人财产的,权利人有权请求侵权人返还财产,占有人应当予以返还。

二、单独占有与共同占有

根据占有的人数,占有可分为单独占有与共同占有。

单独占有是指占有人为一人的占有,共同占有是指占有人为二人以上对同一标的物所为的占有。共同占有又有重复共同占有和统一共同占有之分。重复共同占有又称通常共同占有、普通共同占有、单纯共同占有,是指各共同占有人在不妨碍其他共同占有人的情形下,各得单独管领其占有物的占有。这是共同占有的最普遍形态,如数人承租同一房屋,各人均得单独使用公用的浴室、厨房、停车场等。统一共同占有是指全体共同占有人对于其占有物仅有一个管领力,不得单独各自为管领的占有。例如,数个继承人共同掌管装有遗嘱的保密箱,各人分别保管不同的钥匙,任何人都无法单独打开保密箱。

这种分类的主要意义在于:单独占有不发生占有人之间的关系,而共同占有发生各占有人之间的关系。共有占有人就其占有物使用的范围,不得相互请求占有的保护;在占有受到他人侵害时,共同占有人主张保护的权利会受到他占有人意思的制约。

三、自主占有与他主占有

根据占有人是否以所有的意思进行占有,占有可分为自主占有与他主占有。

自主占有是指占有人以所有的意思对标的物进行的占有。例如,所有权人对所有物的占有等;他主占有是指占有人非以所有的意思对标的物进行的占有。例如,承租人、保管人、他物权人等对标的物的占有等。这里的"所有的意思",无须为依法律行为取得所有权的意思,而只须事实上对于物具有与所有权人为同样管领的意识即可构成。所以,自主占有不以标的物为占有人所有为必要,标的物虽非为占有人所有,但其以所有的意思而占有的,亦为自主占有。例如,误认他人之物为自己之物进行占有、盗窃者对盗窃物的占有等,都属于自主占有。

这种分类的主要意义在于:第一,在所有权的变动中,只有以自主占有的意思取得标的物的,才能取得所有权;第二,在先占制度中,只有以自主占有的意思占有无主物的,才能因先占而取得无主物的所有权。

四、直接占有与间接占有

根据占有人是否对标的物直接进行事实上的管领,占有可分为直接占有与间接占有。

直接占有是指占有人直接对标的物进行事实上的管领的占有。例如,所有权人对其所有物的占有、承租人对租赁物的占有、借用人对借用物的占有、保管人对保管物的占有等,都属于直接占有。间接占有是指基于一定的法律关系,自己不直接对标的物进行管领,而是对于直接占有人有返还请求权,并间接地对标的物进行管领的占有。例如,出租人、出借人、出质人、寄托人等为间接占有人,他们对标的物的占有即为间接占有。间接占有必须与直接占有同时存在,不能独立存在。而间接占有人与直接占有人之间亦必须存在有一定的法律关系。否则,就不可能产生间接占有。

严格地说,间接占有并非真正的占有。法律上将其视为占有,其主要意义在于维护间接占有人的利益,以使其与直接占有人同样受占有制度的法律保护。

五、善意占有与恶意占有

根据无权占有人的主观状态,占有可以分为善意占有与恶意占有。

善意占有是指占有人不知道或不应知道无占有的权利而进行的占有。例如,买受人不知道出卖人没有处分权而购买财产并加以占有,此时买受人的占有即为善意占有。恶意占有是指占有人知道或应当知道无占有的权利而仍进行的占有。例如,承租人在租赁期满后,拒不返还租赁物的,此时承租人的占有即为恶意占有。

这种分类的主要意义在于:第一,善意取得以善意占有为要件,受让人恶意占有的,不发生善意取得问题;第二,占有人对于回复请求人的权利义务,因善意占有或恶意占有而有所不同;第三,占有人因使用占有物而造成占有物损害的,赔偿责任因善意占有与恶意占有而有所不同。

第三节 占有的效力

占有的效力是占有的法律后果,主要包括三个方面:一是占有的权利推定效力,二是占有人基于占有而产生的权利义务,三是占有的妨害排除与防止效力。

一、占有的权利推定效力

占有的权利推定效力是指依占有事实所表现的权利外观,推定占有人享有此种权利。这是因为,占有为动产物权的公示方式,为权利存在的外观,在占有存在时,通常均有实质或直接的权利为其基础。基于占有之背后真实权利存在的盖然性,为保护占有人的利益,推定占有人基于其占有而产生的各种权利外像具有真实的权利基础。

占有的权利推定效力包括以下主要内容:(1)占有物上行使的权利为依占有所表现的一切权利,既包括物权,也包括债权。例如,占有人于占有物上行使所有权或质权时,就推定其有所有权或质权;于占有物上行使租赁权或借用权时,也推定其有该权利。但是,不以占有为内容的权利,如抵押权等,不在推定之列。(2)受权利推定的占有人不负有权占有的举证责任。但当他人提出反证证明其无占有的权利时,占有人负有推翻反证的举证责任。(3)权利推定效力,不仅占有人可以主张,第三人也可以主张。例如,债权人对于债务人占有的动产得主张该动产为债务人所有。(4)受权利推定的人,包括一切占有人,无论占有人的占有是否存在瑕疵。(5)权利的推定,一方面可以为占有人的利益而为推定,另一方面也可以为占有人的不利益而为推定。例如,推定占有人为所有权人,则物上的负担也应推定由占有人负担。(6)权利的推定仅具有消极的效力,占有人不得利用此项推定作为享有权利的证明。例如,占有人不得利用权利的推定，申请权利登记。

二、占有人的权利和义务

占有人的权利义务包括有权占有人的权利义务和无权占有人的权利义务。有权占有人的权利义务，可以依据相关权利保护其利益，不必借助占有进行保护。对此，《物权法》第241条规定："基于合同关系等产生的占有，有关不动产或者动产的使用、收益、违约责任等，按照合同约定；合同没有约定或者约定不明确的，依照有关法律规定。"因此，在通常情况下，占有人的权利义务系指无权占有人的权利义务。概括地说，无权占有人的权利义务主要有以下几项，且因善意占有或恶意占有而有所不同。

（一）占有人的使用、收益权

根据占有的权利推定效力，占有人被推定为享有某项权利时，如果占有人为善意占有人，则占有人可依其被推定的权利，对占有物进行使用、收益。但是，善意占有人对占有物的使用、收益应以其权利推定的权利范围为限，并且被推定的权利须包含使用、收益的内容。

（二）费用求偿权

费用求偿权是指在权利人请求返还占有物时，占有人享有的请求权利人偿还有关费用的权利。对此，《物权法》第243条规定："不动产或者动产被占有人占有的，权利人可以请求返还原物及其孳息，但应当支付善意占有人因维护该不动产或者动产支出的必要费用。"可见，只有善意占有人才能享有费用求偿权，恶意占有人并不享有此项权利。

（三）返还占有物及其孳息的义务

根据《物权法》第243条的规定，无论是善意占有人还是恶意占有人，对于真正权利人都负有返还占有物及孳息的义务。

（四）赔偿损失的义务

根据《物权法》第242条的规定，占有人因使用占有的不动产或者动产，致使该不动产或者动产受到损害的，恶意占有人应当承担赔偿责任。可见，恶意占有人对权利人应当承担赔偿损失的义务。如果占有的不动产或者动产毁损、灭失，该不动产或者动产的权利人请求赔偿的,占有人应当将因毁损、灭失取得的保险金、赔偿金或者补偿金等返还给权利人;权利人的损害未得到足够弥补的,恶意占有人还应当赔偿损失(《物权法》第 244 条)。

三、占有的妨害排除与防止效力

占有的妨害排除与防止效力是占有保护方面的效力,是指占有人于其占有物被侵占或占有被妨害时,得请求侵害人恢复占有人原来的占有的圆满状态。基于占有的妨害排除与防止效力而产生的权利,称为占有保护请求权。对此,《物权法》第 245 条规定:"占有的不动产或者动产被侵占的,占有人有权请求返还原物;对妨害占有的行为,占有人有权请求排除妨害或者消除危险;因侵占或者妨害造成损害的,占有人有权请求损害赔偿。占有人返还原物的请求权,自侵占发生之日起 1 年内未行使的,该请求权消灭。"可见,占有保护请求权包括占有物返还请求权、占有妨害除去请求权和占有妨害防止请求权三种。占有物返还请求权应当在法律规定的 1 年期间内行使。该期间为不变期间,不发生中止、中断和延长的问题。占有妨害除去请求权和占有妨害防止请求权不受期间的限制。只要妨害或危险存在,占有人就可以行使妨害除去请求权和占有妨害防止请求权。

第四编 债 权

第十八章 债的概述

第一节 债的概念和特点

一、债的概念

债是指特定当事人之间的一种民事法律关系。《民法通则》第84条规定：债是按照合同的约定或者依照法律的规定，在当事人之间产生的特定的权利和义务关系。可见，我国民事立法是把债作为特定当事人之间的一种民事法律关系予以规范的。进一步说，民法上的债，泛指某种特定的权利和义务关系。在这种民事法律关系中，一方享有请求他方为一定行为或不为一定行为的权利，而他方则负有满足该项请求的义务。例如，在买卖关系中，买方有请求卖方依约交付出卖物归其所有的权利，而卖方则相应地负有将出卖物交付买方的义务。在债的法律关系中，享有权利的一方称债权人，负有义务的一方称债务人。生活中的各种合同关系、致人损害而引起的赔偿关系等，都是特定当事人之间的一种民事法律关系，因而都是债的关系。

民法上的债不同于民间所称的债。后者仅指债务，且一般专指金钱债务。现代民法中的债的概念既指债务，也包括债权，是债权和债务的结合。

二、债的特点

传统民法中的债包括四项基本制度，即合同、侵权损害、不当得利和无因管理。尽管这四项制度的具体内容和构成要件、社会功能、指导原则等各不相同,但都产生相同的法律效果,即一方当事人有权向另一方当事人请求其为特定行为,形成债的法律关系。

概括起来,债的特点可表述为如下几个方面:

(一) 债是一种财产法律关系

民事法律关系可分为人身关系与财产关系两大类,债的关系属于财产关系,债权属于财产权。财产关系是能以并且应当以货币加以衡量和评价的社会关系。换言之,债是具有直接的经济利益内容的法律关系,债的主体是为了这种经济上的利益才参加到债的关系中来。所以,民法的等价有偿原则在债的关系中表现得最为充分,而债的制度也就成为调整经济关系的基本法律制度。同时,债反映的财产关系是动态的财产关系,即财产流转关系,也就是财产由一个主体转移给另一个主体的关系,这也是债与物权的主要区别,物权反映的是静态的财产关系,即财产的归属关系。

(二) 债是特定的当事人之间的法律关系

债的当事人即债的主体包括债权人和债务人,前者享有权利,后者承担义务,主体双方都是特定的。债权人的权利原则上只对债务人发生效力,而债务人也仅对债权人负担义务。例如,甲与乙签订一项家具买卖合同,甲为卖方,乙为买方。就交付家具而言,甲为债务人,乙为债权人;就支付家具价款而言,甲为债权人,乙为债务人。乙只能请求甲交付家具,甲只能请求乙支付价款。换言之,在债的关系中,债权人和债务人都是特定的,所以,债属于相对法律关系,债权属于对人权和相对权,这也是债权与物权的不同之处。

(三) 债是以特定行为(给付)为客体的法律关系

债的客体是指债权和债务共同指向的对象,也称为债的标的。因为债的本质是债权人得请求债务人为特定行为,所以债的客体就是债权人得请求债务人实施的行为,行为就是债权债务的载体。作为债的客体的行为在民法理论上称为"给付",它是债法上特有的抽象概念,包括诸如支付金钱、交付货物、提供劳务、完成工作、转移权利等各种由债务人所实施的特定行为。

第二节 债的要素

债作为民事法律关系的一种,与其他民事法律关系一样,也必须具有主体、客体和内容这三项构成要素。

一、债的主体

债的主体是指参与债的法律关系的当事人,包括权利主体和义务主体。债的权利主体称为债权人,义务主体称为债务人。债权人和债务人是相互对应、相互依存的债的双方当事人,缺少任何一方,债的法律关系就不能成立。自然人、法人、合伙等任何民事主体均可成为债的主体。

二、债的内容

债的内容是债权人享有的权利和债务人负担的义务的总和,即债权和债务。债权和债务相互对应,相互依存,相互联系,统一地构成债的内容。没有无债权的债务,也没有无债务的债权。债权和债务,缺少任何一个,债就不能成立。所以,债亦称债权关系、债务关系或债权债务关系。

作为债的内容的核心是债权。债权是重要的民事权利,具有如下特点:

1. 债权是请求权

请求权的特点在于权利人如要实现其利益,必须借助于相对人履行义务的行为,在相对人即债务人为给付之前,债权人不能直接支配债权所负载的利益,也不能直接支配债务人的行为,而只能请求债务人履行债务以实现其利益。这是债权与物权的本质区别。物权为支配权,物权的权利人可直接支配物而实现其利益。

2. 债权是相对权

在债的关系中,债权人只能向债务人主张权利,而不能向债务人以外的任何人主张权利,债的效力仅及于特定的相对人即债务人,其他人均不对债权人负有义务,所以,债权是只对特定相对人发生效力的权利,是相对权。这也是债权与物权的不同之处。物权关系是特定的权利主体和不特定的义务主体之间的一种法律关系,即物权关系中的义务主体是不特定的,物权人的权利对一切人都发生效力,所以,物权关系为绝对法律关系,物权称为对世权和绝对权。

3. 债权的设定具有任意性

债权的任意性是指当事人在不违反法律的强制性规定和公序良俗的前提下,可以依自己的自由意志,任意设定债权,包括自由选择债的相对人、自由设定债的内容等。民法的意思自治原则在债法中体现得最充分。此与物权完全不同,物权采取物权法定原则,当事人不能自行创设物权,并且物权的得丧变更均须采取公示之程序。当然,债权的任意设定仅就合同之债而言,法定之债(侵权损害之债、不当得利之债、无因管理之债)的债权设立不具有任意性。

4. 债权具有期限性

债权的期限性是指债权只在一定的期限内有效存在,而不能永久存续,清偿、免除、提存、混同、抵销、破产清算等行为或法律规定的原因均可导致债的关系的消灭,进而消灭债权。物权则不然,特别是所有权,只要标的物存在,所有权就存在,没有期限上的限制。

三、债的客体

债的客体又称债的标的,是指债权人的权利和债务人的义务共同指向的对象。如前所述,债是以特定行为为客体的民事法律关系,债的客体就是特定的行为,即给付。构成债的客体的给付具有以下特点:首先,给付须合法,即不为法律所禁止,凡违反法律或公序良俗之行为均不得成为债的标的,如以伤害他人或赌博为客体的债,其给付就不合法。其次,给付须确定,即给付的内容、方式等能够确定,不能确定的给付不能作为债的标的。再次,给付须适格,即给付能满足民事主体利益之需要,为民事主体所控制,适合于债的履行。

给付的具体方式包括:

(1)支付金钱,如支付价款、支付劳务费、支付稿酬、支付运费等。

(2)交付财物,即债务人将一定形态的财物交付给债权人占有。在买卖、租赁、运输、保管、融资租赁、承揽等大部分合同中,都有交付财物的内容;在因侵权损害、不当得利等原因产生的法定之债中,也往往有交付财物的内容,如返还不当得利、返还侵占的财产等。

(3) 提供劳务,即债务人通过实施一定的劳动行为以实现债权人的利益,如运输合同中承运人的运送行为、委托合同中受托人处理受托事务的行为、保管合同中保管人的保管行为、技术服务合同中的服务行为等。

(4) 完成工作或提交成果,即债务人通过完成一定工作的活动而将其成果提交给债权人。如承揽合同中承揽人完成并交付定作物的行为、建设工程合同中施工方完成并交付建筑物的行为、技术开发合同中开发方完成科研开发工作并提交科研开发成果的行为等。

(5) 转移权利,即债务人将一定形态的权利而非财物交付给债权人。各种民事权利如物权、债权、知识产权、股权、法人名称权等均可为转移的对象。如商标权转让合同中,转让人将商标权转移给受让人。

(6) 不作为,即若当事人约定债务人不为某一特定行为便视为债务人履行了义务的,不作为也可以作为债的标的。如约定债务人不得披露债权人的商业秘密、债务人不得与第三人进行某一产品的生产、债务人不得销售某种商品等。

债的客体或标的不同于债的标的物。标的物是指给付行为所涉及的具体金钱或财物,即给付的具体对象,如房屋买卖合同中的房屋、出版合同中的稿费、煤炭运输合同中的煤炭、雇佣合同中的劳务费等。标的物是具体的、静态的财物或金钱,而标的(客体)是抽象的、动态的行为。标的可归纳为上述六类,而标的物各种各样,丰富复杂。

第三节 债 的 分 类

一、法定之债与意定之债

根据债的发生原因及债的内容是否以当事人的意志决定,债可分为法定之债与意定之债。

法定之债是指债的发生与内容均由法律加以直接和明确规定的债。民法以意思自治为原则,民事权利义务关系的产生、变更和消灭一般由当事人根据自由意志决定,法律不作强行规定。但涉及诚实信用之实现和公序良俗之保障时,为维护法的公平与正义价值,民法也会规定某些情形将直接发生债的关系,使一方当事人依据法律的直接规定而负担向对方为给付义务。这种由法律直接规定债的发生依据和债的内容的债,就是法定之债。法定之债包括侵权损害赔偿之债、不当得利之债、无因管理之债及缔约过失之债。

意定之债是指债的发生及其内容完全由当事人依其自由意志决定的债。意定之债充分体现了民法的意思自治原则。意定之债主要就是指合同之债,以及单方允诺之债,所以,意定之债也称为合同之债或约定之债。意定之债以合同自由为原则,以维护和促进交易为宗旨,包括缔约自由、选择相对人自由、合同内容自由、合同形式自由等意义。合同是最主要的债的发生依据,合同之债是最主要的债的类型。

这种分类的主要意义在于,这两种债的发生原因及债的内容不同。

二、特定物之债与种类物之债

根据债的标的物属性的不同,债可分为特定物之债与种类物之债。

特定物之债是指以特定物为标的物的债。以特定物为标的物的债在债发生时,其标的物即已存在并特定化。种类物之债是指以种类物为标的物的债。以种类物为标的物的债在债发生时,其标的物未特定化,甚至尚不存在,但当事人双方必须就标的物的种类、数量、质量、规格或型号等达成协议。

这种分类的主要意义在于:第一,特定物之债的履行,债务人负有交付特定标的物的义务,债权人也只能请求债务人交付该标的物,双方均不得变更。换言之,债务人不得以其他的标的物代替履行。若标的物灭失,则发生债的履行不能,债务人的给付义务消灭,转化为损害赔偿的义务。种类物之债通常不存在履行不能的情况,因为债务人可以其他同种类的物代替履行,除非债务人所有的同种类物全部灭失,此种情况下由债务人承担履行不能的责任。第二,在法律规定或当事人有特别约定的情况下,特定物之债的标的物所有权可以自债成立之时转移,标的物意外灭失的风险亦随之转移;种类物之债的标的物所有权只能自交付之时起转移,其意外灭失的风险也将自交付之日起转移。

三、单一之债与多数人之债

根据债的主体双方的人数,债可分为单一之债与多数人之债。

单一之债是指债的双方主体即债权人和债务人都仅为一人的债。多数人之债是指债的双方主体均为二人以上或者其中一方主体为二人以上的债。

这种分类的主要意义在于:因单一之债的主体双方都只有一人,当事人之间的权利、义务关系比较简单,不发生多方主体之间的权利、义务关系;而多数人之债的当事人之间的关系比较复杂,不仅有债权人和债务人之间的权利、义务关系,而且还发生多数债权人或多数债务人之间的权利、义务关系。因此,正确地区分单一之债和多数人之债,有利于准确地确定当事人之间的权利和义务。

四、按份之债与连带之债

多数人之债,根据各方各自享有的权利或承担的义务以及相互间的关系,可分为按份之债与连带之债。

按份之债是指债的一方主体为多数人,各自按照一定的份额享有权利或承担义务的债。按份之债又可分为按份债权和按份债务。债权人一方为多数人,各债权人按一定份额分享权利的,为按份债权;债务人一方为多数人,各债务人按一定份额分担义务的,为按份债务。《民法通则》第86条规定:"债权人为二人以上的,按照确定的份额分享权利。债务人为二人以上的,按照确定的份额分担义务。"按份债权的各个债权人能够、也只能就自己享有的份额请求债务人履行和接受履行,无权请求和接受债务人的全部给付。按份债务的各债务人只对自己分担的债务份额负清偿责任,债权人无权请求各债务人清偿全部债务。

连带之债是指债的主体一方为多数人,多数人一方当事人之间有连带关系的债。所谓连带关系,是指对于当事人中一人发生效力的事项对于其他当事人同样会发生效力。连带之债包括连带债权和连带债务。债权主体一方为多数人且有连带关系的,为连带债权;债务主体一方为多数人且有连带关系的,为连带债务。《民法通则》第87条规定:"债权人或者债务人一方人数为二人以上的,依照法律的规定或者当事人的约定,享有连带权利的每个债权人,都有权要求债务履行义务;负有连带义务的每个债务人,都负有清偿全部债务的义务,履行了义务的人,有权要求其他负有连带义务的人偿付他应当承担的份额。"根据这一规定,连带之债既可因法律的直接规定发生,也可因当事人的约定而发生。

这种分类的主要意义在于:按份之债的多数债权人或债务人的债权或债务各自是独立的,相互间没有连带关系;而连带之债的债权人或债务人的权利或义务是连带的。在按份之债中,任一债权人接受了其应受份额的履行或者任一债务人履行了自己应负担份额的义务后,与其他债权人或债务人均不发生任何权利、义务关系。在连带之债中,连带债权人的任何一人接受了全部履行,或者连带债务人的任何一人清偿了全部债务时,虽然原债归于消灭,但连带债权人或连带债务人之间则会产生新的按份之债。

五、简单之债与选择之债

根据债的标的有无选择性,债可分为简单之债与选择之债。

简单之债是指债的标的是单一的,当事人只能以该种标的履行并没有选择余地的债,所以又称不可选择之债。选择之债是相对于不可选择之债而言的,是指债的标的为两项以上,当事人可以选择其中一项来履行的债。例如,对商品实行"三包"制度,在出售的商品不合质量要求时,买受人与出卖人之间就会发生选择之债,或修理、或更换、或退货,当事人须从中选择一种履行。选择之债的成立需要两个条件:其一,须有两种以上内容相异的给付供当事人选择;其二,须在两种以上的给付中选择其一来履行。

这种分类的主要意义在于:如为简单之债,债务人仅依法律的直接规定或当事人的约定所确定的内容为给付,即具有给付内容的确定性和不可选择性;如为选择之债,则当事人可享有选择权,债的给付内容须待选择后才能确定。选择之债中的选择权属于形成权,债权人享有选择权的称为选择债权,债务人享有选择权的称为选择债务。除当事人另有约定或法律有特别规定外,选择权原则上属于债务人。当事人一经行使选择权,选择之债便成为内容确定的简单之债,债务人须依此履行,而选择权人也不得反悔。

六、主债与从债

根据两个债之间的关系,债可分为主债与从债。

主债是指能够独立存在,不以他债存在为存在前提的债。换言之,主债是指在两个并存的债中,居于主要地位且能独立存在的债。凡是不能独立存在,而必须以主债的存在为成立前提的债,为从债。主债与从债是相对应的,没有主债不发生从债,而没有从债也就无所谓主债。

这种分类的主要意义在于:第一,主债是从债的发生依据,没有主债就不会发生从债;第二,从债的效力决定于主债的效力,主债不成立,从债也不成立,主债被撤销或被宣告无效时,从债也随之失去效力;第三,主债消灭,从债也随之消灭。例如,某一借款合同设有保证条款,便存在两个债:一是借款合同之债,即主债;一是保证合同之债,即从债。如借款人履行了还款义务,主债消灭,保证合同之债这一从债也就随之归于消灭。

七、财物之债与劳务之债

根据债务人的义务是提供财物还是提供劳务,债可分为财物之债与劳务之债。

财物之债是指债务人须给付金钱或实物的债,亦即债之给付义务为交付财物或支付金钱。例如,买卖合同之债,给付义务为交付财物,如房屋、汽车、书籍等。劳务之债是指债务人须提供劳务的债,亦即债之给付义务为劳务。例如,委托合同之债,受托人须以进行委托行为为债的给付标的,此时的标的就是提供劳务。

这种分类的主要意义在于:当债务人不履行债务时,财物之债可适用强制履行,劳务之债则不宜适用强制履行。

第十九章 债的发生

第一节 债的发生概述

一、债的发生的概念

债的发生是指债权债务关系的产生,即一项特定的、新的债权债务关系在当事人之间得以创设。

广义上的债的发生,既包括在原本无任何债的关系的当事人之间产生一项新的债,也包括一项已设定的债在新的当事人之间进行移转,即由新的当事人替代原来的当事人承受已经存在的债。狭义上的债的发生,仅指前一种情形,即在原本无任何债的关系的当事人之间产生一项新的债,客观上产生了一项新的债。后一种情形只是债的主体发生了变更而已,客观上并无新的债权债务关系发生。通常所称债的发生,系采狭义的概念,债的转移由债法中另外的制度加以规定。

二、债的发生原因

债的发生原因也称债的发生依据,是指产生债的法律事实。如同其他民事法律关系一样,债也须有一定的法律事实才能产生。能够产生债的法律事实主要有如下几类:

(一) 合同

合同是当事人之间设立、变更、终止民事法律关系的协议。依法成立的合同受法律保护,当事人通过订立合同设立的以债权、债务为内容的民事法律关系,称为合同之债。在现实经济生活中,各民事主体主要是通过订立合同来明确相互间的权利、义务关系,即发生债。因合同设立债,是民事主体积极主动地参与民事活动的表现。因此,合同是产生债的最常见的最主要的法律事实。

(二) 不当得利

不当得利是指没有合法根据取得利益而使他人受损失的事实。发生不当事得利的事实时,因为一方取得利益没有合法的根据,是不正当的,另一方因此而受到损害。所以,依照法律规定,受损失的一方有权请求不当得利人返还所得的利益,不当得利人有义务返还其所得利益,当事人之间即发生债权、债务关系。因不当得利所发生的债,称为不当得利之债。有关不当得利之债的具体内容,详见本章第二节。

(三) 无因管理

无因管理是指没有法定的或者约定的义务,为避免他人利益受损失而进行管理或者服务的法律事实。对他人事务进行管理或者服务的人是管理人,因管理人管理事务或服务而受利益的人为本人,又称受益人。无因管理发生后,管理人与受益人之间就产生一种债权债务关系,即无因管理之债。有关不当得利之债的具体内容,详见本章第三节。

(四) 侵权行为

侵权行为是指侵害他人民事权益,依法应当承担侵权责任的不法行为。在民事活动中,每个人都应当尊重他人的权利,不得侵犯他人的财产或人身权益。侵害他人财产或人身权益的不法行为人应当依法承担民事责任。因此,一方实施侵权行为时,依照法律的规定,侵害人和受害人之间就会产生民事权利、义务关系,受害人有权要求侵害人赔偿,侵害人有义务负责赔偿。侵害人的赔偿义务也是其应承担的民事责任。因为侵权行为会引起侵害人与受害人之间的债权债务关系,所以侵权行为也是债的发生根据,因侵权行为发生的债称为侵权损害之债或损害赔偿之债。不过损害赔偿之债并不专指因侵权行为发生的债。

侵权行为是一种单方实施的不合法的行为,侵害人实施侵权行为的目的并非与受害人确立民事权利、义务关系,不具有合法性,但因侵权行为而发生的债是合法的,是受法律保护的。

应当指出,传统民法将侵权行为作为债的发生原因之一,而我国《民法通则》没有把侵权行为制度纳入债权中,而是规定在"民事责任"一章。这反映了我国法律确认侵权行为法律制度的目的,主要是为了防止和制裁违法行为,更好地保护公民和法人的合法民事权益,同时也适应了侵权行为法有从传统债法中分离出来的趋势,并且于2009年颁布了《侵权责任法》,因此,关于侵权损害之债在本书第六编中论述,本编从略。

(五) 缔约过失

缔约过失是指在订立合同过程中,当事人一方因违背诚实信用原则而导致合同不成立、无效、被撤销等,并给对方造成损害的情形。在这种情况下,致人损害的一方当事人需向受损一方承担赔偿责任,这种责任称为缔约过失责任。近代民法将缔约过失作为债的发生依据始自德国民法,我国《合同法》对缔约过失责任作了规定。鉴于本系列教材有单独的《合同法》教材,故本书对缔约过失的内容从略。

第二节 不当得利

一、不当得利的概念与性质

(一) 不当得利的概念

《民法通则》第92条规定:"没有合法根据,取得不当利益,造成他人损失的,应当将取得的不当利益返还受损失的人。"所谓不当得利,是指没有合法根据取得利益而使他人受损失的事实。在这一事实中,取得不当利益的一方称为受益人或不当得利人,受到损失的一方称为受害人或受损人,受益人与受损人之间产生债权债务关系,受益人应将所得的不当利益返还给受损人。

(二) 不当得利的性质

不当得利作为引起债的发生的法律事实,其性质属于法律事实中的事件而非行为,因为不当得利本质是一种客观发生的事件,与当事人的意志无关。尽管发生不当得利的原因有事件,也有行为,但不当得利本身都是与人的意志无关的,不是由受益人的意志决定取得的,亦即受益人取得不当利益的主观状态如何,并不影响不当得利事实的成立。在不当得利中,受益人的义务是直接由法律规定的。法律规定不当得利之债的目的,并不在于要制裁受益人的不当得利"行为",而在于要纠正受益人"得利"这一不正常、不合理的现象,调整无法律原因的财产利益的变动。

不当得利作为一种法律事实,与民事法律行为、无因管理及侵权行为等同为债的发生根据。但不当得利属于事件,与人的意志无关,因而其不同于与人的意志有关的民事法律行为、无因管理及侵权行为等。

二、不当得利的成立条件

一般地说,不当得利的构成条件包括以下四个方面:

(一)须一方受有利益

所谓一方受有利益,是指一方当事人因一定的事实结果而使其得到一定的财产利益。受有财产利益也就是财产总量的增加,包括财产的积极增加和消极增加。财产的积极增加即积极受有利益,是指财产权的增强或财产义务的消灭。这既包括所有权、他物权、债权以及知识产权等财产权利的取得,也包括占有的取得,还包括财产权利的扩张及其效力的增强、财产权利限制的消除等。财产的消极增加即消极受有利益,是指财产本应减少而没有减少。这既包括本应支出的费用没有支出,也包括本应承担的债务而未承担以及所有权上应设立负担的而未设立等情形。

(二)须他方受有损失

这里的所谓损失,是指因一定的事实结果使财产利益的总额减少,既包括积极损失,也包括消极损失。积极损失又称为直接损失,是指现有财产利益的减少;消极损失又称为间接损失,是指财产应增加而未增加,亦即应得财产利益的损失。这里的应得利益是指在正常情形下可以得到的利益,并非指必然得到的利益。例如,没有合法根据地居住他人的空房,所有权人也就失去对该房的使用收益的利益,尽管该利益不是所有权人必然得到的,也不失为其损失。

(三)须一方受利益与他方受损失间有因果关系

所谓受利益与受损失间有因果关系,是指他方的损失是因一方受益造成的,一方受益是他方受损的原因,受益与受损二者之间有变动的关联性。即使受损失与受利益不是同时发生的,具有不同的表现形式,有不同的范围,也不影响二者间因果关系的存在。

关于受益与受损失间的因果关系,并非要求受益与受损必须基于同一原因事实,即由于同一原因使一方受有利益,他方受有损失。如果受利益与受损失是由两个不同的原因事实造成的,但二者间有牵连关系,也应视为具有因果关系。根据《民法通则》第92条的规定,没有合法根据,取得利益并造成他人损失,即构成不当得利,因此,只要他人的损失是由取得不当利益造成的,或者如果没有其不当利益的取得,他人就不会造成损失,就应当认定受益与受损之间有因果关系。

(四)须无合法根据

没有合法根据,是不当得利构成的实质性条件。在社会交易中,任何利益的取得都须有合法的根据,或是直接依据法律,或是依据民事法律行为。不是直接根据法律或者根据民事法律行为取得利益的,其取得利益就是没有合法根据的,亦即没有法律上的原因,该得利即为不正当的。当事人于取得利益时没有合法根据,其利益的取得当然为没有合法根据的;其取得利益时虽有合法根据,但其后该根据丧失的,该利益的取得也为没有合法根据。

三、不当得利的基本类型

根据利益的取得是否基于给付行为,不当得利可分为基于给付产生的不当得利和基于给付以外的原因产生的不当得利。

(一)因给付而发生的不当得利

给付是一方将其财产利益移转给另一方。给付本来为债务人履行债务的行为,亦即当事人给付财产利益给他人,是以履行自己的义务为目的的。若当事人一方为履行义务而为给付,则从该给付取得利益的一方的得利即是有法律根据的,不为不当得利。但若当事人一方为实现给付的法律目的而为给付行为,而其法律目的又欠缺时,则另一方因该给付所取得的利益就是无合法根据的。因给付而发生的不当得利包括以下几种情形:

1. 给付的目的自始不存在

这是指一方为履行自己的义务而向受益人给付,但该义务自始就不存在。这种情形又称为非债清偿。例如,甲误认为与乙间有买卖合同而将货物交付给乙。但在下列情形下,当事人一方虽没有给付义务而给付,另一方的得利也不为不当得利:

(1) 履行道德义务而为给付。例如,养子女对其生父母的法定赡养义务因收养而解除,不再负担。若该养子女仍赡养其生父母,则属于尽道德义务。对于因此而支出的费用,养子女不得以不当得利请求返还。

(2) 为履行未到期债务而交付财产。债务未到清偿期债务人本无清偿的义务,但若债务人主动提前清偿而债权人受领时,即使债务人因此而失去利益,债权人因此而取得利益,债权人得到利益也不为不当得利。

(3) 明知无给付义务而交付财产。一方明知自己没有给付义务而向他人交付财产的,对方接受该财产不成立不当得利。此种情形应视为赠与。

(4) 因不法债务交付的财产。不法债务是不受法律保护的,"债务人"没有给付财产的法律义务,"债权人"也没有得到财产的权利。但给付一方给付财产的,不能以不当得利请求对方返还。当然,对方也不能取得该财产,该财产应当由有关机关予以收缴。

2. 给付的目的未达到

当事人为一定目的而为给付,但其目的因某种原因未达到时,因该给付取得的利益也就是无合法根据的不当得利。例如,债权人以受偿的目的将债务清偿的收据交付给债务人,而其后债务人并未清偿债务。

3. 给付的目的嗣后不存在

当事人一方给付原有法律目的的,但于给付后该法律目的不存在时,因给付而取得的财产利益也就成为无法律原因的受益。例如,当事人一方为担保合同的履行而向对方给付定金,而其后该合同被确认为无效,这就属于给付的目的嗣后不存在。

（二）基于给付以外的事实而发生的不当得利

基于给付以外的事实而发生不当得利的,主要有以下情形:

1. 基于受益人自己的行为而发生的不当得利

这是指基于受益人的行为取得利益而使他人利益受损失。例如,无权处分他人之物而为处分,无权消费他人之物而为消费,使自己受到利益,则权利人可请求该受益人返还不当得利。由于该情形下的不当得利往往是因受益人侵害他人的合法权益发生的,因此,这种情形下受益人的行为也可能会构成侵权行为。

2. 基于受损人的行为而发生的不当得利

例如,误认他人的牲畜为自己的牲畜而加以饲养,误认他人的事务为自己事务加以管理,受损人可向因该行为而受益的人请求返还不当得利。

3. 基于第三人的行为而发生的不当得利

这是指受益人因第三人的行为而取得应归于他人的利益所成立的不当得利。例如,甲以乙的饲料饲养丙的牲畜,甲为第三人,乙为受损人,丙为受益人,受损人乙可请求受益人丙返还该不当得利。

4. 基于自然事件而发生的不当得利

例如,甲养的鱼因池水漫溢而流入乙的养鱼池内,丙栽种的果树上的果实落入丁的院内,则乙、丁基于事件的发生而构成不当得利,甲、丙可以请求其返还。

5. 基于法律规定而发生的不当得利

例如,在发生添附时,一方可基于法律规定而取得他方之物的所有权,但另一方不能因此而受损失,取得所有权的一方并无得到利益的根据,须向另一方返还所取得的利益。

四、不当得利的效力

不当得利使受益人与受损人之间发生不当得利的债权债务关系,受损人享有请求返还不当得利的权利,所以,不当得利的效力可从以下两个方面说明:

(一) 不当得利返还请求权与其他请求权的关系

1. 不当得利返还请求权与所有物返还请求权的关系

在一方侵占他人的财物,或者一方基于无效民事行为给付他人财物,标的物的所有权不发生移转时,成立所有物返还请求权。在此情形下,发生所有物返还请求权与不当得利返还请求权的竞合,因不当得利返还请求权为债的请求权,所有物返还请求权为物权请求权。权利人应首先适用物权请求权的规定,但也不排除权利人得依不当得利返还请求权请求返还不当得利。

2. 不当得利返还请求权与侵权损害赔偿请求权的关系

不当得利返还请求权与侵权损害赔偿请求权也可以发生竞合。例如,侵害人因侵权行为而从中受有利益时,该受利益即是无合法根据的不当利益,于此情形下即可成立不当得利。在发生不当得利返还请求权与侵权损害赔偿请求权竞合时,当事人得选择行使何种请求权。

3. 不当得利返还请求权与违约损害赔偿请求权的关系

不当得利返还请求权与违约损害赔偿请求权也可以发生竞合。例如,在双务合同中,一方履行了义务,而对方发生履行不能时,即可发生违约损害赔偿请求权,也可以发生不当得利返还请求权。但若一方并未向对方履行义务,对方未受利益,就不能发生不当得利返还请求权。另外,在一方给付有瑕疵的情形下,一般仅发生违约损害赔偿请求权而不能发生不当得利返还请求权。

(二) 不当得利返还请求权的标的及范围

不当得利返还请求权的标的为受有利益的一方所取得的不当利益。受益人返还的不当利益,可以是原物、原物所生的孳息、原物的价金、使用原物所取得的利益,也可以是其他利益。

不当得利返还请求权的标的范围,也就是受益人返还义务的范围。义务人返还义务的范围依其受利益是否善意而不同:

1. 受益人为善意时的利益返还

受益人为善意即受益人不知情,是指受益人于取得利益时不知道自己取得利益无合法的根据。于此情形下,若受损人的损失大于受益人取得的利益,则受益人返还的利益仅以现存利益为限。利益已不存在时,受益人不负返还义务。所谓现存利益,是指受益人受到返还请求时享有的利益,而不以原物的固有形态为限。原物的形态虽改变但其价值仍存或者可以代偿的,仍不失为现存利益。例如,受益人将其受领的财物以低于通常的价格出卖,受益人只返还所得的价款。如果该价款已经被其消费,并因此而省下其他的费用开支,则其节省的开支为现存利益,受益人仍应返还。但是若受益人所得的价款被他人盗走,则为利益已不存在。受益人受有的利益大于受损人的损失时,受益人返还的利益范围以受损人受到的损失为准。

2. 受益人为恶意时的利益返还

受益人为恶意即受益人知情,是指受益人于受有利益时知道其取得利益是没有合法根据的。于此情形下,受益人应当返还其所取得的全部利益,即使其利益已不存在,也应负责返还。若受益人所得到的利益少于受损人的损失时,受益人除返还其所得到的全部实际利益外,还须就其损失与得利的差额另加以赔偿。这实质上是受益人的返还义务与赔偿义务的结合。

3. 受益人受益时为善意而其后为恶意的利益返还

受益人于取得利益时是善意的,而嗣后为恶意时,受益人所返还的利益范围应以恶意开始时的利益范围为准。

第三节 无因管理

一、无因管理的概念和性质

(一) 无因管理的概念

无因管理作为债的一种发生根据,是指没有法定的或者约定的义务,为避免他人利益受损失而进行管理或者服务的法律事实。进行管理或者服务的当事人称为管理人,受事务管理或者服务的一方称为本人。因本人一般从管理人的管理或者服务中受益,所以又称为受益人。

(二) 无因管理的性质

作为债的发生根据的法律事实,无因管理属于合法的事实行为。

首先,无因管理与人的意志有关,不属于事件,而属于行为;其次,因无因管理的管理人并不是以发生一定民事法律后果为目的而实施管理行为的,并不以行为人的意思表示为要素,因此,无因管理不属于意思行为或表意行为,而属于事实行为;再次,无因管理是一种合法行为。事实行为有合法的,也有不合法的,无因管理属于合法的事实行为。法律确立无因管理制度的直接目的,是赋予无因管理行为合法性,而对于不合无因管理要件的对他人事务的干涉行为则不承认其合法性。所以,无因管理实质上是法律赋予没有根据而管理他人事务的某些行为阻却违法性。

二、无因管理的成立要件

无因管理的成立须具备以下三个条件:

(一) 管理他人事务

管理他人事务,是无因管理成立的前提条件。没有对他人事务的管理,当然不会成立无因管理。管理他人事务既包括对他人的事务的管理行为,如对他人财物的保存、利用、改良、管领、处分等;也包括对他人提供服务,如为他人提供劳务帮助。

管理人所管理的事务,包括有关人们生活利益的一切事项,可以是有关财产性的,也可以是非财产性的。管理的事务可以是事实行为,如将危急病人送往医院;也可以是民事行为,如雇人修缮房屋。在实施民事行为时,管理人可以以自己的名义,也可以以本人的名义。但因无因管理在管理人与本人间产生债权债务关系,对不能在当事人间发生债权债务的事项的管理则不能构成无因管理。所以,管理下列事务的,一般不发生无因管理:(1) 违法的或者违背社会公德的行为,如为他人看管赃物;(2) 不足以发生民事法律后果的纯粹道义上的、宗教上的或者其他一般性的生活事务,如接待他人的朋友;(3) 单纯的不作为行为;(4) 依照法律规定须由本人实施或者须经本人授权才能实施的行为,如放弃继承权的事务。

(二) 有为他人利益而管理的意思

构成无因管理,管理人主观上须有为他人利益而管理的意思,亦即具有为他人谋利益的主观动机。这是无因管理成立的主观要件,也是无因管理阻却违法性的根本原因,是区分无因管理与侵权行为的主要依据。

管理人是否具有为他人谋利益而为管理的意思,应由管理人负举证责任。管理人应从自己的主观愿望、事务的性质、管理的必要性以及管理的后果诸方面来证明自己的管理是为他人谋利益的。虽然无因管理的管理人须为他人的利益而为管理,但并不要求管理人须有为他人利益的明确表示,只要管理人的管理在客观上确实避免了他人利益的损失或为他人带来了利益,即使其未有明确的为他人利益管理的目的,但又不单纯是为自己利益管理事务的"利己"行为,就可以构成无因管理。管理人主观上同时既有为他人的目的又有为自己的动机,客观上自己也同时受益的,仍可成立无因管理。例如,为避免邻居的房屋倒塌而为之修缮,管理人同时有为避免自己房屋和人身遭受危险的意思,而且也使自己享有免受危险的利益,仍不影响无因管理的成立。但是,如果管理人纯粹为自己的利益而管理他人的事务,即使本人从其管理中受有利益,也不能构成无因管理。管理人将他人的事务作为自己的事务进行管理的,如符合不当得利的要件,可成立不当得利;如构成对他人事务的不法干涉和侵犯,则会构成侵权行为。

(三) 没有法定或约定的义务

无因管理的"无因"是指无法律上的原因,也就是无法律上的义务而为他人管理事务。法律上的义务包括法定义务和约定义务。所谓法定义务,是指法律直接规定的义务。这里的法律不限于民法,也包括其他法律。例如,父母管理未成年子女的事务,失踪人的财产代管人管理失踪人的财产,是民法上直接规定的义务;消防队员抢救遭受火灾的他人财物,警察收留走失的儿童,是为行政法上直接规定的义务。所谓约定义务,是指管理人与本人双方约定的义务,也就是基于当事人双方的合同而产生的义务。如受托人管理委托人的事务即是基于双方的委托合同而产生的义务。

管理人有无管理他人事务的义务,应依管理人着手管理时的客观事实而定,而不能以管理人主观的判断为标准。管理人原无管理的义务,但于管理时有义务的,不能成立无因管理;反之,管理人原有管理的义务,但于管理时已没有义务的,则自没有义务之时起可成立无因管理。管理人事实上没有管理的义务,其主观上认为有义务的,可以成立无因管理;管理人事实上有管理的义务,而其主观误认为无义务的,则不能成立无因管理。

三、无因管理的效力

无因管理成立后,在管理人与本人之间产生债权债务关系,即无因管理之债。无因管理是无因管理之债的发生根据,无因管理之债是无因管理的法律后果。无因管理之债发生于管理人开始管理之时,即管理人着手管理他人事务时起,即发生妥为管理等义务,而本人于事务管理结束或管理进行中,负有向管理人支付费用、补偿损失等给付义务,此即无因管理之债的内容,也就是无因管理产生的法律效力。

下面主要从管理人和本人的义务角度说明无因管理的效力。

(一) 管理人的义务

管理人的义务是指管理人着手管理事务后依法承担的义务。无因管理的管理人原本无管理的义务,但因无因管理的成立,管理人也就承担了一定的义务。管理人的义务也就是本人的权利。

1. 适当管理义务

不违反本人的意思,以有利于本人的方法为适当管理,是管理人的基本义务。所谓不违反本人的意思,是指管理人的管理与本人的意思或本人的真实利益并不相悖。本人的意思包括明示的或可推知的意思。例如,本人明确表示过要修理自己的危房,则为有明示的意思;本人于路途中发病,虽未明确表示要去医院治疗,但从本人所处的情形可推知其有去医院治疗的意思。本人的意思与其根本利益不一致的,管理人则应依其根本利益而为管理。例如,路遇自杀者而予以抢救,管理人的管理与本人的意思虽相反,但与其根本利益相一致,管理人的管理也为适当管理。

所谓有利于本人的方法,是指管理人对事务管理的方式、手段、管理的结果有利于本人,而不损害本人的利益。管理方法是否有利于本人,应以管理人管理事务当时的具体情况确定,而不能以管理人的主观意识为标准。管理人虽主观上认为其管理方法有利于本人,而客观上并不利于本人,甚至反而使本人的利益受损失的,则其管理是不适当的。反之,本人主观上认为管理人的管理方式不利于自己,但从当时的情况看,管理人的管理是有利于本人的利益的,则管理人的管理是适当的。管理人所管理的事务如是本人应尽的法定义务或者公益义务,则管理的结果虽不利于本人的利益,管理人的管理也是适当的。

管理人未尽适当管理义务的,发生债务不履行的法律后果,应当依法承担相应的民事责任。若管理人能证明自己是没有过错的,则可不承担民事责任。为鼓励无因管理行为,对管理人的注意义务不能要求过高,应当要求管理人对所管理的事务给予如同管理自己事务一样的注意。因此,如果管理人对所管理的事务尽到了如同管理自己事务一样的注意,则其管理虽为不适当的,也不为有过错,管理人不应当承担债务不履行的责任;如果管理人在管理事务中未尽到如同管理自己事务一样的注意,则其不适当管理为有过错的,应当承担债务不履行的责任。管理人所管理的事务如处于紧迫状态,不迅速处理就会使本人遭受损失时,除有恶意或重大过失外,对于不适当管理的损害,管理人不应承担责任。一般说来,管理人对因不适当管理所承担的赔偿责任,应当眼于管理人不管理就不会发生的损害,而不能包括其他损失。当然,如果管理人在管理中过错地侵害了本人的权利的,也可构成侵权行为。于此情形下,会发生债务不履行责任与侵权责任的竞合,管理人承担其中一种民事责任。

2. 通知义务

管理人在开始管理后,应将开始管理的事实通知本人,但管理人的此项义务以能够通知和有必要通知为限。如果管理人无法通知,如不知本人的住址,则不负通知义务;本人已知管理事实的,管理人则没有必要通知。管理人将开始管理的事实通知本人后,只要停止管理会使本人不利而继续管理又可避免本人利益受损失,就应当继续管理;否则,应当听候本人的处理。管理人未履行通知义务的,对因其不通知所造成的损失应负赔偿责任。

3. 报告与结算义务

管理人于开始管理后应及时地将管理的有关情况报告给本人,尤其是管理过程中发生的财务支出情况,应列明清单,并应本人的要求予以说明。管理人的报告义务也应以管理人能够报告为限。管理关系终止时,管理人应向本人报告事务管理的始末,并将管理事务所取得的各种利益如取得的权利、物品、金钱及孳息等转移于本人。

(二) 本人的义务

本人应当承担的义务,也就是管理人的权利。本人的义务主要是偿还管理人支出的费用,所以管理人的权利主要是得请求本人偿付由管理事务所支出的必要费用。

1. 偿还必要费用

《民法通则》第93条规定:"没有法定的或者约定的义务,为避免他人利益受损失进行管理或者服务的,有权要求受益人偿付由此而支付的必要费用。"根据《民法通则的意见》第132条的规定,这里的必要费用,"包括在管理或者服务活动中直接支出的费用,以及在该活动中受到的实际损失"。因此,管理人有权请求本人偿还的必要费用包括两部分:一是管理人在管理事务中直接支出的费用,二是管理人在事务管理中受到的实际损失。

管理人在管理中所直接支出的费用,只有为管理所必要者,管理人才有权要求偿还。管理人所支出的费用是否为必要,应以管理活动当时的客观情况而定。如果依当时的情况,该项费用的支出是必要的,即使其后看来是不必要的,也应为必要费用。反之,如果依管理事务的当时情况,该项费用的支出是不必要的,即使其后为必要的,一般也不应视为必要的费用。

2. 补偿损失

管理人为管理事务而受有损害时,本人应当给予补偿。此项损害的发生应当与管理事务的行为有因果关系,且应以实际损失为限。管理人在管理中受到的实际损失,并非全部应由本人偿付。除管理人处于急迫危险的状况以外,管理人对该损失的造成有过错时,应适当减轻本人的责任。如果管理人对损失的发生也没有过错,而该损失又大于本人因管理所受的利益,则应从公平原则出发,由双方分担超出本人受益范围的损失。

3. 清偿必要债务

管理人除享有必要费用偿还请求权外，还享有负债清偿请求权。即管理人在事务管理中以自己的名义为管理事务负担债务时，有权要求本人直接向债权人清偿。例如，甲以自己的名义雇请丙修缮乙的危险房屋，甲有权请求乙直接向丙支付修缮费用。本人应当负责清偿的债务，也仅以为事务管理所必要者为限。对于管理人所设立的不必要债务，本人不应当承担，而应由管理人自行负责清偿。

第二十章 债的效力

第一节 债的效力概述

一、债的效力的概念

债的效力是指因债而产生的对当事人双方的法律约束力。债是一种受法律保护的民事法律关系，无论是由法律规定而产生，还是由当事人约定而产生，均具有法律效力，受法律保护。

债的效力由两方面结合而成：一方面是债务的效力，即法律对于债务人的约束，属于债的效力的消极方面；另一方面是债权的效力，即法律赋予债权人以法律上之力，包括请求力、保持力和执行力，属于债的效力的积极方面。

债权是债权人得对特定人请求为或不为特定行为的权利。债权具有三项权能，即请求权能、受领权能和保护请求权能，在债的效力上分别表现为请求力、保持力和强制执行力。债权人依此三种效力分别可请求债务人履行债务；接受债务人的履行并保持因债务履行而取得的利益；当债务人不履行债务时，债权人可以请求法院强制债务人履行债，以实现其债权。

债务是债务人负担的为或不为特定行为的义务。债务属法律义务，必须履行，不履行便产生对债务人不利的后果，这是债的效力的主要表现方面。债务的效力主要表现为债务人必须按照法律的规定或者当事人的约定全面、适当地履行债务，包括按照约定的时间、地点、方式、质量标准、数量等履行债务。

二、债的效力的分类

（一）一般效力与特殊效力

根据债的效力是否涉及一切债的关系，债的效力可分为一般效力与特殊效力。

一般效力又称普通效力,是指所有类型的债所具有的共同效力。一般效力包括债的关系成立后,债务人的财产即成为债的一般担保;债务必须在规定期限和地点履行;债权人受领迟延可减轻债务人的责任;债务人不履行债务,债权人得请求强制执行或请求损害赔偿。特殊效力是指法律对个别债的效力的特别规定。例如,合同之债的定金罚则、违约金的交付、同时履行抗辩等。

（二）积极效力与消极效力

根据债的效力的内容,债的效力可分为积极效力与消极效力。

积极效力是指债的当事人依据债的关系应实施一定的行为。例如,债权人有权要求债务人履行债务;债务人有权要求债权人给予必要的协助并接受履行等。消极效力是指债务人不履行债务或债权人受领迟延等所应承担的法律后果。

（三）对内效力与对外效力

根据债的效力是否涉及第三人,债的效力可分为对内效力与对外效力。

对内效力是指发生于债权人与债务人之间的效力。对外效力是指发生于债的当事人与第三人之间的效力,如债的保全等。依传统民法理论,债的效力仅及于债的当事人,不具有涉及第三人的效力。但近现代各国立法及判例对这一观点有所修正,承认在特殊情况下,债的效力也可及于第三人。此即所谓债的效力的扩张。例如,债的保全涉及的第三人、保证合同中的保证人、保险法上享有合同利益的第三人、租赁关系中的第三人、债的转移中的第三人、受合同法特别保护的第三人、不法侵害债权的第三人等都可为债的效力所及。

第二节 债的履行

一、债的履行的概念

债的履行是指债务人按照当事人约定或者法律规定,全面履行自己所承担的义务的行为。履行是债的最主要的效力。

履行与给付、清偿这三个概念是既相互联系而又有区别的。给付是指债务人应为的特定行为，包括作为与不作为，它是债的标的（或称客体），具有抽象的、静态的意义；履行是指债务人实施给付的行为，即债务人实施债的内容所要求的特定行为，具有具体的、动态的意义；清偿是指债务人履行的效果，通常在债的消灭原因的意义上使用。这三个概念均与债务人的行为有关，故有时被通用。例如，"给付行为"、"履行行为"和"清偿行为"均被用来指债务人履行债务的行为；"给付义务"、"履行义务"和"清偿义务"均被用来指债务人所负担的债务。

二、债的履行的内容

（一）履行给付义务

履行给付义务是指债务人依照债的内容，在债务履行期届至时全部、适当地履行，即债的履行的主体、履行的标的、履行的期限、履行的地点和履行的方式都是适当的、完全的，否则不能成立有效的给付。

1. 履行主体

债的主体和债的履行主体并非同一概念。债的主体是债权人和债务人，而债的履行主体则指履行债务的人和接受履行的人。

债是特定当事人之间的一种民事法律关系，因而在通常情况下，债应由债务人履行，债权人也只能向债务人请求履行债务。但是，在某些情况下，债务由谁来履行对债权人并无影响，债权人也并不反对他人代为履行的，债也可以由第三人代为履行。然而，并非所有的债务都可以由第三人代为履行。法律直接规定或当事人约定必须由债务人亲自履行的债务，不得由第三人代替履行。第三人代为履行或代为接受履行的，不能因此而损害债权人或债务人的合法权益。

当债的履行主体涉及第三人时，往往是由债的当事人在合同中加以约定而形成的。根据《合同法》的规定，债的履行中的第三人包括向第三人履行和由第三人履行两种情况：(1) 当事人约定由债务人向第三人履行债务的，第三人为接受履行主体，若债务人最终未向第三人履行债务或者履行债务不符合约定，债务人应当向债权人而非向第三人承担违约责任,因为第三人并非债的当事人,而只是债的接受履行主体,第三人也不能向债务人主张违约责任。(2)当事人约定由第三人向债权人履行债务的,第三人为履行主体,若第三人最终未履行债务或者履行债务不符合约定,债权人只能向债务人主张违约责任,而不能向第三人主张违约责任。

如果不是在约定时而是在履行时第三人加入进来,如甲欠乙价款未还,经各方同意,现由丙替甲向乙偿还借款,则属于债务承担,而非债的履行问题。

2. 履行标的

债的履行标的与债的标的不同,债的履行标的是指债的给付的对象,即债务人向债权人履行给付义务时具体交付的对象。履行标的可以是物,也可以是完成工作,还可以是提供劳务等。

当事人严格按照约定的标的履行义务,是债的实际履行原则的要求。只有在法律规定或者当事人约定允许以其他标的代替履行时,债务人才可以其他标的履行。

(1)债务人以给付实物履行债务的,交付的标的物的数量、质量必须符合法律规定和当事人约定。标的物的质量应按当事人约定的标准履行。如果当事人对标的物的质量约定不明确,则按照国家标准、行业标准履行;没有国家标准或者行业标准的,按照通常标准或者符合债的目的的特定标准履行。

(2)以完成一定工作或劳务履行义务的,债务人应当严格按法律规定和当事人约定的质量、数量完成工作或提供劳务。

(3)以货币履行义务的,除法律另有规定的以外,必须用人民币计算和支付。除国家允许的现金交易外,法人之间的经济往来,必须通过银行转账结算。

(4)在支付标的为价款或酬金时,当事人应按照当事人约定的标准和计算方法确定的价款来履行,当事人约定价款不明确的,按照订立合同时履行地的市场价格履行;依法应当执行政府定价或者政府指导价的,按照规定履行,即:在合同规定的交付期限内政府价格调整时,按交付时的价格计价。逾期交货的,遇价格上涨时,按原价格执行,价格下降时,按新价格执行。逾期提货或逾期付款的,遇价格上涨时,按新价格执行;价格下降时,按原价格执行。

3. 履行期限

履行期限是指债务人向债权人履行义务和债权人接受债务人履行的时间。履行期限可以是具体的某一期日,也可以是某一期间。如果当事人约定的期限不明确,当事人又协商不成的,则债务人可以随时向债权人履行义务,债权人也可以随时要求债务人履行义务,但应当给对方必要的准备时间。

债务人在履行期限届满后履行,称为债的逾期履行,又称迟延履行。债务人在履行期限届满前就履行自己的义务称为债的提前履行。经债权人同意的提前履行,应视为双方对履行的期限的变更,其履行便是适当的。未经债权人同意,原则上是不能提前履行债务的。

4. 履行地点

履行地点是指债务人履行义务和债权人接受履行的地点。如果当事人对履行地点约定不明确,给付货币的,在接受给付一方的所在地履行;交付不动产的,在不动产所在地履行;其他标的在履行义务一方的所在地履行。

5. 履行方式

履行方式是指法律规定或当事人约定的债务人履行义务的方式。债的性质和内容不同,其履行方法也不同。有的债务应一次性全部履行,如一次性交货的买卖合同;有的债务应分次分部分履行,如分批发放贷款的借贷合同;有的债务应定期履行,如按月交租的房屋租赁合同。对履行方式约定不明确的,应按照有利于实现债的目的的方式履行。

(二) 履行附随义务

依债权法的要求,债务人在履行债务时,除了应当履行法律上已经确定或者当事人明确约定的义务外,为辅助债权人实现其利益,还发生种种附随义务。例如,《合同法》第60条第2款规定:"当事人应当遵循诚实信用原则,根据合同的性质、目的和交易习惯履行通知、协助、保密等义务。"附随义务是依诚实信用原则发生的义务。附随义务并非自始确定,但随着债的关系的发展,可能会要求当事人有所作为或不作为,以维持对方的利益。此类义务不受债的种类的限制,在任何债的关系中均可发生。附随义务虽不可单独请求履行,但如果违反此义务,给对方当事人造成损害的,也应承担赔偿责任。附随义务是否存在以及内容如何,一般由法官根据各个债权债务关系的具体情势加以判断。归纳起来,附随义务大致包括:

1. 注意义务

债务人应尽善良管理人或者如同处理自己的事务一样的注意。债务人的注意程度因其地位、职业、判断能力以及债务的性质而有所不同。

2. 告知和通知义务

当事人对有关对方利益的重大事项负有告知和通报的义务。例如,债务人交付仪器设备的,应告知装配、使用及维修方法;债务人履行不能时,应告知履行不能的原因等;遇有不可抗力发生时,应及时向对方通报有关情况等。

3. 照顾义务

照顾义务可分为对债权人的照顾义务、对特定第三人的照顾义务和对标的物的照顾义务。前者如有多种履行方式时,债务人应选择方便债权人受领的方式履行;后者如出卖易碎物品应妥为包装。而对特定第三人的照顾,如从事危险作业的,应避免其他人在场。

4. 协助义务

根据诚实信用原则,当债务人的履行性质上需要债权人的协助时,债权人即负有协助履行的义务。协助义务主要是指为对方的履行提供方便和条件。例如,债权人应及时验收,无故不得拖延。

5. 保密义务

对涉及一方利益的尚不被人知晓的情况,他方负有保密的义务,不得向外披露。例如,技术秘密的使用方应对第三方保守该技术秘密;代理人不得披露委托人的商业秘密等。

6. 不作为义务

根据债的内容和性质债务人应承担某种不作为义务的,债务人应负不作为义务。例如,出租车司机承载客人后,不应中途搭载其他人。

三、债的履行原则

（一）实际履行原则

实际履行原则是指当事人应按债的标的来履行而不能任意改变。这是债的效力的要求，其核心在于强调债的履行标的的特定性，不能任意用其他标的或以支付违约金和赔偿金来代替合同的履行。

（二）诚实信用原则

依诚实信用原则，债的当事人在债的履行中应当本着诚实、善意的内心状态维护对方的利益，以对待自己事务的注意对待他人事务，保证法律关系的当事人都能得到自己应得的利益，不得损人利己。对于债务人来说，应当选择有利于债权人的时间、地点和履行方式，按约定的标的来履行，并履行应当承担的附随义务；对于债权人而言，应当积极协助履行并妥为受领。

四、债务不履行的后果

债的不履行又称债务违反，是指债务人未依债务的内容履行给付的行为。债一经有效成立，债务人即应全面适当地履行债务，这是债的效力的最重要的表现，也是债务人最主要的义务。违反此义务，即构成债务违反，债务人应承担相应的民事责任。债的不履行有四种形态：履行不能、履行拒绝、不完全履行和履行迟延。

（一）履行不能及其后果

1. 履行不能的概念

履行不能又称给付不能，是指债务人由于某种原因，事实上已不可能履行债务。因此，履行不能发生不履行债务的效力。

履行不能的原因多种多样，有的因标的物已灭失，无法交付；有的因法律上没有处分权而不能交付；有的因债务人自身的原因，丧失提供原定劳务的能力，等等。

2. 履行不能的法律后果

（1）在因可归责于债务人的事由而导致履行不能时，其效力为：

第一，债务人免除履行原债务的义务。如果为一部不能，债务人免除不能部分的履行义务。如为一时不能，除非以后的履行对债权人已无利益,债务人仍不能免除履行义务,并承担履行迟延的责任。

第二,债务人应承担债务不履行的违约金或者损害赔偿责任。该项法律后果是由原债务转化而来的。在一部不能时,债权人仅可请求不能部分的违约金或者损害赔偿金,对其他部分只能请求继续履行。但可能部分的履行对债权人已无利益的,债权人可拒绝该部分的履行,而请求全部不履行的违约金或者损害赔偿。

第三,在合同之债,债权人可因债务人的履行不能解除合同,并请求损害赔偿。

(2) 在因不可归责于债务人的事由而导致履行不能时,其效力为:

第一,债务人免除履行原债务的义务,且不承担不履行债务的责任。一部不能时,债务人在不能的范围内免除履行义务;一时不能时,债务人于履行障碍消灭前不负履行迟延的责任。

第二,债务人因不履行债务的事由而对第三人有损害赔偿请求权时,债权人得请求债务人让与该请求权或交付其所受领的赔偿物。

(二) 履行拒绝及其后果

1. 履行拒绝的概念

履行拒绝又称拒绝履行,是指债务人能够履行而故意不履行。从客观方面看,履行拒绝属于一种违法事实,即有合法债务存在,但债务人到期拒不履行。从主观方面看,履行拒绝基于债务人的故意,即明知自己负有债务且能够履行却故意不履行。拒绝履行的表示,可以在履行期到来之前为之,也可以在履行期届至或者发生迟延以后为之;可以是明示的,也可以是默示的。

2. 履行拒绝的法律后果

(1) 对于已届履行期的履行拒绝,债权人有权要求强制履行或采取补救措施,并有权请求损害赔偿。

(2) 对于未届履行期的履行拒绝,债权人不必等到履行期届至时再主张债务不履行的责任,债权人可即时解除合同,并请求赔偿因债务人拒绝履行所造成的损害。此属于《合同法》规定的先期违约责任。根据《合同法》第94条的规定,在履行期限届满之前,当事人一方明确表示或者以自己的行为表明不履行主要债务的,当事人可以解除合同。

(3) 在有担保的债务中,当债务人明确拒绝履行时债权人即可请求保证人履行债务,或者拍卖担保物,实现债权。

(三) 履行迟延及其后果

1. 履行迟延的概念

履行迟延又称给付迟延,是指债务人对于已届履行期的债务,能履行而未履行的情况。履行迟延是实践中十分常见的债务不履行的形态。履行迟延并不意味着债务永远不履行。在许多情况下,债务人迟延一段时间后仍会履行债务。因此,它既不同于履行拒绝,也不同于履行不能。

2. 履行迟延的构成要件

(1) 债务履行期已届满。履行有确定期限的,债务人自期限届满之时起,负履行迟延的责任;履行无确定期限的,债权人可随时要求履行,但应给对方必要的准备时间。法律规定或当事人约定有催告期的,自催告期限届满时起负履行迟延责任。

(2) 履行须可能。迟延的履行须是能为的履行,这是履行迟延与履行不能的区别。履行在迟延后,发生履行不能的,应自即时起,改为依履行不能处理。

(3) 须有可归责于债务人的事由。因无可归责于债务人的事由而造成履行迟延的,债务人不负迟延责任。例如,因不可抗力而发生的履行迟延、因债权人未履行协助义务而发生的履行迟延等。

3. 履行迟延的法律后果

(1) 在合同之债,债权人有解除合同的权利。当迟延后的履行对债权人无利益或合同目的无法实现时,债权人可拒绝原定履行并解除合同,并可请求赔偿不履行原定给付的损失。

(2) 接受强制履行。债权人认为有必要要求债务人继续履行的,债务人在可能的范围内应当继续履行。债务人不履行的,由法院强制其履行。

(3) 债务人向债权人支付违约金和损害赔偿金。债务人履行迟延,在性质上属于违约,因此,债务人应承担违约责任。

(4) 对迟延期间发生的不可抗力负责。在通常情况下,不可抗力是债务人的免责条件,但当事人迟延履行后发生不可抗力的,不能免除责任。

(四) 不完全履行及其后果

1. 不完全履行的概念

不完全履行又称不良履行或瑕疵履行,是指债务人虽已为履行,但其履行有瑕疵或者给债权人造成其他损害的情况。

2. 不完全履行的构成要件

(1) 须有履行行为。没有履行行为,不构成不完全履行,只能构成履行不能,或者履行拒绝,或者履行迟延。债务人于迟延后的履行有瑕疵的,分别成立履行迟延和不完全履行。债务人既要承担履行迟延的责任,又要承担不完全履行的责任。

(2) 须债务人的履行不当。履行不当,即虽为履行,但履行不完全或不适当,没有完全按照债务的内容进行。

(3) 须可归责于债务人。这是指债务人对造成不完全履行有主观上的过错。

3. 不完全履行的法律后果

(1) 对于在清偿期内尚可补正的不完全履行,债务人有补正其为完全履行的责任;如补正的履行已过清偿期间,债务人就补正的履行负履行迟延的责任。对于加害给付,债务人除应负补正责任外,还须就所生的损害负赔偿责任。

(2) 对于不能补正的不完全履行,债务人应负损害赔偿责任。

五、受领及受领迟延

(一) 受领

受领是指债权人接受债务人履行的行为。债权人利益的实现,除了主要依赖于债务人履行义务外,还必须以自己的行为接受债务人的履行。

只有在债务人依债的内容完全、适当履行时,债权人的受领才具有必要与可能。债务人的履行不符合法定的或约定的债的内容时,不发生履行的效力,债权人有权拒绝受领。

受领既是债权人的义务,也是债权人的权利,但更主要的是债权人的一种权利,所以当债权人不为受领时,只能视为债权人放弃其利益,原则上不得强制债权人接受债务人的履行。只有在特别场合,受领可因法律的规定或者当事人的约定而成为一种义务,如承揽合同、买卖合同等。在一般情况下,债权人虽无受领的义务,但在受领上也应遵循诚实信用原则。例如,债务人本应一次全部履行,但如果分数次履行对债权人并无不利和不便时,债权人不得拒绝受领。

(二) 受领迟延

1. 受领迟延的概念

受领迟延又称债权人迟延,是指债权人对于债务人的履行应当且能够受领而不为受领或客观上不能受领。例如,债权人收到债务人履行的通知后,不及时清理出存放货物的场地,而未及时接收货物。

2. 受领迟延的构成要件

(1) 债务的履行需要债权人协助。某些债务不须债权人的协助,债务人即可自行完成债务的履行,如不作为债务,在此种情况下,不可能成立受领迟延。

(2) 债务已届履行期。在有期限的债务,在履行期届至前,债务人原则上不得提前履行。如果履行,债权人有权拒绝,并不成立受领迟延。

(3) 债务人已提出履行或已实际履行。债务人已提出履行,是指债务人已经向债权人发出可以履行的通知,如债务人通知债权人前往领取标的物;债务人已实际履行,是指债务人已经将履行标的提交给债权人,如运送人已将货物运到。

(4) 债权人不为或者不能受领。债权人不为受领,是指债权人拒绝受领或不提供协助义务;债权人不能受领,是指基于债权人自己的原因,客观上无法受领,如因债权人失踪、存放货物的仓库毁于火灾等原因而不能受领。

3. 受领迟延的法律后果

受领迟延的法律后果,主要是减轻或免除债务人的责任,如债务人可通过提存自行消灭债务;由于债权人受领迟延而致使履行不能的,债务人免除履行义务。若债务人因债权人的受领迟延而发生费用增加或受到其他损害的,可以要求债权人予以赔偿。

第三节 债的保全

一、债的保全概述

(一) 债的保全的概念

债的保全是指法律为防止因债务人的财产不当减少而给债权人的债权带来危害,允许债权人代债务人之位向第三人行使债务人的权利,或者请求法院撤销债务人单方实施或与第三人实施的民事行为的法律制度。其中,债权人代债务人之位,以自己的名义向第三人行使债务人的权利的法律制度,称为债权人的代位权制度;债权人请求法院撤销债务人单方实施或与第三人实施的民事行为的制度,称为债权人的撤销权制度。

(二) 债的保全制度的意义

债权本为相对权,其效力只能及于特定的债权人和债务人,对第三人不能发生效力,债权人不得依其享有的债权而对任何第三人主张权利。但在某些特定情形下,债务人实施的与第三人有关的行为(包括作为与不作为)可能会涉及和影响债权人权利的行使与实现,这种情况下,必须让债权的效力加以适当的扩张,使债权的效力能及于第三人,这样便形成了债的保全制度。所以,法律设置债的保全制度的宗旨在于从积极的角度为债权的实现提供有效的法律保障。

债的关系成立后,债务人便负有履行债务的义务,其全部财产便成为债务履行的一般担保,民法上称之为"责任财产"。债权需要债务的适当履行才能实现,债务的履行多体现为从债务人的责任财产中分离出一定的财产给债权人,因此,债务人的责任财产的状况如何,直接关系着债权人的债权实现效率。由于责任财产不仅为某一债权人的一般担保,而且是全体债权人的债权的共同担保,因此,责任财产的减少往往害及债权人的债权实现。为保障债权实现,法律设有担保制度,包括保证、抵押、质押、留置、定金等担保方式,此为专就某一债权而设的特别担保,具有保障特定债权实现的功能,但特别担保亦有其弱点,或手续复杂,或成本较高,或担保的债的范围有限,或寻找担保人不易等。例如,抵押权的设立一般需要当事人办理登记手续,留置权则限于特定的债权债务,保证需要保证人的同意,定金不利于资金的有效利用等。民事责任制度则是事后的救济,不具有事前担保的功能。而债的保全制度的设立对于债权的实现起着积极的保障作用,防患于未然,与债的担保制度、民事责任制度共同构成完善的债权保障体系。

二、债权人代位权

(一) 债权人代位权的概念和特点

债权人代位权是指当债务人怠于行使其对第三人享有的权利而害及债权人的债权时,债权人为保全自己的债权,可以自己的名义代位行使债务人对第三人的权利之权利。例如,甲欠乙货款10万元,甲同时对丙享有8万元的到期债权,但甲既不履行其对乙的债务,又不主张其对丙的债权,并且因此损害了乙的债权,使乙的债权有不能实现之危险,则债权人乙可以自己的名义行使债务人甲对于第三人丙的8万元债权,甲享有的这一权利就称为债权人代位权。《合同法》第73条规定:"因债务人怠于行使其到期债权,对债权人造成损害的,债权人可以向人民法院请求以自己的名义代位行使债务人的债权,但该债权专属于债务人自身的除外。"

债权人代位权具有如下特点:

(1) 债权人代位权是债权人基于其对债务人享有的债权而对债务人的债务人(也称次债务人)主张的权利,体现了债的效力的扩张,是由法律直接予以规定的权利,不论当事人之间是否有约定。

(2) 债权人代位权是债权人以自己的名义行使债务人权利的权利,而且最终是为了债权人自己的利益,而非为了债务人的利益,尽管客观上保护了债务人的利益。所以,债权人代位权不是代理权,债权人不是债务人的代理人。

(3) 债权人代位权是债权人为保全债权而代债务人行使其权利,其行使的仍是债务人原本享有的请求权,所以,债权人代位权就其性质而言应属于请求权,而非属于形成权。

(4) 债权人代位权只能通过向法院提起诉讼才能有效行使,而非直接向次债务人行使。

(二) 债权人代位权的成立要件

1. 债务人须对第三人享有权利

债务人对于第三人的权利,为债权人代位权的标的。债权人代位权属于涉及第三人的权利,若债务人享有的权利与第三人无涉,自不得成为债权人代位权的行使对象。

得代为行使的债务人的权利,必须是非专属于债务人本身的权利,专属于债务人本身的权利不得为债权人代位行使。根据《合同法的解释(一)》第12条的规定,专属于债务人自身的债权,是指基于抚养关系、扶养关系、赡养关系、继承关系产生的给付请求权和劳动报酬、退休金、养老金、抚恤金、安置费、人寿保险、人身伤害赔偿请求权等债权。

2. 债务人怠于行使其权利

所谓债务人怠于行使其权利,是指债务人应行使并且能行使而不行使其权利。所谓"应行使",是指债务人对次债务人的债权已到期,且若不及时行使该债权,该权利则将有消灭或丧失的可能。例如,请求权将因时效完成而消灭。所谓"能行使",是指不存在行使权利的任何障碍,债务人在客观上有能力行使其权利。所谓不行使,即消极地不作为,是否出于债务人的过错,其原因如何,则在所不问。

3. 债务人已陷于迟延

债务人已陷于迟延,也就是债权人对债务人的债权已届满履行期。在债务人迟延履行以前,债权人的债权能否实现,难以预料,若在这种情形下允许债权人行使代位权,则对于债务人的干预实属过分。反之,若债务人已陷于迟延,而怠于行使其权利,且又无资力清偿其债务,则债权人的债权已经有不能实现的现实危险,此时已发生保全债权的必要。所以,债权人代位权应以债务人陷于迟延为成立要件。

4. 有保全债权的必要

所谓有保全债权的必要,是指债权人的债权有不能依债的内容获得清偿的危险,因而有代位行使债务人的权利以便实现债权的必要。根据《合同法的解释（一）》第 13 条的规定，债务人怠于行使到期债权，对债权人造成损害，是指债务人不履行其对债权人的到期债务，又不以诉讼方式或者仲裁方式向其债务人主张其享有的具有金钱给付内容的到期债权，致使债权人的到期债权未能实现。根据这一规定，保全债权的必要性或给债权造成损害的判断标准是客观的而非主观的，即债权人并不需要就债务人不履行其到期债权而给债权人的债权造成损害进行实质性举证，而只需证明两个债权均已到期，且债务人未以诉讼或仲裁方式向次债务人主张债权即可，这样规定有利于债权人行使代位权。如次债务人认为债务人不存在怠于行使其到期债权的情况，则次债务人应负举证责任。

（三）债权人代位权的行使

债权人代位权的行使主体是债权人，债务人的各个债权人在符合法律规定的条件下均可以行使代位权，可作共同原告。

债权人代位权行使的界限，以保全债权人的债权的必要为其限度。在债权人代位权诉讼中，债权人行使代位权的请求数额超过债务人所负债务额或者超过次债务人所负债务额的，对超出部分人民法院不予支持。

（四）债权人代位权行使的效力

一般认为，债权人代位权行使的效果直接归属于债务人。如债务人怠于受领，债权人可代位受领，但债务人仍有权请求债权人交付所受领的财产。然而根据《合同法的解释（一）》第 20 条的规定，在代位权诉讼中，债权人向次债务人提起的代位权诉讼经人民法院审理后认定代位权成立的，由次债务人向债权人履行清偿义务，债权人与债务人、债务人与次债务人之间相应的债权债务关系即予消灭。依此规定，债权人可以直接受领次债务人的清偿，这一规定突破了传统民法理论的框架，它有利于简化诉讼程序，节约诉讼成本，最大限度发挥债权人代位权制度的意义。

三、债权人撤销权

（一）债权人撤销权的概念

债权人撤销权是指债权人对于债务人所为的危害债权的行为，

可以请求法院予以撤销的权利。

债权人撤销权制度起源于罗马法,名为废罢诉权,后世许多法律都继受了这一制度。我国《合同法》第74条对撤销权进行了规定:因债务人放弃其到期债权或者无偿转让财产,对债权人造成损害的,债权人可以请求人民法院撤销债务人的行为。债务人以明显不合理的低价转让财产,对债权人造成损害,并且受让人知道该情形的,债权人也可以请求人民法院撤销债务人的行为。

债权人的撤销权兼具请求权与形成权的性质。与债权人代位权一样,撤销权也是债的效力扩张的体现,其宗旨在于强化债权实现的保障机制,以最终实现民法的诚实信用之理念。

(二) 撤销权的成立要件

债权人的撤销权的成立要件,因债务人所为的行为系无偿行为抑或有偿行为而有不同。在无偿行为场合,只需具备客观要件即可;而在有偿行为的情况下,则必须同时具备客观要件与主观要件。

1. 客观要件

债权人撤销权成立的客观要件包括以下三个方面:

(1) 须有债务人减少财产的行为。所谓债务人减少财产的行为,根据《合同法》第74条第1款规定,包括放弃其到期债权、无偿转让财产和以明显不合理的低价转让财产三种情形。实践中,债务人减少财产的行为还可能有其他表现方式,如延展到期债权、放弃未到期债权而又无其他财产清偿其到期债务、以明显不合理高价购进财产、以自己的财产为他人设定担保等。《合同法的解释(二)》第18条规定:"债务人放弃未到期的债权或者放弃债权担保,或者恶意延长到期债权的履行期,对债权人造成损害,债权人依照合同法第74条的规定提起撤销权诉讼的,人民法院应当支持。"第19条第3款规定:"债务人以明显不合理的高价收购他人财产,人民法院可以根据债权人的申请,参照合同法第74条的规定予以撤销。"根据上述规定,可以被撤销的行为包括以下几种:① 债务人放弃已到期债权;② 债务人无偿转让财产;③ 债务人以明显不合理的低价转让财产且受让人为恶意;④ 债务人放弃未到期债权;⑤ 债务人放弃债权担保;⑥ 债务人恶意延长到期债权的履行期限;⑦ 债务人以明显不合理的高价收购他人财产。根据《合同法的解释（二）》第 19 条的规定，对于"明显不合理的低价"或者"明显不合理的高价"，法院应当以交易当地一般经营者的判断为主要标准，同时参考交易当时交易地的物价部门指导价或者市场交易价并结合其他相关因素综合考虑，最终予以确认。一般情形下，如果转让价格达不到交易时交易地的指导价或者市场交易价 70% 的，可以视为"明显不合理的低价"；如果转让价高于当地指导价或者市场交易价 30% 的，一般可以视为"明显不合理的高价"。

（2）须债务人的行为有害债权。所谓有害债权，是指债务人实施上述减少财产的行为后，将减弱其对债权人的清偿能力，以至使债权人的债权有不能实现之虞。若债务人实施了减少财产的行为，但其其他财产足以清偿债务的，就不存在对债权的危害，自无撤销之必要。

（3）债务人的行为须以财产为标的。债务人的行为，非以财产为标的者不得予以撤销，如结婚、收养或终止收养、继承的抛弃或承认、以提供劳务为目的的法律行为等，均不得作为撤销权的标的。

（4）债务人的行为须在债权成立后所为。债务人的行为须是在债权人的债权成立后实施的，于债权成立前实施的行为，不得成为撤销权的标的。

2. 主观要件

在有偿行为场合，债权人撤销权的成立以债务人主观上有恶意为要件。根据《合同法》第 74 条第 1 款的规定，对债务人以明显不合理的低价转让财产对债权人造成损害的，要求行使撤销权以受让人知情为要件。

（三）债权人撤销权行使的方式与效力

与债权人代位权一样，债权人撤销权由债权人以自己的名义通过诉讼程序行使，而不得直接向债务人或第三人行使。这样规定是因为撤销权对于第三人利害关系重大，为防止债权人滥用撤销权，造成对债务人和第三人的不公平，应由法院审查撤销权的条件是否已具备。

根据《合同法的解释（一）》第 24 条的规定，债权人提起撤销权诉讼的,应以债务人为被告,以相对人为第三人。如果债权人未将受益人或者受让人列为第三人的,人民法院可以追加该受益人或者受让人为第三人。

若撤销权经法院认定成立,则撤销权的行使产生对债权人、债务人和第三人的效力,各当事人均受其约束。

1. 对于债务人和第三人的效力

债务人的行为一旦被撤销,即自始失去法律效力,尚未依该行为给付的,终止给付;已为给付的,受领人负有恢复原状的义务,即第三人因该行为而取得财产的,应返还给债务人,因标的物不存在而无法返还的,应折价赔偿;第三人如已向债务人支付了对价,第三人有权要求债务人返还。

2. 对于行使撤销权人的效力

行使撤销权的债权人有权请求受益人或受让人向债务人或向自己返还所受利益。如第三人向债权人自己返还所受利益,则债权人有义务将收取的利益加入债务人的一般财产,作为全体一般债权人的共同担保,而无优先受偿之权。行使债权人撤销权的一切费用,系管理事务的费用,行使撤销权的人有权向债务人请求偿还。根据《合同法的解释(一)》第 26 条的规定,债权人行使撤销权所支付的律师代理费、差旅费等必要费用,由债务人负担;第三人有过错的,应当适当分担。

第二十一章 债的担保

第一节 债的担保概述

一、债的担保的概念和特点

债的担保是指对于已成立的债权债务关系所提供的确保债权实现的保障。债的担保制度是债法中的重要制度。债的担保是保障债权人实现其权利的一种最为有效的措施,而担保制度的意义不仅在于保障债权的实现,还在于通过担保促进经济交易,有利于社会经济的发展。

债的担保具有以下特点:

第一,债的担保具有从属性。所谓从属性,是指担保之债与被担保之债形成主从关系。担保之债是从债,被担保之债是主债;担保之债是对主债效力的补充和加强,受主债效力的制约。主债无效,担保之债亦不能存在;担保之债随主债的终止而终止。

第二,债的担保具有自愿性。债的担保,有的是由法律直接规定的,称为法定担保。但在一般情况下,担保是由当事人通过合同自愿设立的。是否设立担保,采用何种形式担保,担保多大范围的债务,法律一般不加干涉,完全由当事人商定。

第三,债的担保具有明确的目的性。债的担保是保障债权人利益的,不论设立何种担保,当事人设立担保的目的都是十分明确的,即确保债权人的利益能够得到满足。

二、债的担保方式

依照《担保法》和《物权法》的规定,债的担保方式有保证、定金、抵押、质押、留置五种。后三种担保方式属于担保物权的性质,在本书第十六章中已有详述,故本章只介绍保证和定金两种担保方式。

第二节 保　证

一、保证的概念和特点

根据《担保法》第 6 条的规定,保证是指保证人和债权人约定,当债务人不履行债务时,保证人按照约定履行债务或者承担责任的行为。在保证担保关系中,承担担保责任的第三人称为保证人,其债务被担保的人称为被保证人。

保证除具有债的担保一般特点外,具有以下特点:

第一,保证本身是一种合同关系,是第三人与债权人签订的关于保证债务人履行债务的一种从属性的合同。债权人与债务人之间所设立和存在的合同关系,是保证合同产生和存在的前提。

第二,保证合同虽然与其所担保的债权密不可分,但保证人并非主债的当事人。只有债务人(即被保证人)不履行其义务时,债权人才可以要求保证人承担保证责任。

二、保证的成立条件

保证由保证人和被担保的债务的债权人订立保证合同,因此,保证合同的当事人是保证人和主债权人。保证成立的条件是:

(一)保证人应当是具有代偿能力的人

保证人应当具有相应的民事行为能力,因此,国家机关不能担任保证人;但经国务院批准为使用外国政府或国际经济组织贷款进行转贷的除外。不具有法人资格的企业法人的分支机构,以自己的名义对外签订的保证合同,应当认定无效,但因此而给债权人造成损失的,应负赔偿责任。分支机构如有法人的书面授权,则可以在授权范围内提供保证。

(二)保证人有承担保证责任的明确意思表示

保证人是以自己的信用、名义为债务人作担保的,因此,保证人承担保证责任的意思表示是保证合同成立的必要条件。如果行为人只是向债权人介绍或者提供债务人的支付能力,而没有明确表示对债务人履行合同承担保证责任的,则不能认定保证成立,行为人便不是保证人。

(三) 保证合同应采用书面形式

保证合同应当以书面形式订立,并载明下列内容:被保证的主权的种类、数额;债务人履行债务的期限;保证的方式;保证担保的范围;保证的期间等。

三、保证的方式

根据《担保法》的规定,保证的方式分为两种:一为一般保证;一为连带责任保证。

(一) 一般保证

一般保证是指当事人在保证合同中约定,只有在债务人不能履行债务时,才由保证人代为履行的保证方式。换言之,债权人首先应向债务人追偿债务,而不能直接向保证人主张权利,保证人在主债务纠纷未经审判或仲裁并就债务人财产依法强制执行前,有权拒绝对债权人承担责任,保证人的这一抗辩权,称为先诉抗辩权或检索抗辩权。但根据《担保法》第17条第3款的规定,在下列情形下,保证人不得行使先诉抗辩权:(1) 债务人住所变更,致使债权人要求其履行债务发生重大困难的。例如,债务人下落不明、移居境外,且无财产可供执行。(2) 法院受理债务人破产案件,中止执行程序的。(3) 保证人以书面形式放弃先诉抗辩权的。若保证人仅以口头形式放弃先诉抗辩权,则不发生放弃的效力。

(二) 连带责任保证

连带责任保证是指债务人在主合同规定的履行期届满而没有履行债务的,债权人可以要求债务人履行债务,也可以要求保证人承担责任。与一般保证不同,一般保证中的保证人的责任是补充性的,保证人享有先诉抗辩权,而连带责任保证的保证人不享有这一权利,一旦债务人不能履行到期债务,债权人可以直接起诉保证人,要求其承担保证责任。因此,连带责任保证是一种比一般保证更为严格的保证方式。

当事人可以在保证合同中约定采用哪一种保证方式。如果当事人对保证方式没有约定或约定不明确,则按连带责任保证承担保证责任。

四、保证的效力

(一)保证担保的范围

保证担保的范围包括主债权及利息、违约金、损害赔偿金和实现债权的费用。当事人可以约定保证担保范围的大小,选择其中一项或数项或全部进行担保。如果当事人对保证担保的范围没有约定或者约定不明确,则保证人应对全部债务承担担保责任。

(二)保证责任的期间

当事人可以在保证合同中约定保证人承担保证责任的期间。未约定期间的,一般保证的保证责任期间为主债务履行期届满之日起6个月,在此期间内若债权人未对债务人提起诉讼或者申请仲裁的,保证人的保证责任得以免除;连带责任保证的保证责任期间也为主债务履行期届满之日起6个月,在此期间内若债权人只对债务人而未对保证人要求承担责任的,保证人的保证责任得以免除。

(三)主合同变更对保证责任的影响

如果债权人与债务人协议变更主合同,应取得保证人的书面同意,否则保证人不再承担保证责任。根据《担保法的解释》第30条的规定,保证期间,债权人与债务人对主合同数量、价款、币种、利率等内容作了变动,未经保证人同意的,如果减轻债务人的债务的,保证人仍应当对变更后的合同承担保证责任;如果加重债务人的债务的,保证人对加重的部分不承担保证责任。债权人与债务人对主合同履行期限作了变动,未经保证人书面同意的,保证期间仍为原合同约定或者法律规定的期间。债权人与债务人协议变动主合同内容,但并未实际履行的,保证人仍应当承担保证责任。

(四)主合同当事人变更对保证责任的影响

在保证期间内,如果债权人依法将主债权转让给第三人,不影响保证的效力,保证人仍应在原保证担保的范围内继续承担保证责任。如债权人许可债务人转让债务给第三人,应取得保证人的书面同意,否则保证人不再承担保证责任。

(五) 共同保证

共同保证是指两个以上保证人共同担保同一债务人的同一债务而成立的保证。共同保证的各保证人依法律规定或相互约定承担保证责任。共同保证人可以约定承担按份责任，也可以约定承担连带责任。若法律和合同没有明确规定各共同保证人的保证范围，则推定为各保证人负连带责任。根据《担保法》第12条的规定，同一债务有二个以上保证人的，保证人应当按照保证合同约定的保证份额，承担保证责任。没有约定保证份额的，保证人承担连带责任，债权人可以要求任何一个保证人承担全部保证责任，保证人都负有担保全部债权实现的义务。已经承担保证责任的保证人，有权向债务人追偿，或者要求承担连带责任的其他保证人清偿其应当承担的份额。

(六) 保证人的代位求偿权

保证人代替债务人履行债务后，债权人与债务人之间的债权债务关系消灭，保证人取得代位求偿的权利，即保证人得以自己的名义，在其代为履行的范围内，向债务人追偿。

(七) 最高额保证

最高额保证是指保证人于约定的最高债权额的限度内就一定期间连续发生的债权所提供的保证。最高额保证是保证担保中的一种特殊形式的保证。我国《担保法》第14条规定："保证人与债权人可以就单个主合同分别订立保证合同，也可以协议在最高债权额限度内就一定期间连续发生的借款合同或者某项商品交易合同订立一个保证合同。"

最高额保证具有以下特点：(1) 最高额保证所担保的债权不是现在已经发生的债权，而是未来的债权，即在订立保证合同时主债权债务尚未发生，而且将来是否会发生也不能完全确定；(2) 最高额保证所担保的债权不是基于一个合同产生的债权，而是基于若干个合同产生的债权；(3) 最高额保证担保的债权是在一定期间内连续发生的，但"一定期间"是指当事人约定的保证合同期间，在此期间之前或之后债权人发生的债权不属于保证的范围；(4) 最高额保证所担保的债权不得超过当事人在合同中约定的最高额限度，超过限度的债权不属于保证的范围，保证人不承担责任。

最高额保证合同如约定了期限,保证人应在约定的期限内就所发生的债权承担保证责任;若保证合同未约定保证期间,则保证人可以随时书面通知债权人终止保证合同,使保证合同的效力归于消灭。

五、保证的消灭

保证的消灭是指保证关系的消灭,或保证人保证之债的消灭。保证因下列原因而消灭:

(一) 主债务消灭

依照主债与从债的关系,当主债务因债务人的履行或与履行具有同等效力的事实(如免除、混同、抵销、提存等)而消灭时,作为从债的保证之债也随之消灭。

(二) 保证责任期间届满

保证合同约定的保证责任期间届满,或在未约定时依照法律规定的保证期间(自主债务履行期届满之日起 6 个月)届满,债权人未向保证人主张权利的,保证之债消灭。

(三) 保证合同解除

如保证人与债权人达成协议,解除保证合同,则保证之债消灭。

(四) 保证责任免除

保证责任的免除包括单方免除与法定免除。单方免除是指债权人以单方的意思表示免除保证人的保证责任;法定免除是指根据法律的规定免除保证人的保证责任。

法定免除的情形有:(1) 主合同当事人双方恶意串通,骗取保证人提供保证的,保证人不承担保证责任;(2) 主合同债权人采取欺诈、胁迫等手段,使保证人在违背真实意思的情况下提供保证的,保证人不承担保证责任;(3) 债权人许可债务人转让债务而未经保证人书面同意的;(4) 债权人与债务人协议变更主债务而未经保证人同意的;(5) 在同一债权既有保证又有物的担保的情况下,债权人放弃物的担保时,保证人在债权人放弃权利的范围内免除保证责任。

第三节 定 金

一、定金的概念和特点

定金是指合同当事人一方以保证债务履行为目的,于合同成立时或未履行前,预先给付对方的一定数额金钱的担保方式。所以,定金既指一种债的担保方式,也指作为定金担保方式的那笔预先给付的金钱。

定金具有以下特点:

第一,定金的标的物为金钱或其他代替物。定金担保属于物的担保中的金钱担保,但定金的标的物除金钱外,也可以是其他代替物。

第二,定金具有从属性。定金以合同债权的存在为前提,具有从属性。定金随合同债权的存在而存在,随合同债权的消灭而消灭。

第三,定金的成立具有实践性。定金是由当事人约定的,但只有当事人关于定金的约定,而无定金的实际交付,定金担保并不能成立。只有当事人将定金实际交付给对方,定金才能成立。

第四,定金具有预先支付性。定金一般是于合同履行前交付的,因此,只有预先支付定金,才能起到担保的作用。

第五,定金具有双重担保性。这种双重担保性,通常是通过定金罚则体现出来的,即交付定金的一方受丧失定金罚则的约束,而收受定金的一方受双倍返还定金罚则的约束。

二、定金与违约金、预付款的区别

(一)定金与违约金的区别及适用规则

定金和违约金都是一方应给付给对方的一定款项,都有督促当事人履行合同的作用,但二者也有不同,区别主要表现为以下几方面:

(1)定金须于合同履行前交付,而违约金只能在发生违约行为以后交付。

(2) 定金有证约和预先给付的作用,而违约金没有。

(3) 定金主要起担保作用,而违约金主要是违约责任的形式。

(4) 定金一般是约定的,而违约金可以是约定的,也可以是法定的(根据《合同法》的规定,则只有约定违约金而无法定违约金)。

若当事人在合同中既约定了定金条款,又约定了违约金条款,则不能同时执行定金条款和违约金条款,而由守约方选择其一适用。《合同法》第116条规定:"当事人既约定违约金,又约定定金的,一方违约时,对方可以选择适用违约金或者定金条款。"所以,如果守约方选择了违约金条款,则违约方应依违约金条款承担责任,不再承担定金罚则的责任;如果守约方选择了定金条款,则违约方应依定金罚则承担责任,不再承担支付违约金责任。

(二) 定金与预付款的区别

定金与预付款都是在合同履行前一方当事人预先给付对方的一定数额的金钱,都具有预先给付的性质,在合同履行后,都可以抵作价款。但二者有着根本的区别,这表现在以下方面:

(1) 定金是合同的担保方式,主要作用是担保合同的履行;而预付款的主要作用是为对方履行合同提供资金上的帮助,履于履行的一部分。

(2) 交付定金的协议是从合同,而交付预付款的协议为合同内容的一部分。

(3) 定金只有在交付后才能成立,而交付预付款的协议只要双方意思表示一致即可成立。

(4) 定金合同当事人不履行主合同时,适用定金罚则;而预付款交付后当事人不履行合同的,不发生丧失预付款或双倍返还预付款的效力。

三、定金的种类

(一) 立约定金

立约定金是指为担保合同的订立而交付的定金。根据《担保法的解释》第115条的规定,当事人约定以定金作为订立合同担保的,给付定金的一方拒绝订立合同的,无权要求返还定金;收受定金一方拒绝订立合同的,应当双倍返还定金。

(二) 成约定金

成约定金是指以定金的交付作为合同成立或生效要件的定金。按照成约定金,只有交付定金,合同才能成立或生效;不交付定金,合同就不能成立或生效。但是,根据《担保法的解释》第116条的规定,当事人约定以交付定金作为主合同成立或生效要件的,给付定金的一方未支付定金,但主合同已经履行或者已经履行主要部分的,不影响主合同的成立或者生效。

(三) 解约定金

解约定金是指以定金作为当事人一方保留合同解除权的定金。根据《担保法的解释》第117条的规定,定金交付后,交付定金的一方可以按照合同的约定以丧失定金为代价而解除主合同,收受定金的一方可以双倍返还定金为代价而解除主合同。

(四) 违约定金

违约定金是指以定金作为违约赔偿的定金。根据《担保法》第89条的规定,当事人可以约定一方向对方给付定金作为债权的担保。债务人履行债务后,定金应当抵作价款或者收回。给付定金的一方不履行约定的债务的,无权要求返还定金;收受定金的一方不履行约定的债务的,应当双倍返还定金。在通常情况下,定金是指违约定金。

四、定金的成立条件

定金由当事人订立定金合同成立。定金合同除具备合同成立的一般条件外,还须具备以下条件:

(1) 定金合同以主合同(主债)的有效成立为前提。这是由定金合同的从属性决定的。

(2) 定金合同以定金的交付为成立要件。定金合同为实践性合同,如果只有双方当事人的意思表示一致,而没有一方向另一方交付定金的交付行为,定金合同不能成立。《担保法》第90条中规定:"……当事人在定金合同中应当约定交付定金的期限。定金合同从实际交付定金之日起生效。"

(3) 定金的数额由当事人约定,但不得超过主合同标的额的20%。

(4) 定金的给付标的原则上为金钱,但当事人有特别约定时,也可以给付替代物作定金。

五、定金的效力

定金给付后,发生以下三方面的效力:

(一) 证约效力

定金具有证明合同成立的效力。定金一般是在合同订立时交付,这一事实足以证明当事人之间合同的成立,因此,定金是合同成立的证据。

(二) 充抵价金或返还的效力

主合同履行后,主债消灭,作为从债的定金也消灭,给付定金一方可以请求接受定金一方返还其定金,或以定金充抵应给付之价金。

(三) 定金罚则的效力

在合同不履行时,适用定金罚则,即若交付定金一方不履行合同的,则丧失定金;接受定金一方不履行合同的,应当双倍返还对方定金。这是定金的主要效力,体现了定金的担保性质。

适用定金罚则应以当事人有过错为前提,换言之,合同的不履行须有可归责于当事人的事由时,才能适用定金罚则,所以,若合同的不履行不可归责于给付定金的一方时,他并不因此丧失定金;若合同的不履行不可归责于接受定金一方时,他并不需要双倍返还定金,而仅需返还定金原额即可。

第二十二章 债的移转

第一节 债的移转概述

一、债的移转的概念

债的移转是指在不改变债的内容的前提下,债权或者债务由第三人予以承受。

债的移转属债的变更范畴。广义债的变更,包括债的主体、客体和内容的变更;狭义债的变更,仅指债的内容或客体的变更。现代民法所称的债的变更多指狭义而言,而将债的主体的变更分立出来,称为债的移转,法律对此设计专门的制度。

债的移转的实质是债权或债务在不同的民事主体之间的转移,亦即由新的债权人或债务人代替原债权人或债务人,使债的主体移位。

依债的移转发生的原因,可将债的移转分为因法律行为而产生的移转和因法律规定而产生的移转。前者如因合同产生的移转、因单方行为产生的移转,后者如因法定继承而发生的移转、法人合并发生的移转。本书仅介绍因法律行为产生的债的移转。

二、债的移转的方式

因法律行为发生的移转包括以下三类方式:(1) 债权让与;(2) 债务承担;(3) 债权债务概括承受。

我国《民法通则》第 91 条对债的移转有所规定,但其不足之处有三:一是规定合同的转让不得牟利,这显然与市场经济的价值规律不相符合;二是规定凡合同权利、义务转移均需取得合同另一方同意,未区分债权让与与债务承担;三是未规定债权债务移转的具体规则。《合同法》第 79 条至第 89 条对合同债权债务的移转作了较为详细的规定。

第二节 债权让与

一、债权让与的概念

债权让与是指不改变债的内容,债权人将其享有的债权转移于第三人享有。债权让与可分为一部让与和全部让与。在债权一部让与时,受让人加入到债的关系中,与原债权人共享债权。此时,原来的债即变更为多数人之债。在全部让与的情况下,受让人取代原债权人成为债的关系中的新的债权人,原债权人脱离债的关系。债权让与是在不改变债的内容情况下,由第三人取代债权人的地位或加入到债的关系中,仍保持了债的同一性。因债的内容保持不变,通常情况下,债权让与对债务人并无不利,故各国民法均承认债权原则上可以让与。

二、债权让与的条件

债权让与应符合以下条件:

(一) 须有有效存在的债权,且债权的让与不改变债的内容

债权的有效存在,是债权让与的根本前提。让与人应当保证其让与的债权有效。以不存在或者无效的债权让与他人,或者以已消灭的债权让与他人,则属于给付不能。债权让与是将已存在的债权让与第三人,而且债权的让与关系到债务人的利益,因此,让与人不得改变债的内容,既不能增加债务人的负担,也不能随意免除债务人的债务。

(二) 债权的让与人与受让人应当就债权让与达成合意

债权让与是一种民事行为,确切地说,是一种合同行为,应当适用民法关于意思表示的规定。当事人应当具有相应的意思能力,或由法定代理人同意或者代理;意思表示应当真实;让与人对让与的债权享有处分权。

(三) 让与的债权须具有可让与性

并非一切债权均可作为让与的标的。根据《合同法》第 79 条的

规定,下列债权不得让与:

1. 根据合同性质不得转让的债权

这种债权是指根据合同权利的性质只有在特定当事人之间发生才能实现合同目的的权利,如果转让给第三人,将会使合同的内容发生变更。这种债权常见的有二种:(1)基于特别信任关系而必须由特定人受领的债权,如因雇佣、委托、培训、咨询等产生的债权;(2)属于从权利的债权,如因担保而产生的权利,从权利不得与主权利相分离而单独让与。

2. 按照当事人的约定不得转让的债权

当事人在订立合同时或者订立合同后约定禁止任何一方转让合同权利,只要此规定不违反法律的禁止性规定和社会公共道德,就具有法律效力,任何一方不得转让债权。

3. 依照法律规定不得转让的债权

这类债权是法律规定禁止转让的,常见的有三种:(1)以特定身份为基础的债权,例如,因继承而发生的对于遗产管理人的遗产给付请求权;(2)公法上的债权,如抚恤金债权、退休金债权、劳动保险金债权等;(3)因人身权受到侵害而产生的损害赔偿请求权。

根据《合同法》的规定,债权让与不须征得债务人的同意,只要符合上述三个要件,即发生债权让与的效果。但有两点需要注意:(1)债权人需将债权让与的情况通知债务人,在债权人未尽通知义务而债务人不知债权让与的事实的情况下,当债务人向原债权人履行时,原债权人不得拒绝受领。《合同法》第80条规定:"债权人转让债权的,应当通知债务人。未经通知,该转让对债务人不发生效力。"这里的"对债务人不发生效力",是指债权人没通知债务人时,债务人仍得向原债权人履行,而可不向新债权人履行,但不是指债权人与第三人的债权让与合同无效。(2)债权让与虽为债权人对其权利的处分,但权利的行使不得损害债务人的利益,债权让与给债务人造成损害的,债务人可以主张债权让与的无效或请求损害赔偿。

三、债权让与的效力

债权让与的效力是指因债权让与而对让与人、受让人和债务人发生的法律上的效果。

（一）债务人与受让人之间的效力

（1）当债权转移至受让人时起，受让人便成为债务人的新债权人，债务人因此成为受让人的债务人。债权人转让债权的，受让人取得与债权有关的从权利，但该从权利专属于债权人自身的除外。

（2）凡债务人得对抗原债权人的一切抗辩，均可用于对抗受让人，但法律另有规定或当事人另有约定的除外。

（3）债务人可以行使抵销权，即：如债务人对让与人享有债权，并且债务人的债权先于转让的债权到期或同时到期的，债务人可以向受让人主张抵销，进而使债务人对受让人的债务归于消灭。

（二）债务人与让与人之间的效力

在让与人与债务人之间，因债权让与的通知，二者完全脱离关系。让与人不得再受领债务人的给付，债务人也不得再向让与人履行原来的债务。

（三）让与人与受让人之间的效力

（1）所让与的债权由原债权人（让与人）移转于受让人。原债权人脱离债的关系，受让人取代让与人而成为债权人。

（2）让与人对受让人负有使其完全行使债权的义务，故其应将所有足以证明债权的一切文件交付给受让人。

（3）为使受让人实现债权，让与人应将其关于主张该债权所必要的情形，告知受让人，如保证人住所、履行方法等。

第三节 债务承担

一、债务承担的概念

债务承担是指不改变债的内容，债务人将其负担的债务转移于第三人负担。

债务移转可以是全部移转，也可以是部分移转。在债务全部移转的情况下，债务人脱离原来的合同关系而由第三人取代原债务人的地位，原债务人不再承担原合同中的责任。因此，人们通常将债务的全部移转称为免责的债务承担。在债务部分移转的情况下，原债务人并没有脱离债的关系，而第三人加入债的关系，并与债务人共同向同一债权人承担债务，此种方式称为并存的债务承担。

债务承担是第三人对原存债务的承受。能够引起债务承担的原因，有直接基于法律规定的，如我国《继承法》第33条规定，继承遗产应当清偿被继承人依法应当缴纳的税款和债务；有基于单方法律行为的，如附有义务的遗赠，在遗赠发生效力时，即同时成立债务承担。但引起债务承担的最为常见的原因，是第三人与债务人之间订立债务承担的合同。

二、债务承担的条件

（一）须有可移转的债务

债务的可移转性，是债务承担的前提条件。依照当事人的约定或法律规定或根据债的性质不能移转的债务，不能移转于他人。此点可参照债权让与中"债权的可让与性"，因为二者是对应的。

（二）债务承担应当经债权人同意

债务承担通常是在债务人与第三人之间达成协议，并经债权人同意，将债务移转给第三人承担的。《民法通则》第91条及《合同法》第84条均规定，债务人将合同的义务全部或者部分移转给第三人的，应当经债权人同意。因债务移转于第三人，承担人的信誉、履约能力及财产状况都会对债权的安全发生影响，故债务人与承担人订立的债务承担合同，非经债权人的允诺，对于债权人不发生效力。

三、债务承担的效力

债务承担的合同生效后，产生如下效力：

（1）债务人脱离原债权债务关系，而由承担人直接向债权人承担义务。

（2）原债务人基于债的关系所享有的对于债权人的抗辩权移归于承担人。《合同法》第85条规定："债务人转移义务的，新债务人可以主张原债务人对债权人的抗辩。"

（3）从属于主债务的从债务，也一并移转于承担人，如利息或违约金等从债务。但他人为原债务人提供的保证有所不同。债务承担未取得保证人同意的,保证人的保证责任消灭。《合同法》第 86 条同时规定:"债务人转移义务的,新债务人应当承担与主债务有关的从债务,但该从债务专属于原债务人自身的除外。"其中"专属于原债务人"的从债务,就是针对他人为原债务人提供保证的情况。

第四节　债权债务的概括承受

一、债权债务概括承受的概念

债的移转,除了单纯的债权让与和单纯的债务承担外,还可以由债的当事人将债权债务概括地移转于第三人。债权债务的概括承受是债权债务的承受人完全代替出让人的法律地位,成为债的关系的新的当事人。

由于债权让与和债务承担只是单纯地移转债权或债务,新的债权人或债务人并非原债的当事人,故与原债权人或原债务人的利益不可分离的权利,如撤销权、解除权并不转移于受让人或承担人。而在债权债务概括承受的情况下,债权债务的承受人完全取代原当事人的法律地位,成为债的关系的当事人,因此,依附于原当事人的全部权利义务,均移转于承受人。

二、概括承受的类型

债权债务的概括承受可分为两种情况,一是合同承受,二是企业合并。

（一）合同承受

1. 合同承受的概念

合同承受是指一方当事人与他人订立合同后,依照其与第三人的约定,并经对方当事人的同意,将合同上的权利义务一并转移于第三人,由第三人承受自己在合同上的地位,享受权利并承担义务。

合同承受也可因法律的规定发生。例如,《合同法》第 229 条规定:"租赁物在租赁期间发生所有权变动的,不影响租赁合同的效力。"这就是说,出租人将财产所有权转移给第三人时,租赁合同对财产新的所有权人继续有效。

2. 合同承受的生效要件

合同承受的生效要件包括:(1)须有有效的合同存在;(2)承受的合同须为双务合同,只有在双务合同中才有权利义务并存的情况,才能发生债权债务的概括承受;(3)须原合同当事人与第三人达成合同承受的合意;(4)须经原合同相对人的同意。《合同法》第88条明确规定:"当事人一方经对方同意,可以将自己在合同中的权利和义务一并转让给第三人。"因此,在合同的对方当事人不同意时,合同的承受不生效力。

3. 合同承受的效力

合同承受的效力主要在于承受人取得原合同当事人的一切权利与义务,原合同当事人即脱离合同关系。

(二) 企业合并

企业合并是指原存的两个以上的企业合并为一个企业。无论企业合并的原因是什么,合并活动都会对合并前企业所享有的债权和负担的债务发生影响。为了保证相对人合并企业的利益,法律规定在此种情况下,发生债权债务移转的法律效果。为此,《民法通则》第44条及《合同法》第90条均专门规定,当事人订立合同后合并的,由合并后的法人或者其他组织行使合同权利、履行合同义务。

企业的合并属于企业的变更,须经过企业变更登记方为有效。企业合并后,原企业债权债务的移转,无须征得对方当事人的同意,仅依合并后企业的通知或公告,即对债权人发生法律效力。

第二十三章 债的消灭

第一节 债的消灭概述

一、债的消灭的概念

债的消灭又称债的终止,是指债权债务关系客观上不复存在。债的关系为一动态的关系,有其从发生到消灭的过程,其终点就是债的消灭。债是当事人为实现自己利益的法律手段。债权人要想实现自己的目的,必然要求债务人全面履行义务。债务人对其义务的全面履行,一方面满足了债权人的利益要求,另一方面也使债的关系消灭。也就是说,在债消灭的同时,债的目的已经达到;而债不消灭,则表明债的目的没有达到。

在理解这一定义时,应注意以下两个方面:

第一,债的消灭与债的效力的停止不同。债的效力停止是指债务人基于抗辩权的行使,以中止债权的效力。抗辩权的作用仅在于阻止债权人行使请求权,因而是以债权人仍有请求权为前提的,此时,债的关系并不消灭,只不过其效力暂时停止而已。抗辩权消灭后,债即恢复原来的效力。

第二,债的消灭与债的变更不同。债的变更是变更债的具体内容,债变更时,仅其内容发生变动,债权债务关系依然存在;而债的消灭则是使原来存在的债权债务关系归于消灭。

二、债的消灭的效力

债的消灭,除发生原债权债务关系消灭的事实外,还发生以下效力:

(一)从权利和从义务一并消灭

债消灭后,依附于主债权债务关系的从属债权债务,如担保、利息等债务亦随之消灭。

（二）负债字据的返还

负债字据是用来证明债权债务关系的凭证。债权债务消灭后，债权人应将负债字据返还于债务人。如果负债字据灭失无法返还，则应向债务人出具债务消灭的字据。

（三）在债的当事人之间发生后合同义务

后合同义务是指依照诚实信用原则，在债的关系消灭后，原债的当事人所负担的对他方当事人的照顾义务。例如，租赁合同消灭后，出租人对寄送给原承租人的信件应妥为保存，并设法通知其收取等。

第二节 清 偿

一、清偿的概念

清偿是指能达到消灭债权效果的给付，即债务已经按照约定履行。清偿是债的消灭的最基本、最常见、最重要的原因。债务人履行债务，属于清偿；第三人为满足债权人的利益而为给付行为的，也属清偿。此外，债权人通过强制执行或者实现担保物权而满足债权的，性质上也为受清偿。

债务人以清偿为目的而实施的行为，不外乎三种：一是事实行为，如劳务的提供；二是民事行为，如代购代销；三是不作为。

清偿一般应由债务人为之，但不以债务人为限。清偿人主要包括：债务人、债务人的代理人、第三人。清偿受领人则包括：债权人、债权人的代理人、破产财产管理人或清算人、受领证书持有人、行使代位权的债权人。

二、代物清偿

代物清偿是以他种给付代替原定给付的清偿。债务人原则上应以债的标的物履行，不得以其他标的物替代。但经债权人同意，债务人可以其他给付作为债的履行，这就是"代物清偿"，债权人受领代物清偿后，债的关系即告消灭。

代物清偿须满足以下要件:(1) 须有债权存在;(2) 他种给付与原定给付是属不同种类的;(3) 他种给付是代替原定给付的;(4) 须经当事人合意。

三、清偿抵充

清偿抵充是指债务人对债权人负有数宗同种债务,而债务人的履行不足以清偿全部债务时,确定该履行抵充某宗或某几宗债务的制度。例如,甲乙签订一份分期供应同种型号的钢材的合同,每月30日前交货,一共10批,甲依约供应了前2批货后,第3、4批未能在当月交货,但第5个月又交了一批钢材,对这批钢材,甲可提出是为履行第3个月的交货义务,而非第5个月的义务。此时即发生清偿抵充。

构成清偿抵充的条件是:(1) 须债务人对同一债权人负有数宗债务;(2) 须数宗债务为同种类,不同种类的数宗债务之间不能发生清偿的抵充;(3) 须债务人所为履行不能清偿全部债务。

清偿抵充可因当事人之间专就抵充达成的协议而发生,也可因清偿人的指定而发生,还可因法律的直接规定而发生,从而分别形成约定抵充、指定抵充和法定抵充。《合同法的解释(二)》第20条规定:"债务人的给付不足以清偿其对同一债权人所负的数笔相同种类的全部债务,应当优先抵充已到期的债务;几项债务均到期的,优先抵充对债权人缺乏担保或者担保数额最少的债务;担保数额相同的,优先抵充债务负担较重的债务;负担相同的,按照债务到期的先后顺序抵充;到期时间相同的,按比例抵充。但是,债权人与债务人对清偿的债务或者清偿抵充顺序有约定的除外。"根据《合同法的解释(二)》第21条的规定,债务人除主债务之外还应当支付利息和费用,当其给付不足以清偿全部债务时,并且当事人没有约定的,人民法院应当按照下列顺序抵充:(1) 实现债权的有关费用;(2) 利息;(3) 主债务。

第三节 抵　　销

一、抵销的概念

抵销是指二人互负债务且给付种类相同时，在对等数额内使各自的债权债务相互消灭的制度。

抵销，就其发生的根据而言，可分为合意抵销和法定抵销。前者是由互负债务的债务人经合意而发生的抵销，后者是依法律规定以当事人一方的意思表示所作的抵销。就抵销发生的规范基础而言，又可分为民法上的抵销和破产法上的抵销。后者因仅依一方的意思表示而发生，故也属法定抵销。这里仅介绍民法上的法定抵销。

抵销可以产生债的消灭的法律后果，当事人之间只需抵销的意思表示，就可产生债务清偿的法律效果。因此，抵销是一种特殊的债的消灭方式。抵销的意义，首先在于方便当事人。抵销使当事人本应履行的债务不再履行，从而简便了债权满足的方式，节省了费用。其次，抵销还有保护债权人权利的作用。这一点在破产程序中表现得尤为突出。当债务人破产时，债权人可向债务人主张抵销，以避免破产清算时按比例分配给自己带来的不利。

二、抵销的条件

根据《合同法》第99条的规定，抵销的条件包括以下四个方面：

（一）须双方互负债务、互享债权

抵销是以在对等数额内使双方债权消灭为目的，故以双方互享债权，互负债务为必要前提。只有债务而无债权，或者只有债权而无债务，均不发生抵销问题。

（二）须双方债务均至清偿期

可供抵销的债权，原则上是能够请求履行的债权，未届清偿期的债权，债权人尚不能请求履行，故不能请求抵销，否则等于强迫债务人抛弃期限利益而提前履行。但是，如果债务人主张以自己的未届清偿期的债务与对方当事人已届清偿期的债务抵销，则系主动放弃自己的期限利益,应允许抵销。

作为例外,在破产程序中,破产人与对其负有债务的债权人不论债务是否到期,均可主张抵销,但应扣除期限利益。

(三) 双方债的标的的种类相同

如果双方所负债务的标的的种类不同,而允许双方抵销的话,则不免使一方或双方当事人的目的难以实现,与债的目的相悖。但根据《合同法》第100条的规定,经双方协商一致的,不同种类的债也可抵销。此外,在破产法上,因所有债权在申报时,均以金钱计算,故可以抵销。

(四) 债务依其性质或法律规定属于可抵销的范围

有些债务,根据其性质,不能抵销,如不作为债务、提供劳务的债务或依双方约定不得抵销的债务等,双方必须互相清偿,不得抵销;如互相抵销,则违反债务成立的本旨。此外,与人身不可分离的债务,如抚恤金、退休金、抚养费债务等,也不得抵销。法律规定不得抵销的债务,主要是指禁止强制执行的债务、因侵权责任所生的债务等。

对于可以抵销的债权,如果当事人在合同中约定不得抵销,这种约定是有法律效力的,当事人不得再行使抵销权。对此,《合同法的解释(二)》第23条有明确的规定。

三、抵销的方式

关于抵销的方式,各国民法规定并不相同。有的国家采取当然抵销主义,认为抵销无须当事人的意思表示,只要有双方债权对立的事实,便当然发生抵销。如《法国民法典》第1290条规定:"债务双方虽均无所知,根据法律的效力仍可发生抵销;两个债务自其共同存在起,在同等的数额范围内相互消灭。"有的国家采取单方行为说,认为抵销权的产生虽然基于债权相互对立的事实,但债的消灭的效果并不当然发生,须有抵销权的行使,即一方当事人的意思表示。如《德国民法典》第388条第1款规定:"抵销应以意思表示向他方当事人为之。"我国《合同法》也采单方行为说,该法第99条规定:"当事人互负到期债务,该债务的标的物种类、品质相同的,任何一方可以将自己的债务与对方的债务抵销,但依照法律规定或者按照合同性质不得抵销的除外。""当事人主张抵销的,应当通知对方。通知自到达对方时生效。抵销不得附条件或者附期限。"

如果对方对抵销有异议,不同意合同对方当事人提出的抵销主张,则应当在接到对方当事人的抵销通知后及时提出该异议。如果当事人在合同中约定了提出该等异议的期限,则应当在该约定的期限内提出,否则,一旦超出该期限,当事人便不能再提出异议,即使当事人有事实依据向法院提起诉讼,法院也不能支持。如果合同中并未明确约定提出异议的期限,则接到抵销通知的一方当事人应当在合理期限内提出异议。根据《合同法的解释(二)》第24条的规定,该合理期限为3个月,亦即若当事人没有约定异议期间,则在抵销通知到达之日起3个月后才向法院起诉的,法院不予支持。

四、抵销的效力

抵销成立后,发生以下效力:

第一,双方互负的债务在对等的数额内消灭。抵销为债的绝对消灭,故抵销成立后不得撤回。

第二,双方债务等额时,全部债权债务关系归于消灭;双方债务额不等时,债务额较大的一方仍就超出的部分负继续履行的责任。债权人对尚未抵销的部分仍有受领清偿的权利。

第三,债的关系溯及最初得为抵销时消灭。最初得为抵销时,是指抵销权生效之时,亦即抵销的通知到达对方之时。因此,双方债务的清偿期有先后的,以在后的清偿期届至时为准。如债务未届清偿期而主张抵销的,应认为其已放弃期限利益,在此期限下,以抛弃期限利益之时为准,债的关系归于消灭。

第四节 提 存

一、提存的概念

提存是指由于债权人的原因而无法向其交付债的标的物时,债务人得将该标的物提交给一定的机关保存,从而消灭债权债务关系的一种法律制度。

债权人对于债务人的给付负有协助和受领的义务。当债权人无正当理由拒不受领时,虽负有迟延责任,但债务人的债务却不能消灭,时刻处于准备履行状态,这对债务人有失公平。法律为结束这一状态,特设提存制度作为解决这一问题的方法。

二、提存的主体和客体

(一) 提存的主体

1. 提存人

在一般情况下,提存人为债务人。但是,得为清偿的第三人也可作为提存人。《提存公证规则》第 2 条规定,提存人为"履行清偿义务"的人,自然包括第三人。

2. 提存受领人

提存受领人一般为债权人或其代理人。

3. 提存机关

提存机关是指国家设立的接收提存物而为保管的机关。提存机关一般为债务清偿地的法院或仲裁机关指定的提存场所,如银行、商会、仓库等,也可由法院自己保管。在我国,目前公证处是主要的提存机关。

(二) 提存的客体

提存的客体即提存的标的,原则上应为依债务的规定应当交付的标的物。提存的标的物以适于提存者为限。根据《提存公证规则》第 7 条的规定,货币、有价证券、票据、提单、权利证书、贵重物品、不动产及其他适宜提存的标的物,均为可提存的客体。

标的物不适于提存或有毁损灭失的危险,以及提存费用过多的,提存人可申请法院拍卖而提存其价金。该标的物有市价者,法院也可允许提存人按照市价出卖而提存价金。

三、提存的原因和方法

（一）提存的原因

提存的目的在于消灭债的关系，因此，其原因只能是债务人无法向债权人履行债务。根据《合同法》第101条第1款的规定，提存原因有以下几种：

1. 债权人无正当理由拒绝受领。
2. 债权人下落不明。所谓下落不明，是指债权人离开自己住所而不知去向、债权人地址不清、债权人失踪而又无代管人等情况。
3. 债权人死亡未确定继承人或者丧失民事行为能力未确定监护人。
4. 法律规定的其他情形。例如，根据《提存公证规则》第5条第2项的规定，债权人不在债务履行地又不能到履行地受领的，债务人可以提存。

（二）提存的方法

根据《提存公证规则》的规定，提存的方法如下：

1. 提存人应向提存机关提出申请

提存人应填写提存申请表并提交有关材料，如提存人的身份证明；债权债务关系的有关证据。申请书应载明提存的原因、标的以及标的受领人或不知谁为标的受领人的理由。

2. 受理与提存

提存机关接到申请人的申请后，经审查认为符合法定条件的，应当受理。受理后，经审查符合法定的实质条件，应当予以提存并对提存人提交之物进行验收并登记。

3. 制作提存公证书

公证处自提存之日起3日内出具公证书。提存之债从提存之日起即告清偿。

4. 通知提存受领人

提存人应将提存的事实及时通知提存受领人。以清偿为目的的提存或提存人通知有困难的，公证处应自提存之日起7日内，以书面形式通知提存受领人，告知其领取提存物的时间、地点、期限及方法。

提存受领人不清或不明的,应以公告的方式为之。

四、提存的效力

提存成立后,发生以下三方面的效力:

(一) 债务人与债权人之间的效力

提存与清偿发生同等消灭债的效力,债权人对债务人的给付请求权因此而消灭。《合同法的解释(二)》第25条的规定:"依照合同法第101条规定,债务人将合同标的物或者标的物拍卖、变卖所得价款交付提存部门时,人民法院应当认定提存成立。提存成立的,视为债务人在其提存范围内已经履行债务。"这是提存最主要的效力。

在提存期间,提存物的毁损灭失风险发生转移,债务人不再承担,而由债权人负担。提存物的保管费用及其他费用由债权人承担,同时,提存物的收益也由债权人享有。

(二) 提存人与提存机关之间的效力

提存人依法将标的物提交于提存机关后,提存机关依法负有保管提存物的义务。债的标的物提存后,提存人除以下情况外,不得取回提存物:第一,可以凭法院生效的判决、裁定或者提存之债已经清偿的公证证明而取回提存物;第二,债权人以书面方式向提存机关表示抛弃提存受领权的,提存人可取回提存物。

(三) 债权人与提存机关之间的效力

债权人有权随时要求提存机关交付提存物,并承担必要的费用。

提存机关有妥善保管提存物的义务,若提存物因提存机关的过错而毁损的,提存机关应负赔偿责任。从提存之日起,超过20年无人受领的提存物,视为无主财产,在提存机关扣除必要费用后,将余额上缴国库。对不宜保存的提存物品,提存人可以拍卖而提存其价款,因此而支出的费用由债权人负担。

第五节 混 同

一、混同的概念

混同是指债权和债务同归于一人的法律事实。债的关系必须有两个以上的主体,当债权人和债务人为同一主体时,债的关系就当然消灭。所以,混同是债消灭的原因之一。混同为一种事实,无须有任何意思表示,只要有债权债务同归一人的事实,即发生债的消灭的效果。

二、混同的原因

混同的原因有二:一为债权债务的概括承受,如甲乙两个企业合并,原来甲欠乙 10 万元,现在该债权债务关系因甲乙的合并而归于消灭;二为特定承受,即债权人承受债务人对自己的债务,或者债务人受让债权人对自己的债权。

三、混同的效力

混同产生债的关系消灭的效力,由债的关系所生的从债权和从债务也一并消灭。

但是,有一种情况例外,即当债权为他人权利的标的时,纵然发生混同,债的关系也不消灭。例如,债权为他人质权的标的时,债的关系不应因混同而消灭,如果债权因混同而消灭,则有害于质权人的利益。

第六节 债务免除与更新

一、债务免除

(一) 免除的概念和特点

免除是指债权人以债的消灭为目的而抛弃债权的意思表示。因债权人抛弃债权,债务人得以免除清偿义务,所以免除是债的消灭的一种原因。

免除具有如下特点:(1) 免除是债权人抛弃债权的行为,因而属单方行为,依债权人一方的意思表示即可成立。(2) 免除为无因行为。就免除本身来说必有一定原因,但此原因无效或不成立时,不影响免除的效力。(3) 免除为无偿行为、不要式行为。(4) 免除的意思表示无须特定的方式,或书面或口头,或明示或默示均可。(5) 免除人须具有行为能力及对债权的处分权。

(二) 免除的方式

1. 免除人须为免除的意思表示

关于免除的意思表示,应适用民法关于意思表示的规定。免除应由债权人或其代理人为之。债权人被宣告破产时,不得任意处分其债权,故不得为免除的意思表示。

2. 免除的意思表示应向债务人为之

因免除是有相对人的单方行为,因而须向债务人或其代理人为之。债权人向任何第三人所为的意思表示对债务人不生效力。

3. 免除的意思表示一经作出即不得撤回

免除的意思表示自债权人向债务人或其代理人表示后,即发生法律效力。故一旦债权人作出免除的意思表示,即不得撤回。否则有违诚实信用原则,还可能损及债务人的利益。

(三) 免除的效力

1. 债的关系绝对消灭。债务全部免除时,债的关系全部归于消灭;一部分免除时,债的关系部分归于消灭。

2. 从债务免除。主债务消灭时,从债务当然也随之消灭。但免除人仅免除从债务时,主债务并不消灭。

3. 法律禁止抛弃的债权不得为免除。法律规定禁止抛弃的债权不能以免除的方式抛弃。例如,受雇人对雇佣人的工伤事故赔偿请求权不得预先抛弃。

二、债务更新

债务更新是指在原债务消灭的基础上产生新债务,即为成立新债务而使旧债务消灭。

债务更新须具备以下构成条件:(1) 须已经存在一个债务;(2) 须产生一个新债务;(3) 新债务的产生须以原债务为基础,但其要素、内容相异;(4) 当事人须有更新债务的意思。更新的效果是使旧债务归于消灭,而成立新的债务。例如,甲乙签订一份房屋租赁合同,租期3年。在租赁期间,经甲乙协商,甲将出租的房屋卖给乙,这样,原租赁合同消灭,而产生一项新的买卖合同,此即债务更新。债务更新与债的内容的变更不同,如上例,若甲乙只是对租期、租金或双方的其他权利义务加以改变,租赁合同未消灭,则不是债务更新,而是债的变更。

第五编 继承权

第二十四章 继承权概述

第一节 继承的概念和分类

一、继承的概念和特点

在现代民法学上,继承专指财产继承,是指在自然人死亡时,其法律规定范围内的近亲属,按照死者生前所立的有效遗嘱或者法律的规定,依法取得死者所遗留的个人合法财产的法律制度。在继承中,遗留财产的死者为被继承人,依法承接死者遗留财产的人为继承人,死者死亡时所遗留的财产为遗产;继承人因继承遗产而产生的关系为继承法律关系,继承人继承遗产的权利为继承权。

从继承的概念可以看出,继承具有以下特点:

(一)继承的发生原因是自然人死亡,具有特定性

继承是因自然人死亡而发生的法律现象,这是继承发生的法定原因。自然人没有死亡,就不发生继承问题。在现代法上,继承只能是从自然人死亡(包括自然死亡和宣告死亡)时开始。所以,只有因自然人死亡而发生的财产所有权的转移才属于继承的范畴。例如,夫妻离婚时的财产分割就不属于继承。即使在夫妻一方死亡时,夫妻共同财产的一半应分出归未死亡一方所有,也不属于继承;分家析产也不属于继承,即使在分家析产时父母将其全部财产分给其子女所有,也不是由子女继承了父母的财产。

(二)继承的主体为自然人,范围具有限定性

在继承法律关系中,能够继承遗产的主体只能是自然人,国家、

集体以及其他社会组织等都不能作为继承人,而只能作为受遗赠人。但是,能够作为继承主体的自然人,也不是没有限制的,只能是法律规定范围内的死者的近亲属。死者的近亲属以外的人,不能作为死者的继承人。

(三) 继承的客体为死者的遗产,范围具有限定性

继承的客体只能是自然人死亡时所遗留的个人合法财产,他人的财产、国家或集体的财产都不能作为继承的客体。所以,自然人虽死亡,但如没有任何财产遗留下来,就不会发生继承问题。也正因为如此,继承是以私有财产的存在为前提的。在没有任何私有财产存在的社会,不会有也不可能有继承的存在。

(四) 继承的法律后果是继承人承接遗产,具有权利主体变更性

继承是继承人承接被继承人财产的法律制度。自然人死亡,其财产权的主体必定要发生变更,因为已经死亡的自然人不能再为民事权利义务的主体。但是,因自然人死亡而发生的财产转移并不都属于继承。例如,因遗赠、遗赠扶养协议而发生的死者财产的转移,虽然也是在我国继承法中规定的,但不属于继承。

二、继承的分类

在继承法上,根据不同的标准,可以对继承作以下主要分类:

(一) 法定继承与遗嘱继承

根据继承人继承财产的方式,继承可分为法定继承与遗嘱继承。

法定继承是指继承人依照法律的直接规定继承被继承人遗产的继承方式。在法定继承中,继承人的范围、继承人继承的顺序、继承人应继承的遗产份额和遗产的分配原则等都是由法律直接规定的,而不是由被继承人的意思确定的。遗嘱继承是指继承人依照被继承人的遗嘱继承被继承人遗产的继承方式。在遗嘱继承中,继承人、继承人继承的顺序、继承人应继承的遗产份额或对象等都是由被继承人在其遗嘱中依法确定的,也就是决定于被继承人生前的意思。

(二) 共同继承与单独继承

根据得参与继承的人数,继承可分为共同继承与单独继承。

共同继承是指继承人为数人而不是一人的继承。数个继承人共同继承被继承人的遗产的,为共同继承人。在共同继承中,被继承人的法定继承人为两人以上的,两个以上的继承人参与继承时,须对遗产进行分割,故共同继承又称为分割继承。应当注意的是,共同继承是指法律规定的继承人为多人,至于实际的继承人是为多人还是一人,则在所不问。现代法上规定的继承一般为共同继承。共同继承根据继承人的应继份额又可分为均等份额继承和不均等份额继承。均等份额继承是指同一顺序的继承人原则上应均分遗产,不均等份额继承是指共同继承人得继承的遗产份额不均等。单独继承是指继承人仅为一人的继承,即仅由亲属中的一人继承被继承人的遗产。如长子继承、幼子继承等。因单独继承中,仅由一人继承被继承人的全部遗产,故又称独占继承。单独继承的继承人仅为一人,也是指法律规定的继承人仅为一人,而不是指实际上继承被继承人遗产的人仅为一个。

(三) 本位继承与代位继承

根据继承人参与继承时的地位,继承可分为本位继承与代位继承。

本位继承是指继承人基于自己的地位,在自己原来的继承顺序上继承被继承人遗产的继承。例如,根据《继承法》第10条的规定,配偶、子女、父母以及对公、婆或岳父、岳母尽了主要赡养义务的丧偶儿媳或女婿为第一顺序法定继承人,这些人参与继承时即均为本位继承。兄弟姐妹、祖父母、外祖父母虽为第二顺序法定继承人,他们参加继承的,也为本位继承。代位继承是指在直接应继承被继承人遗产的继承人不能为继承时,由其直系晚辈血亲代其地位的继承。如根据《继承法》第11条的规定,被继承人的子女先于被继承人死亡的,由被继承人的子女的晚辈直系血亲代位继承。在代位继承中,代位继承人只能在被代位继承人原来的继承顺位上继承被代位继承人应继承的份额,而不论代位继承人有几人。

第二节 继承权的概念和特点

一、继承权的概念

继承权是指自然人依照法律的直接规定或者被继承人所立的有效遗嘱享有的继承被继承人遗产的权利。

继承权根据产生的原因，可分为法定继承权与遗嘱继承权。法定继承权是法定继承人在法定继承中享有的权利；遗嘱继承权是遗嘱继承人在遗嘱继承中享有的权利。在我国继承法上，遗嘱继承人只能是法定继承人范围之内的人。也就是说，被继承人只能指定法定继承人中的一个或数人为遗嘱继承人。因此，在我国，法定继承权与遗嘱继承权有着一致性。

在继承法中，继承权有客观意义上的继承权和主观意义上的继承权之分。这两种不同含义的继承权有着密切的联系。

客观意义上的继承权又称继承期待权，是指继承开始前继承人的法律地位，即自然人依照法律的规定或者遗嘱的指定继承被继承人遗产的资格，实质上是继承人所具有的继承遗产的权利能力。因此，客观意义上的继承权是主观意义上的继承权的基础和前提。

主观意义上的继承权又称继承既得权，是指继承人在继承法律关系中实际享有的继承被继承人遗产的具体权利。因此，继承人只有参与继承法律关系才能享有主观意义上的继承权。继承法律关系如同任何民事法律关系一样，必须有一定的法律事实才能发生。因为只有被继承人死亡并留有遗产，继承人具有参与继承的权利，继承人才能参与继承法律关系而享有主观意义上的继承权，所以，客观意义上的继承权转化为主观意义上的继承权，必须具备三个条件：第一，被继承人死亡；第二，被继承人留有遗产；第三，继承人未丧失继承权。缺少其中任何一个条件，客观意义上的继承权也不能转化为主观意义上的继承权。因为只有享有主观意义上的继承权的继承人，才能实际继承被继承人的遗产，所以主观意义上的继承权是客观意义上的继承权的实现条件。

二、继承权的特点

如前所述,继承权有客观意义上的继承权和主观意义上的继承权之分。在继承法中,在不同的场合,继承权所代表的含义并不相同。例如,在继承权放弃中,继承权即指主观意义上的继承权;在继承权丧失中,继承权即指客观意义上的继承权。这两种继承权虽然有着密切的联系,但却具有不同的性质和特点。

(一)客观意义上的继承权

客观意义上的继承权具有以下特点:

第一,它是一种期待权。客观意义上的继承权是基于法律的规定或者遗嘱的指定而发生的,是不依继承人的主观意志为转移的。它实际上只是继承人将来可参与遗产继承的客观的、现实的可能性。享有客观意义上的继承权的继承人对于被继承人的财产并不享有任何权利。但客观意义上的继承权给继承人以将来参加继承的前提条件和希望,即将来继承遗产的现实可能性。只有享有这种继承权的自然人于继承开始时才能够参与遗产继承,不具有这种继承权的人绝不能参与继承。只不过继承人要真正地实际地享有和行使继承权,还需要具备一定的条件。正是在这一意义上,学者们常把客观意义上的继承权称为期待权。

第二,它是与一定的身份关系相联系的,但不是身份权。法律对继承人范围的规定是以继承人与被继承人之间存在的一定的亲属关系为根据的。也就是说,客观意义上的继承权是法律基于自然人的一定身份(如配偶、子女、父母等)而赋予自然人的。可见,继承人之所以具有为继承人的这种资格,是以其与被继承人的亲属关系为前提的,是基于其与被继承人之间的身份关系而当然发生的。但是,客观意义上的继承权的意义也仅在于赋予继承人取得被继承人遗产的资格,保障继承人可以取得被继承人的遗产,而不是让继承人取得被继承人的某种人身利益;并且它也并不是只要具备特定的身份(如子女)就必然享有的不会丧失的权利,它也可能被剥夺(丧失)。当然,客观意义上的继承权因为是法律赋予的一种资格,因而也是受法律保护的,非有法定的事由不会丧失,任何人不得任意剥夺。

第三,它具有专属性。客观意义上的继承权,因为其所指的仅是继承人继承被继承人遗产的资格,因此,具有专属性。客观意义的继承权仅为继承人本人所专有,不得转让,也不得放弃。在继承开始前,继承人放弃继承权的意思表示不能发生法律效力。因为这时继承人所享有的仅仅是客观意义的继承权。例如,某子女在其父生前表示放弃继承父亲遗产,但在其父死亡后,他并未明确表示过放弃继承,他就仍有权继承父亲的遗产。因为该子女在其父生前放弃继承其父遗产的意思表示是无效的,此时他享有的继承权只是客观意义上的继承权,是不能放弃的。

(二) 主观意义上的继承权

主观意义上的继承权具有以下特点:

第一,它是一种既得权。主观意义上的继承权是继承开始后继承人得取得被继承人遗产的现实的具体的权利,是继承人在继承法律关系中享有的权利,标志着继承人承受被继承人生前的财产法律地位,因此,它是一种既得权。

第二,它属于绝对权,具有排他性。主观意义上的继承权的权利主体是继承人,义务主体是不特定的继承人以外的一切人。也就是说,继承人得向一切人主张权利,继承人以外的一切人都负有不得侵害继承人继承权的不作为的义务。继承权一旦为继承人享有,也就排斥为他人享有。继承人实现继承权无须借助于义务人的履行行为。所以,主观意义上的继承权是具有排他性的绝对权。

第三,它是一种财产权。主观意义上的继承权是继承人取得被继承人遗产的权利,以财产利益为内容,因而是一种财产权,而不是人身权。继承权作为一种财产权,既不是物权,也不是债权,而是与物权、债权、知识产权并列的特殊财产权。

第四,它是一种以取得遗产为内容的权利。继承权的内容也就是继承权的权能或者说继承权的表现,它是以取得遗产为内容的权利。

第三节 继承权的丧失

一、继承权丧失的概念和性质

继承权的丧失又称继承权的剥夺,是指依照法律的规定在发生法定事由时取消继承人继承被继承人遗产的资格。

关于继承权丧失的性质,可以从以下三个方面理解:

第一,继承权的丧失是继承人继承被继承人遗产资格的丧失,因此,继承权的丧失只能是客观意义上的继承权丧失,而不能是主观意义上的继承权的丧失。

第二,继承权的丧失是依照法律规定取消继承人的继承资格。因此,继承权的丧失,也就是继承权的剥夺,它是不以继承人的主观意志而转移的。

第三,继承权的丧失是在发生法定事由时取消继承人继承被继承人遗产的资格。客观意义上的继承权是法律赋予继承人继承被继承人遗产的一种资格,非有法定的事由,非经法定的程序,任何人不得非法剥夺。只有在发生继承人对被继承人或者其他继承人犯有某种犯罪行为或者其他严重违法行为的法定事由时,继承人的继承权才能被依法取消。

二、继承权丧失的法定事由

继承权丧失的法定事由是指得依法取消继承人继承权的原因或者理由。根据《继承法》第7条的规定,凡有下列行为之一的继承人,丧失继承权:

(一) 故意杀害被继承人的

继承人故意杀害被继承人是一种严重的犯罪行为,不论其是否受到刑事责任的追究,都丧失继承权。构成故意杀害被继承人的行为,须具备以下两个条件:

第一,继承人实施的是杀害被继承人的行为。杀害是以剥夺生命为目的的,因此,继承人实施的行为须是以剥夺被继承人生命为目的的,才能构成杀害行为。如果继承人对被继承人实施的不法行为虽为危害人身安全的行为,但不是以剥夺其生命为目的的,则不能构成杀害行为。反之,只要继承人实施的行为有剥夺被继承人生命的图谋,不论其出于何种动机、采取何种手段杀害,不论其是直接杀害还是间接杀害、亲手杀害还是教唆他人杀害,也不论杀害行为是既遂或未遂,都构成杀害被继承人的行为。

第二,须继承人主观上有杀害的故意。至于继承人的杀害故意是直接故意还是间接故意,均无影响。但如果继承人主观上并无杀害被继承人的故意,则不丧失继承权。例如,继承人由于过失而致被继承人死亡的,因其并无杀害的故意,不构成故意杀害被继承人,不能丧失继承权。

(二) 为争夺遗产而杀害其他继承人的

构成继承人为争夺遗产而杀害其他继承人的行为,须具备以下两个条件:

第一,继承人杀害的对象是其他继承人。继承人杀害其他继承人,是指继承人实施剥夺其他继承人生命的违法犯罪行为。这种行为的杀害对象是其他继承人,而不是继承人以外的其他人。继承人杀害其他继承人,既包括法定继承人杀害遗嘱继承人的情形,也包括遗嘱继承人杀害法定继承人的情形;既包括后一顺序的继承人杀害前一顺序的法定继承人,也包括前一顺序的继承人杀害后一顺序的继承人,还包括继承人杀害同一顺序的继承人。也就是说,只要继承人所杀害的是我国法律规定的法定继承人范围以内的人,就构成继承人杀害其他继承人的行为。

第二,继承人杀害的目的是为了争夺遗产。这是构成该行为的主观要件。继承人杀害其他继承人不是为了争夺遗产,而是为了其他目的,出于其他动机,其虽会受刑事责任的追究,但不能因此而丧失继承权。即使因继承人杀害了其他继承人而使继承人实际上可以多得到遗产的,只要继承人杀害的动机和目的不是为了争夺遗产,其继承权也不因此而丧失。但是,只要是继承人为了争夺遗产而杀害其他继承人,不论其杀害行为既遂或未遂,也不论其是否被追究刑事责任,均丧失继承权。

(三) 遗弃被继承人或者虐待被继承人情节严重的

继承人遗弃被继承人，是指继承人对没有劳动能力又没有生活来源和没有独立生活能力的被继承人拒不履行扶养义务。因此，构成遗弃行为的条件有二：一是被遗弃的对象是没有独立生活能力的被继承人。例如，被继承人年老、年幼、有残疾等。被继承人虽有生活来源但并没有独立生活能力的，也可为被遗弃的对象。如果被继承人有独立生活能力，尽管继承人不尽扶养义务也是不合法、不道德的，但不能构成遗弃。二是继承人有能力尽扶养义务而拒不尽扶养义务。如果继承人本身也没有独立生活能力，其并无力尽扶养义务，则其不履行扶养义务，不能构成遗弃。继承人遗弃被继承人的，均丧失继承权，而不问其是否被追究刑事责任。但是，继承人遗弃被继承人，以后确有悔改表现，而且被继承人生前又表示宽恕的，可不确认其丧失继承权。

虐待被继承人，是指继承人在被继承人生前对其以各种手段进行身体上或者精神上的摧残或折磨。例如，对被继承人经常进行打骂，迫使其从事不能从事的劳动，限制其人身自由等。继承人虐待被继承人的，并不当然丧失继承权。只有虐待情节严重的，才丧失继承权。因此，正确认定继承人虐待被继承人的行为是否为情节严重，是确认继承人是否丧失继承权的关键。一般来说，如果继承人对被继承人的虐待具有长期性、经常性，并且手段比较恶劣，社会影响很坏，则可认定为虐待情节严重。如果继承人对被继承人只是一时的不予以关心、照顾，或者因某些家务事发生争吵，甚至打骂，则不应认定为情节严重。只要继承人虐待被继承人情节严重，不论其行为是否构成犯罪，其是否被追究刑事责任，均丧失继承权。如同继承人遗弃被继承人的情形一样，如果继承人虐待被继承人虽情节严重，但以后确有悔改表现，并且被虐待的被继承人生前又表示宽恕的，可不确认其丧失继承权。

(四) 伪造、篡改或者销毁遗嘱，情节严重的

所谓伪造遗嘱，是指继承人以被继承人的名义制作假遗嘱。这种伪造的遗嘱根本就不是被继承人生前的意思表示，根本不能体现被继承人生前的意志。伪造遗嘱一般是在被继承人未立遗嘱的情形

下实施的,但被继承人虽立有遗嘱,而继承人将被继承人所立的遗嘱隐藏起来而另制作一份假遗嘱的,也属于伪造遗嘱。继承人伪造遗嘱一般是为了多得或独吞遗产,但继承人制造虚假遗嘱的动机或目的,并不是构成伪造遗嘱的要件。

所谓篡改遗嘱,是指继承人改变被继承人所立的遗嘱的内容。这种行为是改变了被继承人生前的意志,限制被继承人生前对其合法财产的处分。继承人篡改被继承人的遗嘱,一般是因为被继承人所立的遗嘱对自己不利,对遗嘱予以篡改以使内容对自己有利,但这不是构成篡改遗嘱的条件。只要继承人改变了被继承人所立遗嘱的内容,就为篡改遗嘱。

所谓销毁遗嘱,是指继承人将被继承人所立的遗嘱完全破坏、毁灭。这是一种完全否定被继承人生前意愿的行为,是对被继承人生前对其财产处分权的一种剥夺。继承人之所以销毁被继承人的遗嘱,一般是因为其要达到多得或者独吞遗产的目的,但继承人因何目的和动机而销毁遗嘱,并不影响销毁遗嘱行为的构成。

继承人伪造、篡改或者销毁被继承人的遗嘱,情节严重的,丧失继承权。《继承法的意见》第 14 条规定:"继承人伪造、篡改或者销毁遗嘱,侵害了缺乏劳动能力又无生活来源的继承人的利益,并造成其生活困难的,应认定其行为情节严重。"因此,如果继承人伪造、篡改或者销毁被继承人的遗嘱,并未侵害缺乏劳动能力又没有生活来源的继承人的利益或者虽侵害其利益但未造成其生活困难的,则不丧失继承权。

三、继承权丧失的效力

继承权丧失的效力是指继承权丧失的法律后果。继承权丧失的效力包括时间上的效力和对人的效力两个方面。

(一)继承权丧失的时间效力

继承权丧失的时间效力是指继承权的丧失于何时发生效力。从继承权丧失的含义上看,继承权的丧失是使继承人失去继承的资格,继承人不得为继承人。因此,继承权的丧失不论发生在何时,均应自继承开始之时发生效力。如果继承权的丧失是于继承开始后由人民法院确认的,则人民法院对继承权丧失的确认溯及自继承开始之时发生效力。

(二) 继承权丧失对人的效力

继承权丧失对人的效力,可以从以下三个方面说明:

1. 继承权的丧失对其他被继承人的效力

继承权的丧失仅是继承人对于特定被继承人的遗产继承权的丧失,所以仅对特定的被继承人发生效力,对继承人的其他被继承人并不发生效力,不影响其对其他被继承人的遗产继承权。例如,甲故意杀害其配偶,甲对其配偶的遗产继承权丧失,但甲对于其他被继承人(如其父母、子女)的遗产继承权并不因此而丧失,仍有权继承其他被继承人的遗产。

2. 继承权的丧失对继承人的晚辈直系血亲的效力

《继承法的意见》第28条规定:继承人丧失继承权的,其晚辈直系血亲不得代位继承。可见,继承权的丧失对继承人的晚辈直系血亲发生效力,即丧失继承权的继承人的晚辈直系血亲不得代位继承。

3. 继承权的丧失对取得遗产的第三人的效力

继承权的丧失对善意第三人不发生效力,不得以继承人的继承无效而对抗善意第三人。丧失继承权的人处分被继承人遗产的,属于对他人财产的无权处分。因此,于此情形下,应适用善意取得规则,保护善意第三人的合法权益。第三人属于善意有偿取得财产的,其他人不能主张第三人返还,而只能向处分遗产的丧失继承权的继承人主张返还不当得利。

第四节 继承权的行使和放弃

一、继承权的行使

继承权的行使是指继承人实现自己的继承权。如前所述,继承权有客观意义上的继承权与主观意义上的继承权之分。权利人可以行使的只能是主观意义上的权利,而不能是客观意义上的权利。继承权自继承开始才由客观意义上的权利转化为主观意义上的权利。

所以，继承权的行使是继承开始后继承人对自己权利的行使，在继承开始前不发生继承权的行使。继承权的内容是取得遗产，既包括占有、管理遗产，也包括遗产分割请求权等。因此，继承人与其他继承人共同或单独地占有、管理遗产，继承人直接参与分割遗产，在其继承权受到侵害时，请求法律予以保护，都为行使继承权的行为。

民事权利的行使，一般须有相应的民事行为能力，继承权的行使也不例外。有完全民事行为能力的继承人自己行使继承权。无完全民事行为能力人不能完全独立地行使继承权的，可由法定代理人代为行使。对此，《继承法》第 6 条规定："无行为能力人的继承权、受遗赠权，由他的法定代理人代为行使。限制行为能力人的继承权、受遗赠权，由他的法定代理人代为行使，或者征得法定代理人同意后行使。"

二、继承权的放弃

（一）继承权放弃的概念

继承权的放弃即继承的放弃，是指继承人于继承开始后所作出的放弃其继承被继承人遗产的权利的意思表示。

继承权的放弃是继承人对自己权利的一种处分，因此，继承权的放弃只能于继承开始后实施。于继承开始前，继承人并不享有可以处分的主观权利，仅享有客观权利，而客观权利仅是一种资格，是不得抛弃的。因为继承权的放弃是继承人对自己继承权的处分，所以，继承权的放弃也只能在遗产分割前实施。于遗产分割后，继承人所作出的不接受遗产的意思表示，属于放弃遗产，继承人放弃的不是继承权，而是单独的遗产所有权。

继承人虽然可以放弃继承权，但放弃继承权也不是不受任何限制的。如果继承人放弃继承权会损害第三人的利益，则继承人不得放弃继承权。对此，《继承法的意见》第 46 条规定："继承人因放弃继承权，致其不能履行法定义务的，放弃继承权的行为无效。"例如，甲无力抚养自己的子女，其父母死亡后留有遗产，甲若继承遗产则有能力抚育子女，但甲放弃自己的继承权，从而导致其不能履行抚养子女的法定义务。于此情形下，人民法院得确认甲放弃继承权的行为无效,由其继承父母的遗产。

(二) 继承权放弃的方式

《继承法》第 25 条第 1 款规定:"继承开始后,继承人放弃继承的,应当在遗产处理前,作出放弃的表示。没有表示的,视为接受继承。"可见,继承人放弃继承权须采取明示的方式。该明示方式,可以是口头方式,也可以是书面方式。当然,继承人用口头方式表示放弃继承的,须本人承认或有其他充分证据证明。如果继承人本人不承认,又没有其他充分的证据证明继承人表示过放弃继承权,则不能认定继承人放弃继承。在诉讼中,继承人可以向人民法院表示放弃继承。继承人向人民法院以口头方式表示放弃继承的,人民法院要制作笔录,由放弃继承权的继承人签名。但不论以何种形式作出的放弃继承的意思表示,都必须是继承人的真实意思表示,否则不能发生放弃继承的效力。

(三) 继承权放弃的效力

继承人放弃继承权的效力,溯及自继承开始之时。放弃继承权的继承人,自继承开始就不为继承,退出继承法律关系。放弃继承权的继承人,不仅不承受被继承人生前的债务,也不得继承被继承人生前的财产权利。放弃继承权的人虽不得取得遗产,但不能随着其放弃继承的意思表示的作出而免除一切责任。放弃继承权的继承人占有遗产的,在遗产未交付给其他继承人以前,对占有的遗产仍有保管的义务和责任。

继承人放弃继承权后,原则上不能翻悔。《继承法的意见》第 50 条规定:"遗产处理前或在诉讼进行中,继承人对放弃继承翻悔的,由人民法院根据其提出的具体理由,决定是否承认。遗产处理后,继承人对放弃继承翻悔的,不予承认。"可见,人民法院可以决定承认继承人对放弃继承的翻悔。

第五节 继承权的保护

一、继承权回复请求权的概念

继承权回复请求权是指在继承人的继承权受到侵害时,继承人得请求人民法院通过诉讼程序予以保护,以恢复其继承权的权利。

继承权回复请求权的概念包含三方面的含义:第一,继承权回复请求权是继承权受到侵害时继承人享有的权利,继承权未受侵害的,则不享有此项权利;第二,继承权回复请求权是继承法上规定的继承人要求法院通过诉讼程序保护其继承权的请求权,因而是一种实体诉权即胜诉权,而不是诉讼法上的诉权;第三,继承权回复请求权的行使目的是恢复继承人继承遗产的权利,而不是恢复继承人的其他权利。

从性质上说,继承权回复请求权是一种包括性的请求权,它是法律基于继承人的合法继承权赋予继承人的一项保护性权利,其目的是恢复合法继承人对被继承人遗产的占有。这一权利应包括两方面的内容:一是确认继承人的继承权,而不是继承资格;二是恢复继承人对遗产的权利。提起继承权回复请求权诉讼的原告只能是依法实际取得和享有遗产继承权的继承人,被告则是侵害继承人继承权的人。

二、继承权回复请求权的行使

继承权回复请求权可以由继承人自己亲自行使,也可以由代理人代理行使。无民事行为能力和限制行为能力的继承人,得由其法定代理人代为行使继承权回复请求权。尽管侵害继承权的形式是多种多样的,但总的说来,侵害继承权实际上表现为侵害人没有合法根据地部分或全部占有被继承人的遗产。因此,在发生侵害继承权的客观事实时,继承人可以向侵害人直接提出回复的请求,或者向人民调解委员会或有关单位提出其请求,也可以直接向有管辖权的人民法院提起诉讼,请求人民法院通过民事审判程度予以裁决。

在合法继承人或其法定代理人提起继承权回复的诉讼时,人民法院确认原告有合法继承权,又查明被告非法占有原告应继承的被继承人遗产时,即应判决被告返还非法占有的遗产(包括孳息),不论该遗产为有形财产还是为无形财产。如果被告已将其非法占有的遗产有偿转让给善意第三人,则应当责令被告返还不当得利或者赔偿损失。因此,继承权回复之诉是以确认之诉为前提的给付之诉。

只有确认原告的合法继承权,才有可能作出给付之诉的裁决。确认之诉确认继承权的目的,在于责令被告履行给付的义务,而被告履行给付义务正是以确认继承人的合法继承为前提条件的。

三、继承权回复请求权的诉讼时效

继承权回复请求权的诉讼时效,是指继承人于法定期间内不行使其权利即丧失请求人民法院依审判程序予以保护的权利。

《继承法》第 8 条规定:"继承权纠纷提起诉讼的期限为 2 年,自继承人知道或者应当知道其权利被侵犯之日起计算。但是,自继承开始之日起超过 20 年的,不得再提起诉讼。"根据这一规定,继承权回复请求权的诉讼时效期间为 2 年。自继承人知道或者应当知道其权利受到侵害之日起 2 年内,继承人没有行使其请求权的,人民法院对其权利不再予以保护。所谓"知道或者应当知道",是指根据客观情形可以断定继承人已经知道或者可以知道其权利被侵害。例如,继承人知道被继承人死亡的事实和被继承人的遗产被其他继承人分割,或者被非继承人占有,或者知道依法要对遗产进行新的产权变更登记而自己被排斥进行产权登记,或者作为遗产的房屋被出卖、拆迁或翻盖而自己未得到通知,等等。

在现实生活中,有的继承人可能长期不知道或者不应当知道自己的继承权被侵害。在这种情形下,根据《继承法》第 8 条的规定,继承人"自继承开始之日起超过 20 年的,不得再提起诉讼"。同时,根据《继承法的意见》第 18 条的规定,"自继承开始之日起的第 18 年后至第 20 年期间内,继承人才知道自己的权利被侵犯的,其提起诉讼的权利,应当在继承开始之日起的 20 年内行使,超过 20 年的,不得再行提起诉讼"。

第二十五章 法定继承

第一节 法定继承概述

一、法定继承的概念和特点

法定继承是相对于遗嘱继承而言的,是指根据法律直接规定的继承人的范围、继承人继承的先后顺序、继承人继承的遗产份额以及遗产的分配原则来继承被继承人遗产的一项法律制度。

法定继承具有以下特点:

(一) 法定继承是遗嘱继承的补充

法定继承和遗嘱继承是两种不同的继承方式。从历史上说,法定继承早于遗嘱继承而产生,是遗产继承的最初方式。但从效力上说,遗嘱继承的效力优先于法定继承。继承开始后,得适用遗嘱继承的,应先适用遗嘱继承;不适用遗嘱继承时,才能适用法定继承。因此,法定继承具有补充遗嘱继承的特点。

(二) 法定继承是对遗嘱继承的限制

在一定意义上可以说,法定继承并不体现被继承人的意志,而遗嘱继承则直接体现着被继承人的意愿。因为遗嘱是被继承人的直接的意思表示,而在法定继承中法律的规定只可说是出于对被继承人意思的推定。但是,在遗嘱继承中,遗嘱人也不能违反法律的限制。例如,遗嘱人在遗嘱中须为缺乏劳动能力又没有生活来源的法定继承人保留必要的遗产份额。因此,尽管遗嘱继承适用在先,法定继承适用在后,遗嘱继承限制了法定继承的适用范围,但同时法定继承也是对遗嘱继承的一种限制。

(三) 法定继承中的继承人是基于一定的身份关系确定的

法定继承中的继承人是由法律直接加以规定的,而不是由被继承人指定的。法律规定法定继承人的依据一般是继承人与被继承人之间的亲属关系。也就是说，法定继承人一般只是与被继承人有亲属关系的人。从这个意义上说，法定继承具有以身份关系为基础的特点。

（四）法定继承中有关继承人、继承的顺序以及遗产分配原则的规定具有强行性

在法定继承中，不仅继承人的范围是由法律直接规定的，而且继承人参加继承的顺序、继承人应当继承的遗产份额也是由法律直接规定的。任何人不得改变法律规定的继承人的范围，也不得改变法律规定的继承人参加继承的先后顺序。继承人在继承遗产时须按照法律规定的应继份额及遗产分配原则来分配遗产。从这一意义上说，法定继承具有强行性的特点。

二、法定继承的适用范围

法定继承的适用范围，是指在何种情形下适用法定继承。如前所述，遗嘱继承的效力优先于法定继承。因此，在继承开始后，应当首先适用遗嘱继承；在不能适用遗嘱继承时，才能适用法定继承。

《继承法》第5条规定："继承开始后，按照法定继承办理；有遗嘱的，按照遗嘱继承或者遗赠办理；有遗赠扶养协议的，按照协议办理。"根据这一规定，被继承人死亡后，有遗赠扶养协议的，先要执行协议；没有遗赠扶养协议或者协议无效时，先适用遗嘱继承，按照遗嘱办理；然后才能适用法定继承。因此，一般说来，在被继承人生前未与他人订立遗赠扶养协议，又没有立遗嘱，或者遗赠扶养协议无效或不能执行，被继承人的遗嘱全部或部分无效时，就适用法定继承。

根据《继承法》第27条的规定，有下列情形之一的，遗产中的有关部分按照法定继承办理：(1) 遗嘱继承人放弃继承或者受遗赠人放弃受遗赠的；(2) 遗嘱继承人丧失继承权的；(3) 遗嘱继承人、受遗赠人先于遗嘱人死亡的；(4) 遗嘱无效部分所涉及的遗产；(5) 遗嘱未处分的遗产。

第二节 法定继承人的范围和继承顺序

一、法定继承人的范围

法定继承人是指由法律直接规定的,可以依法继承被继承人遗产的人;法定继承人的范围是指哪些人可以为法定继承人。

根据《继承法》第 10 条至第 12 条的规定,法定继承人包括:配偶、子女及其晚辈直系血亲、父母、兄弟姐妹、祖父母、外祖父母,以及对公、婆或岳父、岳母尽了主要赡养义务的丧偶儿媳或女婿。

(一)配偶

配偶是处于合法婚姻关系中的夫妻相互间的称谓。丈夫以妻子为配偶,妻子以丈夫为配偶。男女双方结婚而为夫妻,双方有相互扶养的义务,对夫妻共同财产双方有平等的权利,夫妻双方也有相互继承遗产的权利。

作为继承人的配偶须于被继承人死亡时与被继承人之间存在合法的婚姻关系。原与被继承人有婚姻关系,但在被继承人死亡时已经解除婚姻关系的,不为被继承人的配偶。婚姻关系的解除须经法定的程序,未经法定程序办理离婚手续的合法婚姻关系的男女双方仍为配偶。因此,夫妻双方婚姻关系并未解除,仅已分居的,不论分居的原因为何,相互仍为配偶。夫妻双方协议离婚,已达成离婚协议但未依法定程序办理离婚手续的,双方的婚姻关系不为解除,此时如一方死亡,另一方作为死者的配偶,有继承死者遗产的权利。夫妻双方一方已经向法院起诉离婚,在离婚诉讼过程中,或者在法院已经作出双方离婚的判决但判决尚未发生效力前,双方的婚姻关系也并未解除,如于此期间一方死亡,另一方仍为配偶,享有继承对方遗产的继承权,即使是起诉离婚的一方生存的,也是如此。

婚姻关系是男女双方依照婚姻法的规定办理结婚的法定手续后而形成的亲属关系。我国是以结婚登记为婚姻要件的,因此,认定是否为配偶,原则上应以双方是否办理结婚登记手续领取结婚证书为标准,而不能以是否举行结婚仪式为标准。凡未办理合法的结婚手续而以夫妻名义共同生活的男女,不论其是否举行过结婚的仪式,在一方死亡时,除依法可以承认的事实婚以外,另一方不能以配偶的资格继承死者的遗产。相反,凡履行了结婚登记手续领取结婚证书的男女,不论其是否举行过结婚仪式,也不论其是否同居或者同居的时间长短,均为有合法的婚姻关系,如果一方死亡,另一方则为配偶,有权继承对方的遗产。

(二) 子女及其晚辈直系血亲

子女是最近的直系晚辈亲属,子女的晚辈直系血亲通常为代位继承人。子女包括婚生子女、非婚生子女、养子女、继子女。

1. 婚生子女

婚生子女是指有合法的婚姻关系的男女双方生育的子女。婚生子女,不论儿子还是女儿,不论子女随母姓还是随父姓,不论已婚未婚,也不论结婚后是女到男家落户还是男到女家落户,都有权继承父母的遗产。

2. 非婚生子女

非婚生子女是指没有合法的婚姻关系的男女生育的子女。《继承法》第10条明确规定,子女中包括非婚生子女,非婚生子女与婚生子女有平等的继承权。非婚生子女不仅有权继承其母亲的遗产,也有权继承其生父的遗产,不论其生父是否认领该非婚生子女。

3. 养子女

养子女是指因收养关系的成立而与养父母形成父母子女关系的子女。领养他人的子女为自己的子女称为收养行为。收养关系成立后,收养人与被收养人之间就形成一种拟制的血亲关系,收养人为养父母,被收养人为养子女。根据《继承法》第10条的规定,子女中包括养子女,养子女与亲生子女享有平等的继承权。

养子女的地位是因收养关系而成立的,因此,只有存在合法的收养关系,才能形成养父母子女的关系。如果未办理合法的收养手续,除了在《收养法》颁布前当事人双方长期以养父母子女关系共同生活、群众也承认的,法院可确认为事实上的收养关系外,一般不应承认他们之间形成的"收养关系"。

养子女于收养关系成立后,其与生父母的父母子女之间法律上的权利义务关系解除。因此,养子女只有权继承养父母的遗产,而无权继承其生父母的遗产。在现实生活中,有的子女被收养后,仍然扶养生父母,尽管其没有法定义务,但这种行为应当鼓励。因此,《继承法的意见》第19条规定:"被收养人对养父母尽了赡养义务,同时又对生父母扶养较多的,除可依继承法第10条的规定继承养父母的遗产外,还可依继承法第14条的规定分得生父母的适当的遗产。"

在养子女的继承权上,还有一个养孙子女的关系问题。在现实生活中,有的收养关系当事人由于收养人与被收养人之间的年龄相差悬殊,或者因辈份上的原因,相互间不是以父母子女相称而是以祖父母和孙子女相称。这种情形实际上仍是因收养而成立的养父母子女关系,他们相互之间有继承遗产的权利。对此,《继承法的意见》第22条规定:"收养他人为养孙子女,视为养父母与养子女的关系,可互为第一顺序继承人。"

4. 继子女

继子女是指妻与前夫或者夫与前妻所生的子女。继子女与继父母之间的关系,是因为其父母一方死亡而另一方再婚或者双方离婚后再婚而形成的一种亲属关系。

继子女与继父母之间的关系,不同于养子女与养父母之间的拟制血亲关系。继子女与继父母之间的关系不是因收养而成立的,继子女与生父母之间的权利义务也不因其母或父的再婚而解除。所以,继子女与养子女在继承法上的地位是不同的。这主要表现在以下方面:

(1) 并不是所有的继子女都有权继承继父母的遗产。根据《继承法》第10条的规定,作为法定继承人的子女中所包括的继子女仅是"有扶养关系的继子女"。所以,继子女有无继承权决定于其与继父母之间有无扶养关系:有扶养关系的继子女有权继承继父母的遗产;没有扶养关系的继子女无权继承继父母的遗产,不是继父母的法定继承人。

(2) 继子女有权继承生父母的遗产。因为继子女对继父母遗产的继承权并不决定于其与生父母的关系,所以继子女继承继父母的遗产并不影响其对生父母的遗产继承权。有扶养关系的继子女继承了继父母遗产的,仍有权继承生父母的遗产;反之,继承了生父母遗产的继子女,只要与继父母形成扶养关系,仍有权继承继父母的遗产。正是在这个意义上说,继子女有"双重继承权"。

(三) 父母

父母是最近的直系尊亲属。父母子女之间具有最密切的人身关系与财产关系。父母有抚养子女的义务,子女有赡养父母的义务。子女有权继承父母的遗产,父母也有权继承子女的遗产。根据《继承法》第10条的规定,父母是法定继承人。这里所说的父母,包括生父母、养父母和有扶养关系的继父母。

1. 生父母

生父母对其亲生子女的遗产有继承权,不论该子女为婚生子女还是非婚生子女。但亲生子女已由他人收养的,父母对其遗产无继承权,不论父母是否受过该子女的扶养。收养关系解除后,被收养的子女与生父母恢复父母子女之间法律上的权利义务关系的,父母有权继承该子女的遗产;被收养的子女与父母未恢复法律上权利义务关系的,父母对该子女的遗产没有继承权。

2. 养父母

养父母是相对养子女而言的。因收养关系的成立,养子女有权继承养父母的遗产,养父母也有权继承养子女的遗产。当然,养父母子女的权利义务关系因收养关系的成立而发生,也可因收养关系的解除而消灭。在养子女死亡前已经解除收养关系的,不论解除收养关系的原因为何,也不论解除收养关系的被收养人是否与其生父母恢复权利义务关系,收养人均无权继承其遗产。

3. 继父母

继父母与继子女之间在继承法上的关系依相互间的扶养关系而定,而不依继子女与其生父母的关系而决定。继父母与继子女之间已经形成扶养关系的,继父母有权继承继子女的遗产。如果继父母与继子女之间并未形成实际的扶养关系,则继父母无权继承继子女的遗产。

(四) 兄弟姐妹

兄弟姐妹是最近的旁系血亲。兄弟姐妹有全血缘的兄弟姐妹、半血缘的兄弟姐妹和拟制血缘的兄弟姐妹等不同情况,而各种兄弟姐妹的继承权并不完全相同。

1. 全血缘的兄弟姐妹

全血缘的兄弟姐妹是指同一父母所生的兄弟姐妹,又称同胞兄弟姐妹。全血缘的兄弟姐妹有着全血缘关系,相互间有继承遗产的权利。

2. 半血缘的兄弟姐妹

半血缘的兄弟姐妹是指同父异母或者同母异父的兄弟姐妹。根据《继承法》第10条的规定,同父异母或同母异父的半血缘的兄弟姐妹与全血缘的同胞兄弟姐妹一样,相互有继承遗产的权利。

3. 养兄弟姐妹

养兄弟姐妹是因收养关系的成立,被收养人与收养人所生的子女之间的亲属。养兄弟姐妹相互间有着拟制的旁系血亲关系。根据《继承法》第10条的规定,养兄弟姐妹之间的法律地位如同同胞兄弟姐妹之间的法律地位一样,相互有继承遗产的权利。但因收养关系的成立,被收养人与其生父母所生子女之间的权利义务关系解除,相互间不能有继承遗产的权利。若收养关系解除,被收养人与收养人的子女之间的养兄弟姐妹关系终止,相互间不再有继承遗产的权利。在收养关系解除后,被收养人与生父母恢复父母子女权利义务关系的,其与亲兄弟姐妹之间的权利义务关系也恢复,有相互继承遗产的权利。

4. 继兄弟姐妹

继兄弟姐妹是异父异母的兄弟姐妹,他们之间并无血缘关系,而是由于其父母再婚而形成亲属关系。继兄弟姐妹之间并不当然地有相互继承遗产的权利。根据《继承法》第10条的规定,只有形成扶养关系的继兄弟姐妹之间才有相互继承遗产的权利。继兄弟姐妹之间的继承权是基于扶养关系而成立的,因此,其是否继承了亲兄弟姐妹的遗产与其能否继承继兄弟姐妹的遗产无关。有扶养关系的继兄弟姐妹既有权继承继兄弟姐妹的遗产,也有权继承亲兄弟姐妹的遗产。

(五) 祖父母、外祖父母

祖父母是父亲的父母,外祖父母是母亲的父母。所以,祖父母、外祖父母是除父母外的最近尊亲属。祖父母、外祖父母为孙子女、外孙子女的法定继承人,有权继承孙子女、外孙子女的遗产。继承法上的祖父母,也包括亲祖父母、亲外祖父母、养祖父母、养外祖父母、有扶养关系的继祖父母和有扶养关系的继外祖父母。

(六) 对公、婆或岳父、岳母尽了主要赡养义务的丧偶儿媳和丧偶女婿

被继承人的儿媳和女婿在丧偶时,若符合一定的条件,也可以成为法定继承人。对此,《继承法》第12条规定:"丧偶儿媳对公、婆,丧偶女婿对岳父、岳母,尽了主要赡养义务的,作为第一顺序继承人。"可见,丧偶儿媳或女婿得作为法定继承人的前提条件是:对公、婆或者岳父、岳母尽了主要赡养义务。所谓尽了主要赡养义务,是指在公、婆或者岳父、岳母生前提供了主要经济来源,或在劳务方面给予了主要扶助。只要丧偶的儿媳对公、婆或者丧偶女婿对岳父、岳母尽了主要赡养义务,不论其在丧偶后是否再婚,也不论是否有代位继承人代位继承,都为法定继承人。

二、法定继承人的继承顺序

(一) 法定继承人继承顺序的概念和特点

法定继承人的继承顺序又称为法定继承人的顺位,是指法律直接规定的法定继承人参加继承的先后次序。

继承开始后,适用法定继承时,法定继承人并不是同时都参加继承,而是按照法律规定的先后顺序参加继承,即先由前一顺序的继承人继承,没有前一顺序的继承人继承时,才由后一顺序的继承人继承。因此,法定继承人的继承顺序具有以下特点:

第一,法定性。法定继承人的继承顺序是由法律根据继承人与被继承人之间关系的亲疏程度、密切程度直接规定的,而不是由当事人自行决定的。

第二,强行性。法律规定继承顺序的目的,是为了保护不同情况的继承人的继承利益。对于法律规定的继承顺序,任何人、任何机关

都不得以任何理由改变。即使前一顺序的继承人也不得变更自己的顺序而作为后一顺序的继承人参加继承。

第三,排他性。在法定继承中,继承人只能依法定的继承顺序依次参加继承,前一顺序的继承人总是排斥后一顺序继承人继承的。只要有前一顺序的继承人继承,后一顺序的继承人就不能取得和实现主观意义的继承权,无权主张继承遗产。只有在没有前一顺序的继承人,或者前一顺序的继承人全部放弃继承权或全部丧失继承权,或者前一顺序的继承人部分丧失继承权,其余的继承人全部放弃继承权的情况下,后一顺序的继承人才有权参加继承。

第四,限定性。法定继承人的继承顺序只限定在法定继承中适用。在遗嘱继承中,遗嘱继承人不受法定继承人的继承顺序的限制,遗嘱人得于遗嘱中指定由后一顺序的继承人继承遗产,而不由前一顺序的继承人继承。

(二) 法定继承人继承顺序的确定

根据《继承法》第10条的规定,法定继承人的继承顺序分为两个顺序。

第一顺序的法定继承人为:配偶、子女、父母、对公婆或岳父母尽了主要赡养义务的丧偶儿媳或女婿。

第二顺序的法定继承人为:兄弟姐妹、祖父母、外祖父母。

第三节 代位继承和转继承

一、代位继承

(一) 代位继承的概念和性质

《继承法》第11条规定:被继承人的子女先于被继承人死亡的,由被继承人的子女的晚辈直系血亲代位继承。根据这一规定,代位继承是指在法定继承中被继承人的子女先于被继承人死亡时,由被继承人的子女的晚辈直系血亲代替继承其应继份额的法律制度。在代位继承中,先于被继承人死亡的子女称为被代位继承人,先于被继承人死亡的子女的晚辈直系血亲称为代位继承人。

关于代位继承权的性质,理论上有不同的学说,主要有固有权说和代表权说两种主张。固有权说认为,代位继承人参加继承是自己本身固有的权利,代位继承人是基于自己的权利继承被继承人的遗产,并不以被代位继承人是否有继承权为转移。依这种学说,只要被代位继承人不能继承,代位继承人就得代位继承,即使是在被代位继承人丧失继承权的情形下,代位继承人也得依自己的权利继承被继承人的遗产。代表权说又称代位权说,认为代位继承人继承被继承人的遗产,不是基于自己本身固有的权利,而是代表被代位继承人参加继承。也就是说,代位继承人是以被代位继承人的地位而取得被代位继承人的应继份额的。依这种学说,在被代位继承人丧失继承权的情形下,一般不应发生代位继承。

《继承法的意见》第 28 条规定:"继承人丧失继承权的,其晚辈直系血亲不得代位继承。如该代位继承人缺乏劳动能力又没有生活来源,或对被继承人尽赡养义务较多的,可适当分给遗产。"可见,在我国,代位继承人的继承权是受被代位继承人的继承权状况影响的。因此,我国继承法在代位继承的性质上,是采代表权说的。

(二) 代位继承的条件

根据《继承法》第 11 条及《继承法的意见》第 28 条的规定,代位继承须具备以下条件:

1. 被代位继承人须于继承开始前死亡

继承自被继承人死亡时开始。只有在被代位继承人先于被继承人死亡时,才能发生代位继承。若继承人死于被继承人死亡之后,则因继承已经开始,继承人自得自行继承,而不会发生代位继承。于此种情形下,如继承人尚未实际接受遗产,只能发生转继承,而不能发生代位继承。

2. 被代位继承人须是被继承人的子女

代位继承只能发生于被继承人的子女先于被继承人死亡的情形下。被继承人的尊亲属先于被继承人死亡的,不发生代位继承。因此,只有被继承人的子女才能成为被代位继承人,其他继承人都不能成为被代位继承人。我国继承法上,子女包括婚生子女、非婚生子女、养子女、有扶养关系的继子女。因此,被继承人的亲生子女、养子女和有扶养关系的继子女,都得为被代位继承人。对此,《继承法的意见》第26条中规定:"被继承人的养子女、已形成扶养关系的继子女的生子女可代位继承……"

3. 被代位继承人须未丧失继承权

根据《继承法的意见》第28条的规定,继承人丧失继承权的,其晚辈直系血亲不得代位继承。因此,被代位继承人未丧失继承权是代位继承发生的一个条件。被代位继承人丧失继承权的,于被继承人死亡时生存时,因其自继承开始就无继承资格,不仅本人不能参加继承,他人也不能代位继承。

4. 代位继承人须为被代位继承人的晚辈直系血亲

根据《继承法》第11条的规定,只有被代位继承人的晚辈直系血亲,才有代位继承权。因此,被代位继承人的其他亲属,如配偶、侄子女、儿媳或女婿等,都无代位继承权。被代位继承人的晚辈直系血亲也包括法律上拟制的血亲。因此,不仅被代位继承人的亲生子女有代位继承权,而且被代位继承人的养子女也得代位继承。对此,《继承法的意见》第26条中规定:"……被继承人亲生子女的养子女可代位继承;被继承人养子女的养子女可代位继承;与被继承人已形成扶养关系的继子女的养子女也可以代位继承。"

根据《继承法的意见》第25条的规定,被继承人的孙子女、外孙子女、曾孙子女、外曾孙子女都可以代位继承,代位继承人不受辈数的限制。

(三) 代位继承人的应继承份额

代位继承是以被继承人的子女先于被继承人死亡为发生前提的,而子女为第一顺序的法定继承人,因此,代位继承人代位继承时,是作为第一顺序继承人参加继承的,也可以说只有在第一顺序继承人继承时才会发生代位继承。但是,根据《继承法》第11条的规定,代位继承人一般只能继承他的父亲或者母亲有权继承的遗产份额。因此,代位继承人参加继承时,代位继承人若为数人,则不能与其他第一顺序的法定继承人一同按人均分遗产,而只能共同继承被代位继承人有权继承的遗产份额。例如,被继承人有一子、一女,均于继承开始前死亡,被继承人的配偶、父母也已先于被继承人死亡。其子留有子女甲、乙、丙,其女留有子丁。被继承人的儿媳对其尽了主要赡养义务。在这种情形下,不能由被继承人的儿媳与甲、乙、丙、丁五人均分遗产;也不能将遗产分为二份,由儿媳继承一份,由甲、乙、丙、丁共同继承一份,或者由儿媳与甲、乙、丙同继承一份,由丁继承另一份。原则上,此时被继承人的遗产应分为三份,由儿媳继承一份,由甲、乙、丙三人共同继承一份,由丁继承一份。当然,代位继承人一般只能继承其父或母应继承的份额,并不等于在任何情况下,代位继承人只能共同作为"一人"与其他第一顺序的继承人均分遗产,也不等于各个代位继承人之间只能就其父或母应得的继承份额均分。根据《继承法的意见》第27条的规定,代位继承人缺乏劳动能力又没有生活来源,或者对被继承人尽过主要赡养义务的,分配遗产时,可以多分。

二、转继承

转继承又称转归继承、连续继承、再继承,是指继承人在继承开始后实际接受遗产前死亡时,继承人有权实际接受的遗产归由其合法继承人承受的一项法律制度。实际接受遗产的继承人称为转继承人,于继承开始后遗产分割前死亡的继承人称为被转继承人。《继承法》中未明确规定转继承,但《继承法的意见》第52条中规定:"继承开始后,继承人没有表示放弃继承,并于遗产分割前死亡的,其继承遗产的权利转移给他的合法继承人。"可见,我国继承法也是承认转继承的。在转继承关系中,于遗产分割前死亡的继承人称为被转继承人,被转继承人的合法继承人称为转继承人。转继承具有以下特点:

第一,转继承是在继承开始后因参加继承的继承人死亡而发生的一种法律现象。继承人于继承开始前死亡的,只会发生代位继承而不能发生转继承。继承人于继承开始后未参加继承(如丧失继承权、放弃继承权)的,因其对于遗产不享有任何权利,也不会发生转继承。

第二,转继承是继承人于实际接受遗产前死亡而发生的法律现象。继承人于遗产分割后死亡的,因其所得的遗产已经确定,其已经实际接受遗产,继承权已转化为特定财产的单独所有权,其所取得的遗产已完全成为其所有财产的一部分。此时如果继承人死亡,其已从被继承人实际取得的遗产部分,也就明确构成其自己遗产的一部分,其继承人可直接继承而不会发生转继承。转继承只是因继承人于实际取得被继承人的遗产前死亡才发生的法律现象。因为,继承于被继承人死亡时开始,凡于被继承人死亡时生存的继承人都有继承能力,得继承被继承人的遗产。但是,继承人并非于继承开始之时即分配遗产,因此,继承人一般并不能于继承开始之时,即实际上接受遗产,此时仅发生共同继承人对遗产的共有关系。在这种情形下,继承人对遗产的权利是体现在应继承的份额上,而不是体现在对具体某物的所有权上。如果继承人虽在继承开始后但在实际取得遗产前死亡,因其已无权利能力,自然也就不能再直接承受遗产。在这种情形下就发生已死亡的继承人应当接受的遗产应由何人承受的问题,这也就发生了转继承。

第三,转继承是转继承人承受被转继承人的遗产的法律制度。在转继承中,转继承人不是直接继承已死亡的被转继承人自己单独的遗产,而是直接继承已死亡的被转继承人取得被继承人遗产的权利,直接参与被继承人的遗产分割。因为,在被转继承人死亡时,被转继承人已经取得和享有对被继承人的遗产继承权,被转继承人与其他继承人对遗产形成共有关系,只是其并未实际取得遗产,因此,在转继承中,转继承人承受的是被转继承人应继承的遗产份额,转继承人直接参与被继承人遗产的分割。

三、代位继承与转继承的区别

代位继承与转继承有相似之处,但转继承与代位继承是完全不同的法律制度,二者有着根本性的区别,主要体现以下方面:

(一) 性质不同

在代位继承中,代位继承人是直接参加被继承人遗产的继承,并且是基于其代位继承权而取得继承被继承人遗产的权利;而转继承是一种连续发生的二次继承,是在继承人直接继承后又转由转继承人继承被继承人的遗产。转继承人看来是参加了两个继承关系,但就被转继承人参与继承的继承关系来说,转继承人实际上享有的是分割遗产的权利,而不是对被继承人的遗产继承权,在被转继承人死亡后发生的遗产继承关系中才享有实际的继承权,转继承人正是基于对被转继承人的遗产继承权才得直接承受被继承人的遗产。从这个意义上,代位继承具有替补继承的性质,而转继承具有连续继承的性质。

(二) 发生的时间和条件不同

代位继承是被继承人的子女先于被继承人死亡时由被继承人子女的直系晚辈血亲代其地位继承被继承人遗产的制度。因此,代位继承只能在被代位继承人先于被继承人死亡即继承开始前死亡的情形下发生。并且,只有被继承人的子女于继承开始前死亡的,才会发生代位继承。其他继承人不能成为被代位继承人,即使其先于被继承人死亡,也不会发生代位继承。而转继承是在继承开始后遗产分割前因继承人死亡而发生的由继承人的合法继承人承受被继承人遗产的制度,因此,转继承只能发生在继承开始后、遗产分割前。在继承开始前继承人死亡的,会发生代位继承而不发生转继承。在遗产分割后继承人死亡的,因继承人已经实际接受遗产,取得对具体财产的单独所有权,也不发生转继承。

(三) 主体不同

在代位继承中,代位继承人只能是被代位继承人的直系晚辈血亲,而不能是被代位继承人的其他法定继承人;而在转继承中,享有转继承权的人是被转继承人死亡时生存的所有法定继承人,被转继承人有第一顺序法定继承人的,由第一顺序法定继承人转继承;没有第一顺序法定继承人继承的,则得由第二顺序的法定继承人转继承。

(四) 适用的范围不同

代位继承只适用于法定继承,而不适用于遗嘱继承。在遗嘱继承中,指定继承人先于被继承人死亡的,继承人因为遗嘱生效时无继承能力而不会取得遗产继承权,也就不能取得指定由其继承的遗产的权利。在这种情形下,遗嘱中所涉及的遗产按照法定继承办理。而转继承可以发生在法定继承中,也可以发生在遗嘱继承中。因为在法定继承中,继承人于被继承人死亡后遗产分割前死亡的,其应继承的遗产份额转归其法定继承人承受。在遗嘱继承中，指定的遗嘱继承人于继承开始后未表示放弃继承权但尚未实际接受遗产前死亡的，也已经实际享有和取得遗产继承权，其应接受的遗产同样应由其法定继承人承受。

第四节 遗产份额的确定

一、遗产份额的确定原则

遗产份额的确定原则是指在按照法定继承方式继承被继承人的遗产时，应当如何确定各参加继承的法定继承人应继承的遗产份额（简称应继份额）。

根据《继承法》第13条的规定，在法定继承中，继承人的应继份额按照以下两条原则确定：

（一）同一顺序继承人的应继份额一般应当均等

所谓同一顺序继承人的应继份额一般应均等，是指在没有法律规定的特别情形下，同一顺序的法定继承人应按照人数平均分配遗产。例如，被继承人有配偶、父母、子女二人，每一个继承人的继承份额应为被继承人遗产的1/5。如果被继承人的父亲先于被继承人死亡，由于法定继承人为四人，每一继承人的应继份额则为1/4。

（二）特殊情况下继承人的继承份额可以不均等

在下列情况下，同一顺序的法定继承人的应继份额可以不均等：(1) 对生活有特殊困难的缺乏劳动能力的继承人，分配遗产时，应当予以照顾；(2) 对被继承人尽了主要扶养义务或者与被继承人共同生活的继承人，分配遗产时，可以多分；(3) 有扶养能力和有扶养条件的继承人，不尽扶养义务的，分配遗产时，应当不分或者少分；(4) 继承人协商同意的，可不均分。

二、非继承人酌情分得遗产的权利

在法定继承中，除依法参加继承的法定继承人外，具备法定条件的其他人也有权取得一定的遗产。对此，《继承法》第14条规定：

"对继承人以外的依靠被继承人扶养的缺乏劳动能力又没有生活来源的人,或者继承人以外的对被继承人扶养较多的人,可以分给他们适当的遗产。"

可分得遗产的人是得参加继承的继承人以外的不得参加继承的人,既可以是非法定继承人,也可以是不能参加继承的法定继承人范围内的人。例如,在有第一顺序继承人继承遗产时,第二顺序的法定继承人不能参加继承,如果其具备法定条件,得以可分得遗产的人的资格要求分得适当遗产。可取得遗产的人包括两种:一是继承人以外的依靠被继承人扶养的缺乏劳动能力又没有生活来源的人,二是继承人以外的对被继承人扶养较多的人。

对于可分得遗产的人,应当酌情分给适当的遗产。适当遗产的份额,应当依据可分得遗产的人的具体情况和遗产的情况而具体确定。一般说来,对于缺乏劳动能力又没有生活来源的人,应以被继承人扶养的情况而定应分给的遗产额,但以满足其生活基本需要为限;对于对被继承人扶养较多的人,应依其对被继承人扶养的情况而定其应分得的遗产额。适当的份额,一般应少于继承人应继承的份额,但也可以多于继承人所继承的遗产份额。

可分得遗产的人的分得遗产的权利受法律保护,在其受到侵害时,有权请求人民法院依诉讼程序给予保护。《继承法的意见》第32条规定:"依继承法第14条规定可以分给适当遗产的人,在其依法取得被继承人遗产的权利受到侵犯时,本人有权以独立的诉讼主体的资格向人民法院提起诉讼。但在遗产分割时,明知而未提出请求的,一般不予受理;不知而未提出请求,在2年以内起诉的,应予受理。"可见,法律保护可分得遗产的人分得遗产的权利的诉讼时效期间也为2年。

第二十六章 遗嘱继承

第一节 遗嘱继承概述

一、遗嘱继承的概念和特点

遗嘱继承是指于继承开始后,继承人按照被继承人的有效遗嘱继承被继承人遗产的法律制度。在遗嘱继承中,生前立有遗嘱的被继承人称为遗嘱人或立遗嘱人,依照遗嘱的指定享有遗产继承权的人为遗嘱继承人。

遗嘱继承与法定继承相比,具有以下特点:

(一) 遗嘱继承的发生须有有效遗嘱的存在

引起法定继承发生的法律事实只有一个,即被继承人的死亡。但仅有被继承人的死亡并不能引起遗嘱继承的发生,遗嘱继承是以法律事实构成为发生根据的。引起遗嘱继承发生的法律事实构成包括两个法律事实,即被继承人的死亡和被继承人所设立的有效遗嘱。只有单一的某一个法律事实,都不能引起遗嘱继承的发生。正是从这个意义上说,遗嘱继承以遗嘱为前提。

(二) 遗嘱继承直接体现着被继承人的遗愿

遗嘱继承是在继承开始后按照遗嘱进行的继承。遗嘱是被继承人于生前所作出的对其财产的死后处分,体现了被继承人的意愿。继承人按照被继承人的遗嘱继承遗产,也就直接体现了被继承人的遗愿。在遗嘱继承中,不仅继承人,甚至继承人的顺序、继承人继承的遗产份额或者具体的遗产,都是由被继承人在遗嘱中指定的。按照遗嘱进行继承,也就是充分尊重被继承人对自己财产处分的自由。

(三) 遗嘱继承是对法定继承的一种排斥

遗嘱继承的效力优于法定继承,在继承开始后,有遗嘱的,先要按照遗嘱进行继承。由于遗嘱中所指定的继承人对遗产的继承不受法定继承时法律对继承顺序、继承人应继份额规定的限制,因此,遗嘱继承实际上是对法定继承的一种排斥。

二、遗嘱继承的适用条件

遗嘱继承的适用条件是指具备何种条件,亦即在什么情形下才适用遗嘱继承。在被继承人死亡后,只有具备以下条件时,才按遗嘱继承办理:

(一) 没有遗赠扶养协议

遗嘱继承的效力虽优于法定继承,但遗嘱继承不能对抗遗赠扶养协议。因此,在被继承人生前与扶养人订有遗赠扶养协议时,即使被继承人又立有遗嘱,也不能先按遗嘱继承办理,而仍应当先执行遗赠扶养协议。只有在没有遗赠扶养协议的情形下,被继承人的遗产才可按照遗嘱办理。

(二) 被继承人立有遗嘱且遗嘱合法有效

被继承人生前设立的遗嘱,于被继承人死亡时才开始发生效力。遗嘱只有符合法律规定的有效条件,才能发生效力。而只有有效的遗嘱,才可以执行。无效的遗嘱是不能发生法律效力的,继承人不得依无效遗嘱的指定继承。因此,被继承人的遗嘱合法有效是遗嘱继承适用的一个必备的条件。被继承人未立遗嘱,不能发生遗嘱继承;被继承人设立的遗嘱违法、无效的,也同样不能适用遗嘱继承。

(三) 指定继承人未丧失继承权和未放弃继承权

适用遗嘱继承时,与适用法定继承一样,继承人必须具有继承资格。遗嘱继承人因发生法律规定的丧失继承权的事由而丧失继承权的,不享有继承权,虽遗嘱中指定其为继承人,也不得参加遗嘱继承。对遗嘱中指定的由该丧失继承权的继承人继承的遗产,须依照法定继承处理。

遗嘱继承人继承遗产同样是其权利,遗嘱继承人可以接受继承,也可以放弃继承。但因继承人放弃继承的意思表示须以明示的方式作出,因此,在继承开始后,继承人未表示放弃继承的,视为接受继承,即可适用遗嘱继承。但在继承人明确表示放弃继承时,对指定继承人放弃继承的遗产,不适用遗嘱继承,而应按法定继承办理。

第二节 遗嘱的设立

一、遗嘱的概念和特点

遗嘱是指自然人生前按照法律的规定处分自己的财产及安排与此有关的事务并于死亡后发生效力的民事行为。

遗嘱具有以下特点：

（一）遗嘱是遗产单方行为

遗嘱是遗嘱人自己一方的意思表示，并无相对的一方，无须有相对方的意思表示的一致。也就是说，只要有遗嘱人自己的意思表示，遗嘱即可成立，所以，遗嘱是一种单方行为。正因为遗嘱是一种单方行为，在遗嘱生效前，遗嘱人可以按自己的意思变更或撤销遗嘱。当然，遗嘱是一种单方行为，并不是说只要有遗嘱，就发生遗嘱继承。所谓遗嘱是单方行为，是指他人的意思表示的内容如何并不影响遗嘱的成立和效力，至于是否发生遗嘱继承还取决于遗嘱继承人是否接受继承。但遗嘱继承人是否接受继承并不影响遗嘱的成立和效力。

（二）遗嘱是遗嘱人独立实施的民事行为

遗嘱是遗嘱人生前对自己财产所作的处分行为，只能由遗嘱人独立自主地作出，而不能由他人的意思辅助或者代理。因此，遗嘱须由遗嘱人亲自设立，既不需征得他人的同意，也不能由他人代为设立。设立遗嘱不适用代理制度，由代理人代理设立的遗嘱是无效的。遗嘱因须是由遗嘱人亲自实施的行为，因此，遗嘱也必须是遗嘱人的真实的意思表示，不反映遗嘱人真实意愿的遗嘱也是不能发生效力的。

（三）遗嘱是死因行为

遗嘱虽是于遗嘱人生前因其单独意思表示即可成立的行为，但于遗嘱人死亡时才能发生法律效力。因此，遗产是死因行为。遗嘱是否合乎法律规定的条件，能否有效，均应以遗嘱人死亡时为准。在遗嘱人死亡前，不论遗嘱设立的时间长短，也不论其他人是否知道遗嘱的内容,遗嘱继承人是不具有主观意义上的遗嘱继承权的。而且在遗嘱人死亡前任何人也无权要求知道遗嘱的内容。正因为遗嘱于遗嘱人死亡时才发生效力,因此,遗嘱人得随时变更或撤销遗嘱。

(四) 遗嘱是一种要式行为

遗嘱虽然是遗嘱人单方的意思表示,但却在指定继承人、受遗赠人以及法定继承人等人之间发生效力,也就是说涉及继承人、继承人以外的人以及国家和社会的利益。因此,遗嘱应当采取法律规定的形式,属于要式行为。如果遗嘱不具备法定的方式,则不能发生效力。遗嘱的形式是否符合法律规定的形式,应以遗嘱设立时的情形定之。

二、遗嘱的内容

遗嘱是对遗产及相关事项的处置和安排,因此,遗嘱人在设立遗嘱时,应当将处分自己财产的意思充分地表示出来。即遗嘱的内容当然应当具体明确,以便于执行,避免发生歧义。一般说来,遗嘱的内容应当包括以下几方面:

(一) 指定继承人、受遗赠人

《继承法》第 16 条第 2、3 款规定:"公民可以立遗嘱将个人财产指定由法定继承人的一人或者数人继承。公民可以立遗嘱将个人财产赠给国家、集体或者法定继承人以外的人。"遗嘱人指定法定继承人继承的,应当在遗嘱中注明继承人的名字。遗嘱中指定的继承人可为法定继承人中的任何人,不受继承人继承顺序的限制,但不能是法定继承人以外的人。遗嘱人遗赠财产的,要记明受遗赠的单位的名称或者个人的姓名。受遗赠人可以是国家、集体,也可以是自然人,但不能是法定继承人范围之内的人。

(二) 指定遗产的分配办法或份额

遗嘱人应当在遗嘱中列明自己留下的财产清单,说明财产的名称、数量以及存放的地方等。遗嘱中应当说明每个指定继承人得继承的具体财产,指定由数个继承人共同继承某项遗产的,应当说明指定继承人对遗产的分配办法或者每个人应继承的遗产份额。遗赠财产的,要具体说明将某一财产遗赠给何人、何单位。遗嘱中指定由数人共同继承某项财产而又未说明分配办法或者各人的继承份额的，推定为指定数个继承人均分遗产。遗嘱人可以在遗嘱中处分全部财产，也可以仅处分部分财产。

（三）对遗嘱继承人、受遗赠人附加的义务

遗嘱中可以对遗嘱继承人或者受遗赠人附加义务。例如，遗嘱中可以指明某继承人或者受遗赠人应当将某项遗产用于特定的用途，也可指定继承人承担其他的义务。例如，遗嘱中将某项财产指定由某一未成年的继承人继承，同时指定由该未成年人的父母在其成年前负责管理；又如，遗嘱中将某项财产指定由某一继承人继承，同时指定该继承人须以该财产的部分收益扶养某人。

（四）指定遗嘱执行人

遗嘱执行人是于继承开始后执行遗嘱的人。根据《继承法》第16条第1款的规定，遗嘱人在遗嘱中"可以指定遗嘱执行人"。但遗嘱的主要内容并不是指定遗嘱执行人，因为遗嘱执行人并不是对遗产的处分，而只关涉遗嘱的执行。因此，遗嘱中未指定遗嘱执行人的，不影响遗嘱的成立和执行。

（五）其他事项

除上述内容外，遗嘱人还可以在遗嘱中说明其他事项。例如，再指定继承人、丧事安排和要求等。再指定继承人是指遗嘱中指定的被指定的继承人不能继承时由其继承遗产的继承人。所以，再指定继承人又称为候补继承人。

三、遗嘱的形式

（一）遗嘱形式的种类

遗嘱的形式是指遗嘱人表达自己处分其财产的意思的方式。根据《继承法》第17条的规定，遗嘱的法定形式有以下五种：

1. 公证遗嘱

公证遗嘱是指经公证机关公证的遗嘱。公证遗嘱是方式最为严格的遗嘱，较之其他的遗嘱方式更能保障遗嘱人意思表示的真实性。因此，在当事人发生继承纠纷时，公证遗嘱是证明遗嘱人处分财产的意思表示的最有力的和最可靠的证据。根据《继承法》第17条第1

款的规定,公证遗嘱由遗嘱人经公证机关办理。

遗嘱人设立公证遗嘱,应亲自带有关的身份证明到公证机关以书面或口头形式提出办理遗嘱公证的申请,并于公证人员面前亲自书写遗嘱或者口授遗嘱。然后,由公证人员对遗嘱的真实性、合法性予以审查。最后,由公证员出具"遗嘱公证书"。公证书应由公证机关和遗嘱人分别保存,公证人员在遗嘱开启前有为遗嘱人保守遗嘱秘密的义务。

2. 自书遗嘱

自书遗嘱是指由遗嘱人亲笔书写的遗嘱。自书遗嘱因是遗嘱人自己亲自将自己处分财产的意思用文字表示出来的,不仅简便易行,而且还可以保证内容真实,便于保密。因此,自书遗嘱在实践中适用极其广泛。《继承法》第17条第2款规定:"自书遗嘱由遗嘱人亲笔书写,签名,注明年、月、日。"可见,自书遗嘱应当由遗嘱人亲笔书写下遗嘱的全部内容,既不能由他人代笔,也不能用打字机打印。遗嘱人应当在遗嘱上签名,并注明年、月、日。

自书遗嘱应当是遗嘱人关于其死亡后财产处置的正式意思表示。如果遗嘱人不是正式制作自书遗嘱,仅是在日记或有关的信件中提到准备在其死亡后对某遗产作如何处理,则不应认定该内容为自书遗嘱。但是,自书遗嘱也不要求须有"遗嘱"的字样。如果遗嘱人在有关的文书中对其死亡后的事务作出安排,也包括对其死亡后的财产处理作出安排,而又无相反证明时,则应当认定该文书为遗嘱人的自书遗嘱。对此,《继承法的意见》第40条规定:"公民在遗书中涉及死后个人财产处分的内容,确为死者真实意思的表示,有本人签名并注明了年、月、日,又无相反证据的,可按自书遗嘱对待。"

3. 代书遗嘱

代书遗嘱是由他人代为书写的遗嘱。遗嘱人自己不能书写或者不愿亲笔书写的,可以由他人代笔制作书面遗嘱。《继承法》第17条第3款规定:"代书遗嘱应当有两个以上见证人在场见证,由其中一人代书,注明年、月、日,并由代书人、其他见证人和遗嘱人签名。"遗嘱人设立代书遗嘱须由遗嘱人口授遗嘱内容并由一见证人代书,必须有两人以上在场见证,同时代书人、其他见证人和遗嘱人须在遗嘱上签名并注明年、月、日。

4. 录音遗嘱

录音遗嘱是指以录音方式录制下来的遗嘱人的口述遗嘱。以录音带、录像带记载遗嘱的内容,是现代科技的产物。这种形式的遗嘱较之口头遗嘱更可靠,而且取证方便,不需要他人的复述。根据《继承法》第17条第4款的规定,以录音形式订立的遗嘱应当有两个以上的见证人在场见证。见证人在场见证的目的,是保证录制的遗嘱确为遗嘱人的真实意思。因此,在遗嘱人录制完遗嘱后,见证人也应当将自己的见证证明录制在录制遗嘱的音像磁带上。遗嘱人在录制完遗嘱后,应将记载遗嘱的磁带封存,并由见证人共同签名,注明年、月、日。

5. 口头遗嘱

口头遗嘱是指由遗嘱人口头表述的而不以任何方式记载的遗嘱。口头遗嘱简便易行,但是遗嘱的内容完全靠见证人表述证明,容易发生纠纷。因此,口头遗嘱需要有较为严格的条件。根据《继承法》第17条第5款的规定,口头遗嘱须具备以下两个条件:一是遗嘱人处于危急情况下,不能以其他方式设立遗嘱。所谓危急情况,一般是指遗嘱人生命垂危、在战争中或者发生意外灾害,随时都有生命危险,而来不及或无条件设立其他形式遗嘱的情况。在危急情况解除后,遗嘱人能够用书面或者录音形式立遗嘱的,所立的口头遗嘱无效。二是应当有两个以上的见证人在场见证。遗嘱人于危急情况下设立口头遗嘱的,也至少要有两个以上见证人在场见证。见证人应将遗嘱人口授的遗嘱记录下来,并由记录人、其他见证人签名,注明年、月、日;见证人无法当场记录的,应于事后追记、补记遗嘱人口授的遗嘱内容,并于记录上共同签名,并注明年、月、日,以保证见证内容的真实、可靠。

(二) 遗嘱见证人

根据《继承法》第17条的规定,代书遗嘱、录音遗嘱、口头遗嘱都须有两个以上的见证人在场见证。遗嘱见证人是证明遗嘱真实性的第三人。因为遗嘱见证人证明的真伪直接关系着遗嘱的效力,关系到对遗产的处置,因此,遗嘱见证人必须是能够客观公正地证明遗嘱真实性的人。一般说来,能够客观公正地证明遗嘱真实性的人,应当具备以下两个条件:一是具有完全民事行为能力,因为只有完全民事行为能力人才能对事物有认识能力和判断能力;二是与继承人、遗嘱人没有利害关系,因为有利害关系的人更有可能受其利益的驱动作不真实的证明。

根据《继承法》第 18 条的规定,下列人员不能作为遗嘱见证人:

1. 无民事行为能力人、限制民事行为能力人

见证人是否具有民事行为能力,应当以遗嘱见证时为准,因为见证人是证明遗嘱真实性的。如果于遗嘱人立遗嘱时为完全民事行为能力人,而其后丧失行为能力,则不影响遗嘱见证的效力。相反,如于遗嘱人立遗嘱时是无民事行为能力人、限制民事行为能力人,虽其后具有完全民事行为能力,也不能认定其可以作遗嘱见证人。他们于不具有完全民事行为能力时对遗嘱所作的见证,仍不具有效力。

2. 继承人、受遗赠人

由于遗嘱对遗产的处分直接影响着继承人、受遗赠人对遗产的接受,也就是说,继承人、遗赠人与遗嘱有着直接的利害关系,由他们作见证人难以保证其证明的客观性、真实性,所以,继承人、受遗赠人不能作为遗嘱见证人。

3. 与继承人、受遗赠人有利害关系的人

与继承人、受遗赠人有利害关系的人是指继承人、受遗赠人能否取得遗产,取得多少遗产会直接影响其利益的人。根据《继承法的意见》第 36 条的规定,继承人、受遗赠人的债权人、债务人,共同经营的合伙人,也应当视为与继承人、受遗赠人有利害关系,不能作为遗嘱见证人。

四、遗嘱的有效条件

遗嘱作为一种民事行为,只有具备法律规定的一定条件,才能发生法律效力;不具备法律规定的条件的遗嘱,则不能发生法律效力。根据《继承法》的规定,遗嘱有效须具备以下条件:

(一) 遗嘱人须有遗嘱能力

遗嘱能力是指自然人依法享有的设立遗嘱,依法自由处分自己

财产的资格,亦即遗嘱人的行为能力。

遗嘱是民事行为,遗嘱人须有相应的民事行为能力才能实施。但遗嘱是一种特殊的民事行为,因此,自然人须具有特别规定的行为能力才得设立遗嘱。《继承法》未明确规定自然人的遗嘱能力,但该法第22条第1款规定:"无行为能力或者限制行为能力人所立的遗嘱无效。"这就从反面规定了无完全民事行为能力人不具有遗嘱能力,只有完全民事行为能力人才有遗嘱能力。

遗嘱是一种民事行为,就一般意义说,实施民事行为的行为人是否具有相应的民事行为能力,是以实施该行为时其行为能力的状况为标准的,因此,遗嘱人的遗嘱能力也应以立遗嘱时为标准定之。在设立遗嘱时,遗嘱人有遗嘱能力的,其后虽丧失遗嘱能力,遗嘱也并不因此而失去效力;反之,遗嘱人于设立遗嘱时无遗嘱能力,其后虽具有了完全民事行为能力,遗嘱也不因遗嘱人其后具有了遗嘱能力而有效。对此,《继承法的意见》第41条规定:"遗嘱人立遗嘱时必须有行为能力。无行为能力人所立的遗嘱,即使其本人后来有了行为能力,仍属无效遗嘱。遗嘱人立遗嘱时有行为能力,后来丧失了行为能力,不影响遗嘱的效力。"

(二) 遗嘱须是遗嘱人的真实意思表示

遗嘱必须是遗嘱人的真实意思表示,即遗嘱的内容必须与遗嘱人关于处分遗产的内在真实意志相一致。遗嘱是否为遗嘱人的真实意思表示,原则上以遗嘱人最后于遗嘱中所作出的意思表示为准。《继承法》第22条第2、3、4款规定:"遗嘱必须表示遗嘱人的真实意思,受胁迫、欺骗所立的遗嘱无效。伪造的遗嘱无效。遗嘱被篡改的,篡改的内容无效。"

受胁迫所立的遗嘱是指遗嘱人受到他人非法的威胁、要挟,为避免自己或亲人的财产或生命健康遭受侵害违心地作出与自己的真实意思相悖的遗嘱;受欺骗所立的遗嘱是指遗嘱人因受他人歪曲的、虚假的行为或者言词的错误导向而产生错误的认识,作出与自己的真实意愿不相符合的遗嘱;伪造的遗嘱也就是假遗嘱,是指以被继承人的名义设立的但根本不是被继承人意思表示的遗嘱。受胁迫、欺骗所立的遗嘱,伪造的遗嘱因为都不是遗嘱人的真实意思表示,因而都是无效的。

被篡改的遗嘱是指遗嘱的内容被遗嘱人以外的其他人作了更改的遗嘱。被篡改的遗嘱,篡改的内容已经不是遗嘱人的意思表示,而是篡改人的意思表示,因而也就不能发生遗嘱的效力,是无效的。但是,遗嘱不能因被篡改而全部无效。遗嘱中未被篡改的内容仍然是遗嘱人的真实意思表示,仍然可以是有效的。

(三) 遗嘱的内容须合法

遗嘱的内容必须合法,才能发生法律效力。遗嘱的内容是否合法,应以被继承人死亡时为准。例如,遗嘱人在遗嘱中指定继承人继承某物,在立遗嘱时该物并不为遗嘱人所有,遗嘱人处分了他人的财产当然是不合法的,但是若其后于被继承人死亡前被继承人取得了该物的所有权,于继承开始时,遗嘱人所立的遗嘱就为合法的。

遗嘱人在立遗嘱时,必须为缺乏劳动能力又没有生活来源的继承人保留必要的遗产份额。没有保留的,对应当保留的必要份额的处分无效。《继承法》第19条规定:"遗嘱应当对缺乏劳动能力又没有生活来源的继承人保留必要的遗产份额。"根据这一规定,享有继承"必要的遗产份额"的继承人必须同时具备缺乏劳动能力和没有生活来源两个条件,而法定继承人是否为缺乏劳动能力又无生活来源的人,应以继承开始时为准,不能以遗嘱人立遗嘱时的继承人的状况为准。遗嘱中未为缺乏劳动能力又没有生活来源的继承人保留必要的遗产份额时,遗嘱并非全部无效,而仅是涉及处分应保留份额遗产的遗嘱内容无效,其余内容仍可有效。《继承法的意见》第37条第1款规定:"遗嘱人未保留缺乏劳动能力又没有生活来源的继承人的遗产份额,遗产处理时,应当为该继承人留下必要的遗产,所剩余的部分,才可参照遗嘱确定的分配原则处理。"

遗嘱是遗嘱人处分自己财产的意思表示,自不能处分不属于遗嘱人自己的财产。如果遗嘱人以遗嘱处分了不属于自己的财产,遗嘱的这部分内容无效。对此,《继承法的意见》第38条规定:"遗嘱人以遗嘱处分了属于国家、集体或他人所有的财产,遗嘱的这部分,应认定无效。"

(四) 遗嘱的形式符合法律规定的形式要求

遗嘱是否符合法定的形式,应以遗嘱设立时法律规定的标准为准。《继承法的意见》第35条规定:"继承法实施前订立的,形式上稍有欠缺的遗嘱,如内容合法,又有充分证据证明确为遗嘱人真实意思表示的,可以认定遗嘱有效。"这里所指的形式上稍有欠缺,是指与继承法中规定的形式要求有欠缺,但符合遗嘱设立当时的法律要求。因此,在继承法实施后所设立的遗嘱若在形式上有欠缺,则因不合遗嘱设立时法律的要求应为无效。

第三节 遗嘱的变更、撤销和执行

一、遗嘱的变更和撤销

遗嘱是于遗嘱人死亡时才发生法律效力的,又是遗嘱人单方的意思表示,因此,在遗嘱发生效力前,遗嘱人得随时变更或撤销所立的遗嘱。对此,《继承法》第20条第1款规定:"遗嘱人可以撤销、变更自己所立的遗嘱。"

遗嘱的变更是指遗嘱人在遗嘱设立后对遗嘱内容的部分修改;遗嘱的撤销是指遗嘱人在设立遗嘱后取消原来所立的遗嘱。可见,遗嘱的变更与撤销的区别在于遗嘱人对所立的遗嘱内容改变的程度不同。变更仅是遗嘱人部分地改变了原设立遗嘱时的意思,可以说是对遗嘱部分内容的撤销;而撤销是遗嘱人改变原设立遗嘱时的全部意思,可以说是对遗嘱内容的全部变更。

遗嘱人变更、撤销遗嘱应符合遗嘱的有效条件。在遗嘱变更、撤销时,遗嘱人应当具有遗嘱能力。遗嘱的变更、撤销须为遗嘱人的真实意思表示。同时,遗嘱的变更、撤销须由遗嘱人亲自依法定的方式和程序为之。根据《继承法》第20条第3款的规定,自书遗嘱、代书遗嘱、录音遗嘱和口头遗嘱,不得变更、撤销公证遗嘱。因此,对公证遗嘱的变更、撤销必须采用公证的方式。

遗嘱人立有数份遗嘱,且内容相抵触的,应以最后的遗嘱为准。《继承法》第20条第2款规定:"立有数份遗嘱,内容相抵触的,以最后的遗嘱为准。"因为遗嘱人立有内容相抵触的遗嘱时,推定遗嘱人是以后一遗嘱撤销前一遗嘱,所以应以最后的遗嘱为准。但是,如果立有的数份遗嘱的形式不同,其中又有公证遗嘱的,则应以最后的公证遗嘱为准,因为其他形式的遗嘱不能变更、撤销公证遗嘱。

如果遗嘱人生前的行为与遗嘱的内容相抵触的,则推定遗嘱变更、撤销。《继承法的意见》第 39 条规定:"遗嘱人生前的行为与遗嘱的意思表示相反,而使遗嘱处分的财产在继承开始前灭失、部分灭失或所有权转移、部分转移的,遗嘱视为被撤销或部分被撤销。"例如,遗嘱人在遗嘱中指定某物由某继承人继承或者赠与某人,而其后遗嘱人自己却将该物出卖或赠送给他人,遗嘱中有关处分该物的内容就视为被撤销。

遗嘱的变更、撤销的效力,在于使原遗嘱的内容不能发生效力。遗嘱变更的,应以变更后的遗嘱内容为遗嘱人的真实意思表示,应以变更后的遗嘱来确定遗嘱的有效、无效,依变更后的遗嘱执行。遗嘱撤销的,被撤销的原遗嘱作废,以新设立的遗嘱为遗嘱人处分自己财产的真实意思表示,以新设立的遗嘱来确定遗嘱的效力和执行。

二、遗嘱的执行

遗嘱的执行是指于遗嘱生效后,为实现遗嘱的内容所实施的必要的行为及程序。

遗嘱因于遗嘱人死亡后才能发生效力,因此,遗嘱人自己不能执行遗嘱,而须由他人来执行。但遗嘱并不是任何人都可执行的,而只能由特定的人执行。有权执行遗嘱的人,即为遗嘱执行人。因为遗嘱的执行也是一种民事行为,因此,遗嘱执行人也须具备相应的民事行为能力。从遗嘱执行的后果看,遗嘱的执行属于重大的和复杂的民事行为,因此,遗嘱执行人应为完全民事行为能力人。无民事行为能力人、限制民事行为能力人不具有担当遗嘱执行人的资格。

根据《继承法》第 16 条的规定和司法实践,遗嘱执行人包括以下三种:一是遗嘱人在遗嘱中指定遗嘱执行人。《继承法》第 16 条第 1 款规定,自然人可以立遗嘱处分个人财产,并可以指定遗嘱执行人。遗嘱人在遗嘱中指定了遗嘱执行人的,被指定的人即为遗嘱执行人。二是法定继承人为遗嘱执行人。遗嘱人未指定遗嘱执行人或者指定的遗嘱执行人不能执行遗嘱的,则遗嘱人的法定继承人为遗嘱执行人。三是有关单位为遗嘱执行人。遗嘱中没有指定遗嘱执行人,也没有法定继承人能执行遗嘱时,由遗嘱人生前所在单位或者继承开始地点的基层组织为遗嘱执行人。继承开始地点的基层组织是指继承开始地的村民委员会、居民委员会。

从遗嘱人完成任务的需要上看,遗嘱执行人应享有和承担下列权利义务:

(1)查明遗嘱是否合法真实。这是遗嘱执行人的首要职责,因为无效的遗嘱、不成立的遗嘱都不能执行。因此,遗嘱执行人要执行遗嘱,首先应审查遗嘱的合法性、真实性。

(2)清理遗产。清理遗产是指查清遗产的名称、数量、地点、价值等状况。尽管遗嘱人在遗嘱中对其财产一般有具体的说明,但一方面在遗嘱人设立遗嘱后,遗产的状况会发生一定的变化;另一方面为执行遗嘱,遗嘱人也有必要查清遗产的状况,以防止遗产的占有人隐匿遗产。所以,清理遗产也是遗嘱执行人的一项重要权利义务。

(3)管理遗产。遗嘱中对遗产的管理有要求的,遗嘱执行人应当按照遗嘱中的要求管理遗产;遗嘱中对遗产的管理没有提出要求的,遗嘱执行人对遗产的管理以执行遗嘱的必要为限。

(4)召集全体遗嘱继承人和受遗赠人并公开遗嘱内容。遗嘱执行人有权利也有义务召集全体遗嘱继承人和受遗赠人,公开遗嘱的内容,并对有关遗产的情况作出说明。

(5)按照遗嘱内容执行遗赠和将遗产最终转移给遗嘱继承人。遗嘱执行人有将遗嘱中处分的遗产转交给有关人的权利和义务。遗嘱人在遗嘱中遗赠的财产,应由遗嘱执行人交付给受遗赠人。

(6)排除各种妨碍。遗嘱执行人执行遗嘱时,任何人不得妨碍。对于在执行遗嘱中受到他人的非法干涉和妨碍,不论干涉和妨碍是来自继承人还是来自其他人,遗嘱执行人都有权排除,必要时得请求人民法院保护其执行遗嘱的合法权利。

第二十七章　遗赠和遗赠扶养协议

第一节　遗　　赠

一、遗赠的概念和特点

遗赠是指自然人以遗嘱的方式将其个人财产赠与国家、集体或者法定继承人以外的人,而于其死亡后发生法律效力的民事行为。立遗嘱的自然人为遗赠人,被指定接受赠与财产的人为受遗赠人,遗嘱中指定赠与的财产为遗赠财产或遗赠物。

遗赠也是将死亡的自然人遗留的财产转移给他人所有的一项制度。《继承法》第16条第3款规定:"公民可以立遗嘱将个人财产赠给国家、集体或者法定继承人以外的人。"根据我国法律的规定,遗赠具有以下特点:

(一) 遗赠是单方行为

遗赠是遗赠人以遗嘱的方式将财产赠与他人,而遗嘱是一种单方行为,因而遗赠也就是一种单方行为,只须有遗赠人一方的意思表示就可以成立。遗赠人只要在遗嘱中将自己赠与财产的意思表示出来,自遗嘱生效时起,遗赠也就生效。遗赠人遗赠财产的意思不受其他任何人意思的制约,也不需要相对人的同意。也就是说,遗赠的成立与否,并不以相对人的同意为前提,完全由遗赠人单方的意思决定。

(二) 遗赠是无偿行为

遗赠是遗赠人给予他人财产利益的行为。这种财产利益可以是给予财产权利,也可以是免除他人的财产债务,但遗赠人必须给予他人直接的财产利益,而不能给予间接的财产利益。遗赠人遗赠的标的只能是财产利益,而不能是人身利益。而且,遗赠人只能是将财产利益给予继承人以外的人。如果遗嘱人在遗嘱中指定某财产由法定继承人中的某人承受,则为遗嘱继承而不为遗赠。遗赠是无偿行为,虽然遗赠人可以对遗赠附加某种负担,但所附加的负担并不是遗赠的对价。

（三）遗赠是死因行为

遗赠虽是遗赠人生前作出的意思表示,但只有在遗赠人死亡后才能发生法律效力。遗赠的这一特点与死因赠与行为相似,但二者不同。死因赠与是一种以赠与人的死亡为停止条件的赠与,是一种双方行为。因为遗赠须于遗赠人死亡后才能生效,所以遗赠人得随时依法定程序变更、撤销遗赠。

（四）遗赠是只能由受遗赠人亲自接受的行为

遗赠是以特定的受遗赠人为受益主体的。受遗赠的主体具有不可替代性。受遗赠人应为接受遗赠时的生存之人。但于被继承人死亡时已受孕的胎儿可作为受遗赠人。受遗赠的自然人先于遗嘱人死亡或者受遗赠的单位于遗赠人死亡前撤销的,遗赠即不能发生效力；受遗赠人在作出接受遗赠的意思表示前死亡的,也不能发生遗赠。受遗赠人的受遗赠权只能由受遗赠人自己亲自享有,而不得转让。

二、遗赠与遗嘱继承、赠与的区别

因遗赠是在遗产继承中发生的赠与他人财产的法律现象,因此,遗赠与遗嘱继承、赠与有相似之处,但更有重要的区别。

（一）遗赠与遗嘱继承的区别

遗赠与遗嘱继承都是被继承人以遗嘱处分个人财产的方式,但两者是不同的,其区别表现在：

第一,受遗赠人可以是法定继承人以外的任何自然人,也可以是国家和集体,但不能是法定继承人范围之内的人；遗嘱继承人则只能是法定继承人范围之内的人,而不能是法定继承人以外的自然人或单位。可见,受遗赠人和遗嘱继承人的范围是不同的。

第二,受遗赠权的客体只是遗产中的财产权利,而不包括财产义务。受遗赠人接受遗赠时只承受遗产中的权利而不承受遗产中的债务。如果遗赠人将其全部遗产遗赠给国家、集体或自然人,而他生前又有债务时,则受遗赠人只能接受清偿债务后剩余的财产,但这种清偿只能是对被继承人债务的处理,受遗赠人本身并不承受被继承人的债务。而遗嘱继承权的客体是遗产,既包括被继承人生前的财产权利,也包括被继承人生前的财产义务。遗嘱继承人对遗产的继承是包括地承受权利和义务,不能只承受遗产的财产权利,而不承受遗产的财产义务。可见,受遗赠权与遗嘱继承权客体的范围是不同的。

第三,受遗赠人接受遗赠的,应于法定期间内作出接受遗赠的明示的意思表示。《继承法》第25条第2款规定:"受遗赠人应当在知道受遗赠后两个月内,作出接受或者放弃受遗赠的表示。到期没有表示的,视为放弃受遗赠。"这里规定的2个月的期间应为受遗赠权的除斥期间,因为从知道受遗赠后2个月内未作出接受的表示,视为放弃受遗赠权,受遗赠人不能再行使受遗赠权。而遗嘱继承人自继承开始至遗产分割前未明确表示放弃继承的,即视为接受继承,放弃遗嘱继承权必须于此期间内作出明确的意思表示。可见,受遗赠权与遗嘱继承权的行使方式是不同。

(二) 遗赠与赠与的区别

遗赠与赠与都是将自己的财产无偿给予他人的行为,但二者的性质不同,其主要区别表现在:

第一,遗赠是单方行为,只需要有遗赠人一方赠与的意思表示即可,无须征得对方的同意;而赠与是一种双方行为,不仅要有赠与人赠与的意思表示,而且还要有受赠人接受赠与的意思表示,只有双方的意思表示一致才能成立赠与。

第二,遗赠采取遗嘱的方式,由继承法调整;而赠与采取合同方式,由合同法调整。

第三,遗赠是于被继承人死亡后发生效力的死因行为,而赠与是生前行为。

三、遗赠的有效条件

遗赠虽是遗赠人单方的意思表示,也须具备一定的条件才能发生效力。这些条件主要有以下几项:

(一) 遗赠人须有遗嘱能力

无遗嘱能力的无民事行为能力人、限制民事行为能力人不能为遗赠。遗赠人有无遗嘱能力，也应以遗嘱设立的当时情况为准。

（二）遗赠人须为缺乏劳动能力又没有生活来源的继承人保留必要的遗产份额

遗赠不能损害缺乏劳动能力又没有生活来源的继承人的合法权益。如果继承人中有缺乏劳动能力又没有生活来源的人，而遗赠人又没有为其保留必要的遗产份额的，则涉及这一必要份额的遗赠无效。继承人中有无缺乏劳动能力又没有生活来源的人，以遗赠人死亡时继承人的状况为准。

（三）遗赠人所立的遗嘱符合法律规定的形式

遗赠人设立的遗嘱不合法定形式的，遗赠无效。遗赠人的遗嘱是否合法定形式，以遗嘱设立当时的法律要求为准。

（四）受遗赠人须为遗嘱生效时生存之人

先于遗赠人死亡或者与遗赠人同时死亡的自然人，不能成为受遗赠人，因为其不具有民事权利能力。遗赠人死亡时已受孕的胎儿可以作为受遗赠人，但也应以活着出生的为限。如胎儿出生时为死体的，则遗赠溯及自始无效。

（五）遗赠的财产须为遗产，且在遗赠人死亡时执行遗赠为可能和合法

如果遗赠财产不属于遗产，或者于遗赠人死亡时该项财产已不存在或因其他原因不能执行或执行是不合法的，则遗赠为无效的。

四、遗赠的执行

遗赠的执行是指在受遗赠人接受遗赠后，按照遗嘱人的指示将遗赠的遗赠物移交给受遗赠人。

遗赠执行的义务人为遗嘱执行人，权利人为受遗赠人。受遗赠人在知道受遗赠后2个月内，向遗嘱执行人作出接受遗赠的意思表示的，即享有请求遗嘱执行人依遗赠人的遗嘱将遗赠物交付其所有的请求权。遗赠执行人应依受遗赠人的请求交付遗赠物。

但是，受遗赠权并不是一种债权，受遗赠人并不是遗赠人的债权人，也不是遗嘱执行人的债权人。因此，遗嘱执行人不能先以遗产用于执行遗赠，而应在清偿完被继承人生前所欠的税款及债务后，于遗

产剩余的部分中执行遗赠。如果在清偿被继承人生前所欠的税款和债务后没有剩余的遗产,遗赠则不能执行,受遗赠人的权利归于消灭,遗赠执行人也就没有执行的义务。如果遗赠人是以特定物为遗赠物的,而该物又已不存在的,则因遗赠失去效力,遗赠执行人当然无执行的义务。

第二节 遗赠扶养协议

一、遗赠扶养协议的概念和特点

《继承法》第 31 条规定:"公民可以与扶养人签订遗赠扶养协议。按照协议,扶养人承担该公民生养死葬的义务,享有受遗赠的权利。公民可以与集体所有制组织签订遗赠扶养协议。按照协议,集体所有制组织承担该公民生养死葬的义务,享有受遗赠的权利。"根据这一规定,遗赠扶养协议是指自然人(遗赠人、受扶养人)与扶养人或者集体所有制组织(以下统称为"扶养人")签订的关于扶养、遗赠的协议。

遗赠扶养协议具有以下特点:

(一)遗赠扶养协议是双方行为

遗赠扶养协议是双方行为,须有双方的意思表示的一致才能成立。遗赠扶养协议中的遗赠人也就是受扶养人,只能是自然人;而另一方为扶养人,其可以是自然人,也可以为集体所有制组织。但作为扶养人的自然人不能是法定继承人范围以内的人,因为法定继承人与被继承人之间本来就有法定的扶养权利义务关系。

(二)遗赠扶养协议是诺成性行为

遗赠扶养协议是诺成性行为,因而自双方意思表示达成一致时起即可发生效力。当然,遗赠扶养协议于受扶养人死亡后才发生遗赠的效力,但这属于遗赠扶养协议的履行,而并非遗赠扶养协议于受扶养人死亡时才成立生效。

(三)遗赠扶养协议是双务行为

遗赠扶养协议是当事人双方都负有一定义务的民事行为。扶养人负有负责受扶养人的生养死葬的义务,受扶养人也有将自己的财产遗赠给扶养人的义务。遗赠扶养协议虽为双务行为,但双方义务发生效力的时间不同。扶养人的义务是自协议签订之日起即生效,受扶养人即得要求扶养人履行义务。而受扶养人的义务是于其死亡后才发生效力,在受扶养人死亡前扶养人不得要求受扶养人将其财产归己所有。

(四)遗赠扶养协议是有偿行为

遗赠扶养协议是有偿行为,任何一方享受权利都是以履行一定的义务为对价的。扶养人不履行对受扶养人的生养死葬的义务,则不能享有受遗赠的权利;受扶养人不将自己的财产遗赠给扶养人,也不享有要求扶养人扶养的权利。

(五)遗赠扶养协议是自然人生前对自己死亡后遗留下的遗产的一种处置方式

遗赠扶养协议是自然人生前对自己死亡后所遗留的遗产的处置。因此,遗赠扶养协议并不因受扶养人的死亡而终止,而且协议中有关遗赠的内容只能于受扶养人死亡后发生效力。

二、遗赠扶养协议的效力

遗赠扶养协议是双务合同,当事人双方都享有一定的权利,同时又都负有一定的义务,双方的权利义务具有对应性。从义务的角度说,遗赠扶养协议的义务包括以下两部分:

其一,扶养人对受扶养人的扶养义务。在受扶养人生前对其给予生活上的照料和扶助,在受扶养人死亡后负责办理受扶养人的丧事。扶养人无正当理由不履行义务,致协议解除的,不能享有受遗赠的权利,其支付的供养费用一般不予补偿。

其二,受扶养人将其财产遗赠给扶养人的义务。受扶养人应当履行将其财产遗赠给扶养人的义务。受扶养人无正当理由不履行义务,致协议解除的,应偿还扶养人已支付的供养费用。

第二十八章　遗产的处理

第一节　继承的开始

一、继承开始的时间

继承开始的时间是引起继承法律关系产生的法律事实出现的时间。引起继承法律关系产生的法律事实是自然人的死亡。因此,继承开始的时间就是自然人死亡的时间。对此,《继承法》第2条规定:"继承从被继承人死亡时开始。"被继承人的死亡包括自然死亡和宣告死亡。

两个以上互有继承权的人在同一事故中死亡的,若有足够的证据证明他们死亡时间的,则应按照证据证明的事实确定死亡人各自的死亡时间;若不能确定死亡人的死亡时间的,则应根据法律规定推定死亡人的死亡时间。对此,《继承法的意见》第2条规定:"相互有继承关系的几个人在同一事件中死亡,如不能确定死亡先后时间的,推定没有继承人的人先死亡。死亡人各自都有继承人的,如几个死亡人辈份不同,推定长辈先死亡;几个死亡人辈份相同的,推定同时死亡,彼此不发生继承,由他们各自的继承人分别继承。"

二、继承开始的地点

继承开始的地点是继承人参与继承法律关系,行使继承权,接受遗产的场所。《继承法》中没有明确规定继承开始的地点,司法实践通常以被继承人的生前最后住所地或主要遗产所在地为继承开始的地点。

根据《民法通则》的规定,被继承人的生前最后住所地,就是他的户籍所在地的居住地。如果经常居住地与住所不一致的,经常居住地就是住所地。主要遗产所在地应按下列情形确定:如果遗产中有动产和不动产,则应以不动产所在地为主要遗产所在地;如果遗产属于同类动产,则应以财产的多少为标准确定主要遗产所在地;如果不属于同类动产,则应以各处遗产的价值额为标准确定主要遗产所在地。

三、继承开始的通知

《继承法》第 23 条规定:"继承开始后,知道被继承人死亡的继承人应当及时通知其他继承人和遗嘱执行人。继承人中无人知道被继承人死亡或者知道被继承人死亡而不能通知的,由被继承人生前所在单位或者住所地的居民委员会、村民委员会负责通知。"根据这一规定,负有继承开始通知义务的人,首先是知道被继承人死亡的继承人。即知道被继承人死亡的继承人应当及时将继承开始的事实通知其他继承人和遗嘱执行人。如果继承人中无人知道被继承人死亡,或者虽然知道被继承人死亡却不能通知的(如无民事行为能力),则负有通知义务的人是被继承人生前所在单位或者住所地的居民委员会、村民委员会。负有通知义务的继承人或单位,如果有意隐瞒继承开始的事实,造成其他继承人损失的,应当承担责任。

第二节 遗　　产

一、遗产的概念和特点

遗产是自然人死亡时遗留下的个人合法财产。遗产具有以下特点:

(一)时间上的特定性

遗产是自然人死亡时遗留下来的财产。因此,被继承人死亡的时间是划定遗产的特定时间界限。在被继承人死亡之前,该自然人的财产不能为遗产。只有该自然人死亡时,其财产才转变为遗产。因此,遗产只能以被继承人死亡时的被继承人的财产状况确定。被继承人死亡前,其财产不能为遗产,不发生继承。

(二)内容上的财产性和包括性

遗产只能是自然人死亡时遗留的财产,因而具有财产性。遗产包括被继承人死亡时遗留的全部财产权利和财产义务,具有包括性。遗产只包括财产权利和财产义务,而不能包括人身权利和义务。所以,只有被继承人生前享有的财产权利和所负担的财产义务,才能属于遗产的范畴。被继承人生前享有的人身权利和相关的义务,不能列入遗产。

(三) 范围上的限定性

遗产只能是自然人死亡时遗留下的个人财产,并且须为依照继承法的规定能够转移给他人所有的财产,所以,遗产在范围上具有限定性。正因为如此,只有在被继承人生前属于被继承人个人所有的财产,才能为遗产。虽于被继承人生前为被继承人占有,但不为被继承人所有的他人的财产,如被继承人生前租赁、借用于死亡时尚未返还的财产,不属于遗产;被继承人占有的但为其与他人共有的财产,不属于被继承人的部分,也不属于遗产。

(四) 性质上的合法性

遗产只能是自然人的合法财产,因而具有合法性的特点。自然人死亡时遗留下的财产可为遗产的,必须是依法可以由自然人拥有的,并且是被继承人有合法取得根据的财产。自然人没有合法根据而取得的财产,如非法侵占的国家的、集体的或者其他人的财产,不能作为遗产。依照法律规定不允许私人所有的财产,也不能为遗产。

二、遗产的范围

《继承法》第 3 条既概括地规定了"遗产是公民死亡时遗留的个人合法财产",又列举了遗产包括的范围。

(一) 遗产包括的财产

遗产包括的财产,也就是可以作为遗产的财产。根据《继承法》第 3 条的规定,遗产主要包括以下财产:

1. 自然人的收入

自然人的收入主要是指自然人从事劳动所获得的收入以及其他合法收入,如工资、奖金、津贴、接受赠与和遗赠的财产、继承的财产等。

2. 自然人的房屋、储蓄和生活用品

自然人个人所有的房屋,一般称为私房。自然人私有的房屋是自然人的主要财产,主要用于居住,从而作为生活资料,但也可作为生产资料。自然人的储蓄是自然人在各类银行或者其他金融机构的存款,实质上是自然人节省下来的收入。自然人的生活用品是指自然人所有的为满足其日常物质生活和精神生活需要的生活资料。凡为自然人日常生活所需要的生活资料,不论其价值大小,都可为遗产。

3. 自然人的林木、牲畜和家禽

自然人的林木是指依法归自然人个人所有的树木、竹林、果园。自然人个人在其使用的宅基地、自留地、自留山上种植的林木归其个人所有,自然人在其依法承包经营开发的荒山、荒地、荒滩上种植的林木,也归其个人所有;自然人的牲畜、家禽,是指自然人所有的自己饲养的牲畜、家禽,既可以是作为生产资料的大牲畜,也可以是作为生活资料的牲畜、家禽;既包括自然人为满足自己生产和生活需要所饲养的牲畜、家禽,也包括作为商品生产而饲养的牲畜、家禽。

4. 自然人的文物、图书资料

只要是被继承人生前所有的文物、图书资料,不论其是否属于珍贵文物,不论其是否属于机密资料,都可为遗产。

5. 法律允许自然人所有的生产资料

在我国,自然人对任何生活资料都可享有所有权,但不是对任何生产资料都可享有所有权。因此,只有法律允许自然人个人所有的生产资料,才可以作为遗产。

6. 自然人的著作权、专利权中的财产权利

这里规定的虽然只是著作权、专利权中的财产权利,但从立法精神上看,实际上应当包括各种知识产权中的财产权利。因此,除了著作权中的财产权利(如著作使用费)、专利权中的财产权(专利申请权、专利申请权的转让费、专利的使用权、专利的转让权等财产权利)可以为遗产外,商标专用权以及发现权、发明权、科技进步权、合理化建议权等知识产权中的财产权利,也可以作为遗产。

7. 自然人的其他合法财产

除前述六类财产外,自然人的其他合法财产,也可作为遗产。这些财产主要包括:有价证券、债权(包括合同债权、损害赔偿债权、不当得利债权、无因管理债权等)、建设用地使用权、地役权、抵押权、质权等。

(二) 遗产不能包括的财产

遗产不能包括的财产,即不能列入遗产范围的财产,是指被继承人生前享有的但不能作为遗产为继承人继承的财产。这类财产主要包括以下几项:

1. 与自然人人身有关的和专属性的债权

与自然人人身有关的和专属性的债权,具有不可转让性,因此,不能作为遗产。例如,因劳动合同产生的债权、租赁合同的承租权、指定了受益人的人身保险合同中的受益权等,都不能作为遗产。被继承人死亡后,其亲属应得的抚恤金,也不属于遗产。

2. 国有资源的使用权

按照法律规定,自然人可以依法取得和享有国有资源的使用权,如采矿权、探矿权、养殖权等。这些权利虽从性质上说是用益物权,但因其取得须经特别的程序,权利人不仅有使用、收益的权利,同时也有管理、保护和合理利用的义务。国有资源使用权是由特定人享有的,不得随意转让,因而也不得作为遗产。

3. 土地承包经营权

在我国现行法上,土地承包权虽然是用益物权,但也是与特定人的人身有关的财产权利,故除法律另有规定外不能作为遗产。《继承法》第 4 条规定:"个人承包应得的个人收益,依照本法规定继承。个人承包,依照法律允许由继承人继续承包的,按照承包合同办理。"

4. 自留山、自留地、宅基地的使用权

在被继承人死亡后,被继承人生前所分得的自留山、自留地,一般并不由集体收回,而仍由被继承人的家庭成员经营收益,但自留山、自留地的使用权不为遗产。自然人的宅基地使用权虽为用益物权,也不得作为遗产继承。

三、遗产的保管

继承开始后,原属于被继承人的一切财产都转归继承人所有。但在遗产分割前,由于遗产的最后归属尚没有确定,如果不对遗产加以保管,就可能使遗产遭受不应有的损害。所以,遗产保管对继承人及受遗赠人来说,都是相当重要的。

《继承法》第 24 条规定:"存有遗产的人,应当妥善保管遗产,任何人不得侵吞或者争抢。"《继承法的意见》第 44 条指出:"人民法院在审理案件时,如果知道有继承人而无法通知的,分割遗产时,要保留其应继承的遗产,并确定该遗产的保管人或保管单位。"根据这些规定,继承开始后,负有保管遗产义务的,首先是存有遗产的人。存有遗产的人是遗产的法定保管人,他可能是继承人,也可能不是继承人。如果被继承人的遗产分散在不同的地方,则分别存有遗产的人都是遗产的保管人。

如果被继承人生前自己占有财产,继承开始后,应当由知道被继承人死亡的继承人或遗嘱执行人保管。继承人都知道被继承人死亡的,继承人应当共同保管遗产,也可以协商由继承人中的一人或数人保管遗产。没有遗嘱执行人或遗嘱执行人不知道被继承人死亡事实的,继承人中无人知道被继承死亡或者知道被继承人死亡但无力保管遗产的,或者没有继承人的,遗产应当由被继承人生前所在单位,或者住所地或遗产所在地的居民委员会、村民委员会负责保管。

第三节 遗产的分割

一、遗产分割的概念

遗产分割是指在共同继承人之间,按照各继承人的应继份额分配遗产的行为。遗产分割是有权取得遗产的继承人、受遗赠人、可分得遗产人将其应得的遗产份额转归成为个人单独所有的必经程序。

在遗产分割时,应当注意将遗产与共有财产区分开来。首先,应当将遗产与夫妻共同财产区分开来。根据《继承法》第 26 条第 1 款的规定,夫妻在婚姻关系存续期间所得的共同所有的财产,除有约定的以外,如果分割遗产,应当先将共同所有的财产的一半分出为配偶所有,其余的为被继承人的遗产。其次,应当将遗产同家庭共同财产区分开来。根据《继承法》第 26 条第 2 款的规定,遗产在家庭共有财产之中的,遗产分割时,应当先分出他人的财产。最后,应当将遗产与其他共有财产区分开来。例如,当合伙人之一死亡时,应当将被继承人在合伙中的财产份额分出,列入其遗产范围。

二、遗产分割的时间

继承从被继承人死亡时开始。因此,遗产分割的时间必须在继承开始之后。按照遗产分割自由原则,在继承开始后的任何时间内,继承人都有权要求分割遗产。至于具体的分割时间,可以由继承人协商确定;继承人协商不成的,可以通过调解确定,也可以通过诉讼程序,由人民法院确定。如果继承人经过协商,确定在一定期限内不分割,或者继承人都不提出分割遗产的要求,那么,这种遗产的共有状况就将持续下去。无论持续多长时间,继承人想分割遗产的,都有权请求分割。即使在继承开始 20 年以后,继承人仍然有权分割遗产。

在遗产分割的时间问题上,应当将遗产分割的时间与继承开始时间区别开来,它们的区别体现在:

第一,继承开始的时间是法定的,它只能是被继承人死亡的时间,继承人或其他任何人都不能加以变更;而遗产分割的时间是约定的,它可以是继承开始后的任何时间,其具体时间是经过继承人协商或其他方式确定的。

第二,继承开始的时间是一个具体的时间,一般是具体到日,有的还可能具体到时;而遗产分割的时间可以是一个具体的时间,也可以是一段期间,即在一段时间内分割遗产,但一般不具体到时。

第三,继承开始的时间发生继承人取得主观意义上继承权的效力,继承人可以行使继承权,但不能处分其应继份;而遗产分割的时间发生继承人实际取得遗产所有权的效力,继承人可以对其取得的遗产加以处分。

三、遗产分割的原则

遗产分割应在一定的原则指导下进行。根据《继承法》规定的精神,遗产分割的原则可以概括为以下四项:

(一) 遗产分割自由原则

遗产分割自由原则是指共同继承人得随时要求分割遗产。就是说,继承人得随时行使遗产分割请求权,任何继承人不得拒绝分割。否则,请求分割遗产的继承人可以通过诉讼程序分割遗产。遗产分割请求权可以随时行使,不因时效而消灭。

(二) 保留胎儿继承份额原则

保留胎儿继承份额原则是指在分割遗产时,如果有胎儿的,应当保留胎儿的继承份额。《继承法》第 28 条规定:"遗产分割时,应当保留胎儿的继承份额。胎儿出生时是死体的,保留的份额按照法定继承办理。"《继承法的意见》第 45 条规定:"应当为胎儿保留的遗产份额没有保留的,应从继承人所继承的遗产中扣回。为胎儿保留的遗产份额,如胎儿出生后死亡的,由其继承人继承;如胎儿出生时就是死体的,由被继承人的继承人继承。"

(三) 互谅互让、协商分割原则

《继承法》第 15 条规定:"继承人应当本着互谅互让、和睦团结的精神,协商处理继承问题。遗产分割的时间、办法和份额,由继承人协商确定。协商不成的,可以由人民调解委员会调解或者向人民法院提出诉讼。"互谅互让要求继承人在分割遗产时要相互关心、相互照顾,对法律规定需要特殊照顾的继承人,如缺乏劳动能力、生活特殊困难的继承人,应当适当多分给遗产;协商分割要求继承人在遗产分割时,对遗产的分割时间、分割办法、分割份额等都应当按照继承人之间协商一致的意见处理。

(四) 物尽其用原则

物尽其用原则是指在遗产分割时,应当有利于生产和生活的需要,发挥遗产实际效用。《继承法》第 29 条第 1 款规定:"遗产分割应当有利于生产和生活需要,不损害遗产的效用。"《继承法的意见》第 58 条也指出:"人民法院在分割遗产中的房屋、生产资料和特定职业所需要的财产时,应依据有利于发挥其使用效益和继承人的实际需要,兼顾各继承人的利益进行处理。"

四、遗产分割的方式

遗产分割的方式是指继承人取得遗产应继份额的具体方法。《继承法》第 29 条第 2 款规定:"不宜分割的遗产,可以采取折价、适当补偿或者共有等方法处理。"根据这一规定,遗产分割的方式主要有以下四种方式:

(一) 实物分割

遗产分割在不违反分割原则的情况下,可以采取实物分割的方式。适用实物分割的方式时,对可分物,可以作总体的实物分割。如对粮食,可划分出每个继承人应继承的数量;但对不可分物,则不能作总体的分割,只能作个体的实物分割。如对电视机、电冰箱等,就不能对电视机或电冰箱划分出每个继承人应继承的数量而分割电视机或电冰箱,只能将电视机或电冰箱作为一个整体进行分割。

(二) 变价分割

如果遗产不宜进行实物分割,或者继承人都不愿取得该种遗产,则可以将遗产变卖,换取价金。然后,由继承人按照自己应继份的比例,对价金进行分割。使用变价分割的方式分割遗产,实际上是对遗产的处分,所以,遗产的变价应当经过全体继承人的同意。

(三) 补偿分割

对于不宜实物分割的遗产,如果继承人中有人愿意取得该遗产,则由该继承人取得遗产的所有权。然后,由取得遗产所有权的继承人按照其他继承人应继份的比例,分别补偿给其他继承人相应的价金。应当指出的是,如果继承人中有多人愿意取得遗产的所有权,而又达不成协议的,则应当根据继承人的实际需要和发挥遗产的效用,确定给某个继承人。

(四) 保留共有的分割

遗产不宜进行实物分割,继承人又都愿意取得遗产的;或者继承人基于某种生产或生活目的,愿意继续保持遗产共有状况的,则可以采取保留共有的分割方式,由继承人对遗产享有共有权,其共有份额按照应继份的比例确定。但是,在保留共有的分割之后,继承人之间就不再是原来的遗产共有关系,而变成了普通的财产共有关系。

五、遗产分割的效力

遗产分割后,发生何种法律效力,各国继承立法有以下两种做法:一是转移主义,即以遗产分割为一种交换,各继承人因分割而互相让与各自的应有部分,而取得分配给自己的财产的单独所有权。就是说,遗产分割有转移的效力或创设的效力。二是宣告主义(又称溯及主义),即认为因遗产分割而分配给继承人的财产,视为自继承开始时业已归属于各继承人单独所有,遗产分割不过是宣告既有的状态而已。就是说,遗产分割有宣告的效力或认定的效力。在我国,《继承法》没有明文规定遗产分割的效力,学者中也有不同的看法,但通说认为,遗产分割的效力应采取宣告主义。

第四节　遗产债务的清偿

一、遗产债务的范围

遗产是被继承人财产权利和财产义务的统一体。根据权利义务相一致原则,继承人接受继承,就应当承受被继承人的财产权利和财产义务,不能仅继承财产权利,而不继承财产义务。就是说,继承人继承了被继承人的遗产,就必须承担遗产债务。

遗产债务是指被继承人生前个人依法应当缴纳的税款和完全用于个人生活需要所欠下的债务。遗产债务主要包括以下几类:(1)被继承人依照我国税法的规定应当缴纳的税款;(2)被继承人因合同之债而欠下的债务;(3)被继承人因侵权行为而承担的损害赔偿的债务;(4)被继承人因不当得利而承担的返还不当得利的债务;(5)被继承人因无因管理而承担的补偿管理人必要费用的债务;(6)其他属于被继承人个人的债务,如合伙债务中属于被继承人应当承担的债务、被继承人承担的保证债务。

在确定遗产债务的范围时,应当注意划清遗产债务与其他相关问题的界限。

首先,应当将遗产债务与家庭共同债务区分开来。家庭共同债务是指家庭成员共同作为债务人所承担的债务。家庭共同债务主要包括:为家庭成员生活需要而承担的债务、为增加家庭共有财产而承担的债务、夫妻共同债务等。家庭共同债务应当用家庭共有财产来偿还,而不能用被继承人的遗产来偿还。当然,家庭共同债务中属于被继承人应当承担的部分,则应当列入遗产债务的范围,用被继承人的遗产来清偿。

其次,应当将遗产债务与以被继承人个人名义所欠债务区分开来。遗产债务应当是被继承人完全为个人生活需要而欠下的债务,一般是以被继承人个人名义所欠下的。但是,以被继承人个人名义所欠下的债务并不一定都为遗产债务。下列以被继承人个人名义所欠下的债务,都不属于遗产债务:(1)以被继承人个人名义所欠下的,用于家庭生活需要的债务。这种债务实质上是家庭共同债务。(2)以被继承人个人名义,为有劳动能力的继承人的生活需要或其他需要而欠下的债务。这种债务实质上是继承人的个人债务。(3)被继承人因继承人不尽扶养、抚养、赡养义务,迫于生活需要而以个人名义欠下的债务。这种债务应当属于有法定扶养义务的人的个人债务。

最后,应当将遗产债务与继承费用区分开来。继承开始后,因遗产的管理、分割以及执行遗嘱,都可能要支出一定的费用。这种费用,继承法上称之为继承费用。继承费用实际上属于遗产本身的变化,清偿遗产债务仅限于遗产的实际价值,而遗产的实际价值是扣除继承费用后所剩余的价值。所以,继承费用应当先从遗产中支付,而不能列入遗产债务范围。

二、遗产债务的清偿原则

继承人表示接受继承,就应当清偿遗产债务。但是,如果继承人放弃了继承,则对遗产债务没有清偿责任。《继承法》第33条第2款规定:"继承人放弃继承的,对被继承人依法应当缴纳的税款和债务可以不负偿还责任。"继承人在清偿遗产债务时,应当坚持以下

原则:

(一) 限定继承原则

所谓限定继承,是指继承人对被继承人的遗产债务的清偿只以遗产的实际价值为限,超过遗产实际价值的部分,继承人不负清偿责任。就是说,继承人对被继承人的遗产债务不负无限清偿责任,而仅以继承的遗产的实际价值负有限的清偿责任。《继承法》第 33 条第 1 款规定:"继承遗产应当清偿被继承人依法应当缴纳的税款和债务,缴纳税款和清偿债务以他的遗产实际价值为限。超过遗产实际价值部分,继承人自愿偿还的不在此限。"

(二) 保留必留份原则

《继承法》第 19 条规定:"遗嘱应当对缺乏劳动能力又没有生活来源的继承人保留必要的遗产份额。"根据《继承法的意见》第 61 条的规定,继承人中有缺乏劳动能力又没有生活来源的人,即使遗产不足清偿债务,也应为其保留适当的遗产,然后再按有关规定清偿债务。因此,在清偿遗产债务时,即使遗产的实际价值不足以清偿债务,也应当为需要特殊照顾的继承人保留适当的遗产,以满足其基本生活需要。

(三) 清偿债务优先于执行遗赠原则

《继承法》第 34 条规定:"执行遗赠不得妨碍清偿遗赠人依法应当缴纳的税款和债务。"根据这一规定,在遗赠和清偿债务的顺序上,清偿债务优先于执行遗赠。只有在清偿债务之后,还有剩余遗产时,遗赠才能得到执行。如果遗产已不足清偿债务,则遗赠就不能执行。

三、遗产债务的清偿方法

继承开始后,如果继承人只有一人,则遗产债务的清偿方法对债权人没有什么影响。但继承人为多人时,如何确定遗产债务的清偿方法,对债权人的利益就会产生很大影响。在我国司法实践中,遗产债务的清偿一般采取以下两种方法:

一是先清偿债务后分割遗产。按照这种清偿方式,共同继承人首先从遗产中清算出遗产债务,并将清算出的相当于遗产债务数额的遗产交付给债权人。然后,根据各继承人应继承的份额,分配剩余遗产。

二是先分割遗产后清偿债务。按照这种清偿方式,共同继承人首先根据他们应当继承的遗产份额分割遗产,同时分摊遗产债务。然后,各继承人根据自己分摊的债务数额向债权人清偿。在实践中,如果遗产已被分割而未清偿债务的,则应当根据《继承法的意见》第62条规定处理:如果有法定继承又有遗嘱继承和遗赠的,首先由法定继承人用其所得遗产清偿债务。不足清偿时,剩余的债务由遗嘱继承人和受遗赠人按比例用所得遗产偿还;如果只有遗嘱继承和遗赠的,由遗嘱继承人和受遗赠人按比例用所得遗产偿还。

第五节 无人承受遗产的处理

一、无人承受遗产的范围

无人承受遗产是指没有继承人又没有受遗赠人承受的遗产。

自然人死亡后,一般都是有继承人或受遗赠人的。但是,在有些时候,也可能会出现无人承受被继承人遗产的情况。应当指出,无人继承的遗产与"五保户"的遗产和无人承认继承的遗产是不同的。"五保户"的遗产可能是无人继承的遗产,也可能是有人继承的遗产。如果集体组织对"五保户"实行"五保"时,双方有扶养协议的,"五保户"的遗产应当按协议处理。没有协议,死者有遗嘱继承人或法定继承人要求继承的,在继承遗产时,应当扣回集体组织的"五保"费用;无人承认继承的遗产是指继承人有无不明的遗产。当继承人有无不明时,应当寻找继承人。只有确定没有继承人时,才能认定该遗产为无人承受遗产。

从实践来看,无人承受遗产主要包括:没有法定继承人、遗嘱继承人和受遗赠人的遗产;法定继承人、遗嘱继承人全部放弃继承,受遗赠人全部放弃受遗赠的遗产;法定继承人、遗嘱继承人全部丧失继承权,受遗赠人全部丧失受遗赠权的遗产。

二、无人承受遗产的归属

《继承法》第32条规定:"无人继承又无人受遗赠的遗产,归国家所有;死者生前是集体所有制组织成员的,归所在的集体所有制组织所有。"可见,《继承法》是按死者的身份来确定无人承受遗产归属的。

根据《继承法》第33条的规定,继承人继承遗产应当清偿被继承人的债务。同理,取得无人承受遗产的国家或集体所有制组织,也应当在取得遗产的实际价值范围内负责清偿死者生前所欠的债务。只有清偿债务后,国家或集体所有制组织才能取得剩余部分的遗产。

《继承法的意见》第57条规定:"遗产因无人继承收归国家或集体组织所有时,按继承法第14条规定可以分给遗产的人提出取得遗产的要求,人民法院应视情况适当分给遗产。"根据这一规定,在处理无人承受遗产时,如果有继承人以外的依靠被继承人扶养的缺乏劳动能力又没有生活来源的人,或者继承人以外的对被继承人扶养较多的人,则可以分给他们适当的遗产。

第六编 侵权责任

第二十九章 侵权责任概述

第一节 侵权行为的概念和分类

一、侵权行为的概念和特点

《侵权责任法》第 2 条第 1 款规定:"侵害民事权益,应当依照本法承担侵权责任。"可见,侵权行为是指侵害他人民事权益,依法应当承担侵权责任的不法行为。依据上述概念,侵权行为的特点可以概括为以下几项:

(一) 侵权行为是一种单方实施的事实行为

侵权行为能够在侵权人和受害人之间产生一定的民事法律后果,因此,侵权行为属于民事法律事实。民事法律事实有行为与事件之分,侵权行为属于行为,而不属于事件,因为侵权行为是基于当事人的意思而发生的。民法上的行为又有民事行为和事实行为之分,侵权行为属于事实行为。因为侵权行为所引起的民事法律后果并不是当事人所预期的,并不以当事人的意思表示为要素。

(二) 侵权行为是一种民事违法行为

从本质上讲,侵权行为是一种民事违法行为。侵权行为的违法性就是违反法律的规定,为法律所不许,其实质就是违反法律所规定的义务。侵权行为与债务不履行行为都属于民事违法行为,但两者的违法性表现不同。就其违反义务的角度说,侵权行为所违反的是针对一般人的义务,而债务不履行行为所违反的是针对特定人的义务。

（三）侵权行为是加害于他人的行为

侵权行为是侵害他人民事权益的行为,其侵害对象包括民事权利和民事利益。侵权行为所侵害的民事权利包括人身权、物权、继承权、知识产权等绝对权。此外,民事权利以外的其他合法利益,如死者的名誉、姓名等,也属于《侵权责任法》所保护的范围。根据《侵权责任法》第2条第2款的规定,所谓民事权益,包括生命权、健康权、姓名权、名誉权、荣誉权、肖像权、隐私权、婚姻自主权、监护权、所有权、用益物权、担保物权、著作权、专利权、商标专用权、发现权、股权、继承权等人身、财产权益。

（四）侵权行为是依法应承担侵权责任的行为

侵权行为能够引起的法律后果是侵权人应承担侵权责任,受害人有权请求侵权人承担侵权责任。因此,侵权行为是应承担侵权责任的根据。侵权行为的这一特点将侵权行为与其他加害于他人的不法行为区别开来。当然,同一行为可能既构成侵权行为,也构成其他不法行为。于此情形下,行为人既会承担侵权责任,也会承担其他法律责任。

二、侵权行为的分类

侵权行为根据不同的标准,可以作不同的分类。在实践中,较为重要的侵权行为分类有以下几种:

（一）积极侵权行为与消极侵权行为

根据侵权行为的形式,侵权行为可分为积极侵权行为与消极侵权行为。

积极侵权行为又称作为的侵权行为,是指侵权人以作为的方式侵害他人民事权益的侵权行为。在积极侵权行为中,侵权人违反的是对他人负有的不作为义务,通过作为的方式加害于他人。例如,侵占财产、假冒商标、侮辱或诽谤他人名誉等。消极侵权行为又称不作为的侵权行为,是指侵权人以不作为的方式侵害他人民事权益的侵权行为。在消极侵权行为中,侵权人违反的是对他人负有的作为义务,通过不作为的方式加害于他人。一般地说,消极侵权行为以侵权人负有某种作为义务为前提,而作为义务是否存在应当依据法律明文规定、职务上和业务上的要求等加以确定。例如,侵权人对受害人有法定的保护义务、因职务或职业而发生的救护义务等,都属于作为的义务。

(二) 直接侵权行为与间接侵权行为

根据侵权行为的作用,侵权行为可分为直接侵权行为与间接侵权行为。

直接侵权行为是指侵权人以自己的直接行为侵害他人民事权益的侵权行为。例如,侵权人侵占他人的财产、诽谤他人名誉等,都属于直接侵权行为。间接侵权行为是指侵权人借助某种媒介而侵害他人民事权益的侵权行为。这种侵权行为与直接侵权行为的区别在于,侵权人并不是通过自己的行为直接侵害他人民事权益,而是通过一定的媒介侵害他人民事权益。这种媒介可以是他人的行为,也可以是一定的对象。例如,教唆他人所实施的侵权行为、饲养动物致人损害的侵权行为、建筑物倒塌致人损害的侵权行为等,都属于间接侵权行为。

(三) 单独侵权行为与共同侵权行为

根据侵权行为人的人数,侵权行为可分为单独侵权行为与共同侵权行为。

单独侵权行为是指侵权人仅为一人的侵权行为。单独侵权行为的侵权人是单一的,侵权人与受害人之间的关系较为简单。共同侵权行为是指侵权人为二人以上的侵权行为,如共同加害行为、共同危险行为。无论是何种形态的共同侵权行为,在侵权人之间都发生一定的效果。根据《侵权责任法》第8条的规定,二人以上共同实施侵权行为,造成他人损害的,应当承担连带责任。

(四) 一般侵权行为与特殊侵权行为

根据侵权行为的成立条件,侵权行为可分为一般侵权行为与特殊侵权行为。

一般侵权行为又称为普通侵权行为,是指侵权人因自己的过错直接侵害他人民事权益,适用民法一般规定的侵权行为。基于一般侵权行为所产生的责任,称为一般侵权责任。特殊侵权行为是指侵权人基于与自己有关的他人行为、事件或其他特别原因侵害他人民事权益,适用民法特殊规定的侵权行为。基于特殊侵权行为所产生的责任,称为特殊侵权责任,如产品责任、机动车交通事故责任、医疗损害责任、环境污染责任、高度危险责任、饲养动物损害责任、物件损害责任等。

第二节 侵权责任的概念和竞合

一、侵权责任的概念和特点

侵权责任是指侵权人侵害他人民事权益时,依法应承担的民事法律后果。

侵权责任是民事责任的一种,具有民事责任的一般特点,但侵权责任又具有不同于其他民事责任的以下特点:

(一) 侵权责任是违反法定义务的法律后果

民事责任是以民事义务的存在为前提的,没有民事义务也就无所谓民事责任。民事义务有法定义务与约定义务之分,侵权责任是侵权人违反法定义务的结果,而违反约定义务通常产生违约责任。

(二) 侵权责任是以侵权行为为事实根据所产生的责任

侵权责任是侵权人实施侵权行为的必然法律后果,侵权行为是侵权责任的事实根据。因此,侵权责任与侵权行为是不可分的一个问题的两个方面。没有侵权行为,也就不会有侵权责任。

(三) 侵权责任的方式不限于财产责任

由于侵权行为给他人民事权益造成了一定的损害,需要侵权人用自己的财产来弥补其行为所造成的损害。所以,侵权责任的方式主要是财产责任,如返还财产、恢复原状、赔偿损失等。但是,为保护民事主体的合法权益,预防并制裁侵权行为,促进社会和谐稳定(《侵权责任法》第1条),在侵权人侵害他人人身权益的情况下,法律也规定了一些非财产责任形式,如赔礼道歉、恢复名誉、消除影响等。

(四) 侵权责任具有法定性和优先性

侵权责任不允许当事人事先加以约定,即使当事人事先有约定,该约定也是无效的。因此,侵权责任具有法定性。同时,在侵权责任、行政责任、刑事责任发生竞合时,侵权责任具有优先性。对此,《侵权责任法》第4条规定:"侵权人因同一行为应当承担行政责任或者刑事责任的,不影响依法承担侵权责任。因同一行为应当承担侵权责任和行政责任、刑事责任,侵权人的财产不足以支付的,先承担侵权责任。"

二、侵权责任与违约责任的竞合

侵权责任与违约责任的竞合是指行为人实施的某一违法行为,同时具有侵权行为和违约行为的双重特点,从而在法律上导致侵权责任与违约责任并存的现象。

在现实生活中,由于不法行为的多样性和复杂性,侵权责任与违约责任竞合的现象是不可避免的。例如,在保管合同中,因保管人保管不善造成保管物的损害,就会产生侵权责任与违约责任的竞合。再如,在旅客运输合同中,旅客遭受人身损害,也会产生侵权责任与违约责任的竞合。在侵权责任与违约责任竞合的情况下,受害人可以选择其中一种要求对方承担责任。对此,《合同法》第122条规定:"因当事人一方的违约行为,侵害对方人身、财产权益的,受损害方有权选择依照本法要求其承担违约责任或者依照其他法律规定要求其承担侵权责任。"

第三十章　侵权责任的归责原则

第一节　侵权责任归责原则概述

一、侵权责任归责原则的概念和意义

所谓归责，就是责任归属于何人承担。因此，侵权责任的归责原则是指据以确定侵权责任由行为人承担的根据。

侵权责任法是规定侵权责任的法律规范，因此，侵权责任的归责原则在侵权责任法中居于核心地位，是全部侵权责任规范的基础，直接体现了侵权责任法的立法取向和价值功能。在侵权责任法中，侵权责任的构成要件、举证责任的分担、不承担责任和减轻责任的事由、损害赔偿的方法及原则等，都需要以归责原则为指导，都受归责原则的制约。可以说，整个侵权责任法的内容和体系都是建立在归责原则基础之上的。所以，只有确立了合理的归责原则，才能使侵权责任法形成协调统一的完整体系。

侵权责任的归责原则在侵权责任法中的核心地位，决定了其对于司法实践具有重要的指导意义。由于侵权责任纠纷复杂多样，大量的侵权责任纠纷很难援引具体的法律规定加以处理。因此，司法机关就需要借助侵权责任的归责原则来正确解决侵权责任纠纷。司法机关只有正确地理解和掌握了侵权责任的归责原则，才能准确地适用侵权责任法，从而更好地保护民事主体的合法权益，有效地预防和制裁各种侵权行为。

二、侵权责任归责原则的体系

在理论上，由于确立侵权责任归责原则的标准不同，因而，学者们关于归责原则体系的构造也存在严重的分歧，形成了一元说、二元说、三元说、四元说等不同的学说。一元说认为，侵权责任的归责原

则只有过错责任原则。二元说认为,侵权责任的归责原则应当包括过错责任原则和无过错责任原则。三元说认为,侵权责任的归责原则应当包括三项原则,但应包括哪三项原则,学者们的看法又有不同:有人认为包括过错责任原则、无过错责任原则和公平责任原则;有人认为包括过错责任原则、过错推定原则和公平责任原则;还有人认为包括过错责任原则、过错推定原则和无过错责任原则。四元说认为,侵权责任的归责原则应当包括过错责任原则、过错推定原则、无过错责任原则和公平责任原则。

根据我国《侵权责任法》的规定,侵权责任的归责原则包括过错责任原则、无过错责任原则,而过错推定原则、公平责任原则均不能成为侵权责任的归责原则。一方面,过错推定只是过错责任原则适用的一种规则,包含在过错责任原则之中,是过错责任原则适用的一种特殊情况。另一方面,《侵权责任法》第24条规定:"受害人和行为人对损害的发生都没有过错的,可以根据实际情况,由双方分担损失。"可见,《侵权责任法》对于当事人对损害的发生都没有过错的情况,只是按损失分担来处理,而不是按侵权责任处理,这是法律在特殊情况下基于公平原则处理受害人损害的一种特殊措施。

第二节 过错责任原则

一、过错责任原则的概念和特点

过错责任原则是指以行为人的过错确定行为人是否承担侵权责任的归责原则。对此,《侵权责任法》第6条第1款规定:"行为人因过错侵害他人民事权益,应当承担侵权责任。"

过错责任原则具有以下特点:

(一) 过错责任原则是核心归责原则

无论侵权责任的归责原则体系如何构建,过错责任原则都是公认的归责原则,且属于居核心地位的归责原则。因此,在侵权责任法上,过错责任原则通常被称为侵权责任的一般条款。这种一般条款可以直接适用,用以解决侵权责任纠纷。

（二）过错责任原则具有主观归责性

过错责任原则所贯彻的基本精神是：没有过错，就没有侵权责任。因此，按照过错责任原则，过错是决定过错责任是否成立的主观要件。在价值判断上，过错责任原则关注的是行为的道德非难性，强调矫正正义的实现。

（三）过错责任原则具有广泛适用性

过错责任原则是一般侵权责任的归责原则，适用于因行为人的过错而产生的侵权责任。即使是特殊侵权责任，也有的以过错责任原则作为归责原则，如医疗损害责任等。因此，过错责任原则具有广泛的适用性。

二、过错责任原则的适用

在侵权责任中，适用过错责任原则应当注意以下主要问题：

（一）过错是指行为人的过错

在过错责任中，"过错"是指行为人的过错，而不包括其他人的过错。就是说，侵权责任的确认是以行为人有无过错为依据的。因此，过错责任原则只考虑行为人的过错，而不考虑第三人的过错和受害人的过错。第三人的过错和受害人的过错是行为人免除或减轻侵权责任的正当理由，而不是确定行为人是否承担责任的根据。

（二）过错是过错责任的构成要件

根据过错责任原则，过错是承担侵权责任的必备条件。行为人只有在主观上存在过错的情况下，才承担侵权责任。"无过错，则无责任"。因此，行为人有无过错，是确定侵权责任归属的基本因素或最终要件。就是说，即使行为人的行为造成了损害后果，并且损害后果与其行为之间具有因果关系，但如果行为人没有过错，则行为人也不应承担侵权责任。

（三）过错的存在与否通常应由受害人举证

过错属于行为人的主观因素。按照过错责任原则，证明行为人主观存在过错的责任应当由受害人承担，即由受害人就行为人的过错问题举证。这就是"谁主张，谁举证"的原则。但是，在特殊情况下，法律为保护受害人的利益，实行举证责任倒置，即由行为人承担证明自己没有过错的举证责任。只要行为人不能证明自己没有过错，就推定其有过错。这就是过错责任中的特殊情况——过错推定规则。

(四)过错在一定情况下是确定责任范围的依据

根据过错责任原则确认侵权责任，过错程度一般不影响责任的范围。但在一定情况下，过错程度也产生一定的影响，成为确定责任范围的依据。例如，在确定精神损害赔偿的数额时，就需要考虑侵权人的过错程度；在共同侵权责任中，侵权人之间的责任也需以过错程度作为确定依据。

三、过错推定

过错推定是过错责任原则适用的一种特殊情况，是指受害人若能证明其所受损害是由行为人所造成的，而行为人不能证明自己对造成损害没有过错，则法律就推定其有过错并就此损害承担侵权责任。过错推定是在众多的工业事故造成受害人损害而又不能通过过错责任原则得以补救的情况下而产生的，是介于过错责任和无过错责任之间的一种中间责任形式。过错推定较之一般的过错责任，更有利于保护受害人的利益，因为它将过错的举证责任转移给了行为人，从而减轻了受害人的举证责任。

《侵权责任法》第6条第2款规定了过错推定规则："根据法律规定推定行为人有过错，行为人不能证明自己没有过错的，应当承担侵权责任。"由于过错推定加重了行为人的证明责任，因此，只有在法律有明确规定的情况下，才能适用过错推定规则。根据《侵权责任法》的规定，下列侵权责任应适用过错推定规则:(1)无民事行为能力人在幼儿园、学校或者其他教育机构内受到损害的侵权责任(第38条);(2)动物园饲养动物造成损害的侵权责任(第81条);(3)建筑物、构筑物或者其他设施及其搁置物、悬挂物脱落、坠落造成损害的侵权责任(第85条);(4)堆放物倒塌造成损害的侵权责任(第88条);(5)林木折断造成损害的侵权责任(第90条);(6)窨井等地下设施造成损害的侵权责任(第91条第2款)等。

第三节 无过错责任原则

一、无过错责任原则的概念和特点

无过错责任原则是指不以行为人主观上的过错,而是依照法律的特别规定确定行为人是否承担侵权责任的归责原则。对此,《侵权责任法》第7条规定:"行为人损害他人民事权益,不论行为人有无过错,法律规定应当承担侵权责任的,依照其规定。"

无过错责任原则具有以下特点:

(一) 无过错责任原则具有客观归责性

无过错责任原则并不强调归责的主观性,而是强调归责的客观性,即无过错责任的成立并不以行为人的主观过错为要件,只须具有侵权责任构成的客观要件即可。

(二) 无过错责任原则的归责事由主要在于行为的危险性

无过错责任原则不以过错作为行为人承担侵权责任的归责事由,而一般是以行为人的行为危险性为归责事由,因此,无过错责任通常又称为危险责任。由于无过错责任的基本思想在于"不幸损害"的合理分配,因此,在价值判断上,无过错责任原则对行为的道德性不作评价,关注的是损害的分散性,强调分配正义的实现。

(三) 无过错责任原则的适用范围具有限定性

无过错责任原则与过错责任原则虽同为侵权责任的归责原则,但无过错责任原则不具有过错责任原则的广泛适用性,它只能适用于特别规定的侵权责任,通常适用于特殊侵权责任。因此,只有在法律有特别规定时,无过错责任原则才有适用的余地。

二、无过错责任原则的适用

在侵权责任中,适用无过错责任原则应当注意以下问题:

(一) 无过错责任原则具有特定的适用范围

无过错责任原则只有在法律有特别规定的情况下才能适用,具体适用于法律特别规定的部分特殊侵权责任。根据《侵权责任法》

的规定,下列侵权责任适用无过错责任原则:产品责任、高度危险责任、环境污染责任、饲养动物损害责任、被监护人致人损害责任、用人单位责任、个人劳务提供者致人损害责任等。

（二）无过错责任原则不考虑行为人有无过错

适用无过错责任原则确定侵权责任时,不考虑行为人是否存在主观过错。也就是说,行为人有无过错,对于侵权责任的构成不产生影响。但应当指出的是,无过错责任原则不考虑过错,只是不考虑行为人的过错,并不意味着也不考虑受害人的过错,因为受害人的过错对侵权责任的构成和范围有一定的影响。

（三）无过错责任原则实行特殊的举证责任规则

适用无过错责任原则,不要求受害人举证证明行为人是否有过错,也无需推定行为人具有过错。只要受害人能够证明损害的事实及行为人的行为与损害事实之间具有因果关系,行为人即应承担侵权责任。在某些特殊情况下,法律为保护受害人的利益,在因果关系的证明上实行举证责任倒置,即由行为人举证证明其行为与损害事实之间没有因果关系。如果行为人不能证明,就推定因果关系的存在。

（四）无过错责任原则不排除不承担责任或减轻责任事由的适用

无过错责任原则虽然不以行为人的过错作为承担侵权责任的根据,但无过错责任原则并非"有损害即有责任"的结果责任原则。因此,在适用无过错责任原则时,行为人仍有权主张法定的不承担责任或减轻责任的事由。但应当指出的是,适用无过错责任原则的特殊侵权责任,其不承担责任或减轻责任的事由并不相同。例如,在高度危险责任中,民用核设施发生核事故造成损害的高度危险责任,其不承担责任的事由为战争等情形或受害人故意;民用航空器造成他人损害的高度危险责任,其不承担责任的事由为受害人故意;从事高空、高压、地下挖掘活动或者使用高速轨道运输工具造成他人损害的高度危险责任,其不承担责任的事由为受害人的故意或不可抗力。因此,在无过错责任原则中,适用不承担责任或减轻责任的事由应当受法律规定的限制。

(五) 无过错责任原则的适用可能会存在赔偿限额

基于特定行业的风险性和保护该行业发展的需要，在某些情况下，法律会对适用无过错责任原则的特殊侵权责任规定其赔偿限额。对此，《侵权责任法》第 77 条规定："承担高度危险责任，法律规定赔偿限额的，依照其规定。"

第三十一章　侵权责任的一般构成要件

第一节　侵权责任的构成要件概述

一、侵权责任构成要件的概念

侵权责任的构成要件是指侵权人承担侵权责任所应当具备的条件。侵权人实施了侵害他人民事权益的行为,只有符合一定的条件,才能承担侵权责任。在侵权责任法中,适用于所有侵权责任的构成要件是不存在的。因此,理论上通常只研究侵权责任的一般构成要件。

关于侵权责任的一般构成要件,以法国为代表的国家主张三要件说,即侵权责任由损害后果、因果关系和过错三个要件所构成;而以德国为代表的国家则主张四要件说,即侵权责任由加害行为、损害后果、因果关系和过错四个要件所构成。我国学者对侵权责任的一般构成要件也存在着上述两种不同的观点。我们认为,侵权责任的一般构成要件应包括加害行为、损害后果、因果关系、主观过错四个要素。

二、侵权责任的构成要件与归责原则的关系

在侵权责任法中,侵权责任的归责原则所要解决的是侵权责任应当由谁承担的问题,而构成要件所要解决的是在什么情况下才承担侵权责任的问题。可见,侵权责任的构成要件与归责原则是两个密切联系的制度。一方面,侵权责任的归责原则是构成要件的前提和基础。侵权责任的归责原则是确定侵权责任的一般规则,只有明确了侵权责任的归责原则,才能运用侵权责任的构成要件,正确分析行为人是否应承担责任。例如,适用过错责任原则确定侵权责任的,就应当按照过错责任的要求确定其构成要件;而适用无过错责任原

则确定侵权责任的,就应当按照法律关于该种责任的规定确定其构成要件。另一方面,侵权责任的构成要件是归责原则的具体体现。由于侵权责任的归责原则确定责任由谁承担,因此,归责原则的因素也必然是构成要件所要求的,构成要件是归责原则的具体体现。

第二节 加害行为

一、加害行为的概念和性质

加害行为是行为人实施的加害于他人民事权益的不法行为,是侵权责任构成的客观条件之一。可见,只有行为人的加害行为违法,才能产生侵权行为,进而产生侵权责任。所谓行为违法,是指行为违反法律的规定。如果一个行为并不违法,即说明该行为不具有受法律谴责性,行为人也就无须承担责任。

行为违法表现为社会对这种行为的法律评价,包括形式违法或实质违法。所谓形式违法,是指行为与法律的明文规定相抵触。例如,《民法通则》第75条规定,禁止任何组织或者个人侵占、哄抢、破坏或者非法查封、扣押、冻结、没收个人财产。凡实施上述行为的,显然与法律的规定相抵触,这样的行为就属于形式的违法;所谓实质违法,是指行为不是从形式而是从实质上违法。这种行为难以确定其所违反的特定法律规范,但它却违反了法律的精神、原则。例如,《民法通则》第5条规定:"公民、法人的合法的民事权益受法律保护,任何组织和个人不得侵犯。"因此,只要行为人所实施的行为侵害了他人民事权益,即使不能确定其所违反的特定法律规范,该行为实质上也是违法的。

二、加害行为的形式

加害行为从行为的自身性质上看,可分为作为的加害行为和不作为的加害行为两种形式。作为的加害行为是指行为人实施法律禁止实施的行为,即法律禁止为之而为之。因此,凡是法律禁止某种行为的,行为人就有不从事该行为的不作为义务。行为人若违反法律规定的不作为义务而作为,其行为就是作为的加害行为。不作为的加害行为是指行为人不实施法律所要求实施的行为,即法律要求为之而不为之。因此,凡是法律要求实施某种行为的,行为人就有实施该种行为的作为义务。行为人没有实施法律要求的行为,其行为即为不作为的加害行为。

第三节 损害后果

一、损害的概念和特点

损害是指因人的行为或对象的危险性而导致人身权益或财产权益所遭受的不利后果。在侵权责任中,损害具有以下特点:

(一) 损害是侵害民事权益的客观后果

民事主体的合法权益受法律保护,任何人不得侵害。侵害他人民事权益所产生的后果,就是损害。因此,不仅侵害民事权利会造成损害后果,侵害其他合法利益的,也会造成损害后果。

(二) 损害具有确定性

损害的确定性是指损害事实是真实存在的,是在客观上能够认定的。首先,损害是已经发生的、真实存在的侵害后果;没有发生的侵害后果或者仅对未来利益构成侵害的可能性,则不能构成损害。其次,损害是在客观上能够认定的。就是说,损害后果的范围和程度能够根据一定的标准加以确认。否则,不能称其为损害。

(三) 损害具有法律上的补救性

侵权责任具有补偿的功能,因此,只有损害具有法律上的补救性时,才能产生侵权责任。损害的补救性包括两个方面的含义:一是损害具有补救的必要性。应当说,只要侵权人侵害了他人民事权益,都会造成一定的损害后果。但是,这种客观上的损害后果,只有在法律上有补救的必要时,法律才予以救济,才能构成法律上的损害。也就是说,损害必须在量上达到一定程度才能被视为可以补救的损害。当然,这里的"量"决不能理解为必须可以用金钱衡量。二是损害具有补救的可能性。法律上所要求的损害并不是客观上所发生的一切损害,而只是具有补救可能性的损害。对于不具有补救可能性的损害,法律上不将其纳入可补救的范围。

二、损害的分类

侵权行为的种类不同,其所造成的损害也有所不同。一般地说,损害可分为以下几类:

(一) 财产损害

财产损害是指侵害他人的人身权益和财产权益所造成的他人财产利益的不利后果,通常为财产利益的减少、丧失,即损失。凡是民事主体遭受的一切具有财产价值的损失,都称为财产损害。财产损害的产生主要有三种情况:一是侵害财产权益而产生的财产损害;二是侵害自然人的身体所造成的财产损害,如致人伤害、残废、死亡所造成的医疗费、丧葬费、误工收入等财产损害;三是侵害他人的姓名权、肖像权、名誉权、荣誉权等人身权益所造成的财产损害。

财产损害根据损害的财产的形态,又可以分为实际损失和可得利益损失。

实际损失又称为积极损害,是指现有财产的减少或灭失。例如,现有财物的毁损、因治疗伤害所支出的医疗费等。可得利益损失又称为消极损害,是指应得到而未得到的利益的损失,即未来财产的减损。例如,利润损失、工资收入损失、孳息损失等。由于可得利益损失是未来财产的减损,所以,可得利益的损失不能通过财产的受损程度加以确定。确定可得利益损失,应当取决于以下两个主要条件:一是这种利益是权利人尚未取得的。已经取得的利益受到损害的,为实际损失,而非可得利益损失。二是这种利益是权利人在正常情况下必定会取得的。所谓必定取得,是指行为人不实施加害行为是该利益取得的充分必要条件。也就是说,只要行为人不实施加害行为,权利人就一定能取得该利益,而并非可能取得。

(二) 人身损害

人身损害是指侵害自然人的生命权和健康权,致使受害人的身体遭受不利的后果。一般地说,人身损害可以分为三种情况:一是一般伤害,二是残废,三是死亡。人身损害通常会引起财产损失,但人身损害本身是指自然人的身体权、生命权和健康权受到侵害,而不是指财产损失,财产损失只是人身损害的后果。

(三) 精神损害

精神损害又称为无形损害,是指侵害自然人的人身权益所造成的受害人精神上的损害,表现为自然人的精神利益的减少或丧失,如恐惧、悲伤、羞辱以及神经损伤等。《侵权责任法》第22条规定:"侵害他人人身权益,造成他人严重精神损害的,被侵权人可以请求精神损害赔偿。"这里的人身权益既包括人格权益,也包括身份权益。

第四节 因果关系

一、因果关系的概念和形态

在侵权责任的构成要件中,因果关系是指行为人的行为与受害人的损害之间的因果关系。就是说,若某一结果是由某一行为所引起的,损害是行为的结果,行为是损害的原因,则二者之间就有因果关系。

在侵权责任中,行为与损害之间的因果关系有多种表现形态,主要有以下几种:

(1) 一因一果,即一个原因事实产生一个损害后果,如甲将乙的电视机损坏。

(2) 一因多果,即一个原因事实导致两个以上的损害后果,如甲将乙打伤会同时产生乙的人身损害和财产损害两种损害后果。

(3) 多因一果,即多个原因事实导致一个损害后果。在多因一果的情形下,因多个原因事实之间的关联程度不同,因果关系的判定也有所不同。多因一果的因果关系,一般包括以下三种情形:其一,聚合因果关系(累积性的因果关系),即两个以上的原因事实导致损害后果的发生,且其中任何一个原因事实均足以导致损害后果发生。例如,甲乙二人分别对丙下毒,其分量各足以致丙死亡。其二,共同的因果关系,即两个以上的原因事实共同作用导致损害后果的发生,而单个的原因事实均不能导致损害后果的发生。例如,甲乙二人分别对丙下毒,个别的份量均不足以致丙死亡,但二者的共同作用导致丙死亡。其三,择一的因果关系,即两个以上的原因事实均足以导致损害后果的发生,但不知是哪一种原因事实导致损害后果的发生。例如,甲乙二人同时向丙开枪,只有一枪伤害丙,但不知为何人所射。

(4) 多因多果,即多个原因事实导致多个损害后果。在多因多果的情形下,其因果关系的形态也会出现如同多因一果的情形。

二、损害的原因力

如前所述,侵权责任的因果关系是复杂多样的。在一个损害结果是由行为人的行为在内的诸多原因引起的情况下,行为人的行为对损害结果发生的原因力是不同的。因此,在分析因果关系时,正确地分析行为人的行为对损害结果所发生的原因力,对于确定行为人的责任是有重要意义的。

损害的原因力,主要有以下两类:

(一) 主要原因与次要原因

根据行为对损害结果所起作用的大小,原因可分为主要原因与次要原因。前者是指对结果的发生起主要作用的原因事实;后者是指对结果的发生起次要作用的原因事实。在引起一个损害结果发生的原因为两个以上的行为时,若各个行为的原因力不同,就应当区分主要原因与次要原因,从而确定行为人的责任。因为行为的原因力不同,行为人所承担的责任也就有所不同。

(二) 直接原因与间接原因

根据行为作用于损害结果的形式,原因可分为直接原因与间接原因。前者是指直接引起损害结果发生的原因事实,即损害结果是由行为人的行为直接引起的;后者是指间接引起损害结果发生的原因事实,即损害结果是由行为人的行为所引起的结果而引起的。区别直接原因与间接原因的目的,主要在于确定间接原因的行为人是否应当承担责任。对此,应当根据客观情况,结合其他的构成要件综合加以分析。

三、因果关系的认定

行为与损害之间的因果关系应当如何认定,理论上存在着不同的认定标准。我们认为,由于因果关系的复杂性,任何一个单一标准都很难解决所有的因果关系的认定问题。因此,应当结合因果关系的具体形态,采取不同的认定标准。在实践中,可以采取以下几种主要的因果关系认定标准。

(一) 必然因果关系的认定标准

必然因果关系说主张,当行为人的行为与损害结果之间有内在的、本质的联系时,行为与损害之间则有因果关系。如果行为与结果之间只有外在的、偶然的联系,则二者之间没有因果关系。这种学说强调要将原因和条件区别开来,原因是必然引起结果发生的因素,而条件仅为结果的发生提供了可能性。应当说,必然因果关系说在因果关系的认定上存在一定的缺陷,这是因为:在必然因果关系中,虽然原因与结果之间存在内在的、本质的必然联系,而条件与结果之间只是外在的偶然的联系,然而不可否认的是,这种外在的偶然的联系,仍属于因果关系的范畴。况且,在侵权责任的认定上,要证明因果关系的必然联系性,有时是非常困难或根本不可能的。但尽管如此,这种认定标准在某些情况下还是适用的。例如,甲用一把尖刀刺中乙的心脏导致乙死亡,通过必然因果关系就可以认定因果关系的存在,无须采取其他的认定方法。

(二) 相当因果关系的认定标准

相当因果关系说主张,某一条件仅于现实特定情形发生某种结果,还不能认定有因果关系,须依一般观察,在有同一条件存在即能发生同一结果的,才能认定条件与结果之间有因果关系。相当因果关系由"条件关系"和"相当性"两部分构成,在适用上分为两个阶段:第一阶段先审查条件上的因果关系,如为肯定,再于第二阶段认定其条件的相当性。对条件关系的认定,采用"若无,则不"(But-for)的检验方式,即"若无此行为,必不生此种损害"。例如,"若无甲下毒,乙必不死亡"(作为侵权的因果关系);"若非医生迟不开刀,乙必不死亡"(不作为侵权的因果关系)。相当因果关系中的"相当性",旨在限制侵权责任的范围。一般来说,对相当性的判断,常用的标准是:"若有此行为,通常即足生此种损害。"可见,对相当因果关系的判断,可以作如下正反两方面的概括:从正面(积极面)来讲,"无此行为,虽不必生此损害"(条件关系),"有此行为,通常即足生此种损害"(相当性)者,为有因果关系;从反面(消极面)来讲,"无此行为,必不生此种损害"(条件关系),"有此行为,通常亦不生此种损害"(相当性)者,为无因果关系。

相当因果关系具有相当的合理性。一方面,相当因果关系承认所有对结果起作用的条件都是原因;另一方面,为了防止将因果的链条拉得过长,相当因果关系说以"相当性"来合理限定条件的范围。这样,既有利于保护受害人的利益,又有利于防止侵权人的责任被无限地扩大。因此,相当因果关系可以用于认定较为复杂的因果关系,如间接原因与损害后果之间因果关系的认定。但是,相当因果关系也不是万能的,并不能解决所有的因果关系的认定问题。同时,相当因果关系的认定过程比较复杂,对于极为简单的因果关系没有必要采取这种认定方法。

(三) 推定因果关系的认定标准

在侵权责任的构成中,行为与损害之间是否存在因果关系,通常应由受害人举证证明。但在某些情况下,法律为保护受害人的利益,实行因果关系推定原则,即由行为人举证证明因果关系的不存在,如果行为人不能证明因果关系不存在,则推定因果关系存在。例如,因污染环境致人损害的,应由行为人就其行为与损害结果之间不存在因果关系承担举证责任;因共同危险行为致人损害的,应由实施危险行为的人就其行为与损害结果之间不存在因果关系承担举证责任。

第五节 主观过错

一、过错的概念

过错是指行为人实施加害行为时的心理状态,是行为人对自己行为的损害后果的主观态度。这种过错观念并不包括对行为的评价,从而将过错与加害行为区别开来。当然,我们认定过错是行为人的主观心理状态,绝不是说过错仅是一种心理现象。因为作为一种心理现象,只有通过一定的行为表现出来才有意义。但这种行为本身并不能成为过错的构成因素,而只是证明行为人存在过错的一种外在表征。

二、过错的形式

过错的形式是指过错的等级、类型,是过错轻重程度的表现。过错一般分为故意和过失两种基本形式。

(一) 故意

故意是指行为人预见到自己行为的后果而仍然希望或放任该结果发生的心理状态。可见,故意的成立应包括两个条件:一是行为人预见到了自己行为的后果;二是行为人希望或放任这种后果的发生。

在刑法中,故意有直接故意与间接故意之分。但在民法中,这种分类对侵权责任的构成没有实际意义,因此,民法上的故意没有直接故意与间接故意之分。

(二) 过失

过失是指行为人应当预见或能够预见自己行为的后果而没有预见,或者虽然预见到了其行为的后果但轻信能够避免该后果的心理状态。可以说,过失就是由于疏忽或懈怠而未尽到合理的注意义务。

过失的形式,传统民法一般分为重大过失、具体轻过失和抽象轻过失三级。所谓重大过失,是指显然欠缺一般人的注意。也就是说,在社会观念上,一般人稍为注意即可避免而行为人却未能避免的,即为重大过失。在重大过失的场合,法律所要求的注意程度甚低,而行为人仍怠于注意,反映了行为人的极不负责的态度。因此,在民法中,重大过失往往与故意发生同样效果,即"重大过失视同故意"。所谓具体轻过失,是指欠缺与处理自己事务同一的注意。实际上,具体轻过失的确定是以每个人的注意程度为标准的,因之它有相当大的幅度,同一情形在甲来说可能不为有过失,而在乙来说则可能为有过失。所以,具体轻过失反映了具体行为人的主观努力程度。所谓抽象轻过失,是指欠缺日常生活所必要的注意。这里的注意标准是抽象的,罗马法上称为善良家父的注意,德国民法称为交易上的必要注意,我国台湾地区民法称为善良管理人的注意。实际上,抽象的注意程度是以社会上一般勤勉诚实具有相当经验的中等程度的注意力之人的注意程度为标准的。

我国法一般将过失分为轻过失与重大过失。如果法律在某种情况下对一行为人应当注意和能够注意的程度有较高要求时,行为人没有遵守这种较高的要求,但未违背一般人应当注意并能注意的一般规则,这种过失就是轻过失;如果行为人不仅没有遵守法律对他的较高要求,甚至连一般人都应当注意并能注意的一般标准也未达到,这种过失就是重大过失。

第三十二章 侵权责任的承担方式

第一节 侵权责任承担方式概述

一、侵权责任承担方式的主要类型

侵权责任的承担方式是指侵权人承担侵权责任的具体形式。根据《侵权责任法》第15条的规定,侵权责任的承担方式主要有以下八种:

(一)停止侵害

停止侵害是指责令侵权人停止正在进行的侵权行为。停止侵害的适用前提,是侵权行为正在进行之中,对于已经停止的侵权行为不能适用这种责任方式。因此,只要侵害他人民事权益的侵权行为正在进行之中,不论该行为持续多长时间,也不论侵权人主观上有无过错,受害人都有权请求侵权人停止其侵害。停止侵害的适用范围相当广泛,对于一切正在实施的侵权行为都可适用。

(二)排除妨碍

排除妨碍又称排除妨害,是指排除侵权行为给他人正常享有和行使民事权益所造成的妨碍。排除妨碍的适用前提,是行为人的行为给他人正常享有和行使民事权益造成了妨碍。这种妨碍应当是实际存在的、不正当的,因此,对于行为人正当享有和行使民事权益所造成的妨碍,受妨害人不得请求排除。侵权人对他人正常享有和行使民事权益造成的妨碍,无论侵权人是否存在过错,也无论妨碍行为存在多久,侵权人都应当予以排除。排除妨碍的费用,也应当由侵权人承担。

(三)消除危险

消除危险是指消除因侵权行为而造成他人民事权益的损害或者扩大损害的危险。消除危险的适用以存在造成他人民事权益损害的危险性为前提,不以损害的现实存在为条件,也不以行为人存在过错为条件。这里的危险应当是现实存在的,而不能仅仅是一种潜在的可能性。消除危险的目的在于防止损害的发生或损害后果的扩大,是一种预防措施,体现了侵权责任的预防功能。

(四) 返还财产

返还财产是指侵权人将非法侵占的财产返还给受害人。当侵权人非法侵占民事主体的财产时,受害人就有权要求侵权人返还财产,而不论行为人是否存在过错。只有返还财产已不可能时,才能采取赔偿损失的责任方式。返还财产只适用于积极侵权行为,即只有在侵权人实施侵占财产的行为时,才能请求返还财产。

(五) 恢复原状

恢复原状是指将损坏的财产修复。恢复原状的适用须有两个条件:一是被损坏的财产要有修复的可能。没有修复可能的,不能适用恢复原状;二是须有修复的必要。被损坏的财产有无修复的必要,应当从经济效益、社会效益、民事主体的需要等因素综合加以判断。

(六) 赔偿损失

赔偿损失是指侵权人支付一定的金钱或实物赔偿因其侵权行为给受害人所造成的损害。赔偿损失主要包括三个方面的内容:一是侵权人侵害他人财产权益造成损失的,侵权人应当赔偿损失;二是侵权人侵害他人人身权益及知识产权等,造成他人人身伤害及财产损失的,侵权人应当赔偿损失;三是侵权人侵害他人人身权益造成精神损害的,侵权人应当对受害人的精神损害予以赔偿。

(七) 赔礼道歉

赔礼道歉是指侵权人向受害人公开承认错误,表示歉意,主要适用侵害人身权益的场合。赔礼道歉虽然不能对侵权人的财产造成任何影响,但对化解矛盾、解决纠纷具有不可替代的作用。赔礼道歉可以采取口头道歉的方式,也可以采取书面道歉的方式,如张贴公开信、登报道歉等。

(八) 消除影响、恢复名誉

消除影响是指侵权人因其侵害了他人民事权益而造成不良影响的,应当消除这种不良后果;恢复名誉是指侵权人因其侵害了他人名誉而将受害人的名誉恢复至未受侵害时的状态。一般地说,在什么范围内造成不良影响,就应当在什么范围内消除影响,并且消除影响的途径、方式应当比实施侵害行为的途径、方式能更为有效地传播信息。消除影响、恢复名誉属于非财产责任形式,主要适用于侵害名誉权、肖像权、姓名权以及其他人身权益受到侵害的场合。

二、侵权责任承担方式的适用

关于侵权责任方式的适用,应当注意以下几个问题:

第一,侵权责任的方式可以单独适用,也可以合并适用。至于哪些责任方式可以合并适用,应当根据不同责任方式的内容加以确定。一般地说,在一种责任方式不足以保护受害人时,就可以合并适用其他的责任方式。当然,合并适用的责任方式之间不能是矛盾的。例如,返还财产与恢复原状就不能合并适用,而赔偿损失与返还财产、恢复原状、赔礼道歉、消除影响、恢复名誉就可以合并适用。

第二,在赔偿损失的责任方式中,当事人可以协商赔偿费用的支付方式。协商不一致的,赔偿费用应当一次性支付;一次性支付确有困难的,可以分期支付,但应当提供相应的担保(《侵权责任法》第25条)。

第三,应当将侵权责任的承担方式与受益人补偿区别开来。所谓受益人补偿,是指在受害人遭受损害,不能通过侵权责任获得赔偿的情况下,由相关行为人给予适当的补偿。侵权责任具有补偿性,这与受益人补偿很相似,但侵权责任与受益人补偿是两种不同的制度,不能将受益人补偿作为侵权责任的承担方式加以适用。从《侵权责任法》的规定来看,受益人补偿主要包括两种情况:一是因防止、制止他人民事权益被侵害而使自己受到损害,侵权人逃逸或者无力承担责任时,受害人请求补偿的,受益人应当给予适当补偿(《侵权责任法》第23条);二是因紧急避险造成损害,若危险是由自然原因引起,紧急避险人为受益人的,可以给予适当补偿(《侵权责任法》第31条)。

除受益人补偿外,《侵权责任法》还规定了其他的损失补偿,具体包括:(1)完全民事行为能力人对自己的行为暂时没有意识或者失去控制造成他人损害没有过错的,根据行为人的经济状况对受害人适当补偿(《侵权责任法》第 33 条第 1 款);(2) 从建筑物中抛掷物品或者从建筑物上坠落的物品造成他人损害,难以确定具体侵权人的,除能够证明自己不是侵权人的外,由可能加害的建筑物使用人给予补偿(《侵权责任法》第 87 条)。

第二节 侵权损害的赔偿责任

一、侵权损害赔偿责任的适用规则

在侵权责任中,追究侵权人的赔偿责任,关键在于确定赔偿损失的范围。为此,应当坚持以下基本规则:

(一) 全部赔偿规则

全部赔偿是指侵权人对因其侵权行为所造成的受害人的全部损失都应予以赔偿。也就是说,侵权人的赔偿范围应当与受害人的损失范围相当,损失多少,赔偿多少。之所以坚持全部赔偿规则,是由赔偿责任的补偿性所决定的。既然赔偿损失是对受害人的损害的补偿,那么,只有全部赔偿才能补偿受害人的全部损失。因此,在赔偿责任中,坚持全部赔偿规则是十分必要的,也是合理的。

适用全部赔偿规则确定赔偿责任的范围,应当注意以下问题:(1) 赔偿范围的确定,一般应以受害人所受到的损失大小为标准。(2) 赔偿范围包括受害人所遭受的全部损失。就财产损害而言,包括实际损失和可得利益损失;就人身损害而言,包括因人身损害而支出的全部费用以及因受害而失去的利益;就精神损害而言,包括因精神损害而受到的财产损失以及其他的合理费用的损失。(3) 法律对赔偿数额有所限制的,全部赔偿规则应在法律限制的数额内适用。

(二) 过失相抵规则

过失相抵是指受害人对损害的发生也有过错的,可以减轻侵权人的赔偿责任。所以,过失相抵又可称为"与有过失"。过失相抵规则的适用前提,是侵权人和受害人构成混合过错。就是说,侵权人和受害人对于损害的发生都有过错。《侵权责任法》第 26 条规定:"被侵权人对于损害的发生也有过错的,可以减轻侵权人的责任。"过失相抵规则是基于公平原则和诚实信用原则而确立起来的,是受害人对自己的过失负责。因为,既然受害人对损害的发生也有过错,自不应使侵权人负全部赔偿责任,否则就等于将由于自己的过失所引起的损害转嫁于侵权人负担。

过失相抵规则的适用须符合以下条件:(1) 受害人的行为与侵权人的行为系损害发生的共同原因。就是说,损害的发生是由受害人和侵权人双方的行为所共同造成的。(2) 受害人的行为须有不当。受害人的行为是否不当,应依社会一般观念确定。例如,受害人被侵害致伤,但受害人拒绝医院的治疗,导致伤势恶化,受害人的行为就为不当。(3) 受害人须有过错。如果受害人对于损害的发生没有过错,则应由侵权人承担责任,自无过失相抵规则的适用。(4) 须依侵权人和受害人的过错程度以及各方行为对损害发生的作用,确定各方应承担责任的比例,并据此确定减轻侵权人赔偿责任的数额。

(三) 损益相抵规则

损益相抵是指受害人基于受损害的同一原因而受有利益时,应将所受利益从损害额中扣除,以确定侵权人的赔偿数额。损益相抵是将侵权人所造成的损害,与受害人所受的利益相互抵销,故又称为损益同销,其实质仍为侵权人只对受害人的损失负赔偿责任,以免受害人得到不当的利益。

损益相抵规则的适用应符合下列条件:(1) 须侵权人造成受害人损失。若没有损失的发生,也就没有赔偿责任,当然,也就不会有损益相抵规则的适用。(2) 须受害人受有利益。受害人受有利益,是损益相抵的必要条件。受害人受到损害,但如果没有因此而受有利益,则没有损益相抵规则的适用余地。受害人所受利益既包括积极利益,也包括消极利益。(3) 受害人的损害与受有利益之间须有因果关系,即损害与利益须基于同一原因事实而发生。例如,损坏他人用于营运的汽车,汽车的损坏及营运收入损失属于损害,而因汽车停运没有支出汽油费则属于受有利益。这里的损害与利益均系基于侵权人损坏汽车这一原因事实而造成的,二者间为有因果关系。但若受害人因受害而获得其他人的救济,则损害与利益间不存在因果关系。

(四) 权衡利益规则

权衡利益又称生计减轻,是指应当考虑当事人的经济状况,从而确定侵权人的赔偿范围。按照权衡利益规则,在确定赔偿范围时,应当从当事人的经济状况等因素出发,权衡当事人双方的利益关系。例如,在侵权人的经济状况不好,如果全部赔偿,就会使其本人及其家庭的生活陷于极度困难时,就可以根据实际情况,适当减少侵权人的赔偿数额。权衡利益规则的目的在于维护公平正义,维护社会的安定。

适用权衡利益规则,应当注意以下问题:(1) 须分清当事人的责任。如果不分清当事人的责任,径行考虑侵权人的经济状况而减少赔偿数额,不仅达不到教育当事人的目的,而且会导致当事人长期缠讼,影响社会的安定。(2) 须综合考虑各种因素,以达到既切实保护受害人的利益,又不至于使侵权人处于重大不利境地的目的。权衡利益规则所考虑的情况,主要是当事人的经济状况。此外,当地的社会风俗习惯、社会舆论等也是考虑的因素。(3) 须以全部赔偿规则为前提。全部赔偿规则是确定赔偿范围的首要规则,权衡利益规则应当以该规则为前提。就是说,应当首先明确侵权人须全部赔偿。然后,根据侵权人的经济状况,决定是否减少侵权人的赔偿数额。

二、人身损害的赔偿责任

人身损害是指侵害他人的身体所造成的损害,包括一般伤害、残废和死亡。《侵权责任法》第 16 条规定:"侵害他人造成人身损害的,应当赔偿医疗费、护理费、交通费等为治疗和康复支出的合理费用,以及因误工减少的收入。造成残疾的,还应当赔偿残疾生活辅助具费和残疾赔偿金。造成死亡的,还应当赔偿丧葬费和死亡赔偿金。"可见,人身损害的赔偿范围,因人身损害的程度而有所不同。

(一) 一般伤害的赔偿范围

一般伤害是人身损害程度较轻,受害人可以通过一定的措施恢复人身物质机体功能的一种人身损害。侵害他人身体造成一般伤害的,其赔偿范围主要包括以下几个方面:

1. 医疗费

医疗费是为使受损害的人身物质机体得以复原,或为维持物质机体的正常功能与活动所需的全部费用,包括诊断费、治疗费、化验费、手术费、检查费、医药费、住院费等。医疗费应当根据医疗机构出具的医药费、住院费等收款凭证,结合病历和诊断证明等相关证据确定。侵权人对治疗的必要性和合理性有异议的,应当承担相应的举证责任。医疗费的赔偿数额,按照一审法庭辩论终结前实际发生的数额确定。器官功能恢复训练所必要的康复费、适当的整容费以及其他后续治疗费,受害人可以待实际发生后另行起诉。但根据医疗证明或者鉴定结论确定必然发生的费用,可以与已经发生的医疗费一并予以赔偿。

2. 误工费

误工费即误工减少的收入,是受害人潜在劳动力价值的丧失,是一种可得利益的损失。误工费根据受害人的误工时间和收入状况确定。误工时间根据受害人接受治疗的医疗机构出具的证明确定。受害人因伤致残持续误工的,误工时间可以计算至致残日前一天。

3. 护理费

护理费是为使受害人恢复健康或者维持生命与生活而支出的"护理"费用。这里所说的"护理费",不包括受害人在住院治疗期间向医院支付的有关护理的费用(这种护理费属于医疗费的范围),而是指除医疗人员外,为使受害人的生活得到正常的保障,由受害人之亲属或其他人对其进行非医务护理所应支出的费用。护理费根据护理人员的收入状况和护理人数、护理期限确定。护理人员有收入的,参照误工费的规定计算;护理人员没有收入或者雇用护工的,参照当地护工从事同等级别护理的劳务报酬标准计算。护理人员原则上为一人,但医疗机构或者鉴定机构有明确意见的,可以参照确定护理人员人数。护理期限应计算至受害人恢复生活自理能力时止。

4. 其他必要费用

除上述费用外,受害人因受损害而支出的交通费、住宿费等也属于赔偿的范围。交通费根据受害人及其必要的陪护人员因就医或者转院治疗实际发生的费用计算。交通费应当以正式票据为凭;有关凭据应当与就医地点、时间、人数、次数相符合。受害人确有必要到外地治疗,因客观原因不能住院,受害人本人及其陪护人员实际发生的住宿费和伙食费,其合理部分应予赔偿。

(二) 致人残疾的赔偿范围

残疾是指人身损害程度较重,受害人虽可通过一定的措施弥补损害,但并不能完全恢复人身物质机体的全部功能的一种人身损害。侵害他人身体造成残疾的,必将使受害人丧失全部或部分劳动能力,给其今后的生活造成重大影响。因此,对残疾者的赔偿范围,除应赔偿因治疗所支出的有关费用外,还应考虑残疾者的今后生活的需要。侵权人致人残疾的,除应赔偿前述医疗费、误工费、护理费、交通费等费用外,还应赔偿其因增加生活上需要所支出的必要费用以及因丧失劳动能力导致的收入损失,包括残疾赔偿金和残疾生活辅助具费。

(三) 致人死亡的赔偿范围

死亡是侵害他人身体所造成的最为严重的损害后果,使人身物质机体不再具有生命的意义。致人死亡从根本上剥夺了受害人的生命,是最为严重的侵害人身权的行为。侵害他人造成人身损害的,除赔偿前述损失外,"造成死亡的,还应当赔偿丧葬费和死亡赔偿金"。丧葬费和死亡赔偿金依受害人的具体情形确定,但根据《侵权责任法》第17条的规定,"因同一侵权行为造成多人死亡的,可以以相同数额确定死亡赔偿金"。

《侵权责任法》第18条规定:"被侵权人死亡的,其近亲属有权请求侵权人承担侵权责任。被侵权人为单位,该单位分立、合并的,承继权利的单位有权请求侵权人承担侵权责任。被侵权人死亡的,支付被侵权人医疗费、丧葬费等合理费用的人有权请求侵权人赔偿费用,但侵权人已支付该费用的除外。"

三、财产损害的赔偿责任

(一) 财产损害的赔偿方式

财产损害的赔偿方式为赔偿损失。赔偿损失可以采取两种形式:一是金钱赔偿,二是实物赔偿。金钱赔偿就是将受害人所遭受的财产损失折算成现金,通过支付金钱的方式予以赔偿。在适用金钱赔偿时,应当考虑被侵害财产的残存价值。因此,金钱赔偿的关键是对财产损失的计算;实物赔偿就是通过用同种类、同等质量的实物赔偿受害人的损害。例如,毁损他人手表的,侵权人可以通过购置同种类的手表予以赔偿。当然,如果被毁损的财产为已经使用过的财产,则侵权人在用实物赔偿时,应当考虑被毁损财产的实际折旧情况。

(二) 财产损害的赔偿范围

财产损害既可因侵害财产权益而产生,也可因侵害人身权益而产生,这两种财产损害的赔偿范围及计算方法是不同的。

因侵害财产权益而造成财产损失时,其赔偿范围主要包括实际损失和可得利益损失。对于实际损失的赔偿,无论是采取金钱赔偿的方法,还是采取实物赔偿的方法,都需要确定实际损失的具体数额。《侵权责任法》第19条规定:"侵害他人财产的,财产损失按照损失发生时的市场价格或者其他方式计算。"可见,对实际损失数额的确定,一般要根据财产损失发生时的市场价格确定;如果没有市场价格的,则按照其他方式如评估方式等确定。对于可得利益损失的赔偿范围,可以采取收益平均法加以确定,即根据损害发生前的一段时间内受害人的平均收益确定可得利益损失。例如,侵害他人营运中的汽车,经营者因汽车被损坏而停运1个月,那么,可以根据损害发生前的月平均收益作为确定可得利益损失的数额。如果采用平均收益法无法确定可得利益损失,也可以采取同类比照法加以确定,即以同行业、同时期、同地区、同等条件的同类经营者的平均收益确定可得利益损失。

因侵害人身权益而造成财产损失的,应当按照受害人因此受到的损失赔偿;受害人的损失难以确定,侵权人因此获得利益的,按照其获得的利益赔偿;侵权人因此获得的利益难以确定,受害人和侵权人就赔偿数额协商不一致,向人民法院提起诉讼的,由人民法院根据实际情况确定赔偿数额(《侵权责任法》第20条)。

四、精神损害的赔偿责任

(一) 精神损害赔偿责任的适用范围

《侵权责任法》第22条规定:"侵害他人人身权益,造成他人严重精神损害的,被侵权人可以请求精神损害赔偿。"可见,只有在人身权益遭受侵害并造成严重精神损害时,才能适用精神损害赔偿责任。

(二) 精神损害赔偿额的确定

精神损害是一种无形损害,它不能像财产损害那样,可以通过一定的标准加以确定,即无法使之标准化。但是,如果不对精神损害的赔偿额确定一定的标准,完全凭法官自由裁量,则随意性又过大,不利于执法的统一。因此,如何确定精神损害的赔偿额,便是一个十分重要而又棘手的问题。一般来说,精神损害的赔偿数额应当根据以下因素确定:(1) 侵权人的过错程度,法律另有规定的除外;(2) 侵害的手段、场合、行为方式等具体情节;(3) 侵权行为所造成的后果;(4) 侵权人的获利情况;(5) 侵权人承担责任的经济能力;(6) 受诉法院所在地平均生活水平。

第三十三章　侵权责任的抗辩事由

第一节　侵权责任抗辩事由的概念和特点

一、侵权责任抗辩事由的概念

在侵权责任法上，抗辩事由是指免除或减轻侵权责任的条件，也就是《侵权责任法》所规定的"不承担责任和减轻责任的情形"。

侵权责任的抗辩事由与侵权责任的构成要件，都是对行为人承担侵权责任的限制，是一个问题的两个方面。侵权责任的构成要件是规定行为人在什么情况下应当对造成的损害承担责任；而侵权责任的抗辩事由则是规定行为人在什么情况下对所发生的损害不应承担责任或减轻责任，目的在于划定行为人承担责任的界限。

二、侵权责任抗辩事由的特点

概括地说，侵权责任的抗辩事由具有以下特点：

第一，侵权责任的抗辩事由是客观存在的事实。侵权责任的抗辩事由只能是客观存在的、已经发生的事实，没有发生的或仅有发生可能的情况，不能成为侵权责任的抗辩事由。

第二，侵权责任的抗辩事由是由法律规定的事实。在侵权责任中，什么样的条件可以免除或减轻行为人的责任，是由法律所规定的，而不是由当事人约定的。也就是说，只有法律规定的条件才能成为侵权责任的抗辩事由。《侵权责任法》所规定的侵权责任抗辩事由包括受害人的过错、第三人的过错、不可抗力、正当防卫、紧急避险。实务上认为依法执行职务、受害人的同意及自助行为也为侵权责任的抗辩事由。

第三，侵权责任的抗辩事由是对抗受害人的事实。所谓抗辩，也就是行为人对抗受害人的请求权。也就是说，侵权责任抗辩事由的提出能够导致受害人的请求权在法律上不成立或不完全成立,从而免除或减轻行为人的责任。

第四,侵权责任的抗辩事由因侵权责任的类型不同而存在差别。如前所述,侵权责任的抗辩事由与构成要件是一个问题的两个方面。因此,一定的抗辩事由总是与一定的构成要件相联系的,不同的侵权责任类型,其要求的抗辩事由也会有所不同。例如,不可抗力为侵权责任的抗辩事由,对于过错责任完全适用,但对于无过错责任则不完全适用,有的无过错责任就不以不可抗力为免除责任的事由。

第二节 侵权责任抗辩事由的种类

一、受害人的过错

受害人的过错是指受害人对于损害的发生具有过错。《侵权责任法》第26条规定:"被侵权人对损害的发生也有过错的,可以减轻侵权人的责任。"可见,在受害人对损害的发生也有过错时,既发生过失相抵的效力,也发生抗辩的效力。受害人的"过错"不仅包括过失,也包括故意。当然,在受害人为故意的情况下,须侵权人对于损害的发生也有故意或重大过失,才能减轻侵权人的责任。如果受害人的故意是损害发生的唯一原因,则应适用"受害人的故意"的抗辩事由,完全免除侵权的责任。对此,《侵权责任法》第27条规定:"损害是因受害人故意造成的,行为人不承担责任。"

二、第三人的过错

第三人的过错是指第三人对损害的发生具有故意或过失。当损害的发生完全是因第三人的过错造成时,就应当由该第三人承担责任,而免除其他人的责任。对此,《侵权责任法》第28条规定:"损害是因第三人造成的,第三人应当承担侵权责任。"如果损害的发生是因第三人和他人的过错共同造成的,则构成共同侵权,应由当事人承担连带责任。

三、不可抗力

《民法通则》第 153 条规定：不可抗力是指不能预见、不能避免并不能克服的客观现象。不可抗力既可以是因自然原因引起的，如地震、台风、洪水、泥石流、海啸等；也可以是因社会原因而引起的，如战争、武装冲突等。

不可抗力是侵权责任的一般抗辩事由，适用于法律没有另外规定的侵权责任。《侵权责任法》第 29 条规定："因不可抗力造成他人损害的，不承担责任。法律另有规定的，依照其规定。"可见，在法律没有另外规定的情况下，不可抗力都为抗辩事由。但是，不可抗力作为抗辩事由，只有在不可抗力是造成损害的唯一原因时，才能免除当事人的责任。也就是说，在发生不可抗力的情况下，如果当事人对造成损害也有过错，则不能完全免责，当事人应当按照其过错程度承担相应的责任。

四、正当防卫

正当防卫是指在公共利益、本人或他人的人身或其他合法权益受到现时的不法侵害时，为制止损害的发生或防止损害的扩大而对不法侵害人所采取的防卫措施。正当防卫是法律赋予公民的自卫权利，目的在于保护公共利益和其他合法权益，所以，因正当防卫造成损害的，行为人不承担责任。

正当防卫的成立须具有以下要件：(1) 须针对正在进行的不法侵害行为实施。对于尚未发生的或已经结束的侵害行为，不能进行正当防卫。(2) 须针对不法侵害人本人实施。正当防卫的目的在于排除和制止不法侵害，因此，只能对不法侵害人本人实施，而不能对其他人实施。(3) 须为保护合法权益而实施。也就是说，正当防卫的目的必须是为避免公共利益、本人和他人的人身或其他合法权益受到损害。基于报复等目的而实施的行为，不能构成正当防卫。(4) 须在必要的限度内，即不能超过必要限度。认定正当防卫是否在必要限度以内，不能以防卫的手段、强度与不法侵害的手段、强度是否相当为标准，而只能以能否足以制止不法侵害，从而使受到侵害的合法权益避免遭受损害或减少损害为标准。

行为人实施正当防卫行为造成损害的,依法不承担责任。但是,正当防卫超过必要的限度,造成不应有的损害的,属于防卫过当,防卫人应当承担适当的侵权责任。对此,《侵权责任法》第30条规定:"因正当防卫造成损害的,不承担责任。正当防卫超过必要的限度,造成不应有的损害的,正当防卫人应当承担适当的责任。"这里所说的"适当的责任",是指防卫人仅对超过必要限度而造成的不应有的损害部分承担责任,而不是对防卫行为所造成的全部损害后果承担责任。

五、紧急避险

紧急避险是指为了使公共利益、本人或他人的人身和其他合法权益免受正在发生的危险,不得已而采取的损害他人一定利益的救险行为。紧急避险是为保全较大的利益而损害较小利益的一种救助措施,从整体上说是有益的。因此,只要紧急避险的行为符合法律的规定,避险人就不承担责任。

紧急避险的成立须具有以下条件:(1) 须合法权益遭受紧急危险。也就是说,必须存在危及公共利益、本人或他人的人身或财产的合法权益的危险,而且该危险必须是正在发生的、现实的,如不采取措施就会造成更大的损害。因此,对于已经消除或尚未发生的危险,或者虽有危险的存在但不具有紧急性的,都不能进行紧急避险。(2) 须是在不得已的情况下所采取的避险措施。所谓"不得已",是指除采取该损害某种利益的行为外,无其他方式可以避免危险,即采取的避险措施应为适当。(3) 须不超过必要的限度。紧急避险所造成的损害必须少于危险会造成的损害,也就是说,保全的利益必须大于损害的利益。如果避险行为所造成的损害大于危险可能造成的损害,则为超过必要的限度。一般地说,人身价值大于财产价值,因此,为保全财产而损害人身的,为超过必要的限度;财产之间应视其价值大小而定是否超过必要限度,即为保全价值较低的财产而损害价值较大财产的,则为超过必要的限度。

《侵权责任法》第31条规定:"因紧急避险造成损害的,由引起险情发生的人承担责任。如果危险是由自然原因引起的,紧急避险人不承担责任或者给予适当补偿。紧急避险采取措施不当或者超过必要的限度,造成不应有的损害的,紧急避险人应当承担适当的责任。"对此规定,应注意以下三点:(1) 如果险情是由人为的原因而引起的,则应当由引起险情发生的人承担责任。引起险情发生的人可以是避险人,也可以是受害人,还可以是其他人。(2) 如果险情是由自然原因引起的,行为人采取的措施又无不当,则避险人不承担责任或给予适当补偿。(3) 如果避险人采取的措施不当或超过必要的限度,造成不应有的损害的,避险人应当承担适当的责任。避险人承担"适当的责任",是指避险人仅就采取措施不当而扩大的损害部分或者超过必要限度的损害部分承担责任,而不是就避险行为所造成的全部损害承担责任。

第三十四章 共同侵权责任

第一节 共同侵权责任概述

一、共同侵权责任的概念

《侵权责任法》第 8 条规定:"二人以上共同实施侵权行为,造成他人损害的,应当承担连带责任。"根据这一规定,共同侵权责任是指二人以上共同侵害他人民事权益造成损害时,共同侵权人所应承担的侵权责任。

二、共同侵权责任的构成要件

共同侵权责任的构成除具备侵权责任构成的一般要件外,还须具有以下要件:(1) 行为人须为二人以上。共同侵权责任是因共同侵权行为而产生的一种侵权责任。因此,单个的侵权人实施侵权行为,不能产生共同侵权责任。(2) 数个行为人均实施了一定的行为。数个行为人虽各自实施一定行为,但各个行为都是针对同一对象,是互相联系的,是造成损害的同一的、不可分割的原因。(3) 损害后果须具有同一性。数个行为人虽然实施了多个行为,但数个行为所造成的损害结果是同一的、不可分割的。如果损害后果并不是同一的,是可以分割的,如甲打伤受害人的眼睛,乙打伤受害人的脚部,则不产生共同侵权责任。(4) 数个行为人之间在主观上存在共同过错。在共同侵权责任中,数个行为人在主观上须有共同侵害他人民事权益的故意或过失,即具有共同过错。这里的共同过错,既可以是共同故意,也可以是共同过失,还可以是故意与过失的混合。如果数个行为人之间没有共同过错,则不构成共同侵权责任。

可见,共同侵权责任与无意思联络的数人侵权责任是不同的。《侵权责任法》第 11 条规定:"二人以上分别实施侵权行为造成同一损害,每个人的侵权行为都足以造成全部损害的,行为人承担连带责任。"第 12 条规定:"二人以上分别实施侵权行为造成同一损害,能够确定责任大小的,各自承担相应的责任;难以确定责任大小的,平均承担赔偿责任。"根据上述规定,无意思联络的数人侵权责任是指二人以上分别实施侵权行为造成他人损害时,数个行为人所应承担的侵权责任。在无意思联络的数人侵权责任中,尽管行为人也是多个,但多个行为人是分别实施侵权行为而不是共同实施侵权行为,就是说,多个行为人在主观上并不存在共同过错。无意思联络的数人侵权责任有两种:一是承担连带责任的数人侵权责任。这种连带责任的基础并不是行为人的共同过错,而是聚合因果关系。二是承担按份责任的数人侵权责任。这种按份责任的基础也不是行为人的共同过错,而是行为人各自行为的原因力。

第二节 共同侵权责任的种类

一、因共同加害行为而产生的共同侵权责任

共同加害行为是指二人以上共同实施不法加害于他人的共同侵权行为。在共同加害行为中,共同侵权人都是侵权行为的实行人。共同加害行为属于狭义的共同侵权行为,是共同侵权行为的典型形态。

二、因教唆、帮助行为而产生的共同侵权责任

在共同侵权行为中,如果二人以上共同实施了侵权行为,则构成共同加害行为。如果教唆、帮助他人实施侵权行为,则教唆、帮助行为视为共同加害行为。在教唆、帮助行为中,教唆人、帮助人并没有实施加害行为,但实行人是在教唆、帮助之下实施加害行为的。也就是说,教唆、帮助行为与实行人的加害行为之间具有因果关系,构成了损害的共同原因。因此,教唆人、帮助人与实行人被视为共同侵权行为人,应当承担连带责任。对此,《侵权责任法》第 9 条第 1 款规定:"教唆、帮助他人实施侵权行为的,应当与行为人承担连带

责任。"

应当指出的是,在教唆、帮助行为中,只有被教唆人、被帮助人为完全民事行为能力人时,才能产生共同侵权责任,因为只有在这种情况下,行为人之间才能存在共同过错。如果被教唆人、被帮助人为无民事行为能力人、限制民事行为能力人,则不产生共同侵权责任,应当由教唆人、帮助人自己承担侵权责任。此时,如果监护人未尽到监护责任的,应当承担相应的责任。对此,《侵权责任法》第9条第2款规定:"教唆、帮助无民事行为能力人、限制民事行为能力人实施侵权行为的,应当承担侵权责任;该无民事行为能力人、限制民事行为能力人的监护人未尽到监护责任的,应当承担相应的责任。"

三、因共同危险行为而产生的共同侵权责任

共同危险行为又称为准共同侵权行为,是指二人以上共同实施了危及他人人身、财产安全的行为,但无法确定何人的行为造成损害的侵权行为。也就是说,数个行为人同时实施了具有危及他人权利的危险行为,其中某行为造成了损害,但究竟是哪一行为造成了损害,客观上无法判明。对此,《侵权责任法》第10条规定:"二人以上实施危及他人人身、财产安全的行为,其中一人或者数人的行为造成他人损害,能够确定具体侵权人的,由侵权人承担责任;不能确定具体侵权人的,行为人承担连带责任。"例如,数人同时从楼上往下扔砖头,其中一块击中某一行人的头部,但究竟是谁扔的砖头击伤行人,则无法确定。如果能够确定数个行为中是某人或某几个人的行为造成了损害,则不构成共同危险行为,而是属于单独侵权行为或共同加害行为。例如,二人同时从楼上往下扔东西,其中一人扔的是砖头,另一人扔的是酒瓶子,而造成行人伤害的是砖头,则侵权人就是扔砖头的人。

一般地说,共同危险行为须具有以下三个条件:

第一,数人共同实施了危险行为。所谓危险行为,是指数人的行为均有危及他人人身、财产安全的可能性。这种危险可以从行为本身、周围环境以及行为人对致人损害可能性的控制条件上加以判断。

第二,数个行为中只有一个行为造成损害,但无法判明何人的行

为造成损害。在共同危险行为中,数个行为都有可能造成他人的损害,但由于数个行为发生的时间、地点是相同的,因而无法判断谁是侵权人。如果行为人主张其行为没有造成损害的,应当由该行为人就其行为与损害结果之间不存在因果关系承担举证责任。

第三,数人在主观上存在共同过失。在共同危险行为中,数个行为并不针对任何特定的人,也没有人为的侵害方向。因此,共同危险行为人没有共同致人损害的故意,而只有共同的过失。这种过失表现在:数个行为人都应当知道其行为有危险性,而这种危险性为不正当的、不合理的,因疏于注意而导致损害结果发生。一般地说,行为人的这种过失是以推定的形式存在的,即实施具有危险性的行为本身就表明了疏于注意过失的存在。

第三节 共同侵权责任的承担

一、共同侵权责任的外部承担

无论何种形态的共同侵权行为,在行为人之间都发生一定的效果,即共同侵权人之间承担连带责任。《侵权责任法》第13条规定:"法律规定承担连带责任的,被侵权人有权请求部分或者全部连带责任人承担责任。"可见,受害人有权向共同侵权人的部分或全部请求赔偿全部损失,共同侵权人中的任何一人或数人也都有义务向受害人赔偿全部损失;若共同侵权人中的一人或数人向受害人赔偿了全部损失,则其他人的赔偿责任消灭。

二、共同侵权责任的内部分担

共同侵权人之间虽然对受害人的损害承担连带责任,但共同侵权人内部应当根据共同侵权人的过错程度以及对损害所起作用的大小进行责任分担。对此,《侵权责任法》第14条规定:"连带责任人根据各自责任大小确定相应的赔偿数额;难以确定责任大小的,平均承担赔偿责任。支付超出自己赔偿数额的连带责任人,有权向其他连带责任人追偿。"

第三十五章 侵权责任主体的特殊规定

第一节 被监护人致人损害责任

一、被监护人致人损害责任的概念和归责原则

被监护人致人损害责任是指无民事行为能力人或限制民事行为能力人造成他人损害时,监护人所应承担的侵权责任。

《侵权责任法》第32条第1款规定:"无民事责任能力人、限制民事能力人造成他人损害的,由监护人承担侵权责任。监护人尽到监护责任的,可以减轻其侵权责任。"根据这一规定,被监护人致人损害责任适用无过错责任原则,无论监护人有无过错,即是否尽了监护责任,监护人都应承担侵权责任,而不能以尽到监护职责为由不承担责任。只不过是监护人尽到监护责任的,可以减轻监护人的侵权责任。

二、被监护人致人损害责任的构成要件

(一) 被监护人的行为具有客观违法性

在监护关系中,被监护人为无民事行为能力人和限制民事行为能力人。由于被监护人不具有完全的意思能力,因而就其主观态度而言,不一定意识到自己行为的法律后果,因而,一般也就不存在被监护人的主观过错问题。但是,就被监护人的行为而言,则必须在客观上为法律所不容,即具有客观违法性。否则,不能产生被监护人致人损害责任。同时,被监护人的行为须为自己的独立行为。

(二) 受害人受到了损害

被监护人的行为须造成了他人损害,才能产生被监护人致人损害责任。这里的损害包括人身损害和财产损害,也包括精神损害。

(三) 被监护人的行为与损害后果之间具有因果关系

只有被监护人的行为造成了他人的损害后果,才能产生被监护人致人损害责任。如果受害人的损害后果与被监护人的行为无关,则不发生被监护人致人损害责任问题。

三、被监护人致人损害责任的承担

《侵权责任法》第32条第2款规定:"有财产的无民事行为能力人、限制民事行为能力人造成他人损害的,从本人财产中支付赔偿费用。不足部分,由监护人赔偿。"根据这一规定,被监护人致人损害责任的承担主体是根据被监护人的财产状况来确定的:在无财产的被监护人造成他人损害的情况下,完全由监护人承担责任;在有财产的被监护人造成他人损害的情况下,先应由本人承担赔偿费用(从本人财产中支付赔偿费用),监护人只就被监护人财产不足以赔偿部分承担责任。

在被监护人致人损害责任中,如果有几个监护人的,应当由与被监护人共同生活的监护人承担责任,如果与被监护人共同生活的监护人独立承担责任有困难,未与被监护人共同生活的监护人应与其他监护人共同承担责任。根据《民法通则的意见》第158条的规定,"夫妻离婚后,未成年子女侵害他人权益的,同该子女共同生活的一方应当承担民事责任;如果独立承担民事责任确有困难的,可以责令未与该子女共同生活的一方共同承担民事责任。"

被监护人造成他人损害时,有明确监护人的,由监护人承担赔偿责任;监护人不明确的,由顺序在前的有监护能力的人承担赔偿责任。如果顺序在前的有监护能力的人为数人的,应由他们共同承担赔偿责任。

在幼儿园、学校生活、学习的无民事行为能力的人或者在精神病院治疗的精神病人给他人造成损害,单位有过错的,可以责令这些单位适当给予赔偿。

第二节 暂时丧失心智者致人损害责任

一、暂时丧失心智者致人损害责任的概念和归责原则

暂时丧失心智者致人损害责任是指完全民事行为能力人在其行为暂时没有意识或失去控制下造成他人损害所应承担的侵权责任。

《侵权责任法》第33条规定:"完全民事行为能力人对自己的行为暂时没有意识或者失去控制造成他人损害有过错的,应当承担侵权责任;没有过错的,根据行为人的经济状况对受害人适当补偿。完全民事行为能力人因醉酒、滥用麻醉药品或者精神药品对自己的行为暂时没有意识或者失去控制造成他人损害的,应当承担侵权责任。"可见,暂时丧失心智者致人损害责任适用过错责任原则。

二、暂时丧失心智者致人损害责任的构成要件

(一)行为人是暂时丧失心智的完全民事行为能力人

暂时丧失心智者致人损害的行为人须是完全民事行为能力人,而不能是无民事行为能力人和限制民事行为能力人。同时,完全民事行为能力人在实施行为时须暂时没有意识或失去控制。如完全民事行为能力人在实施行为时并不存在没有意识或失去控制的情形,则不能产生暂时丧失心智者致人损害责任。

(二)暂时丧失心智者实施了加害行为

完全民事行为能力人须在暂时没有意识或失去控制的情况下,实施了加害行为。完全民事行为能力人虽然没有意识或失去控制,但没有加害行为的,则不会产生暂时丧失心智者致人损害责任。

(三)受害人受到了损害

暂时丧失心智者的行为须造成了他人损害,才能产生暂时丧失心智者致人损害责任。受害人的损害包括人身损害和财产损害,也可以是基于人身损害而发生的精神损害。

(四) 暂时丧失心智者的加害行为与损害后果之间具有因果关系

暂时丧失心智者的加害行为须是受害人所受损害的原因,即二者之间须存在因果关系。

(五) 行为人对自己暂时丧失心智具有过错

暂时丧失心智者致人损害责任适用过错责任原则,因此,只有在行为人存在过错的情况下,这种责任才能成立。但应当指出的是,这里的过错是指行为人对暂时没有意识或失去控制存在过错,而不是指对损害后果具有过错。完全民事行为能力人因醉酒、滥用麻醉药品或者精神药品对自己的行为暂时没有意识或者失去控制的,应当认定行为人具有过错。

三、暂时丧失心智者致人损害责任的承担

根据《侵权责任法》第 33 条的规定,暂时丧失心智者致人损害责任的承担主体为暂时没有意识或失去控制的完全民事行为能力人,具体责任承担区分以下情形:

其一,完全民事行为能力人对自己的行为暂时没有意识或者失去控制造成他人损害有过错的,应当承担侵权责任。也就是说,尽管行为人在致害时因丧失心智而无过错,但其对行为时的心智丧失是有过错的,即因其过错导致暂无意识或失去控制,因此,行为人仍应承担侵权责任。

其二,完全民事能力人对自己的行为暂时没有意识或失去控制没有过错,则依过错责任原则,行为人不应当承担侵权责任,但应根据行为人的经济状况对受害人适当补偿。

其三,完全民事行为能力人因醉酒、滥用麻醉药品或者精神药品对自己的行为暂时没有意识或者失去控制造成他人损害的,应当承担侵权责任。因为醉酒、滥用麻醉药品或者精神药品本身就推定其是有过错的。

第三节 使用人责任

一、用人单位责任

（一）用人单位责任的概念和归责原则

用人单位责任是指用人单位的工作人员因执行工作任务造成他人损害时，用人单位所应承担的侵权责任。

《侵权责任法》第34条第1款中规定："用人单位的工作人员因执行工作任务造成他人损害的，由用人单位承担侵权责任。"根据这一规定，用人单位责任适用无过错责任原则，只要用人单位的工作人员在执行工作任务中造成了他人损害，用人单位就应承担侵权责任，而不能通过证明自己在选任或监督方面尽到了相应的义务而不承担责任。

（二）用人单位责任的构成要件

1. 用人单位的工作人员有执行工作任务的行为

用人单位工作人员的行为须是执行工作任务的行为，才会产生用人单位责任。工作人员按照用人单位的授权或指示进行工作的，即构成执行工作任务的行为。工作人员实施的与工作任务无关的行为，即使发生在工作时间内，也不属于执行工作任务的行为。

2. 用人单位工作人员的行为构成侵权行为

用人单位工作人员执行工作任务的行为只有构成侵权行为，才能产生用人单位责任。若其工作人员的行为不构成侵权行为，则不产生用人单位责任。至于工作人员的行为是否构成侵权行为，应根据侵权责任所适用的归责原则加以确定。例如，在适用过错责任原则时，如果工作人员没有过错的，则工作人员的行为不产生侵权责任，用人单位也就没有责任；在适用无过错责任原则时，如果工作人员的行为属于法律规定应当承担无过错责任的情形时，工作人员的行为会产生特殊侵权的无过错责任，用人单位也就应当承担责任。

3. 受害人受到了损害

用人单位责任是工作人员在执行工作任务中造成他人损害的一

种侵权责任,因此,只有工作人员造成了他人损害,才能产生用人单位责任。这里的损害包括人身损害和财产损害,也包括精神损害。

4. 工作人员执行工作任务的行为与损害后果之间具有因果关系

在用人单位责任中,受害人的损害后果应当是工作人员执行工作任务的行为所造成的,即工作人员执行工作任务的行为与损害后果之间须具有因果关系。

(三) 用人单位责任的承担

根据《侵权责任法》第34条的规定,用人单位责任的承担主体为用人单位。这里的用人单位,既包括企业、事业单位、国家机关、社会团体等,也包括个体经济组织。如果在劳务派遣期间,被派遣的工作人员因执行工作任务造成他人损害的,责任的承担主体为接受劳务派遣的用工单位。劳务派遣单位有过错的,则应当承担相应的补充责任。

二、个人劳务损害责任

(一) 个人劳务损害责任的概念和归责原则

个人劳务损害责任是指在个人劳务关系中,提供劳务一方因劳务造成他人损害或者自己受到损害时,接受劳务一方所应承担的侵权责任。

个人劳务损害责任包括两种:一是个人劳务提供者致害责任,即提供劳务一方因劳务造成他人损害的责任;二是个人劳务提供者受害责任,即提供劳务一方因劳务自己受到损害的责任。根据《侵权责任法》第35条的规定,这两种责任适用不同的归责原则:个人劳务提供者致害责任适用无过错责任原则。在本质上,这种责任与用人单位责任属于同一种责任,只要提供劳务一方因劳务造成他人损害的,接受劳务一方就应当承担责任,不能以自己没有过错而不承担责任。个人劳务提供者受害责任适用过错责任原则,以接受劳务一方存在过错为条件。接受劳务一方没有过错的,则不承担责任。

(二) 个人劳务损害责任的构成要件

在个人劳务损害责任中,个人劳务提供者致害责任和个人劳务提供者受害责任分别适用无过错责任原则和过错责任原则,因此,这两种个人劳务损害责任的构成要件存在差别。这种差别主要体现在主观要件方面,客观要件方面并无差别。也就是说,适用过错责任原则的个人劳务提供者受害责任须接受劳务一方存在过错,而适用无过错责任原则的个人劳务提供者致害责任则无须接受劳务一方存在过错。就客观要件而言,个人劳务损害责任须具备以下三个条件:

1. 提供劳务一方因个人劳务关系提供劳务而实施一定的行为

个人劳务损害责任是发生在个人劳务关系中的一种责任,因此,提供劳务一方与接受劳务一方之间须存在个人劳务关系,这是个人劳务损害责任存在的基础。所谓个人劳务关系,是指自然人之间建立的一方为另一方提供劳务,另一方接受劳务并按约定支付报酬的民事法律关系。在个人劳务关系中,提供劳务一方须因提供劳务而实施一定的行为,即提供劳务一方的行为应属于完成工作任务的行为,个人劳务损害责任才能产生。至于提供劳务一方的行为是否构成侵权行为,则因个人劳务损害责任的类型不同而存在差别。在个人劳务提供者致害责任中,提供劳务一方的行为须构成侵权行为;而在个人劳务提供者受害责任中,提供劳务一方的行为无须构成侵权行为。

2. 受害人受到了损害

在个人劳务损害责任中,损害后果包括两种情形:一是提供劳务一方因劳务造成他人损害;二是提供劳务一方因劳务使自己受到损害。这两种损害后果主要是人身损害,当然也包括财产损害。

3. 提供劳务一方的行为与损害后果之间具有因果关系

受害人的损害后果应当与提供劳务一方因劳务而实施的行为之间存在因果关系。否则,个人劳务损害责任不能成立。

(三) 个人劳务损害责任的承担

《侵权责任法》第35条规定:"个人之间形成劳务关系,提供劳务一方因劳务造成他人损害的,由接受劳务一方承担侵权责任。提供劳务一方因劳务自己受到损害的,根据双方各自的过错承担相应的责任。"根据这一规定,个人劳务损害责任的承担主体为接受劳务一方,具体而言:

在个人劳务提供者致害责任中,接受劳务一方应当承担责任,在具备法定抗辩事由时,可以不承担责任或减轻责任。

在个人劳务提供者受害责任中,接受劳务一方有过错的,应当承担责任;接受劳务一方与提供劳务一方都有过错的,应当按照各自的过错承担相应的责任。

第四节　网络侵权责任

一、网络侵权责任的概念和归责原则

网络侵权责任是指网络用户或网络服务提供者利用网络侵害他人民事权益时,网络用户或网络服务提供者所应承担的侵权责任。

网络侵权责任不是指某种特定的侵权责任,而是指一切利用网络侵害他人权益而产生的侵权责任。这些侵权责任属于一般侵权责任的范围,只不过是发生在网络空间而已。因此,网络侵权责任适用过错责任原则。

二、网络侵权责任的构成要件

(一) 网络用户或网络服务提供者实施了加害行为

网络侵权责任是发生在网络空间的一种侵权责任,因此,网络用户或网络服务提供者须利用网络实施加害行为,网络侵权责任才能成立。在网络空间中,网络用户或网络服务提供者利用网络所侵害的民事权益主要包括:(1) 人格权,如侵害他人姓名权、肖像权、名誉权、隐私权等;(2) 知识产权,如侵害著作权、商标权;(3) 财产权益,如窃取他人网络银行账户中的资金、窃取他人网络游戏装备及虚拟货币等。

(二) 受害人受到了损害

网络用户或网络服务提供者利用网络实施的加害行为须造成了他人损害,才能成立网络侵权责任。这里的损害包括财产损害、精神损害,但不包括人身损害,因为网络侵权的对象不包括生命权和健康权。

（三）网络用户或网络服务提供者的加害行为与损害后果之间具有因果关系

网络用户或网络服务提供者利用网络所实施的加害行为与受害人所受到的损害后果之间须具有因果关系，网络侵权责任才能成立。

（四）网络用户或网络服务提供者存在过错

网络侵权责任适用过错责任原则，因此，只有在网络用户或网络服务提供者存在过错的情况下，网络侵权责任才能成立。

三、网络侵权责任的承担

根据《侵权责任法》第36条的规定，网络侵权责任的承担主体为网络用户、网络服务提供者。所谓网络用户，是指接受网络服务的当事人，主要是指自然人；所谓网络服务提供者，是指为网络信息交流和交易活动提供中介服务的网络主体，包括技术服务提供者和内容服务提供者。前者如提供接入、缓存、信息存储空间、搜索以及链接等服务的网络主体；后者是主动向网络用户提供内容的网络主体。

在网络用户利用网络服务实施侵权行为时，受害人有权通知网络服务提供者采取删除、屏蔽、断开链接等必要措施。网络服务提供者接到通知后未及时采取必要措施的，应当与该网络用户对损害的扩大部分承担连带责任（《侵权责任法》第36条第2款）。

如果网络服务提供者知道网络用户利用其网络服务侵害他人民事权益而未采取必要措施的，应当与该网络用户承担连带责任（《侵权责任法》第36条3款）。

第五节 违反安全保障义务责任

一、违反安全保障义务责任的概念和归责原则

违反安全保障义务责任是指宾馆、商场、银行、车站、娱乐场所等公共场所的管理人或者群众性活动的组织者，未尽到安全保障义务造成他人损害时，管理人或组织者所应承担的侵权责任。

根据《侵权责任法》第37条的规定，违反安全保障义务责任适

用过错责任原则。公共场所的管理人或群众性活动的组织者，在公共场所的管理和群众性活动的组织中负有安全保障义务，以保护民事主体的合法权益。如果管理人或组织者未尽到安全保障义务的，就说明管理人或组织者是有过错的，就应当承担侵权责任。

二、违反安全保障义务责任的构成要件

（一）行为人实施了违反安全保障义务的行为

所谓安全保障义务，是指宾馆、商场、银行、车站、娱乐场所等公共场所的管理人或者群众性活动的组织者保护他人人身、财产安全的义务。这种义务属于作为义务，管理人或组织者应当为保障他人人身、财产安全而采取积极的安全保障措施。如果管理人或组织者没有采取积极的安全保障措施，就违反了安全保障义务。可见，违反安全保障义务的行为表现为不作为。

（二）受害人受到了损害

公共场所的管理人或群众性组织的组织者违反了安全保障义务，须造成他人损害，才能产生违反安全保障义务责任。这里的损害包括人身损害和财产损害，也包括精神损害。

（三）违反安全保障义务的行为与损害后果之间具有因果关系

在违反安全保障义务责任中，因果关系是指不作为的因果关系，即管理人或组织者因怠于作为而造成了损害。这种因果关系有两种表现形式：一是违反安全保障义务的行为直接造成了他人的损害，这种不作为是造成损害的直接原因；二是违反安全保障义务的行为间接造成了他人损害，这种不作为是造成损害的间接原因，即因第三人的行为造成他人损害时，管理人或者组织者未尽到安全保障义务。

（四）行为人存在过错

违反安全保障义务责任为过错责任，因此，行为人须存在过错，这种责任才能成立。这里的过错表现为公共场所的管理人或群众性组织的组织者没有尽到安全保障义务。也就是说，管理人或组织者没有尽到安全保障义务的，就可以认定其有过错。

三、违反安全保障义务责任的承担

根据《侵权责任法》第37条的规定，违反安全保障义务责任的承担主体为公共场所的管理人或群众性活动的组织者，其承担责任的形式包括以下两种：

其一，直接责任。宾馆、商场、银行、车站、娱乐场所等公共场所的管理人或者群众性活动的组织者，未尽到安全保障义务，造成他人损害的，管理人或组织者应当承担直接责任。

其二，补充责任。因第三人的行为造成他人损害时，由第三人应当承担侵权责任；如果管理人或者组织者未尽到安全保障义务的，则应承担相应的补充责任。

第六节 学生伤害事故责任

一、学生伤害事故责任的概念和归责原则

学生伤害事故责任是指无民事行为能力人、限制民事行为能力人在幼儿园、学校或者其他教育机构（以下简称"教育机构"）学习、生活期间因教育机构失职而受到人身损害时，教育机构所应承担的侵权责任。

根据《侵权责任法》的规定，学生伤害事故责任适用过错责任原则，具体有三种情形：一是无民事能力行为人在教育机构学习、生活期间受害的，适用过错推定的过错责任原则，只要教育机构不能证明尽到教育、管理职责的，就推定其有过错，应当承担责任。二是限制民事能力行为人在教育机构学习生活期间受害的，适用一般的过错责任原则，教育机构未尽到教育、管理职责的，为有过错。受害人对教育机构未尽到教育、管理职责即其过错承担举证责任。三是无民事行为能力人、限制民事行为能力人因教育机构以外的第三人的原因而受害的，教育机构的责任适用一般的过错责任原则。

二、学生伤害事故责任的构成要件

（一）教育机构存在失职行为

教育机构包括幼儿园、学校或者其他教育机构。这里的学校包括国家或社会力量举办的全日制中小学（含特殊教育学校）、各类中等职业学校、高等学校；其他教育机构包括少年宫、电化教育机构等。在学生伤害事故责任中，教育机构须存在失职行为，即未尽到教育、管理职责。

（二）受害人在教育机构学习、生活期间受到人身损害

在学生伤害事故责任中，一方面，受害人须是在教育机构内学习、生活的无民事行为能力人和限制民事行为能力人，并且受害人须是在教育机构内学习、生活期间受到损害，若在此期间外受到损害，不发生学生伤害事故责任；另一方面受害人须受到人身损害。至于受害人是因教育机构内的人员侵害而受到人身损害的，还是因其他原因受到人身损害的，则在所不问。

（三）受害人的损害与教育机构的失职行为之间具有因果关系

教育机构的失职行为表现不作为，属于不作为的加害行为。因此，失职行为与损害后果之间的因果关系为不作为的因果关系。

（四）教育机构存在过错

学生伤害事故责任属于一种过错责任，因此，只有教育机构存在过错的，这种责任才能成立。教育机构的过错表现为行为失职，即未尽到教育、管理职责，也就是在履行教育、管理职责时没有尽到必要的注意义务。

三、学生伤害事故责任的承担

根据《侵权责任法》的规定，学生伤害事故责任的承担主体为教育机构，包括幼儿园、学校或者其他教育机构，其承担的责任区分为以下两种情况：

其一，直接责任。无民事行为能力人、限制民事行为能力人在幼儿园、学校或者其他教育机构学习、生活期间受到人身损害的，教育机构应当承担直接责任（《侵权责任法》第38条和第39条）。

其二,补充责任。无民事行为能力人或者限制民事行为能力人在幼儿园、学校或者其他教育机构学习、生活期间,受到幼儿园、学校或者其他教育机构以外的人员人身损害的,由侵权人承担侵权责任,教育机构应当承担相应的补充责任(《侵权责任法》第40条)。

第三十六章 特殊侵权责任

第一节 产品责任

一、产品责任的概念和归责原则

产品责任是指因产品存在缺陷造成他人损害时,生产者、销售者所应承担的侵权责任。

产品责任是产品的生产者、销售者对受害人的一种侵权责任。就生产者所承担的产品责任而言,根据《侵权责任法》第41条的规定,因产品存在缺陷造成他人损害的,生产者应当承担侵权责任。可见,只要产品存在缺陷造成了他人损害,无论生产者是否存在过错,都应当承担侵权责任。这表明了生产者的产品责任适用无过错责任原则。就销售者所承担的产品责任而言,尽管《侵权责任法》第42条第1款规定:"因销售者的过错使产品存在缺陷,造成他人损害的,销售者应当承担侵权责任。"这似乎表明销售者所承担的产品责任是过错责任。但是,《侵权责任法》第43条进一步规定:"因产品存在缺陷造成损害的,被侵权人可以向产品的生产者请求赔偿,也可以向产品的销售者请求赔偿。产品缺陷由生产者造成的,销售者赔偿后,有权向生产者追偿。因销售者的过错使产品存在缺陷的,生产者赔偿后,有权向销售者追偿。"这一规定表明,受害人要求销售者承担产品责任,并不以销售者存在过错为条件,销售者不能以自己无过错为由拒绝承担产品责任。因此,销售者所承担的产品责任也适用无过错责任原则。其实,销售者的过错只是生产者向销售者追偿的一个条件,是就生产者与销售者之间的追偿关系而言的。

二、产品责任的构成要件

（一）产品存在缺陷

根据《产品质量法》第2条的规定，所谓产品，是指经过加工、制作，用于销售的产品。可见，在产品责任中，产品须具备两条件：一是须经过加工、制作。没有经过加工、制作的自然物，如初级农产品、原始矿产品等，都不属于产品责任中所指的产品的范围。二是用于销售。用于销售是指加工、制作产品的目的在于销售。关于产品的范围，一般认为，产品仅限于动产，而不包括不动产。《产品质量法》第2条明确规定，建设工程不适用产品质量法的规定。因此，因建设工程致人损害的，不属于产品责任。

根据《产品质量法》第46条的规定，所谓产品缺陷，是指产品存在危及人身、他人财产安全的不合理的危险；如果产品有保障人体健康，人身、财产安全的国家标准、行业标准的，产品缺陷是指不符合该标准。可见，产品缺陷包括以下基本含义：(1) 缺陷应当是一种不合理的危险。因此，合理的危险不是缺陷；(2) 不合理的危险危及人身和他人财产安全；(3) 产品是否存在不合理的危险，应依一般标准和法定标准确定。一般标准是人们有权期望的安全性，这是各国法普遍采纳的标准。法定标准即产品保障人体健康，人身、财产安全的国家标准或行业标准。理论上一般认为，产品的缺陷包括以下三种：一是设计缺陷，即产品在设计过程中，产品的结构、配方等方面存在不合理的危险；二是制造缺陷，即产品在制造过程中，因原材料、配件、工艺等存在错误而导致产品存在不合理的危险；三是指示缺陷，即产品在经销过程中，因没有适当的指示和警告而使产品存在不合理的危险，故又可称为经营缺陷、营销缺陷。

（二）受害人受到了损害

在产品责任中，受害人既可以是购买使用产品的人，也可以是使用产品以外的人。就损害而言，既包括人身损害和财产损害，也包括因人身损害而导致的精神损害。那么，财产损害是否包括缺陷产品自身的损害呢？根据《产品质量法》第41条的规定，产品责任的财产损害仅指缺陷产品以外的其他财产的损害，缺陷产品自身的损害不包括在内。但是，《侵权责任法》第 41 条并没有区分这两种财产损害，因此，在《侵权责任法》中，产品责任的财产损害，除缺陷产品以外的其他财产的损害外，也包括缺陷产品自身的损害。

（三）产品缺陷与损害后果之间具有因果关系

在产品责任中，受害人的损害后果应当是因产品存在缺陷而造成的，即产品的缺陷与损害后果之间须存在因果关系。如果受害人的损害与产品缺陷没有因果关系，则不构成产品责任。这里的因果关系，是产品的缺陷与损害后果之间的因果关系，而不是某种行为与损害后果之间的因果关系。

三、产品责任的承担

在产品责任中，受害人既可以向产品的生产者请求赔偿，也可以向产品的销售者请求赔偿。可见，产品责任的承担主体包括产品的生产者和销售者。在生产者或销售者赔偿之后，两者之间可能会发生追偿关系。一方面，产品缺陷是生产者造成的，销售者赔偿后，有权向生产者追偿；另一方面，因销售者的过错使产品存在缺陷的，生产者赔偿后，有权向销售者追偿。当然，如果销售者不能指明缺陷产品的生产者也不能指明缺陷产品的供货者的，销售者应当承担产品责任。在产品责任中，如果存在第三人的责任，则产品的生产者或销售者在赔偿后，有权向该第三人追偿。对此，《侵权责任法》第 44 条规定："因运输者、仓储者等第三人的过错使产品存在缺陷，造成他人损害的，产品的生产者、销售者赔偿后，有权向第三人追偿。"

产品的生产者、销售者除应当承担赔偿责任外，还应当承担以下两种特殊责任：一是排除妨碍、消除危险等侵权责任。根据《侵权责任法》第 45 条的规定，因产品缺陷危及他人人身、财产安全的，受害人有权请求生产者、销售者承担排除妨碍、消除危险等侵权责任。二是惩罚性赔偿责任。根据《侵权责任法》第 47 条的规定，明知产品存在缺陷仍然生产、销售，造成他人死亡或者健康严重损害的，受害人有权请求相应的惩罚性赔偿。

在产品责任中，生产者虽然承担无过错责任，但如果生产者能够证明具备法定抗辩事由的，则不承担赔偿责任。关于产品责任的抗辩理由,《侵权责任法》没有特殊规定。根据《产品质量法》第 41 条的规定,产品的生产者能够证明下列情形之一的,不承担赔偿责任:(1) 未将产品投入流通的。所谓"投入流通",是指产品进入了流通领域,包括任何形式的出售、出租以及抵押、质押等。(2) 产品投入流通时,引起损害的缺陷尚不存在的。在产品投入流通时,引起损害的缺陷尚不存在,说明产品的缺陷并不是生产者造成的,因此,生产者可以不承担赔偿责任。(3) 将产品投入流通时的科学技术水平尚不能发现缺陷的存在的。应当指出,在产品投入流通时,虽然因某种原因或技术水平未能发现产品存在缺陷,但在产品投入流通后,发现产品存在缺陷的,生产者、销售者应当采取警示、召回等补救措施,以防止造成他人损害。如果生产者、销售者未及时采取补救措施或补救措施不力造成损害的,生产者、销售者仍然要承担产品责任。对此,《侵权责任法》第 46 条规定:"产品投入流通后发现存在缺陷的,生产者、销售者应当及时采取警示、召回等补救措施。未及时采取补救措施或者补救措施不力造成损害的,应当承担侵权责任。"

第二节　机动车交通事故责任

一、机动车交通事故责任的概念和归责原则

机动车交通事故责任是指机动车在道路上通行造成他人损害时,机动车一方所应承担的侵权责任。

《侵权责任法》第 48 条规定:"机动车发生交通事故造成损害的,依照道路交通安全法的有关规定承担赔偿责任。"可见,机动车交通事故责任是以交通事故的发生为前提的一种责任。根据《中华人民共和国道路交通安全法》(以下简称《道路交通安全法》)第 119 条的规定,所谓交通事故,是指车辆在道路上因过错或者意外造成的人身伤亡或者财产损失的事件。根据《道路交通安全法》第 76 条第 1 款的规定,机动车发生交通事故造成人身伤亡、财产损失的,首先由保险公司在机动车第三者责任强制保险责任限额范围内予以赔偿;不足部分由机动车一方按照下列规定进行赔偿:(1) 机动车之间

发生交通事故的,由有过错的一方承担赔偿责任;双方都有过错的,按照各自过错的比例分担责任。(2)机动车与非机动车驾驶人、行人之间发生交通事故,非机动车驾驶人、行人没有过错的,由机动车一方承担赔偿责任;有证据证明非机动车驾驶人、行人有过错的,根据过错程度适当减轻机动车一方的赔偿责任;机动车一方没有过错的,承担不超过10%的赔偿责任。可见,就机动车交通事故而言,法律确立了机动车第三者强制保险与机动车一方承担机动车交通事故责任双轨制,而不同类型责任的归责原则是不同的。

就机动车之间的交通事故责任而言,有过错的机动车一方应当承担赔偿责任;如果双方都有过错的,应当按照各自过错的比例分担责任。可见,机动车之间的交通事故责任适用过错责任原则。

就机动车与非机动车驾驶人、行人之间的交通事故责任而言,非机动车驾驶人、行人没有过错的,由机动车一方承担赔偿责任;有证据证明非机动车驾驶人、行人有过错的,根据过错程度适当减轻机动车一方的赔偿责任;机动车一方没有过错的,承担不超过10%的赔偿责任。可见,无论机动车一方是否有过错,都要对非机动车驾驶人、行人承担赔偿责任,但在机动车一方无过错时,应实行限额赔偿。因此,机动车与非机动车驾驶人、行人之间的交通事故责任适用无过错责任原则。

二、机动车交通事故责任的构成要件

机动车交通事故责任实行过错责任原则和无过错责任原则二元归责原则体系,因此,适用不同的归责原则,机动车交通事故责任的构成要件也有所不同。这种差别主要体现在主观要件方面,客观要件方面并无差别。也就是说,适用过错责任原则的机动车交通事故责任须机动车一方存在过错,而适用无过错责任原则的机动车交通事故责任则无须机动车一方存在过错。就客观要件而言,机动车交通事故责任须具备以下三个条件:

(一)机动车一方有交通违法行为

机动车交通事故责任是因交通事故而产生的事故,因此,只有机动车一方有交通违法行为,这种责任才能成立。机动车一方的交通违法行为,通常表现为在道路通行时违反了道路交通安全法律、法规。应当指出的是,即使机动车一方在道路通行时没有违反道路交通安全法律、法规,但若在通行时造成了他人损害,也应属于交通违法行为。

(二) 受害人受到了损害

机动车在通行过程中所造成的损害,既包括人身伤亡和财产损失,也包括因人身伤亡而导致的精神损害。财产损失既包括实际损失,也包括可得利益损失。

(三) 交通违法行为与损害后果之间具有因果关系

只有交通违法行为造成了一方的损害后果,即行为与损害之间有因果关系,机动车交通事故责任才能成立。

三、机动车交通事故责任的承担

根据《道路交通安全法》的规定,在机动车交通事故责任中,机动车一方为责任的承担主体,应当承担相应的赔偿责任。但是,交通事故的损失是由非机动车驾驶人、行人故意碰撞机动车造成的,机动车一方不承担赔偿责任。

在实践中,如何具体确定机动车一方的责任,应当根据不同情形加以确定。对此,《侵权责任法》分别对特殊情况下的责任承担作了规定。

(一) 因机动车租赁、借用发生交通事故的责任承担

根据《侵权责任法》第49条的规定,因租赁、借用等情形机动车所有人与使用人不是同一人时,发生交通事故后属于该机动车一方责任的,由保险公司在机动车强制保险责任限额范围内予以赔偿。不足部分,由机动车使用人承担赔偿责任;机动车所有人对损害的发生有过错的,承担相应的赔偿责任。

(二) 买卖等关系中的机动车发生交通事故的责任承担

根据《侵权责任法》第50条的规定,当事人之间已经以买卖等方式转让并交付机动车但未办理所有权转移登记,发生交通事故后属于该机动车一方责任的,由保险公司在机动车强制保险责任限额范围内予以赔偿。不足部分,由受让人承担赔偿责任。但是,如果当

事人以买卖等方式转让拼装或者已达到报废标准的机动车,发生交通事故造成损害的,应当由转让人和受让人承担连带责任(《侵权责任法》第51条)。

(三) 非法占有机动车发生交通事故的责任承担

根据《侵权责任法》第52条的规定,盗窃、抢劫或者抢夺的机动车发生交通事故造成损害的,由盗窃人、抢劫人或者抢夺人承担赔偿责任。保险公司在机动车强制保险责任限额范围内垫付抢救费用的,有权向交通事故责任人追偿。

(四) 交通事故发生后机动车驾驶人逃逸的责任处理

根据《侵权责任法》第53条的规定,机动车驾驶人发生交通事故后逃逸,该机动车参加强制保险的,由保险公司在机动车强制保险责任限额范围内予以赔偿;机动车不明或者该机动车未参加强制保险,需要支付受害人人身伤亡的抢救、丧葬等费用的,由道路交通事故社会救助基金垫付。道路交通事故社会救助基金垫付后,其管理机构有权向交通事故责任人追偿。

第三节　医疗损害责任

一、医疗损害责任的概念和归责原则

医疗损害责任是指医疗机构及其医务人员在诊疗活动中因过错造成患者损害时,医疗机构所应承担的侵权责任。

《侵权责任法》第54条规定:"患者在诊疗活动中受到损害,医疗机构及其医务人员有过错的,由医疗机构承担赔偿责任。"可见,医疗损害责任以医疗机构及其医务人员存在过错为要件,适用过错责任原则。因此,在通常情况下,患者应当就医疗机构及其医务人员存在过错负举证责任。但在某些特殊情况下,对于医疗机构的严重不当行为,法律实行过错推规则,推定医疗机构有过错。根据《侵权责任法》第58条的规定,患者有损害,因下列情形之一的,推定医疗机构有过错:(1) 违反法律、行政法规、规章以及其他有关诊疗规范的规定;(2) 隐匿或者拒绝提供与纠纷有关的病历资料;(3) 伪造、

篡改或者销毁病历资料。

二、医疗损害责任的构成要件

（一）诊疗行为具有违法性

在诊疗过程中，医疗机构及其医务人员应当严格按照法律、法规、诊疗规范、规程等从事诊疗活动。否则，该诊疗行为即具有违法性。诊疗行为的违法性，既可以表现为作为的违法，也可以表现为不作为的违法。前者如医疗机构及其医务人员违反诊疗规范实施不必要的检查（《侵权责任法》第63条），后者如医务人员在诊疗活动中未尽到诊疗说明义务（《侵权责任法》第55条）。应当指出的是，尽管医务人员尽到了诊疗说明义务，但如果在后续的诊疗活动中，医务人员未尽到与当时的医疗水平相应的诊疗义务的，其诊疗行为仍具有违法性。

（二）受害人受到了损害

在医疗损害责任中，诊疗行为侵害的是患者的人身权，因此，患者的损害后果是人身损害，如患者死亡、伤残、功能障碍等。这里的损害不仅包括因医疗事故所造成的损害，也包括因非医疗事故所造成的损害。同时，基于人身损害所导致的财产损害和精神损害也属于损害范围之内。

（三）诊疗行为与损害后果之间具有因果关系

诊疗行为与受害人人身损害之间须具有因果关系，才能产生医疗损害责任。也就是说，诊疗行为是人身损害发生的原因。在医疗损害责任中，因果关系一般由患者举证证明。但在特定情形下，受害人由于技术等原因无法证明因果关系的，也可以适用推定因果关系规则，由医疗机构举证证明不存在因果关系。

（四）医疗机构及其医务人员存在过错

医疗损害责任适用过错责任原则，因此，只有在医疗机构及其医务人员在主观上存在过错的情况下，医疗损害责任才能成立。医疗机构及其医务人员没有过错的，不构成医疗损害责任。医疗机构及其医务人员在诊疗活动中的过错属于诊疗过错，是一种业务过错。根据《侵权责任法》第57条的规定，医务人员在诊疗活动中未尽到与当时的医疗水平相应的诊疗义务,即构成诊疗过错。当然,在具备《侵权责任法》第58条规定的情形下,可以直接推定医疗机构有过错。

三、医疗损害责任的承担

根据《侵权责任法》的规定,医疗损害责任的承担主体是医疗机构,而不是有过错的医务人员。当然,医疗机构具备法定抗辩事由的,不承担医疗损害责任。根据《侵权责任法》第60条的规定,患者有损害,因下列情形之一的,医疗机构不承担赔偿责任:(1)患者或者其近亲属不配合医疗机构进行符合诊疗规范的诊疗。在这种情况下,如果医疗机构及其医务人员也有过错的,则应当承担相应的赔偿责任。(2)医务人员在抢救生命垂危的患者等紧急情况下已经尽到合理诊疗义务。(3)限于当时的医疗水平难以诊疗。

在医疗损害责任中,如果因药品、消毒药剂、医疗器械的缺陷,或者输入不合格的血液造成患者损害的,患者可以向生产者或者血液提供机构请求赔偿,也可以向医疗机构请求赔偿。患者向医疗机构请求赔偿的,医疗机构赔偿后,有权向负有责任的生产者或者血液提供机构追偿(《侵权责任法》第59条)。

第四节 环境污染责任

一、环境污染责任的概念和归责原则

环境污染责任是指因污染环境造成他人损害时,污染者所应当承担的侵权责任。

关于环境污染责任,《侵权责任法》第65条规定:"因污染环境造成损害的,污染者应当承担侵权责任。"其他环境保护方面的法律、法规也有类似的规定。例如,《中华人民共和国环境保护法》(以下简称《环境保护法》)第41条第1款规定:"造成环境污染危害的,有责任排除危害,并对直接受到损害的单位或个人赔偿损失。"《中华人民共和国海洋环境保护法》(以下简称《海洋环境保护法》)第

90条第1款规定:"造成海洋环境污染损害的责任者,应当排除危害,并赔偿损失。"《中华人民共和国大气污染防治法》(以下简称《大气污染防治法》)第62条第1款规定:"造成大气污染危害的单位,有责任排除危害,并对直接遭受损失的单位或者个人赔偿损失。"《中华人民共和国水污染防治法》(以下简称《水污染防治法》)第85条第1款规定:"因水污染受到损害的当事人,有权要求排污方排除危害和赔偿损失。"这些法律规定表明,环境污染责任适用无过错责任原则。

二、环境污染责任的构成要件

(一) 污染者有污染环境的行为

环境污染责任是因污染环境而产生的一种责任,因此,只有存在污染环境的行为即存在环境污染的,才能成立环境污染责任。所谓环境污染,是指由于人为的原因致使环境发生化学、物理、生物等特点上的不良变化,从而影响人类健康和生产活动,影响生物生存和发展的现象。例如,大气污染、水污染、海洋污染、土壤污染等。污染环境行为主要表现为一定的作为,如排放废气、废水、废渣、粉尘、垃圾、放射性物质等。在一定情况下,不作为也可以构成污染环境行为,如没有采取安全措施致使有害气体泄露等。

(二) 受害人受到了污染损害

污染环境行为所造成的损害包括人身损害和财产损害,也包括因人身损害而导致的精神损害。在环境污染责任中,还存在一种特殊的损害——环境享受损害,即对自然人享有良好环境质量权益的损害。

(三) 污染环境行为与污染损害之间具有因果关系

在环境污染责任中,污染环境行为与污染损害之间的因果关系实行推定制度,由污染者就其行为与损害结果之间不存在因果关系承担举证责任。对此,《侵权责任法》第66条规定:"因污染环境发生纠纷,污染者应当就法律规定的不承担责任或者减轻责任的情形及其行为与损害之间不存在因果关系承担举证责任。"

三、环境污染责任的承担

根据《侵权责任法》第 65 条的规定,环境污染责任的承担主体为污染者。如果两个以上污染者污染环境,污染者承担责任的大小,应当根据污染物的种类、排放量等因素确定(《侵权责任法》第 67 条)。如果因第三人的过错污染环境造成损害的,受害人可以向污染者请求赔偿,也可以向第三人请求赔偿。污染者赔偿后,有权向第三人追偿(《侵权责任法》第 68 条)。污染者除应承担赔偿责任外,在污染环境行为存在危及他人人身、财产安全时,根据《侵权责任法》第 21 条的规定,受害人也可以要求污染者承担停止侵害、排除妨碍、消除危险等侵权责任。

当然,如果污染者经举证证明存在法律规定的抗辩事由的,则不承担责任或减轻责任。例如,《环境保护法》第 41 条第 3 款规定:"完全由于不可抗拒的自然灾害,并经及时采取合理措施,仍然不能避免造成环境污染损害的,免予承担责任。"《海洋环境保护法》第 92 条规定:"完全属于下列情形之一,经过及时采取合理措施,仍然不能避免对海洋环境造成污染损害的,造成污染损害的有关责任者免予承担责任:(1) 战争;(2) 不可抗拒的自然灾害;(3) 负责灯塔或者其他助航设备的主管部门,在执行职责时的疏忽,或者其他过失行为。"《大气污染防治法》第 63 条规定:"完全由于不可抗拒的自然灾害,并经及时采取合理措施,仍然不能避免造成大气污染损失的,免于承担责任。"《水污染防治法》第 85 条第 2、3 款规定:"由于不可抗力造成水污染损害的,排污方不承担赔偿责任;法律另有规定的除外。""水污染损害是由受害人故意造成的,排污方不承担赔偿责任。水污染损害是由受害人重大过失造成的,可以减轻排污方的赔偿责任。"

第五节 高度危险责任

一、高度危险责任的概念和归责原则

高度危险责任是指因从事高度危险作业造成他人损害时,作业

人所应承担的侵权责任。

《侵权责任法》第 69 条规定:"从事高度危险作业造成他人损害的,应当承担侵权责任。"可见,高度危险责任适用无过错责任原则,只要从事高度危险作业造成他人损害,无论作业人是否存在过错,都要承担侵权责任,除非存在法定的抗辩事由。

二、高度危险责任的构成要件

（一）作业人从事了高度危险作业

高度危险作业是指对周围环境具有较高危险性的活动。只有从事高度危险作业,才有可能发生高度危险责任。从《侵权责任法》的规定来看,高度危险作业主要包括两种:一是高度危险活动,如使用民用核设施、高速轨道运输工具和从事高空、高压、地下挖掘等高度危险活动;二是占有、使用易燃、易爆、剧毒、放射性等高度危险物等的行为。

（二）受害人受到了损害

从事高度危险作业所造成的损害包括人身损害和财产损害,也包括因人身损害而导致的精神损害。

（三）从事高度危险作业与损害后果之间具有因果关系

受害人的损害须是从事高度危险作业所造成的,才能成立高度危险责任。就是说,从事高度危险作业与损害后果之间须有因果关系。

三、高度危险责任的承担

高度危险责任主要是一种赔偿责任,因此,责任主体应当按照规定承担赔偿责任。在适用赔偿责任时,根据《侵权责任法》第 77 条的规定,如果法律规定赔偿限额的,应当实行限制赔偿。此外,从事高度危险作业存在危及他人人身、财产安全的情形,根据《侵权责任法》第 21 条的规定,受害人也可以要求污染者停止侵害、排除妨碍、消除危险等侵权责任。

由于高度危险作业的类型不同,高度危险责任的承担主体也不同,主要有两种情形:

（一）高度危险作业的经营者

第一，民用核设施发生核事故造成他人损害的，民用核设施的经营者应当承担侵权责任，但能够证明损害是因战争等情形或者受害人故意造成的，不承担责任(《侵权责任法》第70条)。

第二，民用航空器造成他人损害的，民用航空器的经营者应当承担侵权责任，但能够证明损害是因受害人故意造成的，不承担责任(《侵权责任法》第71条)。

第三，从事高空、高压、地下挖掘活动或者使用高速轨道运输工具造成他人损害的，经营者应当承担侵权责任，但能够证明损害是因受害人故意或者不可抗力造成的，不承担责任。受害人对损害的发生有过失的，可以减轻经营者的责任(《侵权责任法》第73条)。

（二）高度危险物的占有人、使用人、所有人、管理人

第一，占有或者使用易燃、易爆、剧毒、放射性等高度危险物造成他人损害的，占有人或者使用人应当承担侵权责任，但能够证明损害是因受害人故意或者不可抗力造成的，不承担责任。受害人对损害的发生有重大过失的，可以减轻占有人或者使用人的责任(《侵权责任法》第72条)。

第二，遗失、抛弃高度危险物造成他人损害的，由所有人承担侵权责任。所有人将高度危险物交由他人管理的，由管理人承担侵权责任；所有人有过错的，与管理人承担连带责任(《侵权责任法》第74条)。

第三，非法占有高度危险物造成他人损害的，由非法占有人承担侵权责任。所有人、管理人不能证明对防止他人非法占有尽到高度注意义务的，与非法占有人承担连带责任(《侵权责任法》第75条)。

第四，未经许可进入高度危险活动区域或者高度危险物存放区域受到损害，管理人已经采取安全措施并尽到警示义务的，可以减轻或者不承担责任(《侵权责任法》第76条)。

第六节 饲养动物损害责任

一、饲养动物损害责任的概念和归责原则

饲养动物损害责任是指饲养的动物造成他人损害时,动物饲养人或管理人所应承担的侵权责任。

《侵权责任法》第 78 条规定:"饲养的动物造成他人损害的,动物饲养人或者管理人应当承担侵权责任,但能够证明损害是因被侵权人故意或者重大过失造成的,可以不承担或者减轻责任。"根据这一规定,饲养动物损害责任适用无过错责任原则,无论动物饲养人或管理人是否有过错,只要饲养的动物造成他人损害,除具有法定的抗辩事由外,动物饲养人或管理人就应承担责任。这是饲养动物损害责任的一般归责原则。但由于饲养动物的复杂性,在特殊情况下,饲养动物损害责任并不适用无过错责任原则,而是适用过错推定的过错责任原则。《侵权责任法》第 81 条规定:"动物园的动物造成他人损害的,动物园应当承担侵权责任,但能够证明尽到管理职责的,不承担责任。"根据这一规定,只要动物园能够证明自己尽到了管理职责,就为无过错,动物园就不承担责任。而动物园不能证明自己尽到管理职责,就为有过错,动物园就应承担责任。可见,饲养动物损害责任原则上适用无过错责任原则,特殊情况下适用过错推定的过错责任原则。

二、饲养动物损害责任的构成要件

饲养动物损害责任的归责原则实行二元体系,而适用不同的归责原则,责任的构成要件也有所不同。这种差别主要体现在主观要件方面,客观要件方面并无差别。在一般情况下,饲养动物损害责任适用无过错责任原则,因此,责任构成不要求动物饲养人或管理人在主观上存在过错,但动物园的动物损害责任适用过错推定的过错责任原则,因此,责任的构成要求动物园在主观上存在过错。这种过错为推定过错,若动物园不能证明尽到管理职责的,即推定其有过错。

就客观要件而言,饲养动物损害责任须具备以下三个条件:

(一)饲养的动物加害于他人

所谓饲养的动物,是指人工喂养、放养和管束的动物。人工喂养或放养的前提条件是人们对动物的占有。因此,饲养的动物也就是为人们占有和控制的动物,如饲养的家畜、家禽、动物园的动物等;不为任何人占有和控制的动物,不属于饲养的动物,如野生动物等。

饲养的动物加害于他人,须是出于动物的独立动作。所谓动物的独立动作,是指动物基于其本身的危险,在不受外力强制或驱使下而实施的自身动作,如狂犬咬人、牲畜吃掉庄稼等。动物在人们的强制或驱使下的加害行为,不属于动物的独立动作,而是属于人的行为,如骑马践踏庄稼、驱使狗去咬人等。在这种情况下,动物为侵权工具,行为人应承担一般侵权责任。

(二)受害人受到了损害

饲养动物基于自身的独立动作加害于他人须造成损害后果,才能产生饲养动物损害责任。这里的损害后果包括人身损害和财产损害,也包括因人身损害而导致的精神损害。

(三)饲养动物的加害行为与损害后果之间具有因果关系

饲养动物的加害行为与受害人的损害后果之间须有因果关系,饲养动物损害责任才能成立。这种因果关系一般由受害人举证证明。但在某些情况下,也可以适用推定因果关系规则,由动物饲养人或管理人举证证明动物加害行为与损害后果之间没有因果关系。

三、饲养动物损害责任的承担

饲养动物损害主要是一种赔偿责任,因此,责任主体应当按照规定承担赔偿责任。此外,饲养动物存在危及他人人身、财产安全时,根据《侵权责任法》第21条的规定,受害人也可以要求动物饲养人或管理人承担停止侵害、排除妨碍、消除危险等侵权责任。例如,因恶犬而致误车或因恶犬的每夜狂吠而妨害睡眠、学童因恶犬常立于其赴校必经之路而不敢上学等,动物饲养人或管理人就应当承担排除妨碍、消除危险等侵权责任。

根据《侵权责任法》第78条的规定,饲养动物损害责任的承担主体是动物饲养人或管理人。动物饲养人是指动物的所有人,即对动物享有占有、使用、收益、处分权的人;动物管理人是指实际控制和管束动物的人。管理人对动物不享有所有权,只是根据某种法律关系直接占有动物。例如,根据国家授权管束驯养动物的国家动物园;根据租赁、借用等民事法律关系占有和管束动物的人,都为动物的管理人。

动物饲养人或管理人在承担侵权责任时,应当明确以下几个问题:

其一,在一般情况下,饲养动物损害责任的抗辩事由为受害人的故意或重大过失。就是说,如果动物饲养人或管理人能够证明损害是因受害人故意或重大过失造成的,可以不承担责任或者减轻责任(《侵权责任法》第78条)。

其二,动物饲养人或管理人违反管理规定,未对动物采取安全措施造成他人损害的,应当承担侵权责任(《侵权责任法》第79条)。这种责任适用较为严格的无过错责任原则,动物饲养人或管理人不能主张受害人有故意或重大过失而不承担责任或减轻责任。当然,即使动物饲养人或管理人按照管理规定对动物采取了安全措施,仍然造成他人损害的,动物饲养人或管理人仍应按照无过错责任原则承担责任,而不是不承担责任。在这种情况下,动物饲养人或管理人可以主张受害人有故意或重大过失而不承担责任或减轻责任。

其三,禁止饲养的烈性犬等危险动物造成他人损害的,动物饲养人或者管理人应当承担侵权责任(《侵权责任法》第80条)。这种责任适用最为严格的无过错责任原则,动物饲养人或管理人不能主张受害人有故意或重大过失而不承担责任或减轻责任。

其四,动物园的动物造成他人损害的,动物园应当承担侵权责任,但能够证明尽到管理职责的,不承担责任(《侵权责任法》第81条)。如前所述,这种责任适用过错推定的过错责任原则,只有在动物园不能证明尽到管理职责时,才承担责任。

其五,遗弃、逃逸的动物在遗弃、逃逸期间造成他人损害的,由原动物饲养人或者管理人承担侵权责任(《侵权责任法》第82条)。

其六,因第三人的过错致使动物造成他人损害的,受害人可以向动物饲养人或者管理人请求赔偿,也可以向第三人请求赔偿。动物饲养人或者管理人赔偿后,有权向第三人追偿(《侵权责任法》第83条)。

第七节 物件损害责任

一、物件损害责任的概念和归责原则

物件损害责任是指物件因脱落、坠落、倒塌等造成他人损害时,物件的所有人或管理人所应承担的侵权责任。

物件损害责任是一个统称的概念,包括了多种具体的责任类型,而不同类型的责任适用的归责原则也存在差别。从《侵权责任法》的规定来看,物件损害责任的归责原则包括实行过错推定的过错责任原则和无过错责任原则,实行二元归责原则体系。适用过错推定的过错责任原则的责任包括:建筑物等设施脱落及坠落损害责任、堆放物倒塌损害责任、林木折断损害责任、窨井等地下设施损害责任。在这些责任中,《侵权责任法》明确规定了相关行为人"不能证明自己没有过错的"或者"不能证明尽到管理职责的",应当承担侵权责任。这表明,这些责任适用过错推定的过错责任原则。适用无过错责任原则的责任包括:建筑物等倒塌损害责任、妨碍通行物损害责任、地面施工损害责任。在这些责任中,《侵权责任法》并没有要求相关行为人有过错,也没有规定推定过错,故应适用无过错责任原则。

二、物件损害责任的构成要件

物件损害责任因类型不同而分别适用过错推定的过错责任原则和无过错责任原则,因此,适用不同归责原则的物件损害责任在构成要件上存在着不同。这种差别主要体现在主观要件方面,客观要件方面并无差别。也就是说,适用过错责任原则的物件损害责任须物件所有人、管理人或使用人存在过错。这种过错为推定过错,物件所有人、管理人或使用人等若不能证明自己没有过错的,即推定其有过错。而适用无过错责任原则的物件损害责任则无须物件所有人、管理

人或使用人存在过错。就客观要件而言,物件损害责任须具备以下三个条件:

(一) 物件加害于他人

在物件损害责任中,物件加害他人有多种表现形式。例如,建筑物、构筑物或者其他设施及其搁置物、悬挂物发生脱落、坠落;建筑物、构筑物或者其他设施倒塌;堆放物倒塌;在公共道路上堆放、倾倒、遗撒物品妨碍通行;林木折断;在公共场所或者道路上挖坑、修缮安装地下设施没有设置明显标志和采取安全措施,等等。

(二) 受害人受到了损害

物件所造成的损害包括人身损害和财产损害,也包括因人身损害而导致的精神损害。

(三) 物件致害行为与损害后果之间具有因果关系

在物件损害责任中,受害人的损害后果应当是因物件发生脱落、坠落、倒塌等造成的,即物件致害行为与损害后果之间须存在因果关系。

三、物件损害责任的承担

物件损害责任主要是一种赔偿责任,因此,责任主体应当按照规定承担赔偿责任。此外,在物件管理存在危及他人人身、财产安全时,根据《侵权责任法》第21条的规定,受害人也可以要求物件所有人、管理人或使用人等承担停止侵害、排除妨碍、消除危险等侵权责任。

根据《侵权责任法》的规定,物件损害责任的责任主体包括物件的所有人、管理人、使用人等,具体的责任主体因责任类型的不同而有所差别。

第一,因建筑物、构筑物或者其他设施及其搁置物、悬挂物发生脱落、坠落造成他人损害的,责任主体为所有人、管理人或使用人。所有人、管理人或者使用人赔偿后,有其他责任人的,有权向其他责任人追偿(《侵权责任法》第85条)。这种责任适用过错推定的过错责任原则,所有人、管理人或者使用人不能证明自己没有过错的,应当承担责任。

第二,因建筑物、构筑物或者其他设施倒塌造成他人损害的,责任主体为建设单位与施工单位,双方应当承担连带责任。建设单位、施工单位赔偿后,有其他责任人的,有权向其他责任人追偿。因其他责任人的原因,建筑物、构筑物或者其他设施倒塌造成他人损害的,由其他责任人承担侵权责任(《侵权责任法》第86条)。这种责任适用无过错责任原则,建设单位与施工单位不能通过证明自己没有过错而不承担责任。

第三,因堆放物倒塌造成他人损害的,责任主体为堆放人(《侵权责任法》第88条)。这种责任适用过错推定的过错责任原则,堆放人不能证明自己没有过错的,应当承担责任。

第四,因在公共道路上堆放、倾倒、遗撒妨碍通行的物品造成他人损害的,责任主体为堆放、倾倒、遗撒物品和负有管理义务的有关单位或者个人(《侵权责任法》第89条)。这种责任适用无过错责任原则,管理妨碍通行的物品的有关单位或者个人不能通过证明自己没有过错而不承担责任。

第五,因林木折断造成他人损害的,责任主体为林木的所有人或管理人(《侵权责任法》第90条)。这种责任适用过错推定的过错责任原则,林木的所有人或管理人不能证明自己没有过错的,应当承担责任。

第六,因在公共场所或者道路上挖坑、修缮安装地下设施等,没有设置明显标志和采取安全措施造成他人损害的,责任主体为施工人(《侵权责任法》第91条第1款)。这种责任适用无过错责任原则,施工人只有证明设置了明显标志和采取了安全措施才可不承担责任,而不能通过证明自己没有过错而不承担责任。

第七,因窨井等地下设施造成他人损害的,责任主体为管理人(《侵权责任法》第92条第2款)。这种责任适用过错推定的过错责任原则,管理人不能证明尽到管理职责的,即推定其有过错,应当承担责任。

后 记

《民法学》(附:民法学自学考试大纲)根据国务院颁布的《高等教育自学考试暂行条例》,按照《民法学自学考试大纲》的要求,结合自学考试的特点,由全国高等教育自学考试委员会法学专业委员会委托烟台大学法学院郭明瑞教授、房绍坤教授,北京大学法学院刘凯湘教授共同编写。

全书具体分工如下(按姓氏笔画为序):

刘凯湘:第四编;

房绍坤:第三编、第五编、第六编;

郭明瑞:导言、第一编、第二编。

参加本教材审稿并提出意见的有:北京大学魏振瀛教授、钱明星教授,中国政法大学李永军教授,北京工商大学李仁玉教授。

根据审稿意见,最后由郭明瑞教授、房绍坤教授修改定稿。

全国高等教育自学考试指导委员会
法学类专业委员会
2010 年 12 月